Die Pauschalzustimmung und die Pauschalverweigerung bei der Übertragung vinkulierter Anteile

DISSERTATION

vorgelegt von:
Larissa Rumpf

Institut:
Fakultät für Rechtswissenschaften

Erscheinungsjahr:
2022

Erstgutachter: Prof. Dr. Sebastian Mock (LL.M. NYU)
Zweitgutachter: Prof. Dr. Robert Koch (LL.M. McGill)
Tag der mündlichen Prüfung: 27.01.2021

Schriften zum gesamten Unternehmensrecht

Herausgegeben von

Prof. Dr. Carsten Herresthal, LL.M., Universität Regensburg
Prof. Dr. Wolfgang Servatius, Universität Regensburg

Band 18

Larissa Rumpf

Die Pauschalzustimmung und die Pauschalverweigerung bei der Übertragung vinkulierter Anteile

Nomos

Onlineversion
Nomos eLibrary

Die Deutsche Nationalbibliothek verzeichnet diese Publikation in der Deutschen Nationalbibliografie; detaillierte bibliografische Daten sind im Internet über http://dnb.d-nb.de abrufbar.

Zugl.: Hamburg, Univ., Diss., 2021

ISBN 978-3-8487-8918-4 (Print)
ISBN 978-3-7489-2975-8 (ePDF)

1. Auflage 2022
© Nomos Verlagsgesellschaft, Baden-Baden 2022. Gesamtverantwortung für Druck und Herstellung bei der Nomos Verlagsgesellschaft mbH & Co. KG. Alle Rechte, auch die des Nachdrucks von Auszügen, der fotomechanischen Wiedergabe und der Übersetzung, vorbehalten. Gedruckt auf alterungsbeständigem Papier.

Vorwort

Die vorliegende Arbeit wurde im Juni 2020 von der Fakultät für Rechtswissenschaften der Universität Hamburg als Dissertation angenommen.

Ganz besonders danken möchte ich Herrn Professor Dr. Sebastian Mock für die Betreuung meiner Arbeit und die Unterstützung bei der Verlagssuche. Er hat mir stets Freiraum gelassen, meine Thesen eigenständig zu entwickeln und zu begründen. Auch möchte ich ihm für die Geduld bis zur Fertigstellung meiner Dissertation danken.

Weiterhin danke ich Herrn Professor Dr. Robert Koch für die Erstellung des Zweitgutachtens.

Danken möchte ich auch Herrn Professor Dr. Wolfgang Servatius und Herrn Professor Dr. Carsten Herresthal, die meine Arbeit in ihre Schriftenreihe zum gesamten Unternehmensrecht aufgenommen haben. Die vorliegende Arbeit wurde für die Veröffentlichung in der Schriftenreihe nochmals aktualisiert und überarbeitet.

Ferner möchte ich Herrn Wolfgang Bub von der Kanzlei Bub Memminger & Partner für seine stets motivierenden und aufmunternden Worte danken.

Ganz herzlich bedanken möchte ich mich bei meiner Tante Sigrid Hubatsch für das Korrekturlesen.

Mein letzter Dank gilt meinen Eltern, die mir Studium und Dissertation ermöglicht haben.

München, im Januar 2022					Larissa Rumpf

Inhaltsverzeichnis

Abkürzungen	17
Einleitung	21
§ 1 Anteilssteuerung durch Vinkulierung	21
A. Gründe für die Einführung einer Vinkulierung	22
B. Problemaufriss	23
I. Die Nachwirkungen der Victoria-Entscheidung	24
II. Vorzüge einer Pauschalzustimmung und einer Pauschalverweigerung	25
Erster Teil: Legitimation einer Pauschalzustimmung	26
§ 2 Die Wirksamkeit einer Pauschalzustimmung in der AG	26
A. Die Victoria-Entscheidung als Ursprung des Unwirksamkeitsverdikts	26
B. Der behauptete Satzungsverstoß	27
I. Trennung zwischen Innen- und Außenverhältnis	27
II. Die Pauschalzustimmung als Grundlagengeschäft	28
1. Außenwirkung der Pauschalzustimmung	29
2. Beschränkung der Vertretungsmacht bei Zustimmung zum Erwerb der qualifizierten Mehrheit	30
a) Rechtsgrundlage für die Zuständigkeit der Hauptversammlung	30
b) Anwendbarkeit der „Holzmüller"- und „Gelatine"-Grundsätze	31
c) Die Zustimmungserteilung als strukturändernde Maßnahme	32
III. Zwischenfazit	34
C. Zugang der Pauschalzustimmung	34
I. Zugang der Pauschalzustimmung in der börsennotierten AG	34
1. Zulassung vinkulierter Aktien zum Börsenhandel	35

		2. Zugang der Pauschalzustimmung bei Unkenntnis des Veräußerers und des Erwerbers	37
		a) Die Börse als Stellvertreterin des Erklärungsempfängers	37
		b) Die Aktionärsrechterichtlinie II als Wegbereiter für den Zugang der Pauschalzustimmung in der börsennotierten AG	39
	II.	Zugang der Pauschalzustimmung in der nichtbörsennotierten AG	41
D.	Bestimmtheit der Pauschalzustimmung		42
	I.	Die Pauschalzustimmung als Verfügungsgeschäft	43
		1. Rechtliche Qualifikation der Zustimmung	43
		2. Konsequenzen	44
	II.	Gesellschaftsrechtliche Bedenken gegen die Pauschalzustimmung	46
E.	Ergebnis		47

§ 3 Die Wirksamkeit einer Pauschalzustimmung in der GmbH — 48

A. Kompetenz zur Zustimmungserteilung — 49
   I. Zuständigkeit des Geschäftsführers — 49
   II. Zuständigkeit der Gesellschafterversammlung im Außenverhältnis — 50
      1. Trennung zwischen Innen- und Außenverhältnis — 51
      2. Lossagung von der Ultra-Vires-Lehre — 52
   III. Zwischenfazit — 54

B. Verstoß gegen das Bestimmtheitsgebot — 55
   I. Ausgangslage — 55
   II. Abstraktion des Urteils — 56
   III. Verstoß der Pauschalzustimmung gegen die innergesellschaftliche Kompetenzordnung — 57

C. Ergebnis — 59

§ 4 Die Wirksamkeit einer Pauschalzustimmung in den Personengesellschaften — 59

A. Die Zustimmung zur Anteilsabtretung als Grundlagengeschäft — 61

B. Beschlussfassung über die Erteilung einer Pauschalzustimmung — 62
   I. Vom Bestimmtheitsgrundsatz zur Beschlusskontrolle — 62
   II. Kein Erfordernis der Beschränkung des Erwerberkreises im Gesellschaftsvertrag — 64

III. Zwischenfazit	64
C. Die Erteilung einer Pauschalzustimmung durch den geschäftsführenden Gesellschafter	65
I. Traditionelle Lösung: Trennung zwischen Geschäftsführung und Gesellschafterangelegenheiten	65
II. Einführung des organschaftlichen Beschlussmodells	66
III. Indizien für das organschaftliche Modell	67
IV. Kompetenz zur Zustimmungserteilung beim organschaftlichen Modell	68
V. Die organschaftliche Beschlusszurechnung in der GbR	69
VI. Die organschaftliche Beschlusszurechnung als Regelfall bei der Publikums-KG	69
D. Auswirkung einer Verletzung der Treuepflicht auf die Bestandskraft des Beschlusses	71
E. Ergebnis	72
Zweiter Teil: Zulässigkeitsvoraussetzungen einer Pauschalzustimmung	**73**
§ 5 Zulässigkeit einer Pauschalzustimmung in der AG	73
A. Zustimmungsvorbehalt der Hauptversammlung bzw. des Aufsichtsrats gemäß § 68 Abs. 2 Satz 3 AktG	73
I. Pflicht des Vorstands zur Überprüfung des Beschlusses gemäß § 93 Abs. 4 Satz 1 AktG	74
II. Vollzugspflicht des Vorstands gemäß § 83 Abs. 2 AktG	74
B. Ausschließliche Zuständigkeit des Vorstands zur Zustimmungserteilung gemäß § 68 Abs. 2 AktG	76
I. Anwendbarkeit der Business Judgment Rule	76
1. Vorliegen einer unternehmerischen Entscheidung	76
a) Allgemeine Kriterien für eine unternehmerische Entscheidung	77
b) Handlungsalternativen	78
c) Wirtschaftliches Risiko bei Erteilung einer Pauschalzustimmung	78
d) Unternehmerische Zweckmäßigkeit der Entscheidungsfindung	79
e) Zwischenfazit	79
2. Handeln auf der Grundlage angemessener Information	79
a) Keine Pflicht zur Einholung sämtlicher Informationen	80

b) Ausreichende Informationsgrundlage bei
Unbekanntheit des Erwerbers ... 81
    aa) Situation bei Vorliegen einer gewöhnlichen
Vinkulierungsklausel ... 81
    bb) Besonderes verbandsrechtliches Interesse der
AG am Erwerber ... 82
        (1) Familien-AG ... 82
        (2) AG & Co. KG ... 83
        (3) KGaA ... 83
c) Kriterien für die Informationsermittlung ... 84
3. Handeln zum Wohle der Gesellschaft ... 85
4. Berufung auf rechtmäßiges Alternativverhalten ... 88
5. Umfang der gerichtlichen Überprüfbarkeit des Entscheidungsergebnisses ... 89
II. Grenzen der unternehmerischen Freiheit des Vorstands ... 89
1. Pflicht zur zeitlichen Begrenzung einer Pauschalzustimmung ... 89
    a) Die Unveräußerlichkeit der Leitungsmacht des Vorstands ... 90
    b) Risiken bei Erteilung einer zeitlich unbegrenzten Pauschalzustimmung ... 90
        aa) Gefahr irreversibler Veräußerungen ... 91
        bb) Pflicht zur Beschränkung einer Pauschalzustimmung im Falle einer drohenden Übernahme ... 93
2. Treuepflicht ... 94
3. Das Gleichbehandlungsgebot gemäß § 53 a AktG ... 96
III. In der Satzung festgelegte Entscheidungskriterien ... 96
1. Aufzählung von Verweigerungsgründen ... 96
2. Exklusiver Vinkulierungszweck ... 97
3. Zustimmungspflicht qua Satzung ... 98
IV. Die Zulässigkeit einer Pauschalzustimmung bei der gesetzlich vorgeschriebenen Vinkulierung ... 99
1. Nebenverpflichtung der Aktionäre gemäß § 55 Abs. 1 S. 1 AktG ... 99
2. Inhabergebundenes Entsendungsrecht in den Aufsichtsrat gemäß § 101 Abs. 2 Satz 1 AktG ... 100
3. Börsennotierte Luftfahrtunternehmen ... 101
4. Die Rechtsanwalts-AG ... 103
5. Wirtschafts- und Buchprüfungsgesellschaften ... 103

		6. Steuerberatungsgesellschaften	104
	C. Ergebnis		105
§ 6	Zulässigkeit einer Pauschalzustimmung in der GmbH		105
	A. Zuständigkeit der Gesellschafter zur Erteilung einer Pauschalzustimmung		106
		I. Mehrheitserfordernis für die Beschlussfassung	106
		II. Stimmverbot für den veräußerungswilligen Gesellschafter gemäß § 47 Abs. 4 Satz 2, 1. Alt. GmbHG	106
	B. Statutarische Zuständigkeit des Geschäftsführers zur Zustimmungserteilung		108
		I. Die Pauschalzustimmung als außergewöhnliche Maßnahme der Geschäftsführung	109
		II. Zu erwartender Widerspruch der Gesellschafter	111
		III. Situation in der Publikums-GmbH	112
	C. Ermessensgrenzen bei Erteilung einer Pauschalzustimmung		113
		I. Die Treuepflicht	114
		1. Fehlende Kenntnis des Erwerbers	116
		2. Beschränkung des Erwerberkreises auf fachlich qualifizierte Personen	117
		3. Aufrechterhaltung von Beteiligungsverhältnissen	117
		4. Sicherung der Zahlungs-/Leistungsfähigkeit der Gesellschafter	117
		5. Desinvestitionsinteresse des Veräußerers	118
		6. Veräußerung des Geschäftsanteils an einen Wettbewerber	120
		7. Veräußerung der Mehrheitsposition an ein Unternehmen	121
		8. Zeitliche Reichweite einer Pauschalzustimmung	121
		II. Der Gleichbehandlungsgrundsatz gemäß § 53 a AktG analog	122
	D. Ergebnis		122
§ 7	Zulässigkeit einer Pauschalzustimmung in den Personengesellschaften		123
	A. Zustimmung durch die Gesellschafter		123
	B. Zustimmung durch die Gesellschaft		124
	C. Zustimmung durch die Geschäftsführer		124
		I. Die Pauschalzustimmung als außergewöhnliche Geschäftsführungsmaßnahme in der OHG und der KG	125

Inhaltsverzeichnis

    II. Erfordernis eines Gesellschafterbeschlusses gemäß § 116 Abs. 2 HGB ... 126
        1. Förderung des Gesellschaftszwecks ... 127
        2. Pflicht zur Erteilung/Verweigerung der Zustimmung ... 128
        3. Rechtsfolgen einer fehlerhaften Pauschalzustimmung ... 129
        4. Disponibilität des § 116 Abs. 2 HGB ... 129
    III. Situation in der Publikums-KG ... 130
    IV. Analoge Anwendbarkeit von § 116 Abs. 2 HGB auf die GbR ... 131
  D. Ergebnis ... 133

Dritter Teil: Die Pauschalverweigerung der Zustimmungserteilung ... 134

§ 8 Die Pauschalverweigerung in der AG ... 134
  A. Untauglichkeit der Pauschalverweigerung in der börsennotierten AG ... 135
    I. Drohendes Delisting der börsennotierten Gesellschaft gemäß § 39 Abs. 1 BörsG ... 135
    II. Fazit ... 137
  B. Einfluss des Art. 14 GG auf die Erteilung einer Pauschalverweigerung ... 138
    I. Schutzbereich des Art. 14 GG ... 138
    II. Beeinträchtigung der rechtlichen Verkehrsfähigkeit des Anteils durch die Vinkulierung ... 140
    III. Eingriff ... 141
        1. Schutzpflicht des Staates ... 141
        2. Grundrechtsverzicht des betroffenen Aktionärs wegen der Zustimmung gemäß § 180 Abs. 2 AktG ... 143
           a) Konkrete Zustimmung zur Erteilung einer Pauschalverweigerung ... 144
           b) Abstrakte Zustimmung zur Erteilung einer Pauschalverweigerung ... 145
           c) Zwischenergebnis ... 146
    IV. Rechtfertigung des Eingriffs ... 147
        1. Handeln zum Wohle der Gesellschaft ... 147
        2. Notwendige zeitliche Begrenzung einer Pauschalverweigerung ... 148
           a) Fehlendes Kündigungsrecht des Aktionärs ... 149
           b) Angemessener Zeitrahmen ... 150
    V. § 138 BGB als Rechtsfolge des Eingriffs in Art. 14 Abs. 1 GG ... 151

C. Einfluss des Art. 17 Abs. 1 GRCh auf die Rechtmäßigkeit
einer Pauschalverweigerung ... 152
  I. Adressaten der europäischen Grundrechtecharta ... 153
  II. Anwendbarkeit der EU-Grundrechtecharta bei Erteilung
  einer Pauschalverweigerung ... 154
D. Beschränkung der Kapitalverkehrsfreiheit gemäß
Art. 63 Abs. 1 AEUV durch die Erteilung einer
Pauschalverweigerung ... 154
  I. Eröffnung des Anwendungsbereichs der
  Kapitalverkehrsfreiheit gemäß Art. 63 Abs. 1 AEUV ... 155
  II. Abgrenzung zur Niederlassungsfreiheit ... 156
  III. Zurechenbarkeit einer Pauschalverweigerung zum
  Mitgliedstaat ... 157
    1. Der Staat als Aktionär ... 157
    2. Die Erteilung einer abstrakten Ermächtigung zur
    Erteilung einer Pauschalverweigerung ... 158
      a) Schutzpflicht des Mitgliedstaats ... 159
      b) Unmittelbare Bindung der Gesellschaft an die
      Grundfreiheiten im Privatrecht ... 162
    3. Die Rechtsstellung des Erwerbers der vinkulierten
    Anteile ... 163
    4. Rechtfertigung der Beschränkung des freien
    Kapitalverkehrs ... 163
E. Einfluss des Art. 1 des Zusatzprotokolls zur EMRK auf die
Pauschalverweigerung ... 165
F. Schuldrechtliche Vereinbarung einer „Sperrfrist"
für die Anteilsübertragung als Ergänzung zur
Pauschalverweigerung ... 166
  I. Zuständigkeit des Vorstands zur Vereinbarung einer
  vinkulierungsergänzenden Nebenabrede ... 167
  II. Vinkulierungsergänzende Nebenabreden als
  Umgehungsgeschäft ... 168
  III. Vereinbarkeit einer vinkulierungsergänzenden
  Nebenabrede mit § 138 BGB ... 169
  IV. Zulässigkeit einer schuldrechtlichen
  Veräußerungssperre ... 170
  V. Fazit ... 170
G. Ergebnis ... 171

§ 9 Die Pauschalverweigerung in der GmbH	172
A. Beschlussfassung	173
I. Nähe zur Leistungsvermehrung i.S.d. § 53 Abs. 3 GmbHG	174
II. Die freie Übertragbarkeit des Geschäftsanteils in der GmbH – ein relativ unentziehbares Mitgliedschaftsrecht	175
1. Gesetzliche Wertung des § 15 GmbHG	176
2. Anwendbarkeit der Rechtsprechung zu Mehrheitsklauseln im Personengesellschaftsrecht auf die Beschlussfassung im GmbH-Recht	178
3. Analoge Anwendung von § 180 Abs. 2 AktG	179
4. Satzungsmäßiges Zustimmungserfordernis aller Gesellschafter für die Erteilung der Pauschalverweigerung	180
5. Zwischenfazit	181
B. Inhaltskontrolle des Mehrheitsbeschlusses	181
I. Die gesellschafterliche Treuepflicht als Ermessensschranke	182
II. Beeinträchtigung des Mitgliedschaftsrechts durch die Pauschalverweigerung	182
1. Bedeutung des Austrittsrechts aus wichtigem Grund	183
a) Zeitlich limitierte Pauschalverweigerung	184
b) Zeitlich unlimitierte Pauschalverweigerung	185
2. Verhältnismäßigkeit der Pauschalverweigerung im Übrigen	186
C. Ergebnis	186
§ 10 Die Pauschalverweigerung in den Personengesellschaften	187
A. Zulässigkeit einer Pauschalverweigerung	188
I. Gänzlicher Ausschluss der Übertragbarkeit des Anteils	188
II. Zustimmungserfordernis bei nachträglicher Beschränkung der Übertragbarkeit des Anteils	189
B. Einfluss des ordentlichen Kündigungsrechts auf die Zulässigkeit einer Pauschalverweigerung	190
I. Situation bei der OHG und der GbR	191
II. Situation bei der regulären Kommanditgesellschaft und der Publikums-KG	192
III. Rechtfertigungsgründe für die Pauschalverweigerung	194
C. Ergebnis	194

Vierter Teil: Prozessuale Erwägungen	196
§ 11 Rechtsschutz gegen die Erteilung einer Pauschalzustimmung	196
A. Präventiver Rechtsschutz in der AG	196
B. Präventiver Rechtsschutz in der GmbH	197
I. Einstweilige Verfügung nach der Beschlussfassung	197
II. Einstweilige Verfügung vor der Beschlussfassung	198
C. Präventiver Rechtsschutz in den Personengesellschaften	199
D. Beseitigungs- und Schadensersatzansprüche	199
§ 12 Rechtsschutz gegen die Erteilung einer Pauschalverweigerung	201
A. Rechtsschutzmöglichkeiten für den Aktionär	201
I. Leistungsklage und Gestaltungsklage	201
II. Statthaftigkeit einer isolierten Feststellungsklage	203
III. Schadensersatzanspruch gemäß § 823 Abs. 1 BGB	204
B. Rechtsschutzmöglichkeiten für den GmbH-Gesellschafter	204
C. Rechtsschutzmöglichkeiten für den Personengesellschafter	206
Fünfter Teil: Fazit	207
Sechster Teil: Ausblick in die Zukunft	213
Literaturverzeichnis	215

Abkürzungen

a.A.	andere Ansicht
a.E.	am Ende
Abs.	Absatz
AcP	Archiv für die civilistische Praxis
AEUV	Vertrag über die Arbeitsweise der Europäischen Union
AG	Aktiengesellschaft
ähnl.	ähnlich
AktG	Aktiengesetz
allg.	allgemein
Art.	Artikel
ARUG II	Gesetz zur Umsetzung der zweiten Aktionärsrechterichtlinie
AT	Allgemeiner Teil
Aufl.	Auflage
ausf.	ausführlich
BayObLG	Bayerisches Oberstes Landesgericht
BB	Der Betriebsberater
BeckRS	Beck-online. Rechtsprechung
Begr RegE	Begründung Regierungsentwurf
Begr.	Begründung
Beil.	Beilage
Beschl.	Beschluss
BGB	Bürgerliches Gesetzbuch
BGH	Bundesgerichtshof
BGHZ	Sammlung der Entscheidungen des BGH in Zivilsachen
BJR	Business Judgment Rule
BMJV	Bundesministerium der Justiz und für Verbraucherschutz
BörsG	Börsengesetz
BörsZulV	Börsenzulassungs-Verordnung
BR-Drs.	Bundesratsdrucksache
BRAO	Bundesrechtsanwaltsordnung
BReg	Bundesregierung
BT	Bundestag
BT-Drs.	Bundestagsdrucksache
BVerfG	Bundesverfassungsgericht
DB	Der Betrieb
Der Konzern	Der Konzern

17

Abkürzungen

ders.	derselbe
diff.	differenzierend
DJT	Deutscher Juristentag
DNotZ	Deutsche Notar-Zeitschrift
Drs.	Drucksache
DStR	Deutsches Steuerrecht
ECHR	European Court of Human Rights
Einl.	Einleitung
EMRK	Europäische Menschenrechtskonvention
EU	Europäische Union
EuGH	Gerichtshof der Europäischen Gemeinschaften
EUGRZ	Europäische Grundrechte-Zeitschrift
EUR	Europarecht (Zeitschrift)
EUV	Vertrag über die Europäische Union
EuZW	Europäische Zeitschrift für Wirtschaftsrecht
EWS	Europäisches Wirtschafts- und Steuerrecht
f., ff.	folgende, fortfolgende
FAZ	Frankfurter Allgemeine Zeitung
Fn.	Fußnote
FS	Festschrift
GbR	Gesellschaft bürgerlichen Rechts
GesR	Gesellschaftsrecht (s)
GG	Grundgesetz
GmbH	Gesellschaft mit beschränkter Haftung
GmbHG	Gesetz betreffend die Gesellschaften mit beschränkter Haftung
GmbHR	GmbH-Rundschau
GRCh	Grundrechtecharta
h.L.	herrschende Lehre
h.M.	herrschende Meinung
Hdb.	Handbuch
HGB	Handelsgesetzbuch
Hs.	Halbsatz
HV	Hauptversammlung
i.E.	im Ergebnis
i.S.d.	im Sinne des
i.V.m.	in Verbindung mit
JA	Juristische Arbeitsblätter
JR	Juristische Rundschau

Abkürzungen

JuS	Juristische Schulung
JW	Juristische Wochenschrift
JZ	Juristenzeitung
KG	Kammergericht; Kommanditgesellschaft
KGaA	Kommanditgesellschaft auf Aktien
krit.	Kritisch
LG	Landgericht
LMK	Lindenmaier Möhring, kommentierte BGH-Rechtsprechung
m.w.N.	mit weiteren Nachweisen
MittBayNot	Mitteilungen des Bayerischen Notarvereins, der Notarkasse und der Landesnotarkammer Bayern
MoMiG	Gesetz zur Modernisierung des GmbH-Rechts und zur Bekämpfung von Missbräuchen
NJOZ	Neue Juristische Online-Zeitschrift
NJW	Neue Juristische Wochenschrift
NVwZ	Neue Zeitschrift für Verwaltungsrecht
NWB	NWB Steuer- und Wirtschaftsrecht
NZG	Neue Zeitschrift für Gesellschaftsrecht
NZZ	Neue Zürcher Zeitung
OHG	Offene Handelsgesellschaft
OLG	Oberlandesgericht
Publikums-KG	Publikumskommanditgesellschaft
RegE	Regierungsentwurf
RG	Reichsgericht
RGZ	Sammlung der Entscheidungen des Reichsgerichts in Zivilsachen
RIW	Recht der Internationalen Wirtschaft
RL	Richtlinie
RNotZ	Rheinische Notar-Zeitschrift
StBerG	Das Steuerberatungsgesetz
TFM	Journal of Commercial and Intellectual Property Law
UMAG	Gesetz zur Unternehmensintegrität und Modernisierung des Anfechtungsrechts

Abkürzungen

Urt.	Urteil
Vorbem.	Vorbemerkung
WM	Wertpapiermitteilungen
WP	Wirtschaftsprüfer
WPg	Die Wirtschaftsprüfung
WPO	Wirtschaftsprüferordnung
WpÜG	Wertpapiererwerbs- und Übernahmegesetz
ZfPW	Zeitschrift für die gesamte Privatrechtswissenschaft
ZGR	Zeitschrift für Unternehmens- und Gesellschaftsrecht
ZHR	Zeitschrift für das gesamte Handels- und Wirtschaftsrecht
ZIP	Zeitschrift für Wirtschaftsrecht

Einleitung

§ 1 Anteilssteuerung durch Vinkulierung

Die Vinkulierung von Gesellschaftsanteilen beschränkt die freie Übertragbarkeit der Mitgliedschaft, indem sie eine Zustimmung der Gesellschaft oder der Mitgesellschafter zur wirksamen Übertragung der Anteile erforderlich macht.[1] In der Aktiengesellschaft ist die Vinkulierung gemäß § 68 Abs. 2 AktG nur bei Namensaktien möglich.[2] Grund hierfür ist, dass eine Veräußerungsbeschränkung eher für Aktiengattungen in Betracht kommt, die sich weniger stark in Umlauf befinden.[3] Vinkulierungsklauseln erfreuen sich daher insbesondere in personalistisch strukturierten Gesellschaften großer Beliebtheit. Nach einer Studie sehen 97 % der Satzungen von Mehrpersonen-GmbHs Vinkulierungen vor.[4] Hierdurch soll der im Vergleich zur AG meist kleinere Gesellschafterkreis gesichert und vor Fremdeinflüssen geschützt werden.[5] Bei den Personengesellschaften liegt sogar bereits von „Natur aus", d.h. von Gesetzes wegen, eine Vinkulierung vor.[6] Die im Gesetz nicht vorgesehene Übertragbarkeit des Gesellschaftsanteils ist vor allem dem höchstpersönlichen Charakter der Mitgliedschaft in einer Personengesellschaft geschuldet.[7] Der Anteil eines Personengesellschafters

---

1 Eingehend *Heckschen/Weitbrecht*, NZG 2019, 721 ff.
2 BGH Urt. v. 20.9.2004 – II ZR 288/02, NZG 2004, 1109, 1110; LG München I, Beschl. v. 27.2.2017 – 5 HK O 14748/16, BeckRS 2017, 107418, Rn. 16; *Bayer*, in: Münchener Kommentar z. AktG, § 68, Rn. 34; *Bezzenberger*, in: K. Schmidt/Lutter, AktG, § 68, Rn. 15; *Stupp*, NZG 2005, 205, 206.
3 Aus diesem Grund wird eine Vinkulierung auch bei zum Umlauf gänzlich ungeeigneten Mitgliedschaften für zulässig erachtet: *Lutter/Drygala*, in: Kölner Kommentar z. AktG, Anh. § 68, Rn. 6.
4 *Bayer/Hoffmann/J. Schmidt*, GmbHR 2007, 953, 956.
5 *Bayer*, in: Lutter/Hommelhoff, GmbHG, § 15, Rn. 69; *Jasper*, in: Münchener Hdb des GesR, Bd. 3, § 24, Rn. 170 f.; *Kindler*, Grundkurs Handels- und Gesellschaftsrecht, § 15, Rn. 16; *Pahnke*, Die Grenzen des Gesellschafterschutzes durch Vinkulierung von GmbH-Geschäftsanteilen, S. 15 f.; *Verse*, in: Henssler/Strohn, GesR, § 15 GmbHG, Rn. 82; *Völker*, Die Vinkulierung von GmbH Geschäftsanteilen, S. 6.
6 *Binz/Mayer*, NZG 2012, 201, 202; *Heckschen/Weitbrecht*, NZG 2019, 721; *Mock/Schmidt*, in: Münchener Hdb des GesR, Bd. 7, § 65, Rn. 2 (für die KG); *K. Schmidt*, in: Münchener Kommentar z. HGB, § 105, Rn. 213 (für die OHG).
7 *Schäfer*, in: Das Recht der OHG, § 105, Rn. 294; *Schäfer*, in: Münchener Kommentar z. BGB, § 719, Rn. 27; a.A.: *Lieder*, ZfPW 2016, 205, 212 f., der die Zustim-

Einleitung

kann im Grunde nur mit Zustimmung aller Gesellschafter übertragen werden, es sei denn, der Gesellschaftsvertrag sieht Lockerungen vor.[8] Letzteres kommt häufig bei Familiengesellschaften vor, indem im Gesellschaftsvertrag eine Übertragung an Abkömmlinge zugelassen wird, während im Übrigen ein Zustimmungsvorbehalt gilt.[9]

A. Gründe für die Einführung einer Vinkulierung

Die Gründe für eine Beschränkung der freien Übertragbarkeit der Gesellschaftsanteile sind vielschichtig und gehen über die klassische Übernahmeprophylaxe und Abschlussfunktion hinaus.[10] Die Vinkulierung dient als umfassendes Instrument zur Anteilssteuerung.[11] Die Satzung bzw. der Gesellschaftsvertrag bieten dabei wichtige Spielräume für die Praxis, individuelle Vinkulierungsziele zu integrieren.[12] Neben der Erzeugung eines „Wir-Gefühls"[13] dient die Vinkulierung der strategischen Verwaltung und schafft Flexibilität bei der Anteilsübertragung[14].

---

mungspflicht zur Übertragung des Anteils einer Personengesellschaft von der negativen Kontrahentenwahlfreiheit ableitet.
8 *Mock/Schmidt*, in: Münchener Hdb des GesR, Bd. 7, § 65, Rn. 3 (für die KG); *K. Schmidt*, in: Münchener Kommentar z. HGB, § 105, Rn. 213 (für die OHG); *Wertenbruch*, in: E/B/J/S, HGB, § 105, Rn. 274 (für die OHG).
9 *Binz/Maier*, NZG 2012, 201, 203 (für die GmbH & Co. KG); für die GmbH, *Reichert*, GmbHR 2012, 713, 719.
10 *Francastel*, Steuerung des Aktionärskreises durch Anteilsvinkulierung, S. 5 ff.
11 *Jasper*, in: Münchener Hdb des GesR, Bd. 3, § 24, Rn. 171; *K. Schmidt*, GmbHR 2011, 1289.
12 *Binz/Mayer*, NZG 2012, 201, 203; *Heckschen/Weitbrecht*, NZG 2019, 721 ff., 727; *Reichert*, GmbHR 2012, 713, 714 ff.
13 *Jasper*, in: Münchener Hdb des GesR, Bd. 3, § 24, Rn. 171, der die Sicherung des Familienfriedens als einen Vinkulierungszweck angibt.
14 *Reichert*, GmbHR 2012, 713 f., der die Vinkulierung als Kompromiss zwischen ausscheidungswilligen und verbleibenden Gesellschaftern begreift; enger: *Liebscher*, ZIP 2003, 825, 826, der das Interesse an einer Geschlossenhaltung des Gesellschafterkreises aus Umgehungsschutzgründen weit handhaben möchte.

B. Problemaufriss

Die zahlreichen Umgehungsmöglichkeiten der Vinkulierung haben in der Vergangenheit Schatten auf diese geworfen.[15] Immer mehr Unternehmen wollen statutarische Vinkulierungsklauseln abschaffen[16], um schnell und effektiv auf die Anforderungen des Wirtschaftsmarktes reagieren zu können und eine mögliche Übernahme zu erleichtern[17]. Das Desinvestment spielt in der heutigen Unternehmenskultur eine wichtige Rolle.[18] Eine „Einkerkerung" kann Entwicklungsprozesse im Unternehmen lähmen und zu jahrelangen Auseinandersetzungen unter den Gesellschaftern führen.[19] Die gewisse Ablehnungshaltung der Praxis gegenüber Veräußerungsbeschränkungen verdeutlicht, dass eine Reformierung der Vinkulierung ante portas steht, andernfalls sie als lame duck zu verkommen droht. Ein Comeback ist jedoch möglich, wenn Zustimmungserteilung und Zustimmungsverweigerung flexibler ausgestaltet werden können. Die folgende Arbeit möchte sich diesem Thema intensiv widmen.

---

15 Zur Umgehung der Vinkulierung, *Francastel*, Steuerung des Aktionärskreises durch Anteilsvinkulierung, S. 212 ff.; *Liebscher*, ZIP 2003, 825 f.
16 So passiert bei Stada, Dpa Handelsblatt, „Stada sucht neue Vorstände", in: Handelsblatt, 29.08.2016, 13:36 Uhr, URL: http://www.handelsblatt.com/unternehmen/industrie/nach-aufsichtsrats-revolte-stada-sucht-neue-vorstaende/14468976.html, (aufgerufen am 21.12.2019); auch bei dem schweizerischen Unternehmen Sika sollte die Vinkulierung in Form einer Stimmrechtsbeschränkung abgeschafft werden, um den Verkauf an einen Dritten zu ermöglichen: *Imwinkelried*, „Ende des Übernahmestreits zwischen Sika und Saint-Gobain: <<Gründerfamilie verlässt Verwaltungsrat per sofort>>", in: NZZ, 11.05.2018, 8:51 Uhr, URL: https://www.nzz.ch/wirtschaft/sika-saint-gobain-wird-groesster-aktionaer-ld.1384877, (aufgerufen am 21.12.2019); eine gewisse Abneigung der Anleger ggü. vinkulierten Anteilen beobachtet auch *Terstege*, Working Paper 300, 1, 19.
17 *Sigfried Hofmann*, „Was Sie über die Hauptversammlung bei Stada wissen müssen", in: Handelsblatt, 26.08.2016, 6:42 Uhr, URL: http://www.handelsblatt.com/unternehmen/industrie/entscheidung-ueber-aufsichtsrat-besetzung-was-sie-ueber-die-stada-hauptversammlung-wissen-muessen/14458482.html, (aufgerufen am 21.12.2019).
18 *Loritz*, NZG 2007, 361, 362.
19 *Binz/Mayer*, NZG 2012, 201 f.; *Merkt*, in: Großkommentar z. AktG, § 68 Rn. 247; *Quass/Becker*, AG 2007, 421, 430.

Einleitung

I. Die Nachwirkungen der Victoria-Entscheidung

Wegweisend für Vinkulierungsklauseln war lange Zeit die Victoria-Entscheidung des Reichsgerichts aus dem Jahr 1931.[20] Seit dieser Entscheidung wird eine Globaleinwilligung zur Übertragung vinkulierter Anteile weitgehend als unwirksam oder unzulässig angesehen.[21] Dies hat zur Folge, dass die Gesellschafter vor jeder Anteilsveräußerung die Zustimmung der Gesellschaft einholen müssen, damit die Übertragung dinglich wirksam ist. Dies ist zeitaufwändig und mit Verwaltungsaufwand verbunden. Die fehlende Flexibilität bei der Übertragung vinkulierter Anteile führt dazu, dass Vinkulierungsklauseln als starr und rigide gelten[22].

Getreu dem Motto „wo kein Kläger, da auch kein Richter", wurde das Unwirksamkeitsverdikt seit der „bahnbrechenden" Entscheidung des Reichsgerichts keiner genaueren Untersuchung mehr unterzogen. Die Literatur hat die Entscheidung größtenteils unreflektiert übernommen.[23] Eine genaue Auseinandersetzung mit der Thematik, ob die Zustimmung

---

20 RG Urt. v. 31.03.1931 – II 222/30, RGZ 132, 149 ff.
21 Gegen die Möglichkeit einer Pauschalzustimmung im Aktienrecht: LG Aachen Urt. v. 19.5.1992, WM 1992, 1485, 1494; *Bayer*, in: Münchener Kommentar z. AktG, § 68, Rn. 91; *Bezzenberger*, in: K. Schmidt/Lutter, AktG, § 68, Rn. 23a; *Buchetmann*, Die teileingezahlte Aktie, S. 109; *Cahn*, in: Spindler/Stilz, AktG, § 68, Rn. 66; *Degner*, Die vinkulierte Versicherungsaktie im Börsenhandel, S. 104 ff.; *Hefermehl/Bungeroth*, in: G/H/E/K, AktG, § 68, Rn. 112; *Hueck/Hueck*, in: Baumbach/Hueck, AktG, § 68, Rn. 8; *Mayer/Albrecht vom Kolke*, in: Hölters/Weber, AktG, § 68, Rn. 25; *Lutter*, AG 1992, 369, 372; *Lutter/Drygala*, in: Kölner Kommentar z. AktG, § 68, Rn. 86; *Merkt*, in: Großkommentar z. AktG, § 68, Rn. 474; *Sailer-Coceani*, in: Münchener Hdb des GesR, Bd. 4, § 14, Rn. 24; *Schönhofer*, "Vinkulierungsklauseln" betreffend Übertragungen unter Lebenden von Namensaktien und GmbH-Anteilen unter besonderer Berücksichtigung der Rechtslage in der Schweiz und in Frankreich, S. 127 f.; *Ulmer*, FS Schmidt-Rimpler, 1957, S. 261, 269. Gegen die Möglichkeit einer Pauschalzustimmung im GmbH-Recht: *Altmeppen*, in: Altmeppen, GmbHG, § 15, Rn. 106; *Löbbe*, in: H/C/L, GmbHG, § 15, Rn. 239; *Seibt*, in: Scholz, GmbHG, § 15, Rn. 132; a.A.: *Bender*, WPg 1954, 322 f.; *Nodoushani*, ZGR 2014, 809 ff., der die Pauschalzustimmung sowohl in der AG als auch in der GmbH für wirksam und zulässig erachtet; einschränkend *Wiedemann*, Die Übertragung und Vererbung von Mitgliedschaftsrechten bei Handelsgesellschaften, S. 110, der eine Pauschalzustimmung nur für einen begrenzten Kreis von Übertragungsvorgängen für zulässig hält.
22 Zu den ökonomischen Folgen der Vinkulierung siehe *Merkt*, in: Großkommentar z. AktG, § 68, Rn. 245 f.
23 Für die Wirksamkeit einer Pauschalzustimmung aber *Nodoushani*, ZGR 2014, 809 ff.; kritisch auch *Wiedemann*, Die Übertragung und Vererbung von Mitgliedschaftsrechten in Handelsgesellschaften, S. 110 ff.

oder Verweigerung zur Anteilsübertragung im Hinblick auf eine Vielzahl noch nicht im Detail geplanter Übertragungen erteilt werden kann, soll im Folgenden stattfinden.

II. Vorzüge einer Pauschalzustimmung und einer Pauschalverweigerung

Im Gegensatz zu der oftmals zeitaufwändigen Durchführung einer Anteilsveräußerung, für welche die individuelle Zustimmung der Gesellschaft eingeholt werden muss, gewährleistet eine vorab erteilte Pauschalzustimmung eine schnelle und effektive Abwicklung des Handels mit Gesellschaftsanteilen. Dagegen ermöglicht die Erteilung einer Pauschalverweigerung eine besonders starke Abwehr des Eindringens Dritter in die Gesellschaft. Aus diesen Gründen findet im Folgenden eine Auseinandersetzung mit der Frage statt, ob eine Pauschalzustimmung/Pauschalverweigerung bei der Übertragung vinkulierter Anteile wirksam und zulässig ist.

Erster Teil: Legitimation einer Pauschalzustimmung

§ 2 *Die Wirksamkeit einer Pauschalzustimmung in der AG*

Eine Pauschalzustimmung zur Übertragung vinkulierter Anteile birgt für die in der Gesellschaft verbleibenden Aktionäre das Risiko, trotz eines grundsätzlich bestehenden Zustimmungsvorbehalts mit dem Beitritt neuer Gesellschafter rechnen zu müssen. Rechtsprechung und Literatur im Aktienrecht sehen in der Pauschalzustimmung einen Konflikt mit gesellschaftsrechtlichen und zivilrechtlichen Grundsätzen und halten eine globale Einwilligung für unwirksam[24] und/oder unzulässig[25].

A. Die Victoria-Entscheidung als Ursprung des Unwirksamkeitsverdikts

Es wurde bereits erläutert, dass die Wurzeln der These von der Unwirksamkeit der Pauschalzustimmung auf die Victoria-Entscheidung des Reichsgerichts vom Jahre 1931[26] zurückgehen.[27] Dem Urteil lag dabei im Wesentlichen folgender Inhalt zu Grunde:

---

24 RG Urt. v. 31.03.1931 – II 222/30, RGZ 132, 149 ff.; *Bayer*, in: Münchener Kommentar z. AktG, § 68, Rn. 91; *Bezzenberger*, in: K. Schmidt/Lutter, AktG, § 68, Rn. 23a; *Buchetmann*, Die teileingezahlte Aktie, S. 109, der aber eine schuldrechtliche Verpflichtungserklärung des Vorstands zur regelmäßigen Zustimmungserteilung gegenüber der Börsenzulassungsstelle für möglich hält; *Degner*, Die vinkulierte Versicherungsaktie im Börsenhandel, S. 104 ff.; *Francastel*, Steuerung des Aktionärskreises durch Anteilsvinkulierung, S. 87 f.; *Hefermehl/Bungeroth*, in: G/H/E/K, AktG, § 68, Rn. 112; *Hueck/Hueck*, in: Baumbach/Hueck, AktG, § 68, Rn. 8; *Mayer/Albrecht vom Kolke*, in: Hölters/Weber, AktG, § 68, Rn. 25; *Lutter*, AG 1992, 369, 372; *Lutter/Drygala*, in: Kölner Kommentar z. AktG, § 68, Rn. 86; *Merkt*, in: Großkommentar z. AktG, § 68, Rn. 474; *Sailer-Coceani*, in: Münchener Hdb des GesR, Bd. 4, § 14, Rn. 24; *Schönhofer*, „Vinkulierungsklauseln" betreffend Übertragungen unter Lebenden von Namensaktien und GmbH-Anteilen unter besonderer Berücksichtigung der Rechtslage in der Schweiz und in Frankreich, S. 127 f.; *Ulmer*, FS Schmidt-Rimpler, 1957, S. 261, 269.
25 *Cahn*, in: Spindler/Stilz, AktG, § 68, Rn. 66; *Merkt*, in: Großkommentar z. AktG, § 68, Rn. 474, der die Pauschalzustimmung für unwirksam und unzulässig hält.
26 RG Urt. v. 31.03.1931 – II 222/30, RGZ 132, 149 ff.
27 Siehe oben, § 1, B I.

Die Klägerin war im Aktienbuch der Beklagten mit zwei Aktien als Aktionärin eingetragen. Nach § 6 der Satzung der Beklagten musste der Aufsichtsrat der Übertragung von Aktien zustimmen. Die Klägerin war der Meinung, die Verweigerung der Zustimmung zum Erwerb von weiteren 665 Aktien über die Börse durch den Aufsichtsrat sei rechtswidrig gewesen. Daher hätte sie zu der Abstimmung auf der Generalversammlung zugelassen werden müssen. Der Richter lehnte es jedoch ab, in der mit Wissen des Aufsichtsrats beantragten und erfolgten Zulassung der Aktien zum Börsenverkehr eine im Voraus erteilte Einwilligung zum Erwerb der volleingezahlten Aktien zu sehen. Das Gericht hielt eine solche allgemeine Einwilligung für rechtsunwirksam, weil es sich ansonsten um eine Satzungsänderung handeln würde, die nur von der Generalversammlung mit qualifizierter Mehrheit beschlossen werden kann. Ferner qualifizierte das Gericht die Zustimmung als eine einseitige empfangsbedürftige Willenserklärung, wobei bei einer generellen Zustimmung der Zugang fehlen sollte.

B. Der behauptete Satzungsverstoß

Auch nach einer beachtlichen Meinung im Schrifttum soll eine Pauschalzustimmung zur Übertragung vinkulierter Anteile gegen die Satzung verstoßen.[28] Begründet wird dies vornehmlich damit, dass die Vinkulierung durch eine Globaleinwilligung in ihr Gegenteil verkehrt und damit faktisch aufgehoben wird.[29]

I. Trennung zwischen Innen- und Außenverhältnis

Die herrschende Meinung im Schrifttum verkennt, dass die Erteilung einer Pauschalzustimmung durch den Vorstand allenfalls eine Satzungsverletzung darstellen kann, welche die Wirksamkeit der Maßnahme im

---

28 S.o., Fn. 24, 25.
29 *Bayer*, in: Münchener Kommentar z. AktG, § 68, Rn. 91, der in einer Generalzustimmung einen Widerspruch zu Sinn und Zweck der Vinkulierungsregelung sieht; *Francastel*, Steuerung des Aktionärskreises durch Anteilsvinkulierung, S. 87 f.; *Lutter*, AG 1992, 369, 372; *Merkt*, in: Großkommentar z. AktG, § 68, Rn. 474.

Außenverhältnis jedoch nicht berührt.[30] Im deutschen Recht ist die Unwirksamkeit einer Erklärung des Vertretungsorgans auf strenge Ausnahmen beschränkt.[31] Die Ultra-Vires-Lehre, wonach jeder Satzungsverstoß die Unwirksamkeit des Handelns des jeweiligen Organs nach sich zieht[32], wird im deutschen Recht einhellig abgelehnt[33]. Ein Dritter kann sich nur dann nicht auf die unbeschränkte Vertretungsmacht des Vorstands berufen, wenn ein evidenter Missbrauch der Vertretungsmacht oder ein Fall der Kollusion vorliegt.[34] Selbiges gilt für die Fälle der gesetzlichen Zuständigkeit eines anderen Organs, wobei hier schon keine Vertretungsmacht des Vorstands besteht[35], weshalb es sich streng genommen nicht um eine Ausnahme von § 78 AktG handelt. Jedenfalls bleibt es in allen übrigen Fällen im Verhältnis zu Dritten bei dem Grundsatz der Unbeschränkbarkeit der Vertretungsmacht.[36] Wie im allgemeinen Zivilrecht muss im Gesellschaftsrecht daher zwischen Innen- und Außenverhältnis differenziert werden.[37]

II. Die Pauschalzustimmung als Grundlagengeschäft

Nach einer Mindermeinung stellt die Pauschalzustimmung zur Anteilsübertragung einen sozialrechtlichen Akt dar, weshalb die Maßnahme im

---

30 Allg.: *Habersack/Foerster*, in: Großkommentar z. AktG, § 78, Rn. 7; *Zetzsche*, in: Kölner Kommentar z. AktG, § 179, Rn. 249.
31 *Habersack/Foerster*, in: Großkommentar z. AktG, § 78, Rn. 7; ausf. zur Reichweite und den Grenzen der organschaftlichen Vertretungsmacht, *Fleischer*, NZG 2005, 529, 530 ff.
32 *Fleischer*, FS Huber, 2006, S. 719, 720; *Nodoushani*, ZGR 2014, 809, 817; *Spindler*, Recht und Konzern 1993, S. 235 ff.; *Spindler*, in: Münchener Kommentar z. AktG, § 78, Rn. 26.
33 BegrRegE bei *Kropff*, AktG, S. 103; *Bürgers*, in: Bürgers/Körber, AktG, § 82, Rn. 1; *Fleischer*, NZG 2005, 529, m.w.N.; *Koch*, in: Hüffer/Koch, AktG, § 82, Rn. 1; *Spindler*, Recht und Konzern, S. 235 ff.; *Vedder*, in: Grigoleit, AktG, § 78, Rn. 6.
34 *Lieder*, JuS 2014, 681, 682 f.; *Mock*, JuS 2008, 486; die Ausnahmen von der Unbeschränkbarkeit der Vertretungsmacht stehen in Einklang mit Art. 9 der RL EU 2017/1132 über bestimmte Aspekte des Gesellschaftsrechts: *Habersack/Verse*, Europäisches Gesellschaftsrecht, § 5, Rn. 33.
35 *Koch*, in: Hüffer/Koch, AktG, § 82, Rn. 4.
36 *Habersack/Foerster*, in: Großkommentar z. AktG, § 78, Rn. 7.
37 *Habersack/Foerster*, in: Großkommentar z. AktG, § 78, Rn. 7; *Spindler*, in: Münchener Kommentar z. AktG, § 78, Rn. 26, kein Gleichlauf zwischen Geschäftsführungsbefugnis und Vertretungsmacht; *Wiedemann*, Die Übertragung und Vererbung von Mitgliedschaftsrechten bei Handelsgesellschaften, S. 109.

Außenverhältnis ohne Ermächtigungsbeschluss der Hauptversammlung unwirksam sein soll.[38] Gegenüber der Ultra-Vires-Lehre hat dieser Ansatz den Vorteil, dass die Beschränkung der Vertretungsmacht nicht mit einem Verstoß gegen die Satzung begründet wird. Vielmehr soll die Maßnahme von vornherein nicht der organschaftlichen Vertretungsmacht unterfallen. Der Vorstand handelt somit ohne Kompetenz im Außenverhältnis. Ein Konflikt mit § 82 Abs. 1 AktG besteht in diesem Fall nicht, da die unbeschränkte und unbeschränkbare Vertretungsmacht des Vorstands sich ausschließlich auf die organschaftliche Vertretungsmacht bezieht.[39]

1. Außenwirkung der Pauschalzustimmung

Mag die Erteilung einer Zustimmung zur Übertragung vinkulierter Anteile die Grundlagen der Gesellschaft betreffen[40], so ist diese Maßnahme dennoch von der organschaftlichen Vertretungsmacht umfasst[41]. Die Qualifizierung einer Maßnahme als Sozialakt schließt einen Vertretungsakt nicht aus.[42] Ein rein interner Sozialakt liegt nur vor, soweit die Konstituierung der Organe vorgenommen wird.[43] Ebenso wurde vom BGH ein sozialrechtlicher Akt bei der Übernahme einer Stammeinlage in der GmbH mit der Begründung bejaht, dadurch werde ein neues Mitgliedschaftsrecht und ein neuer Geschäftsanteil geschaffen.[44] Einen solchen rein internen Sozialakt stellt die Erteilung der Zustimmung aber nicht dar; der Akt der Zustimmung zielt – da er die Übertragung und nicht die Schaffung eines Mitgliedschaftsrechts betrifft – insbesondere auf Außenwirkung gegenüber sämtlichen potentiellen Erwerbern ab. Durch die Zustimmung wird die Beziehung der Gesellschaft zu aktuellen und künftigen Gesellschaftern geregelt. Der Vorstand handelt damit bei Erteilung einer Pauschalzustim-

---

38 *Meyer-Landrut*, in: Großkommentar z. AktG, 3. Auflage, § 82, Anm. 10; *Ulmer*, FS Schmidt-Rimpler, 1957, S. 261, 269 f.
39 Vgl. statt aller: *Habersack*, in: Großkommentar z. AktG, § 82, Rn. 6, m.w.N.
40 Für die Individualzustimmung: *Hoffmann-Becking*, in: Münchener Hdb des GesR, Bd. 4, § 23, Rn. 3.
41 *Cahn/Mehrtens*, in: Kölner Kommentar z. AktG, § 82, Rn. 7; *Habersack*, in: Großkommentar z. AktG, § 82, Rn. 6, Fn. 8; *Hüffer*, in: Hüffer/Koch, AktG, § 82, Rn. 3; *Spindler*, in: Münchener Kommentar z. AktG, § 82, Rn. 29, m.w.N.; *Wiedemann*, Übertragung und Vererbung von Mitgliedschaftsrechten bei Handelsgesellschaften, S. 108, 112.
42 *Spindler*, in: Münchener Kommentar z. AktG, § 82, Rn. 17.
43 Wie hier: *Hoffmann-Becking*, in: Münchener Hdb des GesR, Bd. 4, § 23, Rn. 3.
44 BGH Urt. v. 30.11.1967 – II ZR 68/65, BGHZ 49, 117, 119.

mung in Wahrnehmung seiner organschaftlichen Pflichten für die Gesellschaft.

2. Beschränkung der Vertretungsmacht bei Zustimmung zum Erwerb der qualifizierten Mehrheit

Möglicherweise bedarf die Erteilung einer Pauschalzustimmung durch den Vorstand aber dann eines Hauptversammlungsbeschlusses (ggf. mit qualifizierter Mehrheit), wenn potentielle Erwerber durch den Anteilserwerb einen maßgeblichen Einfluss auf die Gesellschaft erhalten würden. In diesem Fall könnte eine ungeschriebene Zuständigkeit der Hauptversammlung für die Erteilung der Zustimmung bestehen.

a) Rechtsgrundlage für die Zuständigkeit der Hauptversammlung

Fraglich ist, auf welche taugliche Rechtsgrundlage sich eine ungeschriebene Zuständigkeit der Hauptversammlung überhaupt stützen lässt. Wurde in der Holzmüller-Entscheidung noch eine Analogie zu § 119 Abs. 2 AktG befürwortet[45], stellte die Literatur im Folgenden überwiegend eine Analogie zu einzelnen aktienrechtlichen Normen her, die eine Mitwirkung der Hauptversammlung anordnen[46]. Gegen die frühere Literaturansicht spricht, dass sie auf der tatbestandlichen Seite zwar geeignet ist, eine ungeschriebene Hauptversammlungszuständigkeit zu begründen, jedoch immer dazu führt, dass die getroffene Maßnahme dem Vorstand nicht nur die Geschäftsführungsbefugnis, sondern auch die Vertretungsmacht nimmt.[47] Gerade dieser Punkt unterliegt aber einer Betrachtung des Einzelfalls[48] und widerspricht dem Grundsatz der Unbeschränkbarkeit der Vertretungsmacht des Vorstands. Unter Zugrundelegung der „Gelatine"-

---

45 BGH Urt. v. 25.02.1982 – II ZR 174/80, BGHZ 83, 122, 131 [Holzmüller].
46 *Mülbert*, in: Großkommentar z. AktG, § 119, Rn. 23; *Westermann*, FS Koppensteiner, 2001, S. 259, 272 f.; *Zimmermann/Pentz*, Gesellschaftsrecht, Rechnungslegung, Steuerrecht, FS Müller, 2001, S. 151, 160 ff.
47 So das BGH Urt. v. 26.04.2004 – II ZR 155/02, AG 2004, 384, 387 [Gelatine].
48 Ebenso wohl *Habersack/Foerster*, in: Großkommentar z. AktG, § 82, Rn. 8, die mit dem Begründungsansatz der Rechtsprechung zu „Holzmüller" und „Gelatine" ein Zustimmungserfordernis der Hauptversammlung als Wirksamkeitserfordernis im Einzelfall nicht ausschließen.

Entscheidung[49] ist daher im Wege einer offenen Rechtsfortbildung zu prüfen[50], ob in einer Pauschalzustimmung zur Veräußerung einer Mehrheitsbeteiligung eine strukturändernde Maßnahme liegen kann. Wird dies bejaht, ist in einem zweiten Schritt zu prüfen, ob die Maßnahme derart in die „Tiefen der Gesellschaft" eingreift, dass sie ausnahmsweise eine Beschränkung der Vertretungsmacht zu rechtfertigen vermag. Dieser zweite Schritt geht über die „Gelatine"-Rechtsprechung hinaus, die sich in Fällen einer strukturändernden Maßnahme auf eine ungeschriebene Geschäftsführungszuständigkeit der Hauptversammlung beschränkt.[51] Zwar wurde festgestellt, dass eine Pauschalzustimmung an der Vertretungsmacht des Vorstands nichts ändert, obwohl sie als Grundlagengeschäft zu qualifizieren ist.[52] Hiervon ist jedoch eine Ausnahme zu machen, wenn der Sozialakt organisatorischen Charakter hat und aus diesem Grund eine Mitwirkung der anderen Organe zwingend erfordert.[53] Der Begriff des Sozialakts ist deshalb nichtssagend[54], weil er für sich keine Aussage darüber trifft, ob der Vorstand Vertretungsmacht für das jeweilige Geschäft hat. Vielmehr ist stets eine Einzelfallbetrachtung notwendig.

b) Anwendbarkeit der „Holzmüller"- und „Gelatine"-Grundsätze

In Anlehnung an die „Holzmüller"- und „Gelatine"-Rechtsprechung[55] soll eine ungeschriebene Zuständigkeit der Hauptversammlung zur Zustimmung der Anteilsübertragung bestehen, wenn der Vorgang seiner wirtschaftlichen Auswirkung nach einer Vermögensübertragung (§ 179a Abs. 1 Satz 1 AktG) nahekommt oder strukturändernde Qualität aufweist.[56] Mit

---

49 BGH Urt. v. 26.04.2004 – II ZR 155/02, AG 2004, 384 ff. [Gelatine].
50 So bereits *Geßler*, FS Stimpel, 1985, S. 771, 780; näher zur Zuständigkeit der Hauptversammlung als Ergebnis einer offenen Rechtsfortbildung: *Habersack*, in: Emmerich/Habersack, Aktien- und GmbH-Konzernrecht, vor § 311, Rn. 39 ff.
51 *Habersack/Foerster*, in: Großkommentar z. AktG, § 82, Rn. 8.
52 Siehe oben, § 2 B II 1.
53 *Spindler*, in: Münchener Kommentar z. AktG, § 82, Rn. 17.
54 Ebenso *Spindler*, in: Münchener Kommentar z. AktG, § 82, Rn. 17.
55 BGH Urt. v. 25.02.1982 – II ZR 174/80, BGHZ 83, 122 ff. [Holzmüller]; BGH Urt. v. 26.04.2004 – II ZR 155/02, BGHZ 159, 30 ff. [Gelatine].
56 *Bayer*, FS Hüffer, 2010, S. 35, 37 ff.; *Bayer*, in: Münchener Kommentar z. AktG, § 68, Rn. 64; *Lutter/Drygala*, in: Kölner Kommentar z. AktG, § 68, Rn. 68; *Lutter*, AG 1992, 369, 374 f.; *Merkt*, in: Großkommentar z. AktG, § 68, Rn. 365 ff.; *K. Schmidt*, FS Beusch, 1993, S. 759, 768 ff.; dem zuneigend, *Westermann*, FS Huber, 2006, S. 997, 1004 (für die AG); *Reichert*, GmbHR 1995, 176, 177 (für die GmbH);

der Zustimmung zur Anteilsübertragung geht zwar keine Vermögensübertragung einher[57], jedoch wird teilweise eine Nähe zur Satzungsänderung angenommen.[58] Eine solche Nähe zur Satzungsänderung soll bei Erteilung der Zustimmung vorliegen, wenn der Erwerber durch die Zustimmung eine qualifizierte Mehrheitsbeteiligung, eine einfache Mehrheitsbeteiligung oder eine Sperrminorität erlangt.[59] Begründet wird dies vornehmlich damit, dass bei einer drohenden Abhängigkeit im Falle eines Beherrschungsvertrags oder der Eingliederung auch die Hauptversammlung mit einer Mehrheit von mindestens drei Vierteln entscheiden muss.[60] Im Außenverhältnis soll es aber bei der unbeschränkten Vertretungsmacht des Vorstands bleiben.[61]

c) Die Zustimmungserteilung als strukturändernde Maßnahme

Vorliegend stellt die Pauschalzustimmung zur Anteilsübertragung bereits keine strukturändernde Maßnahme dar. Eine solche wäre zu bejahen, wenn der Bereich, auf den sich die Maßnahme erstreckt, in seiner Bedeutung für die Gesellschaft in die Nähe der Ausmaße der Ausgliederung im Sinne der „Holzmüller"-Doktrin gelangt.[62] Eine Mitwirkung der Hauptversammlung wäre also dann erforderlich, wenn die Entscheidung des Vorstands an die Kernkompetenz der Hauptversammlung über die Verfassung der Gesellschaft zu bestimmen rührt und in ihren Auswirkungen

---

Schroeter, AG 2007, 854, 860 (für die SE); a.A.: *Bezzenberger*, in: K. Schmidt/Lutter, AktG, § 68, Rn. 28; *Cahn*, in: Spindler/Stilz, AktG, § 68, Rn. 50; *Grigoleit/Rachlitz*, in: Grigoleit, AktG, § 68, Rn. 23; *Heinrich*, in: Heidel, Aktien- und Kapitalmarktrecht, § 68 AktG, Rn. 18; *Hüffer*, Liber amicorum für Martin Winter, 2011, S. 279 ff.; *Immenga*, BB 1992, 2246, 2247; *Lieder*, TFM 2015, 133, 141; zweifelnd: *Seydel*, Konzernbildungskontrolle bei der Aktiengesellschaft, S. 108 ff.

57 *Lutter/Drygala*, in: Kölner Kommentar z. AktG, § 68, Rn. 68.
58 *Lutter/Drygala*, in: Kölner Kommentar z. AktG, § 68, Rn. 68; *K. Schmidt*, FS Beusch, 1993, S. 759, 770.
59 *Bayer*, FS Hüffer, 2010, S. 37, 45; *Lutter*, AG 1992, 369, 374, der die abhängige AG als Sonderfall betrachtet, weshalb der Vorstand einen abhängigkeitsbegründenden Beschluss über die Zustimmung zur Übertragung vinkulierter Anteile der Hauptversammlung vorlegen muss; *Merkt*, in: Großkommentar z. AktG, § 68, Rn. 365 ff., 369; *K. Schmidt*, FS Beusch, 1993, S. 759, 770.
60 *Bayer*, FS Hüffer, 2010, S. 37, 44, unter Verweis auf § 33 Abs. 2 WpÜG, §§ 293 Abs. 1, 319, 320 AktG.
61 *K. Schmidt*, FS Beusch, 1993, S. 759, 770.
62 BGH Urt. v. 26.04.2004 – II ZR 155/02, AG 2004, 384, 388 [Gelatine].

§ 2 Die Wirksamkeit einer Pauschalzustimmung in der AG

einem Zustand entspricht, der allein durch eine Satzungsänderung herbeigeführt werden kann.[63] Dies ist bei Erteilung einer Pauschalzustimmung nicht der Fall. Für den Erwerb einer einfachen Mehrheitsbeteiligung wird ein Zustimmungserfordernis der Hauptversammlung weitgehend abgelehnt.[64] Dies muss auch dann gelten, wenn die Anteilsmehrheit an der Gesellschaft erworben wird.[65] Während es bei einem Beteiligungserwerb zu einem Zufluss unternehmerischer Aktivitäten kommt, kann der Eintritt eines Mehrheitsgesellschafters in die Zielgesellschaft zwar zu einer faktischen Konzernierung führen; die fehlende Analogie zu §§ 304, 305 AktG bei der faktischen Konzernierung spricht jedoch dafür, dass die Aktionäre der Zielgesellschaft eine solche regelmäßig zu dulden haben.[66] Im Gegensatz zur Verlagerung eines wesentlichen Betriebsteils kommt es auch nicht zu einem Abfluss unternehmerischer Aktivität bei den Aktionären der

---

63 BGH Urt. v. 26.04.2004 – II ZR 155/02, AG 2004, 384, 388 [Gelatine].
64 Eingehend: OLG Frankfurt a.M. Urt. v. 7.12.2010 – 5 U 29/10, NZG 2011, 62, 63 f.; gegen ein Zustimmungserfordernis der Hauptversammlung bei Erwerb einer Mehrheitsbeteiligung neben dem OLG Frankfurt a.M. auch *Arnold*, ZIP 2005, 1573, 1577; *Bodenbenner/Grewe*, Der Konzern 2011, 547 ff.; *Bungert*, BB 2004, 1345, 1350; *Decher*, FS Uwe H. Schneider, 2011, S. 261, 271 f.; *Götze*, NZG 2004, 585, 588; *Joost*, ZHR 1999, 164, 183; *Kiefner*, ZIP 2011, 545, 547 f.; *Krieger*, in: Münchener Hdb des GesR, Bd. 4, § 70, Rn. 10.; *Kubis*, in: Münchener Kommentar z. AktG, § 119, Rn. 71; *Nikoleyczik/Gubitz*, NZG 2011, 91, 93; *Reichert*, AG 2005, 150, 156 f.; *Reger*, in: Bürgers/Körber, AktG, § 119, Rn. 17; *Renner*, NZG 2002, 1091 ff.; *Werner*, ZHR 1983, 429, 447; *Wollburg/Gehling*, FS Lieberknecht, 1997, S. 133, 152; a.A: LG Frankfurt am Main Urt. v. 15.12.2009 – 3–5 O 208/09, ZIP 2010, 429, 431; *Geßler*, FS Stimpel, 1985, S. 771, 786 f.; *Goette*, AG 2006, 522, 527; *Habersack*, in: Emmerich/Habersack, Aktien- und GmbH-Konzernrecht, vor § 311 AktG, Rn. 42; *Henze*, FS Ulmer, 2003, S. 211, 229 f.; *Hofmeister*, NZG 2008, 47, 51; für eine Vorlagepflicht bei einem Beteiligungserwerb von hinreichend quantitativem Ausmaß: *Hirte*, Bezugsrechtsausschluß und Konzernbildung, S. 180 f., der ab einem Erwerb von 25 Prozent und mehr die Zustimmung der Hauptversammlung für erforderlich hält; *Koch*, in: Hüffer/Koch, AktG, § 119, Rn. 21; *Liebscher*, ZGR 2005, 1, 23 f.; *Lutter*, ZIP 2012, 351; *Priester*, AG 2011, 654 ff., der wie *Lutter* strenge Anforderungen an das Volumen der Maßnahme stellt; *Spindler*, in: K. Schmidt/Lutter, AktG, § 119, Rn. 34; *Spindler*, FS Goette, 2011, S. 513, 518 f.
65 *Bezzenberger*, in: K. Schmidt/Lutter, AktG, § 68, Rn. 28; *Cahn*, in: Spindler/Stilz, AktG, § 68, Rn. 50; *Krenek/Pluta*, in: Heidel, Aktien- und Kapitalmarktrecht, § 119 AktG, Rn. 46.
66 I.E.: OLG München Beschl. v. 24.6.2008 – 31 Wx 83/07, NZG 2008, 753, 755; OLG Schleswig Beschl. v. 27.8.2008 – 2 W 160/05, NZG 2009, 868, 872, m.w.N.; *Lieder*, TFM 2015, 133, 141, der wegen der Konzernoffenheit und der Schutzmöglichkeiten gemäß §§ 311, 317, 318 AktG eine ungeschriebene Zuständigkeit der Hauptversammlung bei Begründung einer Abhängigkeit verneint.

Zielgesellschaft. Ein Verlust von Assets bzw. von Produktionsmitteln tritt nicht ein. Vielmehr fließt der Gesellschaft ein Gegenwert zu.[67]

III. Zwischenfazit

Der Vorstand kann im Außenverhältnis eine Pauschalzustimmung zur Übertragung vinkulierter Anteile erteilen. Zustimmungsvorbehalte oder ermessensbeschränkende Regelungen in der Satzung wirken sich nur im Innenverhältnis aus. Ein ungeschriebener Zustimmungsvorbehalt der Hauptversammlung im Falle des Erwerbs einer (qualifizierten) Mehrheit durch den Käufer besteht nicht.

C. Zugang der Pauschalzustimmung

Einer Pauschalzustimmung zur Übertragung vinkulierter Anteile soll es auch am Zugang der Erklärung fehlen.[68] Der Zugang der Zustimmung ist erforderlich, damit die empfangsbedürftige Willenserklärung des Vorstands wirksam wird. Jedenfalls einer der am Übertragungsgeschäft beteiligten Parteien muss die Zustimmung dabei zugehen.[69] Andernfalls besteht ein Widerspruch zu § 182 Abs. 1 BGB, der auch im Gesellschaftsrecht gilt.[70]

I. Zugang der Pauschalzustimmung in der börsennotierten AG

Problematisch ist der Zugang der Zustimmungserklärung bei börsennotierten Aktien. Aufgrund der weitreichenden Anteilsstreuung an der Börse

---

67 Ebenso *Krenek/Pluta*, in: Heidel, Aktien- und Kapitalmarktrecht, § 119 AktG, Rn. 46.
68 RG Urt. v. 31.03.1931 – II 222/30, RGZ 132, 149, 155 f. [Victoria], wobei der fehlende Zugang hier nur eine Besonderheit des Einzelfalls darstellte; *Buchetmann*, Die teileingezahlte Aktie, S. 109; *Hefermehl/Bungeroth*, in: G/H/E/K, AktG, § 68, Rn. 112.
69 *Bayer*, in: Münchener Kommentar z. AktG, § 68, Rn. 84; *Cahn*, in: Spindler/Stilz, AktG, § 68, Rn. 59; *Lutter/Drygala*, in: Kölner Kommentar z. AktG, § 68, Rn. 84; *Sailer-Coceani*, in: Münchener Hdb des GesR, Bd. 4, § 14, Rn. 24.
70 *Lutter/Drygala*, in: Kölner Kommentar z. AktG, § 68, Rn. 87.

ist fraglich, wie der ordnungsmäßige Zugang der Zustimmungserklärung hier sichergestellt werden kann.

1. Zulassung vinkulierter Aktien zum Börsenhandel

Die erste Hürde für vinkulierte Namensaktien besteht bereits in der Börsenzulassung selbst. Nach einer früheren Praxis wurde die Zulassung vinkulierter Namensaktien zum Börsenhandel von der Verpflichtung der Gesellschaft gegenüber der Börse abhängig gemacht, die Zustimmung nur unter engen Voraussetzungen zu verweigern.[71] Hierdurch sollte eine hinreichende Fungibilität der Anteile gewährleistet werden. Es wurden sogenannte Fungibilitätserklärungen der Gesellschaft bei der Börsenzulassungsstelle mit der Zusage abgegeben, die Zustimmung nur ausnahmsweise zu verweigern. Im heutigen Schrifttum wird diese Praxis nur noch teilweise befürwortet.[72] Eine Fungibilitätserklärung für die Zulassung vinkulierter Anteile zum Börsenhandel wird nach überwiegender Auffassung nicht mehr für erforderlich erachtet.[73] Da vinkulierte Anteile in die Girosammelverwahrung einbezogen werden können, wird eine Störung des Börsenhandels durch die Vinkulierung nicht mehr befürchtet.[74] Dies ist bedenklich, da § 5 Abs. 1 BörsZulV als Grundmaxime vorgibt, dass Wertpapiere an der Börse frei handelbar sein müssen. Auch auf europäischer

---

[71] So die gängige Praxis bis zum Jahre 1990, siehe dazu: *Degner*, WM 1990, 793; *Otto*, DB 1988, Beilage 12, S. 1, 7; *Ulmer*, FS Schmidt-Rimpler, 1957, S. 261, 262; *Wiedemann*, Die Übertragung und Vererbung von Mitgliedschaftsrechten bei Handelsgesellschaften, S. 109; *Wirth*, DB 1992, 617, 618, Fn. 14, m.w.N.; noch weitergehend: *Kerber*, WM 1990, 789, 792, der vinkulierte Anteile nicht für fungibel hält.

[72] Weiterhin für die Notwendigkeit von Fungibilitätserklärungen für die Zulassung vinkulierter Anteile zum Börsenhandel: *Ekkenga*, in: Münchener Kommentar z. HGB, Effektengeschäft, Rn. 25, der eine Erklärung der Gesellschaft für notwendig erachtet, die Zustimmung nur bei Vorliegen eines sachlichen Grundes zu verweigern; ähnl. *Groß*, in: Kapitalmarktrecht, §§ 1–12 BörsZulV, Rn. 10; *Groß*, in: Marsch-Barner/Schäfer, Hdb börsennotierte AG, § 9, Rn. 25; *Schanz*, Börseneinführung, § 3, Rn. 170.

[73] *Bayer*, in: Münchener Kommentar z. AktG, § 68, Rn. 79; *Eder*, NZG 2004, 107, 109; *Lutter/Drygala*, in: Kölner Kommentar z. AktG, § 68, Rn. 80; *Modlich*, DB 2002, 671, 673; *Sailer-Coceani*, in: Münchener Hdb des GesR, Bd. 4, § 14, Rn. 8; *Schlitt*, AG 2003, 57, 61.

[74] *Merkt*, in: Großkommentar z. AktG, § 68, Rn. 234, m.w.N.; *Schlitt*, AG 2003, 57, 61.

Ebene wird gemäß Art. 51 Abs. 1 MiFID II[75] ein effizienter und freier Handel erstrebt[76]. Eine Zulassung vinkulierter Anteile zum Börsenhandel darf gemäß § 5 Abs. 2 Nr. 2 BörsZulV nur erfolgen, wenn der Börsenhandel durch das Zustimmungserfordernis nicht beeinträchtigt wird.[77] Dabei hat die Börsenzulassungsstelle einen Ermessensspielraum bezüglich ihrer Bewilligung für die Börsenzulassung vinkulierter Anteile.[78] Die Börsenzulassungsstelle kann folglich entscheiden, ob sie die vinkulierten Anteile überhaupt zum Handel zulässt. Die Zulassung vinkulierter Anteile wird die Zulassungsstelle jedoch regelmäßig nur dann vornehmen, wenn die Verfügungsbeschränkung nicht zu einer Bremse des Kapitalmarktes führt. Daher verlangen die Börsen für die Zulassung von Namensaktien oftmals blanko indossierte Anteile, um eine mögliche Einschränkung der Übertragbarkeit von vornherein zu umgehen.[79] Die Zulassungsstelle erhofft sich dadurch, die Fungibilität der Anteile sowie das Funktionieren der Sekundärmärkte zu sichern.[80] Sofern heute noch Fungibilitätserklärungen gegenüber der Börse abgegeben werden, sollen darin „verkappte Pauschalzustimmungen" liegen.[81] Dem kann jedoch nicht gefolgt werden. Der Unterschied zwischen beiden liegt in der Bedeutung der Tragweite der Erklärung. Während sich der Vorstand durch die Erteilung einer Pauschalzustimmung vorab mit der Übertragung der Anteile einverstanden erklärt, stellt eine Fungibilitätserklärung nur eine schuldrechtliche Verpflichtung der Gesellschaft gegenüber der Börsenzulassungsstelle dar[82], die Zustimmung nur in Ausnahmefällen zu verweigern. Ein Vertrag zugunsten Drit-

---

75 Richtlinie 2014/65/EU des europäischen Parlaments und des Rates vom 15. Mai 2014 über Märkte für Finanzinstrumente sowie zur Änderung der Richtlinien 2002/92/EG und 2011/61/EU.
76 *Lutter/Bayer/J. Schmidt*, Europäisches Unternehmens- und Kapitalmarktrecht, 32.45.
77 *Groß*, in: Kapitalmarktrecht, §§ 1–12 BörsZulV, Rn. 9; *Schanz*, Börseneinführung, § 3, Rn. 170; *Schlüter*, Börsenhandelsrecht, S. 58.
78 *Merkt*, in: Großkommentar z. AktG, § 68, Rn. 239.
79 Siehe § 17 Abs. 2 der Bedingungen für Geschäfte an der Frankfurter Wertpapierbörse, Stand 26.06.2017; für die Blankoindossierung vinkulierter Anteile auch *Heißel/Kienle*, WM 1993, 1909 f.; *Schanz*, Börseneinführung, § 3, Rn. 171; *Schlüter*, Börsenhandelsrecht, S. 58.
80 *Heidelbach*, in: Schwark/Zimmer, Kapitalmarktrecht, § 5 BörsZulV, Rn. 1.
81 *Nodoushani*, ZGR 2014, 829, 838, 839.
82 *Hefermehl/Bungeroth*, in: G/H/E/K, AktG, § 68, Rn. 161; *Lutter*, AG 1992, 369, 371 f.; *Wiedemann*, Die Übertragung und Vererbung von Mitgliedschaftsrechten bei Handelsgesellschaften, S. 109; *Wirth*, DB 1992, 617, 620.

ter, etwa der Aktionäre, liegt in dieser Erklärung nicht.[83] Daher geht es bei den Fungibilitätserklärungen allein darum, den Anforderungen des § 5 Abs. 2 Nr. 2 BörsZulV zu genügen. Folglich kommen auch keine individuellen Schadensersatzansprüche der Aktionäre in Betracht, falls der Vorstand die Zustimmung trotz Fungibilitätserklärung regelmäßig verweigert.[84] In diesem Fall droht jedoch gemäß § 39 Abs. 1 BörsG das scharfe Schwert des Delistings.[85]

2. Zugang der Pauschalzustimmung bei Unkenntnis des Veräußerers und des Erwerbers

Der Zugang der Zustimmung zur Anteilsübertragung ist bei einer Mitteilung gegenüber der Börsenzulassungsstelle nicht gewährleistet, da die Einwilligung hier nur unmittelbar gegenüber der Börsenzulassungsstelle erklärt wird. Ferner stellt sich das Problem, dass der Gesellschaft der Veräußerer oder Erwerber als Erklärungsempfänger bekannt sein muss.

a) Die Börse als Stellvertreterin des Erklärungsempfängers

Zum Teil wurde vorgeschlagen, ein auftretendes Zugangsproblem dadurch zu lösen, dass die Zustimmungserklärung des Vorstands zunächst von den Geschäftsführern der Börse als vollmachtlose Vertreterin angenommen wird.[86] Der Erwerber soll dann die vollmachtlose Vertretung bei einem späteren Erwerb genehmigen.[87] Als Vorlage hierfür soll das sogenannte „Future-Pledgee-Konzept" dienen[88], welches eine unmittelbare

---

83 Ebenso *Hefermehl/Bungeroth*, in: G/H/E/K, AktG, § 68, Rn. 163; *Lutter*, AG 1992, 369, 372; Wirth, DB 1992, 617, 619; a.A. *Wiedemann*, Die Übertragung und Vererbung von Mitgliedschaftsrechten bei Handelsgesellschaften, S. 109 ff., der im Ergebnis eine drittschützende Wirkung der Fungibilitätserklärung bejaht.
84 Für einen Schadensersatzanspruch des Aktionärs wegen eines venire contra factum proprium im Falle der Zustimmungsverweigerung aber *Degner*, Die vinkulierte Versicherungsaktie im Börsenhandel, S. 115 ff., 118; ebenso *Otto*, DB 1988, Beilage 12, S. 1, 7.
85 Gemäß § 39 Abs. 1 BörsG kann die Geschäftsführung die Zulassung von Wertpapieren zum Handel im regulierten Markt widerrufen, wenn ein ordnungsgemäßer Börsenhandel auf Dauer nicht mehr gewährleistet ist.
86 *Nodoushani*, ZGR 2014, 809, 829, 838.
87 *Nodoushani*, ZGR 2014, 809, 829, 838.
88 *Nodoushani*, ZGR 2014, 809, 829, 838.

Erster Teil: Legitimation einer Pauschalzustimmung

Stellvertretung eines noch unbekannten Neukonsorten durch den Altkonsorten im Rahmen einer Pfandrechtsbestellung vorsieht[89].

Dieses Konzept vermag für den Zugang einer Pauschalzustimmung jedoch nicht zu überzeugen. Zwar muss der Vertretene bei einer Stellvertretung ähnlich wie bei einem Angebot zu einem Vertragsschluss mit einer im Zeitpunkt der Angebotsabgabe noch nicht feststehenden Person[90] bei Vornahme des Geschäfts durch den Vertreter noch nicht konkret feststehen.[91] Vielmehr genügt es, wenn der Vertretene später bestimmt wird, sofern der Geschäftspartner auf seinen Schutz durch das Offenkundigkeitsprinzip verzichtet.[92] Da die Erklärung des Vorstands aber erst bei Genehmigung durch den Vertretenen wirksam wird und der Erwerber somit zu diesem Zeitpunkt feststeht, stellt die Zustimmungserteilung gegenüber der Börsenzulassungsstelle als vollmachtlose Vertreterin im Ergebnis keine Pauschalzustimmung dar, sondern entpuppt sich als Individualzustimmung. Der Vertretene wird die Vertretung nämlich erst genehmigen, wenn er bereits konkret zum Verkauf der Anteile an der Börse entschlossen ist. Zustimmungserklärung und Anteilsveräußerung fallen also zeitlich eng zusammen. Zwar ordnen §§ 177 Abs. 1, 184 Abs. 1 BGB grundsätzlich die Rückwirkung der Genehmigung im Rahmen der Stellvertretung an; die uneingeschränkte Rückwirkung gilt aber nur für Verpflichtungsgeschäfte und nicht für Verfügungsgeschäfte.[93] Die Pauschalzustimmung kann damit nicht ex tunc wirksam werden, da eine Rückwirkung der Genehmigung aufgrund der zunächst mangelnden Bestimmtheit der Zustimmungserklärung gerade ausgeschlossen ist[94]. Eine vom Vorstand erteilte Pauschalzustimmung ist im Ergebnis somit schwebend unwirksam, da nicht hinreichend bestimmt genug und sie transformiert

---

89 Ausführlich zum *„Future-Pledge-Konzept"*: *Bleifeld*, Akzessorische Kreditsicherheiten im Rahmen von syndizierten Krediten, S. 176 ff.; *Förl*, RNotZ 2007, 433 ff.
90 BGH Urt. v. 7.11.2001 – VIII ZR 13/01, NJW 2002, 363, 364.
91 BGH Urt. v. 23.06.1988 – III ZR 84/87, NJW 1989, 164, 166.
92 *Schilken*, in: Staudinger, BGB, Vorbem. zu §§ 164 ff., Rn. 35a, m.w.N.; *Schubert*, in: Münchener Kommentar z. BGB, § 164, Rn. 123.
93 *Bleifeld*, Akzessorische Kreditsicherheiten im Rahmen von syndizierten Krediten, S. 187 ff.
94 *Bleifeld*, Akzessorische Kreditsicherheiten im Rahmen von syndizierten Krediten, S. 191 sowie *K. Schmidt*, JuS 1987, 425, 431, die beide eine Rückwirkung bei der Stellvertretung unbekannter Dritter i.R.v. Verfügungsgeschäften verneinen. Aufgrund der oben beschriebenen Nähe der Zustimmungserklärung zur Verfügung ist die Pauschalzustimmung im Zeitpunkt der Vornahme der Erteilung gegenüber der Börse aufgrund der fehlenden Kenntnis des Veräußerers oder Erwerbers zu unbestimmt.

sich im Zeitpunkt der Genehmigung des Vertretenen zu einer wirksamen Individualzustimmung. Wegen der fehlenden Rückwirkung kommt die Pauschalzustimmung als gezieltes Instrument zur Anteilssteuerung mit dem „Future-Pledgee-Konzept" somit nicht zum Tragen. Eine Pauschalzustimmung gegenüber der Börse als zunächst vollmachtlose Vertreterin ist für die Gesellschaft im Ergebnis wertlos. Das „Future-Pledgee-Konzept" bietet lediglich eine weitere Option, einen ungestörten Börsenhandel mit vinkulierten Anteilen zu ermöglichen.

Zudem ist zweifelhaft, ob die Zulassungsstelle mit der Erklärung ihr gegenüber überhaupt einverstanden ist. Das Konzept des vollmachtlosen Vertreters mag sich bei Aktienverpfändungen durch Kreditinstitute großer Beliebtheit erfreuen.[95] Im Gegensatz zur Börsenzulassungsstelle, die als öffentlich-rechtliche Einrichtung[96] primär öffentlich-rechtliche Interessen verfolgt[97], haben die Kreditinstitute aber von vornherein ein höheres Eigeninteresse an der Abwicklung des Geschäfts. Das öffentliche Interesse der Börse umfasst die Funktionsfähigkeit des Börsenhandels, was für ein gewisses Interesse der Börse an den oben beschriebenen Fungibilitätserklärungen spricht. Die Verantwortung, die sich aus einer vollmachtlosen Stellvertretung ergeben kann, wird aber regelmäßig nicht im Sinne der Zulassungsstelle sein.

b) Die Aktionärsrechterichtlinie II als Wegbereiter für den Zugang der Pauschalzustimmung in der börsennotierten AG

Die Herausforderung für den Vorstand, sämtliche Erklärungsempfänger der Pauschalzustimmung zu erreichen, hat sich mit der Umsetzung der neuen Aktionärsrechterichtlinie II (folgend: AR-RL II) zum 1.01.2020 weitestgehend erübrigt. Die Richtlinie behandelt unter anderem die Identifizierung der Aktionäre sowie die Übermittlung von Informationen der Gesellschaft an den Aktionär.[98] So heißt es im Erwägungsgrund Nr. 4 der

---

95 Dazu *Förl*, RNotZ 2007, 433, 434.
96 *Beck*, in: Schwark/Zimmer, Kapitalmarktrecht, § 2 BörsG, Rn. 35 f.; *Groß*, in: Kapitalmarktrecht, Vorbem. BörsG, Rn. 26.
97 *Kümpel/Hammen*, in: Börsenrecht – Eine systematische Darstellung, S. 104.
98 RICHTLINIE (EU) 2017/828 DES EUROPÄISCHEN PARLAMENTS UND DES RATES vom 17. Mai 2017 zur Änderung der Richtlinie 2007/36/EG im Hinblick auf die Förderung der langfristigen Mitwirkung der Aktionäre, Artikel 3a; ausführlich zu den Vorgaben der reformierten Aktionärsrechterichtlinie im Hinblick auf die Identifikation der Aktionäre, *Eggers/de Raet*, AG 2017, 464 ff.

AR-RL II: *"Die personenbezogenen Daten der Aktionäre werden gemäß diesem Artikel verarbeitet, um die Gesellschaft in die Lage zu versetzen, ihre derzeitigen Aktionäre zu identifizieren, um direkt mit diesen zu kommunizieren, damit die Ausübung von Aktionärsrechten und die Zusammenarbeit der Aktionäre mit der Gesellschaft erleichtert werden."*[99]

Dies bestätigt, dass der Kommunikationsaustausch zwischen Gesellschaft und Aktionären an Bedeutung gewinnt. Der Vorstand hat in Zukunft einen Informationsanspruch gegenüber den Intermediären hinsichtlich der Identität der Aktionäre.[100] Der vom Bundesjustizministerium am 20.03.2019 veröffentliche Referentenentwurf zur Umsetzung der AR-RL II sieht in § 67 d Abs. 1 Satz 1 AktG-E den Informationsanspruch der Gesellschaft vor.[101] Bis zum 1.01.2020 schränkte § 67 Abs. 1 Satz 3 AktG, der die Möglichkeit zur Eintragung eines Legitimationsaktionärs vorsah, den uneingeschränkten Informationsaustausch zwischen Gesellschaft und wahrem Aktionär ein. Der Intermediär musste gemäß § 67 Abs. 4 Satz 1 AktG auf Anfrage der Gesellschaft die Angaben aus dem Aktienregister verschaffen. Der Eingetragene musste daraufhin der Gesellschaft Auskunft darüber leisten, ob er der rechtliche Eigentümer der Anteile ist oder nicht. Jedoch war die Weitergabe von Angaben zum Aktionär durch die Bank verboten, wenn der Kunde ausdrücklich widersprach.[102] Im Hinblick auf die Erteilung einer Pauschalzustimmung schaffte somit erst die Umsetzung der Richtlinie die sichere Möglichkeit, den Erklärungsempfänger zu identifizieren und dadurch einen wirksamen Zugang der Erklärung zu gewährleisten. Im Unterschied zum Intermediär trifft den Treuhänder dabei keine Pflicht zur Offenlegung des wirtschaftlichen Aktionärs.[103] Auf den Zugang einer Pauschalzustimmung hat dies keine Auswirkung, da hier der

---

99 RICHTLINIE (EU) 2017/828 DES EUROPÄISCHEN PARLAMENTS UND DES RATES vom 17. Mai 2017 zur Änderung der Richtlinie 2007/36/EG im Hinblick auf die Förderung der langfristigen Mitwirkung der Aktionäre, Erwägungsgrund (4). Siehe zu dieser Thematik auch die Erwägungsgründe (5) bis (8).
100 Noack, NZG 2017, 561; *J. Schmidt*, NZG 2018, 1201, 1214; *Seulen*, DB 2018, 2915, 2919.
101 BMJV, Regierungsentwurf eines Gesetzes zur Umsetzung der zweiten Aktionärsrechterichtlinie (ARUG II) vom 20.03.2019; zur Definition des Intermediärs siehe Art. 2d AR-RL II bzw. § 67a Abs. 4 und Abs. 5 AktG.
102 Begr. RegE BT-Drs. 14/4051, S. 11; *Bayer*, in: Münchener Kommentar z. AktG, § 67, Rn. 119; *Lutter/Drygala*, in: Kölner Kommentar z. AktG, § 67, Rn. 109.
103 *J. Schmidt*, NZG 2018, 1201, 1216 mit Verweis auf den Referentenentwurf des BMJV vom 11.10.2018, S. 57.

Treuhänder regelmäßig als sachenrechtlicher Eigentümer Erklärungsempfänger ist.

Eine Einschränkung des Vorstehenden gilt nur bei Einführung eines Schwellenwerts durch den nationalen Gesetzgeber. Nach Art. 3a der AR-RL II besteht die Option, eine Informationspflicht des Intermediärs erst ab 0,5 % der Anteilsbeteiligung vorzusehen.[104] Bezüglich der Aktionäre, die weniger als 0,5 % der Anteile halten, könnte dann nur eine Individualzustimmung erteilt werden, sofern diese Aktionäre nicht im Aktienregister stehen und der Aktionär der Weitergabe seiner Angaben durch die Bank widerspricht. Jedoch hat der deutsche Gesetzgeber von dieser Möglichkeit keinen Gebrauch gemacht.[105] Vielmehr wird es den Gesellschaften freigestellt, eine Identifizierungsabfrage erst bei Überschreiten einer bestimmten Schwelle vorzunehmen.[106] Damit wurde der Weg für die Pauschalzustimmung als ein tragfähiges Konzept der Anteilssteuerung vollumfänglich geebnet.

II. Zugang der Pauschalzustimmung in der nichtbörsennotierten AG

In der nichtbörsennotierten AG stellt sich wegen des meist deutlich kleineren Gesellschafterkreises nur selten das Problem, dass die Erklärungsempfänger nicht ermittelt werden können. Ein gesetzlicher Informationsanspruch der nichtbörsennotierten Gesellschaft gegenüber Intermediären über die Identität ihrer Aktionäre besteht jedoch nicht. Zwar sah der Referentenentwurf des BMJV vom 11.10.2018 in § 67d Abs. 6 AktG-E auch für nichtbörsennotierte Gesellschaften die Möglichkeit vor, in der Satzung ein Recht der Gesellschaft auf die Identifizierung ihrer Aktionäre zu statuieren (sog. „opt-in")[107]; bereits der Regierungsentwurf vom 20.03.2019 nahm hiervon jedoch Abstand und strich die geplante Regelung. Als Begründung für die Anwendbarkeit der §§ 67a bis f AktG nur auf börsennotierte Aktiengesellschaften im Sinne des § 3 Abs. 2 AktG nennt der Regierungsentwurf zum einen den Anwendungsbereich der AR-RL II, die ihrerseits

---

104 Bedenken im Hinblick auf die Einführung eines Schwellenwertes durch den nationalen Gesetzgeber hegen *Eggers/de Raet*, AG 2017, 464, 467 f.
105 BMJV, Regierungsentwurf eines Gesetzes zur Umsetzung der zweiten Aktionärsrechterichtlinie (ARUG II) vom 20.03.2019, S. 73.
106 BMJV, Regierungsentwurf eines Gesetzes zur Umsetzung der zweiten Aktionärsrechterichtlinie (ARUG II) vom 20.03.2019, S. 73.
107 BMJV, Referentenentwurf eines Gesetzes zur Umsetzung der zweiten Aktionärsrechterichtlinie (ARUG II) vom 11.10.2018, S. 6.

Erster Teil: Legitimation einer Pauschalzustimmung

in Artikel 1 Abs. 1 und Abs. 5 eine Beschränkung auf Gesellschaften vorsieht, die ihren Sitz in einem Mitgliedstaat haben und deren Aktien zum Handel an einem in einem Mitgliedstaat gelegenen oder dort betriebenen Markt zugelassen sind.[108] Zum anderen soll die fehlende Anwendung der Vorschriften auf die nichtbörsennotierte Aktiengesellschaft aus dem korrespondierenden Anwendungsbereich der AR-RL II Durchführungsverordnung folgen.[109] Gerade für Publikumsgesellschaften mit einem weiten Gesellschafterkreis, die im Freiverkehr notiert sind oder ein Delisting vollzogen haben, stellt sich damit weiterhin die Frage nach einer effektiven Möglichkeit der Identifizierung der Aktionäre.[110] Eine analoge Anwendung von § 67d Abs. 1 AktG auf die nichtbörsennotierte Aktiengesellschaft ist mangels Planwidrigkeit der Regelungslücke abzulehnen.

D. Bestimmtheit der Pauschalzustimmung

Die Bestimmtheit einer Globaleinwilligung wird von Rechtsprechung und Schrifttum mehrheitlich abgelehnt.[111]

---

108 BMJV, Regierungsentwurf eines Gesetzes zur Umsetzung der zweiten Aktionärsrechterichtlinie (ARUG II) vom 20.03.2019, S. 65.
109 BMJV, Regierungsentwurf eines Gesetzes zur Umsetzung der zweiten Aktionärsrechterichtlinie (ARUG II) vom 20.03.2019, S. 65.
110 Ähnlich: *Seulen*, DB 2018, 2915, 2919.
111 Für einen Verstoß gegen das Bestimmtheitsgebot: RG Urt. v. 31.03.1931 – II 222/30, RGZ 132, 149, 155 f. [Victoria]; *Bayer*, in: Münchener Kommentar z. AktG, § 68, Rn. 91; *Bezzenberger*, in: K. Schmidt/Lutter, AktG, § 68, Rn. 23a; *Buchetmann*, Die teileingezahlte Aktie, S. 109; *Cahn*, in: Spindler/Stilz, AktG, § 68, Rn. 66; *Degner*, Die vinkulierte Versicherungsaktie im Börsenhandel, S. 105 f.; *Gätsch*, in: Happ, AktR, Band I, 4.03, Rn. 4.1; *Gätsch*, in: Marsch-Barner/Schäfer, Hdb börsennotierte AG, § 5, Rn. 5.98; *Hefermehl/Bungeroth*, in: G/H/E/K, AktG, § 68, Rn. 112; *Lutter/Drygala*, in: Kölner Kommentar z. AktG, § 68, Rn. 86; *Schönhofer*, "Vinkulierungsklauseln" betreffend Übertragungen unter Lebenden von Namensaktien und GmbH-Anteilen unter besonderer Berücksichtigung der Rechtslage in der Schweiz und in Frankreich, S. 127 f.; *Mayer/Albrecht vom Kolke*, in: Hölters/Weber, AktG, § 68, Rn. 25; *Merkt*, in: Großkommentar z. AktG, § 68, Rn. 476, der sich auf zwei Gerichtsentscheidungen stützt, obwohl das Bestimmtheitsgebot dort keinen Einfluss auf die Entscheidung des Gerichts hatte.

I. Die Pauschalzustimmung als Verfügungsgeschäft

Sollte es sich bei der Zustimmungserteilung um eine Verfügung handeln, könnte der für sämtliche Verfügungsgeschäfte geltende Bestimmtheitsgrundsatz[112] anwendbar sein. Die rechtliche Qualifikation der Zustimmung muss daher zunächst geklärt werden, um Rückschlüsse auf die spezifischen Anforderungen an die Bestimmtheit der Zustimmungsentscheidung ziehen zu können.

1. Rechtliche Qualifikation der Zustimmung

Die Übertragung der Namensaktien erfolgt in der Regel durch Indossament oder durch Abtretung.[113] Die Zustimmung bezieht sich dabei auf die Übereignung der vinkulierten Anteile.[114] Bereits bei Erteilung der Zustimmung besteht somit eine Nähe zur Verfügung über den Anteil. Bei Verfügungsgeschäften muss eindeutig sein, worauf sich die Verfügung bezieht. Dingliche Rechte sind nur in Bezug auf individuell bestimmte Sachen möglich.[115] Bloße Bestimmbarkeit genügt hingegen bei der Forderungsabtretung.[116]

Nach einer Entscheidung des Reichsgerichts sind Einwilligung und Genehmigung zu einer Verfügung im Sinne der §§ 182 ff. BGB ihrerseits selbst Verfügungen.[117] Die Zustimmung als Oberbegriff von Einwilligung und Genehmigung wird hier als Verfügung gesehen.[118] Andere wiederum sehen in der Zustimmung selbst noch keine Verfügung, sondern vielmehr

---

112 Zum sachenrechtlichen Bestimmtheitsgrundsatz siehe *Klinck*, in: Staudinger, Eckpfeiler des Zivilrechts, S. 1274 f., m.w.N.
113 *Bayer*, in: Münchener Kommentar z. AktG, § 68, Rn. 30.
114 *Maul*, in Beck'sches Hdb AG, § 3, Rn. 42.
115 BGH Urt. v. 31.01.1979 – VIII ZR 93/78, NJW 1979, 976 f.
116 BGH Urt. v. 24.06.1958 – VIII ZR 205/57, NJW 1958, 1133, 1134; *Gaier*, in: Münchener Kommentar z. BGB, Einl. Sachenrecht, Rn. 21; *Roth/Kieninger*, in: Münchener Kommentar z. BGB, § 398, Rn. 137.
117 RG Urt. v. 25.11.1936 – V B15/36, RGZ 152, 380, 382.
118 Wie das RG, *Coing*, in: Staudinger, BGB, Einl. zu §§ 106 ff., Rn. 68; *Hübner*, in: Lehmann/Hübner, BGB AT, § 37, Rn. II, 4.

ein Hilfsgeschäft zu dieser.[119] Dennoch sollen bestimmte Regeln über die Verfügung auf die Zustimmung Anwendung finden.[120]

Vorzugswürdig ist es, zwischen Einwilligung und Genehmigung als Unterarten der Zustimmung[121] zu unterscheiden. Die Genehmigung selbst ist eine Verfügung, da sie ein schwebend unwirksames Geschäft wirksam macht. Die Einwilligung hingegen ist keine Verfügung, da ebenso wie bei der Vollmachtserteilung erst die spätere Verfügungshandlung die Rechtsänderung wirksam herbeiführt.[122] Nur, wenn die Einwilligung unwiderruflich erteilt wird, ist sie als Verfügung zu qualifizieren.[123] Vorschriften über Verfügungen sollten daher nur dann auf die Zustimmung angewandt werden, wenn die Zustimmung zu einem Rechtsverlust beim Veräußerer führt. Daran fehlt es bei der Zustimmung zur Übertragung vinkulierter Anteile im Falle einer Pauschalzustimmung. Eine Pauschalzustimmung wird in den meisten Fällen als vorherige Einwilligung erteilt werden. Dieser Vorgang führt für den Veräußerer aber noch nicht zum Rechtsverlust seines Eigentums an den Gesellschaftsanteilen. Erst die Übertragung der Anteile stellt den eigentlichen Verlust der Rechtsposition für den Veräußerer dar. Für die Globaleinwilligung ist damit nur eine *„vorsichtige Analogie"*[124] zu den Regeln über Verfügungen denkbar.

2. Konsequenzen

Fraglich ist, welche Konsequenzen sich daraus für den Bestimmtheitsgrundsatz ergeben. Zu unbestimmt kann der Inhalt eines Rechtsgeschäfts nur dann sein, wenn er sich nicht hinreichend abgrenzen lässt. Die Zustimmung kann nicht uneingeschränkt dem strengen sachenrechtlichen Bestimmtheitsgrundsatz unterliegen. Denn Zweck des Bestimmtheitsgrundsatzes ist nicht nur die eindeutige Zuordnung von Sachen, sondern er dient auch dazu, die *„Ernsthaftigkeit des Verfügungswillens auf Ver-*

---

119 *Frensch*, in: P/W/W, BGB, § 182, Rn. 3; *Gursky*, in: Staudinger, BGB, Vorbem. § 182, Rn. 48; *Leptien*, in: Soergel, BGB, Vorbem. § 182, Rn. 3.
120 *Frensch*, in: P/W/W, BGB, § 182, Rn. 3; *Staffhorst*, in: H/H/M/N, BGB, § 182, Rn. 10.
121 *Bayreuther*, in: Münchener Kommentar z. BGB, Vorbem. § 182, Rn. 2; *Müller*, in: Erman, BGB, Einl. § 104, Rn. 25.
122 Ebenso *Müller*, in: Erman, BGB, Einl. § 104, Rn. 25.
123 *Frensch*, in: P/W/W, BGB, § 182, Rn. 3; *Gursky*, in: Staudinger, BGB, Vorbem. § 182, Rn. 48.
124 Ebenso *Müller*, in: Erman, BGB, Einl. § 104, Rn. 25.

äußererseite"[125] zum Ausdruck zu bringen. Diesen Verfügungswillen kann der Zustimmende im Fall der Einwilligung aber nicht haben, da durch diese noch kein Rechtsgeschäft vorgenommen wird, welches zu einem Rechtsverlust führt. Dennoch muss sich auch eine Pauschalzustimmung in Form der Einwilligung bereits auf ein bestimmtes Rechtsgeschäft beziehen. Anders als die Abstraktheit des schuldrechtlichen Grundgeschäfts von der Zustimmung, besteht eine untrennbare Nähe der Zustimmung zur Verfügung. Die Zustimmung muss mit dem Hauptgeschäft korrespondieren.[126] Gleichwohl bedeutet dies nicht, das Rechtsgeschäfts müsse stets hinreichend konkretisiert und die Person des Erwerbers genau bezeichnet sein. Erklärt der Vorstand, er sei mit der Veräußerung der Anteile in allen Fällen einverstanden, genügt die Erklärung sogar dem sachenrechtlichen Bestimmtheitsgebot.[127] Bei der Übereignung einer Sachgesamtheit erfordert der sachenrechtliche Bestimmtheitsgrundsatz, dass aufgrund einfacher äußerer Abgrenzungskriterien für jeden, der die Parteiabrede kennt, ohne weiteres ersichtlich ist, welche individuell bestimmten Sachen übereignet worden sind.[128] Der vorliegende Fall der Erteilung einer Pauschalzustimmung weist sogar einen höheren Bestimmtheitsgrad auf als derjenige, in dem Waren aus einer Sachgesamtheit übereignet werden. Denn für jedermann, der die Zustimmungserklärung kennt, ist objektiv erkennbar, auf welche Übertragungen sich die Zustimmung erstreckt – nämlich auf sämtliche Veräußerungen vinkulierter Anteile an der Gesellschaft.[129] Einer weiteren Eingrenzung und Kennzeichnung zur Wahrung des Publizitätsprinzips bedarf es für die Pauschalzustimmung zur Übertragung vinkulierter Aktien nicht.[130] Da sie damit sogar dem „strengen" sachenrechtlichen Bestimmtheitsgebot genügt, braucht nicht abschließend geklärt zu werden, in welchem Umfang das Bestimmtheitsgebot für die Einwilligung gilt.[131]

---

125 *Oechsler*, in: Münchener Kommentar z. BGB, § 929, Rn. 6.
126 *Gursky*, in: Staudinger, BGB, Vorbem. § 182, Rn. 37.
127 Ebenso *Nodoushani*, ZGR 2014, 809, 820 ff.
128 BGH Urt. v. 31.01.1979 – VIII ZR 93/78, NJW 1979, 976 f.; BGH Urt. v. 13.01.1992 – II ZR 11/91, NJW 1992, 1161, m.w.N.; BGH Urt. v. 03.07.2000 – II ZR 314/98, NJW 2000, 2898.
129 Ebenso *Nodoushani*, ZGR 2014, 809, 820 ff.
130 Zum sachenrechtlichen Bestimmtheitsgebot bei der außerbörslichen Übertragung von Namensaktien siehe *Iversen*, AG 2008, 736 ff., der es für die Aktie als Mitgliedschaftsrecht im Grundsatz ausreichen lässt, wenn Inhaber, Anteile und die Gesellschaft feststehen.
131 Das Schuldrecht etwa kennt den Bestimmtheitsgrundsatz in dieser strengen Form nicht – dennoch ist auch hier anerkannt, dass die zentralen Vertragsbestandteile im Zeitpunkt des Vertragsschlusses vorliegen müssen (essentialia ne-

II. Gesellschaftsrechtliche Bedenken gegen die Pauschalzustimmung

Nach vereinzelter Meinung im Schrifttum widerspricht die Erteilung einer Pauschalzustimmung Sinn und Zweck der Vinkulierung.[132] Diese Ansicht begründet die Unwirksamkeit einer Pauschalzustimmung nicht mit zivilrechtlichen Argumenten, sondern sieht diese in der Vinkulierung selbst angelegt. Jedoch lässt sich § 68 Abs. 2 Satz 2 AktG eine Begrenzung hinsichtlich Reichweite und Umfang der Zustimmungserklärung nicht entnehmen. Auch teleologische Aspekte vermögen die Unwirksamkeit einer abgegebenen Pauschalzustimmung nicht zu begründen. Gemäß § 111 Abs. 4 Satz 2 AktG können Satzung oder Aufsichtsrat vorsehen, dass bestimmte Geschäfte des Vorstands nur mit Zustimmung des Aufsichtsrats vorgenommen werden dürfen.[133] Ein entsprechender Zustimmungsvorbehalt beschränkt jedoch nur die Geschäftsführungsbefugnis des Vorstands und lässt das Außenverhältnis unberührt.[134] Betrachtet man die gesetzliche Regelung des § 68 Abs. 2 Satz 2 AktG, enthält diese keine solche ausdrückliche Beschränkung der Zuständigkeit des Vorstands. Eine solche Regelung wäre aber in § 68 Abs. 2 Satz 2 AktG zwingend erforderlich gewesen, wenn man den Vorstand zumindest in seiner Geschäftsführung hätte beschränken wollen. Nur durch einen ausdrücklichen Zustimmungsvorbehalt unter Angabe der konkreten Geschäfte[135] wird sichergestellt, dass der Vorstand nicht über die Maße in seiner Leitungsautonomie beschränkt wird.[136] Dem Vorstand kann nicht zugemutet werden, vor jeder

---

gotii), was letztendlich auf dasselbe hinausläuft, vgl. BGH Urt. v. 19.04.2002 – V ZR 90/01, DNotZ 2002, 937, 939.

132 *Gätsch*, in: Marsch-Barner/Schäfer, Hdb börsennotierte AG, § 5, Rn. 5.98; *Merkt*, in: Großkommentar z. AktG, § 68, Rn. 474 f.; in diese Richtung auch *Hefermehl/Bungeroth*, in: G/H/E/K, AktG, § 68, Rn. 112.

133 Eingehend, OLG Stuttgart Hinweisbeschl. v. 28.05.2013 – 20 U 5/12, BeckRS 2013, 12075; LG München Beschl. v. 27.02.2017 – 5 HK O 14748/16, BeckRS 2017, 107418; *Habersack*, in: Münchener Kommentar z. AktG, § 111, Rn. 113; *Koch*, in: Hüffer/Koch, AktG, § 111, Rn. 58.

134 *Habersack*, in: Münchener Kommentar z. AktG, § 111 Rn. 147, m.w.N.; *Hopt/Roth*, in: Großkommentar z. AktG, § 111, Rn. 702.

135 LG München I, Beschl. v. 27.02.2017 – 5 HK O 14748/16, BeckRS 2017, 107418, das Gericht erachtet Generalklauseln wie „alle wesentlichen Geschäfte" für zu unbestimmt, es sei denn es findet sich eine bespielhafte Aufzählung der Geschäfte.

136 *Brouwer*, Zustimmungsvorbehalte des Aufsichtsrats im Aktien- und GmbH-Recht, S. 122, der die Vorschrift des § 111 Abs. 4 Satz 2 AktG als gesetzliches Bestimmtheitserfordernis qualifiziert, durch das der Vorstand in seiner Leitungsautonomie geschützt werden soll.

rechtlich erheblichen Handlung zu dechiffrieren, ob er geschäftsführungsbefugt ist oder nicht.[137] Auch die Systematik des § 68 Abs. 2 AktG mit der Möglichkeit des Zustimmungsvorbehalts gemäß § 68 Abs. 2 Satz 3 spricht dafür, dass der Vorstand in seiner Zustimmungsentscheidung innerhalb der Grenzen seiner Sorgfaltspflicht frei ist, solange die Satzung einen Zustimmungsvorbehalt der Hauptversammlung nicht ausdrücklich vorsieht.[138]

E. Ergebnis

Der Vorstand einer Aktiengesellschaft kann gemäß § 68 Abs. 2 AktG eine Pauschalzustimmung zur Übertragung vinkulierter Anteile im Außenverhältnis stets wirksam erteilen. Sieht die Satzung gemäß § 68 Abs. 2 Satz 3 AktG einen Zustimmungsvorbehalt der Hauptversammlung oder des Aufsichtsrats vor, bezieht sich dieser allein auf das Innenverhältnis. Eine ungeschriebene Zuständigkeit der Hauptversammlung zur Zustimmungserteilung besteht selbst im Falle eines qualifizierten Mehrheitserwerbs nicht. Für den wirksamen Zugang einer Pauschalzustimmung genügt es, wenn diese entweder gegenüber dem Veräußerer oder dem Erwerber erteilt wird. Probleme beim Zugang der Pauschalzustimmung zur Übertragung börsennotierter Anteile haben sich mit der Umsetzung der neuen Aktionärsrechterichtlinie II[139] zum 1.01.2020 weitestgehend erledigt. Börsennotierte Aktiengesellschaften haben nun gemäß § 67d Abs. 1 AktG einen Anspruch gegenüber den Intermediären auf Identifizierung ihrer Aktionäre.

---

137 *Götz*, ZGR 1990, 633, 640, Vermeidung von „Grauzonen"; ebenso *Brouwer*, Zustimmungsvorbehalte des Aufsichtsrats im Aktien- und GmbH-Recht, S. 122.
138 Eindeutig die Begr. RegE eines Aktiengesetzes, BT-Drs. IV/171, S. 117, zum damaligen § 65 Abs. 2 AktG: *„In Rechtsprechung und Schrifttum ist streitig, ob auch dann, wenn nach der Satzung Aufsichtsrat oder Hauptversammlung über die Zustimmung zu entscheiden haben, eine vom Vorstand erteilte Zustimmung für alle Beteiligten bindend ist. Der Entwurf greift diese Zweifelsfrage auf und bestimmt im Anschluß an die überwiegende Ansicht, daß die Zustimmungserklärung des Vorstands auch dann nach außen wirksam ist, wenn die nach der Satzung erforderliche Entscheidung der Hauptversammlung oder des Aufsichtsrats nicht vorliegt oder anders lautet. Bestimmt die Satzung nicht, welches Organ über die Erteilung der Zustimmung beschließt, so ist der Vorstand dafür auch im Innenverhältnis zuständig."*; wie hier auch *Lieder*, TFM 2015, 133, 140.
139 RICHTLINIE (EU) 2017/828 DES EUROPÄISCHEN PARLAMENTS UND DES RATES vom 17. Mai 2017 zur Änderung der Richtlinie 2007/36/EG im Hinblick auf die Förderung der langfristigen Mitwirkung der Aktionäre.

Erster Teil: Legitimation einer Pauschalzustimmung

Diese Vorschrift ist auf die nichtbörsennotierte Aktiengesellschaft mangels Planwidrigkeit der Regelungslücke nicht analog anwendbar. Jedoch ist der Gesellschafterkreis hier oftmals überschaubarer, weshalb der konkrete Inhaber vinkulierter Anteile regelmäßig bekannt oder zumindest leicht feststellbar sein wird. Die Pauschalzustimmung ist bestimmt genug, da objektiv für jedermann erkennbar ist, welche Anteile von ihr umfasst sind.

§ 3 Die Wirksamkeit einer Pauschalzustimmung in der GmbH

Anders als im Aktiengesetz ist in § 15 Abs. 1 GmbHG die freie Veräußerlichkeit und Vererblichkeit des Geschäftsanteils ausdrücklich kodifiziert.[140] Jedoch kann der Gesellschaftsvertrag die Abtretung der Geschäftsanteile gemäß § 15 Abs. 5 GmbHG an weitere Voraussetzungen knüpfen. Die Einführung einer Verfügungsbeschränkung ist somit auch in der GmbH möglich.[141] Da der Gesellschafterkreis hier meist deutlich überschaubarer ist als in der Aktiengesellschaft, kommt dem einzelnen Gesellschafter von Grund auf ein besonderer Stellenwert zu. Daher wundert es nicht, dass fast 75 Prozent der Satzungen von GmbHs eine Vinkulierungsklausel aufweisen.[142] Bei GmbHs mit mehreren Gründern finden sich Vinkulierungsklauseln sogar in 97 Prozent der Fälle.[143] Eine Pauschalzustimmung des Geschäftsführers zur Übertragung vinkulierter Anteile wird ebenso wie in der AG entweder für unwirksam oder zumindest für unzulässig erachtet.[144]

---

140 *Heckschen/Weitbrecht*, NZG 2019, 721, 722.
141 Ganz h.M., *Blasche*, RNotZ 2013, 515; *Loritz*, NZG 2007, 361; *Löbbe*, in: H/C/L, GmbHG, § 15, Rn. 220; *Pahnke*, Die Grenzen des Gesellschafterschutzes durch Vinkulierung von GmbH-Geschäftsanteilen, S. 13; *Reichert/Weller*, in: Münchener Kommentar z. GmbHG, § 15, Rn. 358; *Völker*, Die Vinkulierung von GmbH-Geschäftsanteilen, S. 27 ff.
142 *Bayer/Hoffmann/ J. Schmidt*, GmbHR 2007, 953, 955, darauf bezugnehmend, *Seibt*, in: Scholz, GmbHG, § 15, Rn. 107.
143 *Bayer/Hoffmann/ J. Schmidt*, GmbHR 2007, 953, 956.
144 Für die Unzulässigkeit einer Pauschalzustimmung: *Altmeppen*, in: Altmeppen, GmbHG, § 15, Rn. 106; *Ebbing*, in: Michalski u.a., GmbHG, § 15, Rn. 140; *Löbbe*, in: H/C/L, GmbHG, § 15, Rn. 239; für die Unwirksamkeit einer Pauschalzustimmung: *Bayer*, in: Lutter/Hommelhoff, GmbHG, § 15, Rn. 87; *Görner*, in: Rowedder/Schmidt-Leithoff, GmbHG, § 15, Rn. 175, 187; *Jasper*, in: Münchener Hdb des GesR, Bd. 3, § 24, Rn. 188; *Reichert/Weller*, in: Münchener Kommentar z. GmbHG, § 15, Rn. 397, die zwar von Unzulässigkeit sprechen, jedoch am Zugang der Pauschalzustimmung zweifeln; *Seibt*, in: Scholz, GmbHG, § 15,

A. Kompetenz zur Zustimmungserteilung

Wer in der GmbH für die Erteilung der Zustimmung zur Veräußerung vinkulierter Gesellschaftsanteile zuständig ist, ergibt sich regelmäßig aus dem Gesellschaftsvertrag.[145]

I. Zuständigkeit des Geschäftsführers

Schweigt der Gesellschaftsvertrag über die Zuständigkeit, soll nach einer heute nur noch vereinzelt vertretenen Ansicht der Geschäftsführer einer GmbH im Außenverhältnis keine wirksame Zustimmung zur Anteilsübertragung erteilen können.[146] Nach dieser Meinung stellt die Zustimmung einen internen Sozialakt dar, weshalb sie nicht von der Vertretungsmacht erfasst sein soll.[147] Der Geschäftsführer soll die Erteilung der Zustimmung im Außenverhältnis noch nicht einmal vollziehen dürfen.[148] Vielmehr soll auch dieser Akt alleine den Gesellschaftern gebühren.[149] Diese Ansicht entspricht der früher im Aktienrecht vertretenen Auffassung, wonach die Genehmigung gemäß § 68 Abs. 2 AktG nicht der organschaftlichen Vertretungsmacht nach § 82 Abs. 1 AktG unterfallen soll.[150] Da die Zustimmung zur Anteilsübertragung trotz ihrer Eigenschaft als Grundlagengeschäft das Außenverhältnis betrifft[151], ist sie mit der vorzugswürdigen Auffassung aber zur organschaftlichen Vertretungsmacht des Geschäftsführers zu zählen[152]. Demnach ist der Geschäftsführer zur Erteilung der Zustimmung im

---

Rn. 132; *Verse*, in: Henssler/Strohn, GesR, § 15 GmbHG, Rn. 95; a.A.: *Nodoushani*, ZGR 2014, 809, 814 f.
145 *Seibt*, in: Scholz, GmbHG, § 15, Rn. 122.
146 *Seibt*, in: Scholz, GmbHG, § 15, Rn. 121, der die Genehmigung dem internen Gesellschaftsverhältnis zuordnet; ebenso *Beurskens*, in: Noack/Servatius/Haas, GmbHG, § 35, Rn. 6; früher: *Immenga*, Die personalistische Kapitalgesellschaft, S. 80; *Meyer-Landrut*, in: M-L/M/N, GmbHG, § 15 Rn. 14.
147 *Immenga*, Die personalistische Kapitalgesellschaft, S. 80; *Meyer-Landrut*, in: M-L/M/N, GmbHG, § 15, Rn. 14.
148 *Immenga*, Die personalistische Kapitalgesellschaft, S. 80.
149 *Immenga*, Die personalistische Kapitalgesellschaft, S. 80.
150 Siehe oben, § 2 B II.
151 *Ebbing*, in: Michalski u.a., GmbHG, § 15, Rn. 143; *Löbbe*, in: H/C/L, GmbHG, § 15, Rn. 244; *Wiedemann*, Die Übertragung und Vererbung von Mitgliedschaftsrechten bei Handelsgesellschaften, S. 104.
152 Vgl. statt aller *Ebbing*, in: Michalski u.a., GmbHG, § 15, Rn. 143, m.w.N. zur Rspr. und h.L.

Erster Teil: Legitimation einer Pauschalzustimmung

Außenverhältnis befugt, wenn der Gesellschaftsvertrag die Zustimmung durch den Geschäftsführer bzw. die Gesellschaft vorsieht[153] oder der Gesellschaftsvertrag zur Kompetenz für die Zustimmungserteilung im Außenverhältnis schweigt[154].

II. Zuständigkeit der Gesellschafterversammlung im Außenverhältnis

Existiert eine Regelung in der Satzung, wonach die Gesellschafter die Zustimmung erteilen, soll hierin eine originäre, selbstständige und von der Zustimmung der Gesellschaft verschiedene Abtretungsvoraussetzung liegen.[155] Anders als ein Zustimmungsvorbehalt durch die Hauptversammlung gemäß § 68 Abs. 2 Satz 3 AktG, der sich nur auf die Geschäftsführungsbefugnis auswirkt, soll der Beschluss durch die Gesellschafterversammlung einer GmbH Voraussetzung für die wirksame Übertragung des Anteils sein.[156] Selbige Erwägungen sollen für die statutarische Verlagerung der Zustimmungsentscheidung auf einen Aufsichtsrat oder Beirat

---

153 *Bayer*, in: Lutter/Hommelhoff, GmbHG, § 15, Rn. 77; *Reichert/Weller*, in: Münchener Kommentar z. GmbHG, § 15, Rn. 420; *Seibt*, in: Scholz, GmbHG, § 15, Rn. 123; *Servatius*, in: Noack/Servatius/Haas, GmbHG, § 15 Rn. 42.
154 *Löbbe*, in: H/C/L, GmbHG, § 15, Rn. 242.
155 *Ebbing*, in: Michalski u.a., GmbHG, § 15, Rn. 148; *Reichert/Weller*, in: Münchener Kommentar z. GmbHG, § 15, Rn. 423.
156 OLG Koblenz Urt. v. 12.01.1989 – U 1053/87, NJW-RR 1989, 1057; *Bayer*, in: Lutter/Hommelhoff, GmbHG, § 15, Rn. 78; *Ebbing*, in: Michalski u.a., GmbHG, § 15, Rn. 148; *Jasper*, in: Münchener Hdb des GesR, Bd. 3, § 24, Rn. 195; *Löbbe*, in: H/C/L, GmbHG, § 15, Rn. 249; *Pahnke*, Die Grenzen des Gesellschafterschutzes durch Vinkulierung von GmbH-Geschäftsanteilen, S. 47, 84 f.; *Reichert/Weller*, in: Münchener Kommentar z. GmbHG, § 15, Rn. 423; *K. Schmidt*, FS Beusch, 1993, S. 759, 763 ff.; *Seibt*, in: Scholz, GmbHG, § 15, Rn. 125, 130; *Völker*, Die Vinkulierung von GmbH-Geschäftsanteilen, S. 169 ff., der für die Geschäftsführer dabei regelmäßig eine stillschweigende Ermächtigung zur Erklärung im Außenverhältnis annimmt; a.A.: RG Urt. v. 10.6.1922 – I 484/21, RGZ 104, 413, 414 f.; RG Urt. v. 22.3.1939 – II 137/38, RGZ 160, 225, 231; *Altmeppen*, in: Altmeppen, GmbHG, § 15, Rn. 109; *Fischer*, ZHR 1968, 359, 367; *Wiedemann*, Die Übertragung und Vererbung von Mitgliedschaftsrechten bei Handelsgesellschaften, S. 101 ff.; *Wiedemann*, Gesellschaftsrecht I, S. 212, der annimmt, dass die einzelnen Mitglieder oder die Gesamtheit der Gesellschafter nie für die juristische Person handeln können; offenlassend: BGH Urt. v. 14.03.1988 – II ZR 211/87, NJW 1988, 2241, 2242 f.; offenlassend auch OLG Hamburg Urt. v. 5.06.1992 – 11 W 30/92, DB 1992, 1628.

gelten.¹⁵⁷ Eine Beschränkung auf das Innenverhältnis soll in diesem Fall nur in Betracht kommen, wenn mittels Auslegung festgestellt werden kann, dass es sich bei den entsprechenden Klauseln lediglich um eine innergesellschaftliche Voraussetzung handelt.¹⁵⁸

1. Trennung zwischen Innen- und Außenverhältnis

Die Bejahung einer Zuständigkeit der Gesellschafter im Außenverhältnis in dem Fall, dass die Satzung die Zustimmung durch die Gesellschafterversammlung vorsieht, überzeugt nicht. Gesellschaftsinterne Regelungen über die Zustimmungsbefugnis dürfen nicht mit der davon zu trennenden Kompetenz zur Erklärung der Entscheidung im Außenverhältnis verwechselt werden.

Sieht man die Gesellschafterversammlung als für die Erteilung der Zustimmung im Außenverhältnis zuständig an, müsste diese konsequenterweise Vertretungsmacht für die Gesellschaft haben. Denn bei der Zustimmungsentscheidung handelt es sich um eine Angelegenheit der Gesellschaft, mithin um einen Akt der Vertretung.¹⁵⁹ Die Annahme der Vertretungsmacht der Gesellschafterversammlung für die Gesellschaft steht dabei in Widerspruch zur Begründung zum Entwurf des GmbH-Gesetzes¹⁶⁰, wonach die Existenz eines ausreichenden Vertretungsorgans gesetzlich geregelt sein muss und nicht den Gesellschaftern als solchen übertragen werden kann. Ein solches Recht wäre nach dem Entwurf nur bei *streng* individualistischen Gesellschaftsformen möglich. Die Rechte und Pflichten der Geschäftsführer sollen sich nach dem gesetzgeberischen Willen daher nach den für das Aktienrecht geltenden Regelungen richten.¹⁶¹ Die von *Karsten Schmidt* als personengesellschaftsrechtlich bezeichnete Variante der

---

157 *Bayer*, in: Lutter/Hommelhoff, GmbHG, § 15, Rn. 81, m.w. Einzelheiten; für den Aufsichtsrat: *Falkner*, GmbHR 2008, 458, 459.
158 *Seibt*, in: Scholz, GmbHG, § 15, Rn. 125.
159 Ebenso *Altmeppen*, in: Altmeppen, GmbHG, § 15, Rn. 101, 109, *Servatius*, in: Noack/Servatius/Haas, GmbHG, § 15, Rn. 43.
160 Stenographisches Protokoll über die Verhandlungen des Reichstags, I. Session, 1890, 92, 12, S. 3731, 3732.
161 In diese Richtung argumentiert *Pahnke*, Die Grenzen des Gesellschafterschutzes durch Vinkulierung von GmbH-Geschäftsanteilen, S. 7, der das deutliche Übergewicht der kapitalistischen Elemente bei Regeln der Geschäftsführung, Gewinnverteilung, Willensbildung und Abtretung dahingehend deutet, dass die GmbH der Aktiengesellschaft deutlich nähersteht als der Kommanditgesellschaft.

Zustimmungserteilung durch die Gesellschafterversammlung[162] muss dem gesetzgeberischen Willen nach daher eine körperschaftliche Variante bleiben. Vorgeschlagen wird ein Rückgriff auf die Regelungen in § 68 Abs. 2 Satz 2 bzw. Satz 3 AktG.[163] In der Aktiengesellschaft bleibt es auch dann bei der Zuständigkeit des Vorstands zur Zustimmungserteilung, wenn die Satzung einen Beschluss der Hauptversammlung oder des Aufsichtsrats vorschreibt. Zwingend erforderlich ist die Heranziehung der aktienrechtlichen Regelung zur Zustimmungserteilung jedoch nicht. Bereits aus § 35 Abs. 2 GmbHG folgt, dass der Umfang der Vertretungsmacht des Geschäftsführers statutarisch nicht beschränkt werden kann.[164] Eine Satzungsregelung, wonach die Gesellschafterversammlung die Zustimmung erteilt, kann sich daher nicht zu der übergeordneten gesetzlichen Regelung über die Vertretungsmacht in Widerspruch setzen. Dass eine Beschränkung der Vertretungsmacht im GmbH-Recht systemfremd ist, bestätigt auch das Urteil des BGH zur Frage der analogen Anwendbarkeit des § 179 a AktG auf die GmbH.[165] Der BGH verneint eine Analogie und begründet dies insbesondere damit, dass eine Beschränkung der Vertretungsmacht des Geschäftsführers einer GmbH mit Außenwirkung wegen der geringeren Schutzbedürftigkeit der GmbH-Gesellschafter im Vergleich zu den Aktionären und der sich daraus ergebenden Interessenabwägung zugunsten des redlichen Rechtsverkehrs nicht gerechtfertigt ist.[166]

2. Lossagung von der Ultra-Vires-Lehre

Bei der Zustimmung der Gesellschafterversammlung handelt es sich entgegen der vorherrschenden Meinung in Rechtsprechung und Schrifttum auch nicht um ein *aliud* zur Zustimmung der Gesellschaft.[167] Mit dieser Begründung soll das Problem „umschifft" werden, dass eine statutarische Zustimmungskompetenz der Gesellschafterversammlung als Wirksamkeitsvoraussetzung im Außenverhältnis nichts anderes als eine Apologie der Ultra-Vires-Lehre bedeutet. Denn setzt sich der Geschäftsführer

---

162 *K. Schmidt*, FS Beusch, 1993, S. 759, 765.
163 *Altmeppen*, in: Altmeppen, GmbHG, § 15, Rn. 101, 109; *Servatius*, in: Noack/Servatius/Haas, GmbHG, § 15, Rn. 43.
164 *Stephan/Tieves*, in: Münchener Kommentar z. GmbHG, § 35, Rn. 93.
165 BGH Urt. v. 8.1.2019 – II ZR 364/18, NZG 2019, 505 ff.
166 BGH Urt. v. 8.1.2019 – II ZR 364/18, NZG 2019, 505, 506 ff.
167 So aber ausdrückl. *Reichert/Weller*, in: Münchener Kommentar z. GmbHG, § 15, Rn. 423.

§ 3 Die Wirksamkeit einer Pauschalzustimmung in der GmbH

über eine Regelung hinweg, wonach die Gesellschafter die Zustimmung erteilen, soll die Erklärung unwirksam sein. Um eine Auseinandersetzung mit der im deutschen Recht nicht anwendbaren Ultra-Vires-Lehre zu vermeiden, wird versucht, die Autarkie der Gesellschafterversammlung hervorzuheben. Anders als die Auffassung, die in der Zustimmung zur Übertragung vinkulierter Anteile von vornherein einen internen Sozialakt sieht[168], vermögen sich die Befürworter einer originären Zuständigkeit der Gesellschafterversammlung nicht von der Ultra-Vires-Lehre zu emanzipieren. Sie begründen die fehlende Vertretungsmacht des Vorstands mit einer Kompetenzverlagerung und nicht mit einer von vornherein fehlenden Kompetenz.[169] Dadurch nimmt die Gesellschafterversammlung nach außen hin die Stellung des Geschäftsführers ein. Es kommt zum Konflikt mit § 35 Abs. 2 GmbHG. Aus Gründen des Verkehrsschutzes muss es jedoch bei der vorrangigen Anwendung der §§ 35, 37 GmbHG bleiben. Einzelne Gläubigergruppen, die sogenannten Intra-Vires-Gläubiger[170], würden andernfalls bevorzugt[171]. Ferner müssten Interessenten vor Abschluss des Erwerbs vinkulierter GmbH-Anteile stets prüfen, ob der Geschäftsführer innerhalb des Unternehmensgegenstands handelt oder nicht. Diese extreme Unbilligkeit wird inzwischen nicht einmal mehr im angloamerikanischen Raum gebilligt. Im Companies Act von 2013[172] findet sich die Regelung, dass alle Handlungen vertretungsberechtigter Personen gegenüber gutgläubigen Dritten wirksam sind, unabhängig von entgegenstehenden oder fehlenden Befugnisnormen in der Satzung. Die Ultra-Vires-Lehre hat somit auch in Großbritannien und Nordirland nur noch im Verhältnis zu bösgläubigen Dritten sowie im Innenverhältnis Bedeutung.[173] Dies

---

168 Siehe oben, § 3 A I.
169 Siehe etwa OLG Koblenz Urt. v. 12.01.1989 – U 1053/87, NJW-RR 1989, 1057, nach dem Gericht handelt es sich nicht um eine gesellschaftsinterne Kompetenzverteilung, sondern um eine Kompetenzverlagerung.
170 Dies sind solche Gläubiger, die bereits ein wirksames Rechtsgeschäft mit der Gesellschaft abgeschlossen haben. Zu dem Begriff der Intra-Vires-Gläubiger: *Dreibus*, in: Hadding/Schneider, Vereinigtes Königreich von Großbritannien und Nordirland, S. 85 f.
171 *Dreibus*, in: Hadding/Schneider, Vereinigtes Königreich von Großbritannien und Nordirland, S. 85.
172 Companies Act 2006, section 31 (reduziert erheblich den Unternehmensgegenstand) und section 39, A Company's Capacity (beschränkt die Ultra-Vires-Lehre auf ein Minimum).
173 Zur objects clause und der ultra-vires-doctrine, *Davies/Worthington*, Gower's Principles Of Modern Company Law, S. 172, Rn. 7–29: "There is no longer a provision in the Act requiring a company to set out its objects. Unless it chooses

bedeutet eine klare Annäherung an die im deutschen Recht geltenden Grundsätze über den Missbrauch der Vertretungsmacht.[174] Ein Schritt in die entgegengesetzte Richtung ist zu verhindern und vom Gesetzgeber zu unterbinden. Dies unterstreicht auch Art. 9 Abs. 1 der EU-Richtlinie vom 14. Juni 2017.[175] Danach wird die Gesellschaft Dritten gegenüber durch Handlungen ihrer Organe verpflichtet, selbst wenn die Handlungen nicht zum Gegenstand des Unternehmens gehören, es sei denn, dass die Handlungen die Befugnisse überschreiten, die nach dem Gesetz den Organen zugewiesen sind oder zugewiesen werden können.

III. Zwischenfazit

In der GmbH kann die Zuständigkeit des Geschäftsführers für die Erteilung einer Pauschalzustimmung im Außenverhältnis nicht auf ein anderes Organ übertragen werden. Mag die herausragende Stellung der Gesellschafterversammlung für die GmbH charakteristisch sein, so bezieht sich dies vornehmlich auf die Satzungsfreiheit und die Möglichkeit, liberal und repressionslos Entscheidungen über die Art und Weise der Ausgestaltung im Innenverhältnis zu treffen. Im Außenverhältnis obliegt es allein den Geschäftsführern, die Gesellschaft gegenüber Dritten zu vertreten. Das Fehlen eines Gesellschafterbeschlusses im Innenverhältnis wird durch etwaige Schadensersatzansprüche gegen die Geschäftsführer (§ 43 Abs. 2 GmbHG) hinreichend kompensiert. Die Dichotomie zwischen Gesellschafterversammlung und Geschäftsführung bleibt durch die Trennung von Innen- und Außenverhältnis gewahrt. Zugleich wird hierdurch die Effektuierung der Organstrukturen in der GmbH sichergestellt.

---

otherwise, the company's objects will be unrestricted, i.e. it will have unlimited capacity. Even if a company chooses to adopt restrictions on its capacity [...], those restrictions will not affect the validity of the acts of the company [...] Thus, the ultra vires doctrine, so far as it is based on the company's objects clause, no longer threatens the security of third parties' transactions."
174 Zum Missbrauch der Vertretungsmacht durch den Gesellschafter-Geschäftsführer: *Scholz*, ZHR 2018, 656 ff.
175 RICHTLINIE EU 2017/1132 DES EUROPÄISCHEN PARLAMENTS UND DES RATES vom 14. Juni 2017 über bestimmte Aspekte des Gesellschaftsrechts.

B. Verstoß gegen das Bestimmtheitsgebot

Auch in der GmbH gibt es Stimmen, welche eine Pauschalzustimmung als inhaltlich zu unbestimmt qualifizieren.[176] Jüngst hat der BGH seine Maßstäbe für die strengen Bestimmtheitsanforderungen für die Teilung von GmbH-Anteilen deutlich gesenkt.[177] Zu prüfen sind die Auswirkungen dieses Urteils auf die Anforderungen an eine inhaltliche Bestimmtheit der Pauschalzustimmung.[178]

I. Ausgangslage

In dem vom BGH entschiedenen Fall wollte die Klägerin vinkulierte Anteile an einer GmbH (Beklagte) erwerben. Die Gesellschafter der Beklagten fassten am 24.11.1997 einen Beschluss, wonach die B-mbH (Gesellschafterin) die von ihr gehaltenen Geschäftsanteile später an die Klägerin ganz oder in mehreren Teilen übertragen können soll, ohne dass es eines weiteren Beschlusses der Gesellschafterversammlung bedarf. Erst am 27.06.2008 schlossen die B-mbH und die Klägerin einen notariellen Vertrag, in dem die B-mbH ihren Geschäftsanteil in zwei Teile aufteilte. Die B-mbH versprach die Zustimmung der Beklagten gemäß dem damals noch geltenden § 17 Abs. 1 GmbHG einzuholen und trat einen der beiden Geschäftsanteile unter der aufschiebenden Bedingung der Zustimmung der Beklagten an die Klägerin ab. Die aufschiebende Bedingung wurde später mit getrennten notariellen Erklärungen aufgehoben, da die veräußernde Gesellschafterin im Gesellschafterbeschluss vom 24.11.1997 bereits die Zustimmung zur Teilung und Veräußerung der neuen Geschäftsanteile sah.

Die Wirksamkeit der Abtretung wurde seitens der Beklagten später aufgrund des angeblich unwirksamen Beschlusses vom 24.11.1997 bezweifelt. So habe der Beschluss nicht die Höhe des abzutretenden Anteils bezeichnet und sei in der Folge von den Gesellschaftern nicht wirksam gefasst worden.

---

176 *Bayer*, in: Lutter/Hommelhoff, GmbHG, § 15, Rn. 87, der annimmt, dass aus der gesellschaftsrechtlichen Unzulässigkeit die zivilrechtliche Unwirksamkeit folgt; *Löbbe*, in: H/C/L, GmbHG, § 15, Rn. 239, der eine Pauschalzustimmung als zu unbestimmt erachtet; *Seibt*, in: Scholz, GmbHG, § 15, Rn. 132.
177 BGH Beschl. v. 17.12.2013 – II ZR 21/12, GmbHR 2014, 198, 200.
178 Eingehend dazu, unter Bezug auf den BGH Beschl. v. 17.12.2013 – II ZR 21/12: *Nodoushani*, GmbHR 2015, 617, 620 f.

Erster Teil: Legitimation einer Pauschalzustimmung

Der Senat erklärte, der Gesellschafterbeschluss vom 24.11.1997 sei nicht deshalb ungeeignet, die Teilung des Geschäftsanteils der B-GmbH herbeizuführen, weil in ihm der abzutretende Anteil nicht der Höhe nach bezeichnet ist. Im Wesentlichen stützte er seine Argumente auf die Aufhebung der Vorschrift des § 17 Abs. 2 GmbHG, in dem ein strenger Bestimmtheitsgrundsatz für Anteilsverfügungen niedergelegt war. Von diesem Grundsatz ist der Gesetzgeber nach Ansicht des Senats aufgrund der Aufhebung der Vorschrift abgewichen und will nun Verfügungen über GmbH-Anteile erleichtern. Dies belege der Regierungsentwurf eines *Gesetzes zur Modernisierung des GmbH Rechts und zur Bekämpfung von Missbräuchen [MoMiG]*. Nach dem Regierungsentwurf[179] ist es Sache der Gesellschafter zu entscheiden, ob und was sie an Teilungen zulassen wollen. Da § 17 Abs. 2 GmbHG gestrichen wurde, braucht die Zustimmung nach dem Senat weder in Textform verfasst sein, noch muss sie die Person des Erwerbers und den Betrag des geteilten Geschäftsanteils bezeichnen. Dem Bestimmtheitsgrundsatz müsse lediglich insoweit genügt sein, als der geteilte Geschäftsanteil, die neuen Geschäftsanteile und ihre Nennbeträge bestimmt sein müssen. Wie bisher sei es möglich, die Zustimmung zur Teilung als Einwilligung vorab zu erklären. Dem Bestimmtheitserfordernis wird in diesem Fall genügt, wenn der geteilte und die neuen Geschäftsanteile im Veräußerungsvertrag bestimmt bezeichnet sind und die Teilung von der Einwilligung der Gesellschafter erfasst wird. Die Gesellschafter müssen die Einwilligung nicht einmal für eine konkrete Teilung, sondern können sie stattdessen auch zu einem bestimmbaren Kreis von Teilungen erteilen. Ein abstrakter Verweis in der Zustimmung auf den späteren Abtretungsvertrag soll ausreichen. Die Zustimmungserklärung im Beschluss vom 24.11.1997 genügte nach dem Senat diesen Anforderungen und erfasste sowohl die Zustimmung zur Veräußerung als auch zur Teilung der Anteile.

II. Abstraktion des Urteils

Fraglich ist, wie sich die Rechtsprechung zur Erteilung einer Zustimmung über die Teilung von Geschäftsanteilen auf die Erteilung einer Zustimmung zur Übertragung vinkulierter Anteile auswirkt. Da die GmbH-Antei-

---

179 Begr. RegE eines *Gesetzes zur Modernisierung des GmbH Rechts und zur Bekämpfung von Missbräuchen [MoMiG]*, BT-Drs. 16/6140, S. 45; zur Aufhebung des § 17 a.F. GmbHG durch das MoMiG: *Förl*, RNotZ 2008, 409 ff.

le in dem vorliegenden Fall vinkuliert waren und der Senat eine abstrakte Zustimmung zur Teilung von Gesellschaftsanteilen für möglich hält[180], könnte er seine Anforderungen an die Bestimmtheit in Zukunft möglicherweise auch auf die Zustimmung zur Übertragung vinkulierter Anteile ausdehnen. Der Senat ging in dem Urteil bereits auf die Übertragung vinkulierter Anteile ein[181] und stellte klar, dass es für eine wirksame Veräußerung genügt, wenn die vorherige Zustimmung sich auf einen bestimmbaren Kreis von Übertragungen bezieht.[182] Der BGH verlangt damit lediglich die Bestimmbarkeit und nicht Bestimmtheit der möglichen Veräußerungsgeschäfte. Die Person des Erwerbers muss nicht notwendig bezeichnet sein.[183] Das Urteil definiert die Maßstäbe für die Einhaltung des Bestimmtheitsgrundsatzes damit in zweierlei Hinsicht neu: Zum einen in Bezug auf die Bestimmtheit der am späteren Erwerbsgeschäft beteiligten Personen. Zum anderen senkte der Senat die Maßstäbe für die Bestimmtheit der von einer Teilung betroffenen Anteile und fordert diesbezüglich bloß noch Bestimmbarkeit. Dies spricht dafür, dass der Erwerber bei Erteilung der Pauschalzustimmung noch nicht feststehen muss und es ausreicht, wenn im Zeitpunkt der Erteilung einer Pauschalzustimmung bestimmbar ist, welche Anteile umfasst sind.

III. Verstoß der Pauschalzustimmung gegen die innergesellschaftliche Kompetenzordnung

Die Erteilung einer Pauschalzustimmung könnte auf Grund eines Verstoßes gegen die innergesellschaftliche Kompetenzordnung unwirksam sein.

---

180 Zustimmend, *Bayer*, Anmerkung zum BGH Urt. v. 17.12.2013 – II ZR 21/12, GmbHR 2014, 202, 203.; a.A.: *Liebscher*, in: Münchener Kommentar z. GmbH, § 46, Rn. 88, der annimmt, dass das Urteil zwar die Möglichkeit einer Blankovollmacht eröffnet, diese aber einen Verstoß gegen die innergesellschaftliche Kompetenzordnung darstellt; ebenso *Lieder*, NZG 2014, 329, 330, der die Blankoermächtigung mit dem sachenrechtlichen Bestimmtheitsgebot für vereinbar hält, eine Unwirksamkeit derselben aber wegen der innergesellschaftlichen Kompetenzverteilung bejaht; zur Vereinbarkeit einer Pauschalzustimmung mit der innergesellschaftlichen Kompetenzordnung siehe den nachfolgenden Punkt.
181 BGH Urt. v. 17.12.2013 – II ZR 21/12, GmbHR 2014, 198, 200.
182 Für die Möglichkeit der Zustimmung zu einem bestimmbaren Kreis von Rechtsgeschäften: *Bayer*, in: Lutter/Hommelhoff, GmbHG, § 15, Rn. 87; *Löbbe*, in: H/C/L, GmbHG, § 15, Rn. 239.
183 BGH Urt. v. 17.12.2013 – II ZR 21/12, GmbHR 2014, 198, 200.

Ein solcher Verstoß soll bei einer Blankoermächtigung der Gesellschafterversammlung an den einzelnen Gesellschafter zur Teilung von Geschäftsanteilen vorliegen.[184] Bei der Teilung des Geschäftsanteils handelt es sich gemäß § 46 Nr. 4 GmbHG um eine originäre Zuständigkeit der Gesellschafterversammlung.[185] Folglich ist die Gesellschafterversammlung hier nach dem Gesetz auch im Außenverhältnis zuständig.[186] Seit Geltung des MoMiG ist eine Zustimmung zur Abtretung der geteilten Anteile durch die Gesellschaft bzw. die Gesellschafterversammlung im Innenverhältnis nicht mehr erforderlich.[187] Neu ist jedoch, dass der Beschluss der Gesellschafterversammlung die Teilung selbst enthalten muss.[188] Eine Ermächtigung der Gesellschafterversammlung, wonach jeder einzelne Gesellschafter seinen Anteil beliebig teilen darf, stellt im Ergebnis lediglich eine Zustimmung zur Teilung und gerade nicht die Vornahme der Teilung selbst dar. Dieser Umstand rechtfertigt die Annahme eines Verstoßes gegen die innergesellschaftliche Kompetenzordnung. Der Verstoß liegt somit nicht darin, dass die Blankovollmacht selbst zu unbestimmt ist.[189] Vielmehr ist sie bestimmt genug, läuft aber darauf hinaus, dass die Entscheidungsgewalt vollständig auf den Gesellschafter verlagert wird und nicht mehr bei der Gesellschafterversammlung liegt.[190] Eine solche Kompetenzverlage-

---

184 *Liebscher*, Liber amicorum Martin Winter, 2011, S. 403, 419; *Liebscher*, in: Münchener Kommentar z. GmbHG, § 46, Rn. 88; zust. *Lieder*, NZG 2014, 329, 330.
185 Ganz h.A., vgl. statt aller: *Hüffer/Schürnbrand*, in: U/H/L, GmbHG, § 46, Rn. 44, m.w.N.; a.A., *Irriger/Münstermann*, GmbHR 2010, 617, 618 ff., nach denen der betroffene Gesellschafter für die Teilung zuständig sein soll.
186 *Bayer*, in: Lutter/Hommelhoff, GmbHG, § 46, Rn. 18; *Förl*, RNotZ 2008, 409, 412; *Hüffer/Schürnbrand*, in: U/H/L, GmbHG, § 46, Rn. 44; *Liebscher*, in: Münchener Kommentar z. GmbHG, § 46, Rn. 86.
187 Begr. RegE MoMiG, BT-Drs. 16/6140, S. 39 f.
188 Nach dem MoMiG ist es „Sache der Gesellschafter zu entscheiden, ob und was sie an Teilungen zulassen wollen", Begr. RegE MoMiG, BT-Drs. 16/6140, S. 45; *Liebscher*, Liber amicorum Martin Winter, 2011, S. 403, 415: nur die Gesellschafterversammlung und nicht der Gesellschafter darf den (Neu-)Zuschnitt der Anteile vornehmen; ebenso *Hüffer/Schürnbrand*, in: U/H/L, GmbHG, § 46, Rn. 44.
189 Ebenso *Lieder*, NZG 2014, 329, 330; anders aber BGH Urt. v. 17.12.2013 – II ZR 21/12, GmbHR 2014, 198 ff.
190 Nach der Regierungsbegründung des MoMiG erfolgt die Teilung durch die Gesellschafter, Begr. RegE MoMiG, BT-Drs. 16/6140, S. 45. Anderweitige Regelungen im Gesellschaftsvertrag sind zwar möglich. Die Kompetenzverlagerung auf den einzelnen Gesellschafter stellt jedoch eine Satzungsänderung dar, die gemäß § 53 Abs. 2 GmbHG eines qualifizierten Mehrheitsbeschlusses, der notariellen Beurkundung sowie der Eintragung ins Handelsregister bedarf; ebenso *Liebscher*, in: Münchener Kommentar z. GmbHG, § 46, Rn. 88; *Lieder*, NZG 2014, 329, 330.

rung bedarf einer Satzungsänderung.[191] Die Erteilung einer (Pauschal-)zustimmung zur Anteilsübertragung durch die Gesellschafterversammlung stellt jedoch keine solche Kompetenzverlagerung dar. Die Gesellschafterversammlung ist nämlich gerade (nur) zur Zustimmungserteilung befugt und nicht zur Übertragung des Anteils. Vinkulierung und Teilung sind daher funktionell zu differenzieren.[192] Mangels Kompetenz zur Anteilsübertragung kann die Gesellschafterversammlung diese somit nicht aufgeben. Ein Verstoß gegen die innergesellschaftliche Kompetenzordnung ist bei Erteilung einer Pauschalzustimmung gegenüber einem Mitgesellschafter folglich zu verneinen.

C. Ergebnis

Eine Pauschalzustimmung zur Übertragung vinkulierter Geschäftsanteile an einer GmbH ist wirksam. Zuständig für die Erteilung einer Pauschalzustimmung ist im Außenverhältnis stets der Geschäftsführer. Dies gilt auch dann, wenn die Satzung die Zustimmungserteilung durch die Gesellschafterversammlung oder durch ein anderes Organ vorschreibt. Eine solche Bestimmung betrifft allein das Innenverhältnis. Ein Verstoß gegen die innergesellschaftliche Kompetenzordnung liegt anders als bei einer Blankoermächtigung zur Teilung von Geschäftsanteilen nicht vor. Eine Pauschalzustimmung ist auch bestimmt genug; die Kenntnis vom Erwerber spielt für die Wirksamkeit der Zustimmung keine Rolle.

§ 4 Die Wirksamkeit einer Pauschalzustimmung in den Personengesellschaften

Eine Übertragbarkeit des Anteils an einer Personengesellschaft ist im Gesetz nicht vorgesehen.[193] Vom Verbot der Verfügung über den Anteil am Gesellschaftsvermögen (§ 719 Abs. 1 BGB) wird die Übertragung der Mitgliedschaft inzwischen jedoch nicht mehr erfasst.[194] Trifft der Gesell-

---

191 *Lieder*, NZG 2014, 329, 330.
192 *Irriger/Münstermann*, GmbHR 2010, 617, 623.
193 *Heckschen/Weitbrecht*, NZG 2019, 721; *Mock/Schmidt*, in: Münchener Hdb des GesR, Bd. 7, § 65, Rn. 2 (für die KG); ausführlich zur Entwicklung der Übertragbarkeit der Mitgliedschaft im Personengesellschaftsrecht: *Lieder*, ZfPW 2016, 205 ff.
194 *Binz/Mayer*, NZG 2012, 201, 203; *Habersack*, BB 2001, 477, 479; *Hadding/Kießling*, in: Soergel, BGB, § 719, Rn. 11; anders aber noch RG Urt. v. 4.03.1930 – II

schaftsvertrag keine Regelung über die Veräußerung, ist eine Anteilsabtretung ohne Zustimmung der Mitgesellschafter schwebend unwirksam.[195] Als Grund hierfür wird der höchstpersönliche Charakter des Zusammenschlusses zu einer Personengesellschaft genannt.[196] Die Mitgliedschaft in der Personengesellschaft ist somit konträr zur Mitgliedschaft in der AG und GmbH angelegt.[197] Während eine eingeschränkte Übertragbarkeit der Beteiligung an einer AG oder GmbH nur bei entsprechender Anordnung in der Satzung (§ 68 Abs. 2 Satz 1 AktG) bzw. im Gesellschaftsvertrag (§ 15 Abs. 5 GmbHG) besteht, ist diese in den Personengesellschaften bereits „per se" gegeben. Eine Reform des Personengesellschaftsrechts mit dem Fokus auf eine Adaption an das Recht der Kapitalgesellschaften ist jedoch immer wieder Gegenstand von Diskussionen in der Rechtswissenschaft.[198]

207/29, RGZ 128, 172, 176; *Flechtheim*, in: Düringer/Hachenburg, HGB, § 130, Anm. 7; *Weipert*, in: RGR Kommentar z. HGB, § 130, Anm. 3.

195 Für die OHG und die KG: BGH Urt. v. 28.4.1954 – II ZR 8/53, BGHZ 13, 179, 183 f.; BGH Urt. v. 15. 06. 1964 – VIII ZR 7/63, WM 1964, 878, 879; BGH Urt. v. 21.10.2014 – II ZR 84/23, NZG 2014, 1296, 1299; *Haas*, in: R/GvW/H, HGB, § 105, Rn. 85; *Lieder*, in: Oetker, HGB, § 105, Rn. 88; *Schäfer*, in: Das Recht der OHG, § 105, Rn. 296; *K. Schmidt*, in: Münchener Kommentar z. HGB, § 105, Rn. 219; *Wertenbruch*, in: E/B/J/S, HGB, § 105, Rn. 276, m.w.N.; für die GbR: *Schäfer*, in: Münchener Kommentar z. BGB, § 719, Rn. 29, m.w.N.

196 *Flume*, Allgemeiner Teil des Bürgerlichen Rechts I/1, S. 352; *Habersack*, Die Mitgliedschaft: subjektives und „sonstiges" Recht, S. 106; *Huber*, Vermögensanteil Kapitalanteil und Gesellschaftsanteil an Personengesellschaften des Handelsrechts, S. 388; *Schäfer*, in: Das Recht der OHG, § 105, Rn. 294; *Schäfer*, in: Münchener Kommentar z. BGB, § 719, Rn. 27; *K. Schmidt*, in: Münchener Kommentar z. HGB, § 105, Rn. 213; *Wiedemann*, Die Übertragung und Vererbung von Mitgliedschaftsrechten bei Handelsgesellschaften, S. 58; a.A. *Lieder*, ZfPW 2016, 205, 213, der das Zustimmungserfordernis der Mitgesellschafter aus allgemeinen privatrechtlichen Grundsätzen ableitet.

197 *Heckschen/Weitbrecht*, NZG 2019, 721 f.; *Lutter*, AcP 180, 84, 97 ff., 155; *K. Schmidt*, GesR, S. 1323 f.

198 Siehe dazu: *Schäfer*, Verhandlungen des 71. Deutschen Juristentages, Essen 2016, Band I: Gutachten / Teil E: Empfiehlt sich eine grundlegende Reform des Personengesellschaftsrechts; zum Juristengutachten von *Schäfer*: *K. Schmidt*, ZHR 2016, 411 ff.; zur Frage der Neuregelung der Personengesellschaften siehe bereits *K. Schmidt*, ZHR 2013, 712 ff.

§ 4 Die Wirksamkeit einer Pauschalzustimmung in den Personengesellschaften

A. Die Zustimmung zur Anteilsabtretung als Grundlagengeschäft

Im Gesellschaftsvertrag einer Personengesellschaft kann die freie Übertragbarkeit des Gesellschaftsanteils vorgesehen werden.[199] Die Gesellschafter können die Übertragbarkeit aber auch an die Zustimmung durch sämtliche Gesellschafter bzw. durch die Gesellschaftermehrheit knüpfen.[200]

Die im Einzelfall erforderliche Zustimmung der Mitgesellschafter zur Anteilsübertragung könnte als Grundlagengeschäft zu qualifizieren sein. Unter die Grundlagen der Gesellschaft fällt nicht nur eine Änderung des Gesellschaftsvertrags[201], sondern das gesamte Gesellschaftsverhältnis einschließlich der naturalia negotii[202]. Durch die Abtretung des Geschäftsanteils tritt ein bislang nicht am Gesellschaftsgeschehen beteiligter Dritter in die Gesellschaft ein, weshalb die unmittelbar vorgelagerte Entscheidung über das „ob" der Zustimmung das Gesellschaftsverhältnis in seinen Manifesten berührt.[203]

---

[199] BGH Urt. v. 28.04.1954 – II ZR 8/53, NJW 1954, 1155, 1156; BGH Urt. v. 22.05.1989 – II ZR 211/88, NJW-RR 1989, 1259; *Mock/Schmidt*, in: Münchener Hdb des GesR, Bd. 7, § 65, Rn. 3 (für die KG); *Schäfer*, in: Das Recht der OHG, § 105, Rn. 295; *K. Schmidt*, in: Münchener Kommentar z. HGB, § 105, Rn. 217; *Wertenbruch*, in: E/B/J/S, HGB, § 105, Rn. 274.

[200] Für die OHG und die KG: *Lieder*, in: Oetker, HGB, § 105, Rn. 89; *Wertenbruch*, in: E/B/J/S, HGB, § 105, Rn. 274; *Wiedemann*, Gesellschaftsrecht II, S. 430; für die GbR: *Schäfer*, in: Münchener Kommentar z. BGB, § 719, Rn. 28, m.w.N.

[201] Dahingehend aber *Schäfer*, Die Lehre vom fehlerhaften Verband, S. 314 ff.; *Westermann*, in: Erman, BGB, § 709, Rn. 6, der Maßnahmen, die keine Vertragsänderungen betreffen im Einzelfall als außergewöhnliches Geschäft qualifiziert, insgesamt aber zur Geschäftsführung zählt.

[202] *Freitag*, in: E/B/J/S, HGB, § 119, Rn. 6; *Schlüter*, Die Vertretungsmacht des Gesellschafters und die Grundlagen der Gesellschaft, S. 58 ff.; in diesem Sinne auch *Schürnbrand*, Organschaft im Recht der privaten Verbände, S. 89.

[203] BGH Urt. v. 21.10.2014 – II ZR 84/13, NZG 2014, 1296, 1299: das Gericht verneint ein Grundlagengeschäft im Hinblick auf die Zustimmung zur Anteilsabtretung nicht, obwohl es feststellt, dass die Zustimmung keine Vertragsänderung erfordert; tendenziell: OLG München Urt. v. 28.07.2008 – 7 U 3004/08, NZG 2009, 25, 26 (für eine Publikums-KG); *Boesche*, in: Oetker, HGB, § 126, Rn. 6; *Hadding/Kießling*, in: Soergel, BGB, § 709, Rn. 11; *Huber*, Vermögensanteil Kapitalanteil und Gesellschaftsanteil an Personengesellschaften des Handelsrechts, S. 390.

B. Beschlussfassung über die Erteilung einer Pauschalzustimmung

Fraglich ist, ob eine einfache Mehrheitsklausel im Gesellschaftsvertrag die Erteilung einer Pauschalzustimmung zur Anteilsabtretung umfasst, obwohl der Beschlussgegenstand ein Grundlagengeschäft betrifft.

I. Vom Bestimmtheitsgrundsatz zur Beschlusskontrolle

Mehrheitsbeschlüsse kennt das Gesetz sowohl bei den Personenhandelsgesellschaften (§§ 119 Abs. 2, 161 Abs. 2 HGB) als auch bei der Gesellschaft bürgerlichen Rechts (§ 709 Abs. 2 BGB). Mit der früheren Dogmatik zum Bestimmtheitsgrundsatz[204] wäre ein einstimmiger Beschluss zur Erteilung einer wirksamen Pauschalzustimmung erforderlich gewesen, solange eine Mehrheitsklausel nicht eindeutig auch die Zustimmung zur Anteilsabtretung erfasste. Nur in der Publikums-KG genügte nach dem BGH eine allgemeine Mehrheitsklausel, da der Bestimmtheitsgrundsatz bei dieser Rechtsform keine Anwendung finden sollte.[205] Ferner war bei Eingriffen in den Kernbereich der Rechtsstellung eines Gesellschafters dessen Zustimmung Wirksamkeitserfordernis für das Zustandekommen des Beschlusses, es sei denn, der Gesellschafter hatte seine Einwilligung zu den durch die Mehrheit zu beschließenden Eingriffen bereits antizipiert erteilt.[206]

Inzwischen hat sich der BGH von seiner früheren Rechtsauffassung distanziert und klargestellt, dass ein Grundlagengeschäft unter eine allgemeine Mehrheitsklausel fallen kann.[207] Damit ist bei der Auslegung

---

204 Zu der Entwicklung rund um den Bestimmtheitsgrundsatz und die Kernbereichslehre: *Altmeppen*, NJW 2015, 2065 ff.; *Goette/Goette*, DStR 2016, 74 ff.; *Schäfer*, ZGR 2013, 237 ff.; *Schäfer*, NZG 2014, 1401 ff.; *Ulmer*, ZIP 2015, 657 ff.; *Wicke*, MittBayNot 2017, 125 ff.
205 BGH Urt. v. 24.11.1975 – II ZR 89/74, NJW 1976, 958, 959; BGH Urt. v. 12.5.1977 – II ZR 89/75, NJW 1977, 2160, 2161; BGH Urt. v. 13.3.1978 – II ZR 63/77, NJW 1978, 1382; BGH Urt. v. 15.11.1982 – II ZR 62/82, NJW 1983, 1056, 1058; BGH Urt. v. 11.9.2018 – II ZR 307/16, NZG 2018, 1226, 1227; *Flume*, Allgemeiner Teil des Bürgerlichen Rechts I/2, S. 264 f.; *Hadding/Kießling*, in: Soergel, BGB, § 709, Rn. 41.
206 Eingehend zur früheren Rechtslage und der Entwicklung: *K. Schmidt*, ZIP 2009, 737 ff.
207 BGH Urt. vom 21.10.2014 – II ZR 84/13, NZG 2014, 1296, 1297, mit Verweis auf die frühere Rspr.: BGH Urt. v. 15.1.2007 – II ZR 245/05, DStR 2007, 494, 496 [Otto] sowie BGH Urt. v. 24.11.2008 – II ZR 116/08, NJW 2009, 669

des Gesellschaftsvertrags der frühere Bestimmtheitsgrundsatz nicht mehr zu berücksichtigen. Vielmehr hat eine allgemeine Auslegung des Gesellschaftsvertrags stattzufinden[208], die bei der GbR, der OHG und der KG subjektiv[209] und bei der Publikums-KG objektiv[210] erfolgt. Um Streitigkeiten zu vermeiden, sollten die Gesellschafter bei der Formulierung der Mehrheitsklausel darauf achten, dass sich diese nicht nur allgemein auf Vertragsänderungen bezieht, sondern auch auf Grundlagengeschäfte, für die keine Vertragsänderung notwendig ist.[211]

Nach Feststellung der formellen Legitimation ist nach derzeitigem Stand auf einer zweiten Stufe zu prüfen, ob es durch die Maßnahme zu einer Verletzung der gesellschaftlichen Treuepflicht der Mehrheit gegenüber der Minderheit kommt.[212] Der Beschluss über die Pauschalzustimmung kann nach den Grundsätzen heutiger Rechtsprechung daher auf der Ebene der materiellen Legitimation scheitern. Mit dem BGH kommt es für die Feststellung einer Verletzung der Rechte des Gesellschafters darauf an, *„ob der Eingriff in die individuelle Rechtstellung des Gesellschafters im Interesse der Gesellschaft geboten und dem betroffenen Gesellschafter unter Berücksichtigung seiner eigenen schutzwürdigen Belange zumutbar ist."*[213] Richtigerweise wurde das Problem, ob eine Zustimmung für Eingriffe in relativ unentziehbare Mitgliedschaftsrechte erforderlich ist, durch den BGH nicht auf die Ebene der Treuepflicht verlagert.[214] Geht man mit *Karsten Schmidt* davon aus, dass auch bei Personengesellschaften zwischen nichtigen und anfechtbaren Beschlüssen zu unterscheiden ist, muss der Beschluss bei einer Verletzung des Kernbereichs der Mitgliedschaft nichtig

---

[Schutzgemeinschaft II]; zur Entwicklung vom Bestimmtheitsgrundsatz hin zur richterlichen Kontrolle: *Risse/Höfling*, NZG 2017, 1131 ff.
208 *Schäfer*, ZGR 2013, 237, 244.
209 *Haas*, in: R/GvW/H, HGB, § 105, Rn. 28; *Mock*, BB 2018, 2644.
210 BGH Urt. v. 6.3.2018 – II ZR 1/17, NZG 2018, 658; BGH Urt. v. 11.9.2018 – II ZR 307/16, NZG 2018, 1226, 1227.
211 Ebenso *Lieder*, in: Oetker, HGB, § 105, Rn. 89; zur Differenzierung zwischen Vertragsänderungen und Grundlagengeschäften: *Schürnbrand*, Organschaft im Recht der privaten Verbände, S. 89.
212 BGH Urt. vom 21.10.2014 – II ZR 84/13, NZG 2014, 1296, 1299.
213 BGH Urt. vom 21.10.2014 – II ZR 84/13, NZG 2014, 1296, 1300. Der Bestimmtheitsgrundsatz wurde mit dem Urteil aufgegeben. Umstritten ist, ob dies auch für die Kernbereichslehre gilt, vgl. dazu *Lieder*, ZfPW 2016, 205, 215, Fn. 66, m.w.N, sowie *Wicke*, MittBayNot 2017, 125, 126, m.w.N.
214 Dahingehend aber *Altmeppen*, NJW 2015, 2065, 2071; kritisch auch *Risse/Höfling*, NZG 2017, 1131, 1132, die fortan eine „Abwägungsrechtsprechung" befürchten.

sein, wohingegen eine Verletzung der Treuepflicht lediglich zur Anfechtbarkeit führt.[215] Die Befugnis zur Beschlussfassung durch die Mehrheit bleibt hiervon jedoch unberührt und ist vom Eingriff in den Kernbereich zu trennen.[216] Insofern ist die Differenzierung zwischen der formellen und der materiellen Legitimation zu begrüßen. Lediglich die von der Rechtsprechung angeordnete Rechtsfolge der relativen Unwirksamkeit des mangelhaften Beschlusses gegenüber dem nicht zustimmenden Gesellschafter[217] sollte aufgegeben werden. Besser ist es, aus Gründen der Rechtssicherheit das kapitalgesellschaftsrechtliche Beschlussmängelsystem auch bei den Personengesellschaften analog anzuwenden und zwischen Nichtigkeit und Anfechtbarkeit zu differenzieren.

II. Kein Erfordernis der Beschränkung des Erwerberkreises im Gesellschaftsvertrag

Es wurde festgestellt, dass die Zustimmung zur Anteilsabtretung von einer allgemeinen Mehrheitsklausel umfasst sein kann. Eine Regelung, welche einen Zustimmungsvorbehalt anordnet, braucht den Kreis der potentiellen Erwerber dabei nicht einzugrenzen.[218] Die Zustimmung soll in genereller Form im Gesellschaftsvertrag erteilt werden können.[219] Dies lässt den Schluss zu, dass eine im Beschlussweg erteilte Pauschalzustimmung formell wirksam ist.

III. Zwischenfazit

Ist im Gesellschaftsvertrag einer Personengesellschaft eine Übertragbarkeit der Anteile nicht vorgesehen, bedarf es stets eines einstimmigen Beschlusses zur Anteilsabtretung. Sieht der Gesellschaftsvertrag die Übertragbarkeit des Anteils unter Zustimmung der Gesellschafter vor und existiert eine allgemeine Mehrheitsklausel, ist durch Auslegung zu ermitteln, ob sich

---

215 *K. Schmidt*, ZIP 2009, 737, 739 ff.
216 *Schäfer*, ZGR 2013, 237, 248.
217 BGH Urt. v. 15.1.2007 – II ZR 245/05, DStR 2007, 494, 496 [Otto]; BGH Urt. v. 21.10.2014 – II ZR 84/13, NZG 2014, 1296, 1299.
218 Für die GbR: *Schäfer*, in: Münchener Kommentar z. BGB, § 719, Rn. 28; für die OHG: *Schulte/Hushahn*, in: Münchener Hdb des GesR, Bd. 1, § 73, Rn. 7.
219 Dies soll aus dem Rechtsgedanken des § 139 HGB folgen, *Schäfer*, in: Münchener Kommentar z. BGB, § 719, Rn. 27, m.w.N.

§ 4 Die Wirksamkeit einer Pauschalzustimmung in den Personengesellschaften

diese auch auf die Zustimmungserteilung erstreckt. Ist dies der Fall, genügt die im Gesellschaftsvertrag vorgesehene Mehrheit für die formelle Beschlussfassung über die Erteilung einer Pauschalzustimmung. Gleichwohl kann der Beschluss an inhaltlichen Mängeln leiden und daher nichtig oder anfechtbar sein. Nichtigkeit des Beschlusses droht insbesondere dann, wenn verbleibende Gesellschafter durch die Pauschalzustimmung in ihren individuellen Rechten verletzt sind.

C. Die Erteilung einer Pauschalzustimmung durch den geschäftsführenden Gesellschafter

Fraglich ist, ob die Kompetenz zur Erteilung der Zustimmung zur Anteilsübertragung in den Bereich der Vertretungsmacht eines geschäftsführenden Gesellschafters integriert werden kann.

I. Traditionelle Lösung: Trennung zwischen Geschäftsführung und Gesellschafterangelegenheiten

In den Personengesellschaften soll sich die organschaftliche Vertretungsmacht nicht auf Grundlagengeschäfte beziehen.[220] Dahinter steht der dem Personengesellschaftsrecht immanente Grundsatz der Trennung der organschaftlichen Vertretungsmacht von der gesellschaftsfreien Sphäre des Gesellschafters, zu der auch das gesellschaftsvertragliche Rechtsverhältnis der Gesellschafter untereinander gehört.[221] Die Gesellschafter einer Personen-

---

220 BGH Urt. v. 26.10.1978 – II ZR 119/77, WM 1979, 71, 72; BGH Urt. v. 15.1.2007 – II ZR 245/05, DStR 2007, 494, 496 [Otto]; OLG Stuttgart Urt. v. 11.3.2009 – 14 U 7/08, ZIP 2010, 474, 475; *Enzinger*, in: Münchener Kommentar z. HGB, § 119, Rn. 27; *Haas*, in: R/GvW/H, HGB, § 126, Rn. 3; *Habersack*, in: Das Recht der OHG, § 126, Rn. 12; *Hadding*, FS Lutter zum 70. Geburtstag, 2000, S. 851, 861; *Hadding/Kießling*, in: Soergel, BGB, § 714, Rn. 16; *Hillmann*, in: E/B/J/S, HGB, § 126, Rn. 7; *Mock*, GesR, Rn. 346, 351; *Roth*, in: Baumbach/Hopt, HGB, § 126, Rn. 3; *Schäfer*, in: Münchener Kommentar z. BGB, § 714, Rn. 25; *K. Schmidt*, in: Münchener Kommentar z. HGB, § 126, Rn. 4; a.A.: *Westermann*, in: Erman, BGB, § 709, Rn. 6, der Maßnahmen, die keine Vertragsänderungen betreffen im Einzelfall als außergewöhnliches Geschäft qualifiziert, insgesamt aber zur Geschäftsführung zählt; *Wiedemann*, Gesellschaftsrecht II, S. 295, der daran zweifelt, dass Grundlagengeschäfte in die Zuständigkeit der Gesellschafter fallen; anders aber noch Wiedemann, ZGR 1996, 286, 292 f.
221 *Habersack*, in: Das Recht der OHG, § 126, Rn. 12.

gesellschaft verlagern nur so viel Macht auf die Gesellschaft, wie sie dies im Rahmen des Gesellschaftsvertrages vorgesehen haben. Der Gesellschaftsvertrag ist bei Fragen der Zuständigkeit und Wirksamkeit des Handelns einzelner Personen daher „sklavisch" heranzuziehen. Grund für die strikte Trennung ist, dass der vertretungsberechtigte Geschäftsführer nur namens der Gesellschaft und nicht namens anderer Gesellschafter tätig werden kann.[222] Möglich bleibt aber eine rechtsgeschäftliche Ermächtigung des geschäftsführenden Gesellschafters, wonach dieser die Zustimmung zur Anteilsübertragung erteilen darf.[223] Es handelt sich hierbei jedoch nicht um einen Fall von organschaftlicher Vertretungsmacht.[224]

II. Einführung des organschaftlichen Beschlussmodells

Eine Pauschalzustimmung zur Anteilsabtretung könnte ausnahmsweise dann von der organschaftlichen Vertretungsmacht umfasst sein, wenn der Gesellschaftsvertrag für Grundlagenentscheidungen das organschaftliche Beschlussfassungsmodell anordnet. Hierdurch wird die Zuständigkeit der Gesellschaft für Grundlagenbeschlüsse begründet.

Die Rechtsprechung hat die Möglichkeit einer organschaftlichen Beschlussfassung in den Personengesellschaften anerkannt.[225] Die organschaftliche Beschlussfassung involviert dabei das Bestreben nach einer immer stärker werdenden Verselbstständigung der Personengesellschaften von ihren Mitgliedern.[226] So sollen die Parteien bei einem Streit unter Gesellschaftern über Vertragsänderungen abweichend von den Gesellschaf-

---

222 *Hadding*, FS Lutter zum 70. Geburtstag, S. 851, 860.
223 *Lieder*, in: Oetker, HGB, § 105, Rn. 92; *Roth*, in: Baumbach/Hopt, HGB, § 114, Rn. 3; *v. Ditfurth*, in: Münchener Hdb des GesR, Bd. 1, § 54, Rn. 7.
224 Siehe hierzu: *Hadding*, FS Lutter, 2000, S. 851, 860; *K. Schmidt*, in: Münchener Kommentar z. HGB, § 126, Rn. 10.
225 BGH Urt. v. 15.11.1982 – II ZR 62/82, NJW 1983, 1056, 1057; BGH Urt. v. 11.12.1989 – II ZR 61/89, NJW-RR 1990, 474, 475; BGH Urt. v. 24.3.2003 – II ZR 4/01, NJW 2003, 1729; OLG Celle Urt. v. 26.8.1998 – 9 U 56/98, NZG 1999, 64; dem folgend, *K. Schmidt*, FS Stimpel, 1985, S. 217, 236 f.; zu dieser Thematik siehe bereits *Bork*, ZGR 1991, 125, 139.
226 Kritisch *Merkt*, ZfPW 2018, 300, 313, der dafür plädiert, dass Streitigkeiten über die Mitgliedschaft in den Personengesellschaften zwischen den Gesellschaftern auszutragen sind und eine Einheitlichkeit des Verbands zwischen Kapital- und Personengesellschaften ablehnt.

tern auch die Gesellschaft als Klagegegnerin bestimmen können.[227] In dieser Entscheidungsmöglichkeit der Gesellschafter liegt eine deutliche Abkehr vom Vertragsmodell.[228] Die Gesellschaft kann nur deshalb als Klagegegnerin bezeichnet werden, weil ihr selbst die Beschlüsse zugerechnet werden.[229] Die Zurechnung geschieht dabei auf der Grundlage, dass die Gesellschafter der Gesellschaft die Kompetenz zur Beschlussfassung über Grundlagengeschäfte einräumen.[230] Für die Möglichkeit der organschaftlichen Beschlussfassung bei der Anteilsübertragung spricht vor allem der „Werdegang" des Aufnahmeverfahrens. War früher noch ein Vertrag mit den verbleibenden Mitgliedern für den Austritt zwingend, ist heute eine Übertragung der Mitgliedschaft durch Verfügung möglich.[231] Die Anerkennung des organschaftlichen Modells ist somit die nächste Stufe der Verselbstständigung des Personenverbands von seinen Mitgliedern.

III. Indizien für das organschaftliche Modell

Der BGH fordert eindeutige Anzeichen im Gesellschaftsvertrag für die Annahme des organschaftlichen Beschlussfassungsmodells.[232] Können diese im Einzelfall ermittelt werden, fällt die Zustimmung zur Anteilsübertragung in den Bereich der Gesellschaft. Eine Verlagerung der Zuständigkeit auf die Gesellschaft ist jedenfalls dann zu bejahen, wenn der Gesellschaft im Gesellschaftsvertrag Grundlagengeschäfte ausdrücklich zugewiesen sind.[233] Zweifelhaft ist, ob als Indiz für eine organschaftliche

---

227 BGH Urt. v. 11.12.1989 – II ZR 61/89, NJW-RR 1990, 474, 475; OLG Celle Urt. v. 26.8.1998 – 9 U 56/98, NZG 1999, 64.
228 *Mülbert/Gramse*, WM 2002, 2085, 2090; zum Vertragsmodell ausführlich *Schürnbrand*, Organschaft im Recht der privaten Verbände, S. 81 ff.
229 *Schürnbrand*, Organschaft im Recht der privaten Verbände, S. 84.
230 BGH Urt. v. 11.12.1989 – II ZR 61/89, NJW-RR 1990, 474, 475; *Schürnbrand*, Organschaft im Recht der privaten Verbände, S. 84.
231 Siehe oben, § 4 A.
232 BGH Urt. v. 15.11.1982 – II ZR 62/82, NJW 1983, 1056, 1057; BGH Urt. v. 11.12.1989 – II ZR 61/89, NJW-RR 1990, 474, 475: nach dem BGH muss die Gesellschaft im Gesellschaftsvertrag als Passivlegitimierte ausdrücklich benannt sein oder es muss sich durch Auslegung ergeben, dass eine Klage gegen die Gesellschaft zu richten ist.
233 OLG Celle Urt. v. 26.8.1998 – 9 U 56/98, NZG 1999, 64: nach dem Gericht genügt es für die Passivlegitimation der Gesellschaft, wenn der Gesellschaft bei fehlender ausdrücklicher Übertragung des jeweiligen Geschäfts andere Grundlagengeschäfte im Gesellschaftsvertrag zugewiesen sind; ähnlich *Schäfer*, in:

Beschlussfassung auch eine Mehrheitsregelung im Gesellschaftsvertrag genügt.[234] Eine Mehrheitsklausel könnte als eine bloße rechtsgeschäftliche Ermächtigung der Gesellschaftermehrheit durch sämtliche Gesellschafter zu qualifizieren sein. Daher ist es im Ergebnis eine Frage der Auslegung, ob die Mehrheit im Einzelfall in der Funktion als Gesellschaftsorgan (im Innenverhältnis) einen Beschluss für die Gesellschaft fasst oder aufgrund rechtsgeschäftlicher Ermächtigung durch die Vertragspartner entscheidet.[235]

IV. Kompetenz zur Zustimmungserteilung beim organschaftlichen Modell

Das organschaftliche Beschlussfassungsmodell ändert nichts daran, dass die Gesellschaftermehrheit für den entsprechenden Grundlagenbeschluss zuständig ist.[236] Dies betrifft jedoch nur das Innenverhältnis. Mit der Übertragung der Zuständigkeit zur Zustimmungserteilung auf die Gesellschaft fällt das Recht zur Auswahl neuer Gesellschafter fortan in den Aufgabenbereich der Geschäftsführung.[237] Denn die Zustimmung stellt ein Außengeschäft dar[238] und ist daher von der Vertretungsmacht umfasst[239]. Einer Umsetzung des Beschlusses im Außenverhältnis bedarf es nur dann nicht, wenn sowohl Veräußerer als auch Erwerber bereits Gesellschafter sind.

Münchener Kommentar z. BGB, § 709, Rn. 10; *Schäfer*, ZHR 2006, 373, 384; *Wiedemann*, ZGR 1996, 286, 296 f.
234 Dafür aber *K. Schmidt*, ZHR 1994, 205, 215.
235 Richtig daher *Mülbert/Gramse*, WM 2002, 2085, 2086 f., 2091, die durch Auslegung ermitteln möchten, ob eine Mehrheitsklausel als organschaftliches Beschlussmodell oder aber als vertragliche Ermächtigung einzuordnen ist; i.E. auch *Schürnbrand*, Organschaft im Recht der privaten Verbände, S. 88, der in einer Mehrheitsklausel aber ein Indiz für das organschaftliche Beschlussfassungsmodell erblickt.
236 *Mülbert/Gramse*, WM 2002, 2085, 2091; *Schuld*, Organschaftliche Beschlußzurechnung im Personengesellschaftsrecht, S. 197 f.
237 I.E. *Schäfer*, in: Münchener Kommentar z. BGB, § 709, Rn. 10, m.w.N.
238 Eingehend *Schäfer*, Die Lehre vom fehlerhaften Verband, S. 316.
239 Für die AG ist die Differenzierung zwischen Außen- und Inngengeschäft geläufig, siehe etwa *Spindler*, in: Münchener Kommentar z. AktG, § 82, Rn. 17, der trotz Vorliegens eines Sozialakts das Vorliegen eines Rechtsgeschäfts sowie Vertretungsmacht nicht ausschließt; *Hoffmann-Becking*, in: Münchener Hdb des GesR, Bd. 4, § 23, Rn. 3; ähnl. *K. Schmidt*, in: Münchener Kommentar z. HGB, § 126, Rn. 13, der einzelne Geschäfte trotz der Einordnung als Grundlagengeschäft von der Vertretungsmacht umfasst sieht.

§ 4 Die Wirksamkeit einer Pauschalzustimmung in den Personengesellschaften

V. Die organschaftliche Beschlusszurechnung in der GbR

Die Möglichkeit der organschaftlichen Beschlussfassung von Grundlagengeschäften besteht auch für die Außen-GbR, da entscheidende Voraussetzung für die Zurechnung zur Gesellschaft die Rechtsfähigkeit der Gesellschaft ist.[240] Bei der GbR ist jedoch zu beachten, dass die Vertretungsmacht nach dem gesetzlichen Regelfall gemäß § 714 BGB an die Geschäftsführungsbefugnis gekoppelt ist und im Zweifel nicht weiter reicht als die Kompetenz im Innenverhältnis.[241] Damit ist trotz organschaftlicher Beschlusszurechnung die Gesellschaftermehrheit zur Erklärung der Pauschalzustimmung im Außenverhältnis zuständig, es sei denn der Gesellschaftsvertrag verlagert die Kompetenz zur Zustimmungserteilung ausdrücklich auf den/die Geschäftsführer. Bei der Innen-GbR scheidet das organschaftliche Beschlussfassungsmodel wegen der mangelnden Teilnahme der Gesellschaft am Rechtsverkehr[242] aus. Der Außengesellschafter führt die Geschäfte hier im eigenen Namen[243] und wird im Außenverhältnis selbst voll verpflichtet[244].

VI. Die organschaftliche Beschlusszurechnung als Regelfall bei der Publikums-KG

Auch in der Publikums-KG findet eine Übertragung des Kommanditanteils durch Abtretung unter Zustimmung sämtlicher Gesellschafter statt, wenn der Gesellschaftsvertrag keine abweichende Regelung trifft.[245]

Das OLG München hat keine Bedenken gegen eine Regelung im Gesellschaftsvertrag, wonach die Zustimmung zur Übertragung der Anteile aus-

---

240 Dahingehend auch *Schuld*, Organschaftliche Beschlußzurechnung im Personengesellschaftsrecht, S. 184.
241 *Habermeier*, in: Staudinger, BGB, § 714, Rn. 8; *Hadding/Kießling*, in: Soergel, BGB, § 714, Rn. 6; *Schäfer*, in: Münchener Kommentar z. BGB, § 714, Rn. 18.
242 BGH Urt. v. 11.9.2018 – II ZR 161/17, DStR 2019, 232, 233; *Gummert*, in: Münchener Hdb des GesR, Bd. 1, § 17, Rn. 13; *Habersack*, BB 2001, 477, 479; *K. Schmidt*, GesR, S. 1696.
243 BGH Urt. v. 11.9.2018 – II ZR 161/17, DStR 2019, 232, 233; *Güven*, Die Unterscheidung von Innen- und Außengesellschaft bürgerlichen Rechts, S. 108; *Westermann*, in: Erman, BGB, § 705, Rn. 67.
244 BGH Urt. v. 11.9.2018 – II ZR 161/17, DStR 2019, 232, 233.
245 *Casper*, in: Staub, HGB, § 161, Rn. 116; *Roth*, in: Baumbach/Hopt, HGB, Anh. § 177a, Rn. 47, die Übertragung von Kommanditanteilen an einer Publikums-KG richtet sich nach regulärem KG-Recht.

schließlich der Komplementärin obliegt und nicht auch den übrigen Gesellschaftern der KG.[246] Wie bei der typischen Personengesellschaft ordnet das Gericht die Zustimmung als Grundlagengeschäft ein. Jedoch wird man die Komplementärin nicht nur als rechtsgeschäftlich zur Zustimmung im Außenverhältnis ermächtigt ansehen dürfen. Vielmehr wird der KG der Beschluss zugerechnet, weshalb man im Falle der Verweigerung der Zustimmung nicht die Komplementärin, sondern richtigerweise die KG verklagen muss.[247] Die Verlagerung der Beschlussfassungskompetenz auf die Publikums-KG ist dem Bedürfnis einer umfassenden Zuständigkeit der geschäftsführenden Komplementärin einer Publikums-KG geschuldet. Aufgrund der Masse an Gesellschaftern wäre die Einholung eines Mehrheitsbeschlusses für die Wirksamkeit der Zustimmungserteilung schwer realisierbar und mit erheblichen Risiken für den veräußerungswilligen Gesellschafter verbunden.[248] Zudem spielt bei der Publikums-KG die konkrete Person des Erwerbers der Anteile eine untergeordnete Rolle[249], weshalb ein besonderes Bedürfnis der Kommanditisten an der Mitwirkung bei der Zustimmungserteilung nicht besteht. Wegen dieser objektiven Interessenlage der Gesellschafter ist das organschaftliche Modell daher der Regelfall in der Publikumspersonengesellschaft.[250] Die Komplementärin ist als Geschäftsführerin dabei für die Erteilung der Zustimmung zuständig.[251]

---

246 OLG München Beschl. v. 28.07.2008 – 7 U 3004/08, NZG 2009, 25, 26; siehe bereits BGH Urt. v. 12.5.1977 – II ZR 89/75, NJW 1977, 2160, 2161, der die Möglichkeit der Verlagerung der Zustimmung auf die Komplementärin als Besonderheit der Publikums-KG ohne festen Mitgliederbestand ansieht.
247 *K. Schmidt*, GesR, S. 555, der dafür plädiert, dass mitgliedschaftliche Prozesse bei der atypischen KG zwischen Gesellschaft und Gesellschaftern zu klären sind.
248 I.E. *Oertel*, Fungibilität von Anteilen in Publikumskommanditgesellschaften, S. 90 f.
249 *Mock*, in: R/GvW/H, § 161, Rn. 18.
250 Ebenso *Mülbert/Gramse*, WM 2002, 2092; *Schürnbrand*, Organschaftliche Beschlusszurechnung, S. 86.
251 *Oertel*, Fungibilität von Anteilen in Publikumskommanditgesellschaften, S. 90 f.; *Zutt*, in: Hachenburg, GmbHG, § 15, Rn. 108, der den Geschäftsführer bei der Publikumsgesellschaft auch ohne ausdrückliche Ermächtigung für zuständig hält, da sachliche Kriterien und nicht der Erwerber als Person von Bedeutung sind.

D. Auswirkung einer Verletzung der Treuepflicht auf die Bestandskraft des Beschlusses

Kommt es bei dem Beschluss über die Erteilung einer Pauschalzustimmung durch die Gesellschaftermehrheit zu einer Verletzung der Treuepflicht, ist eine Anfechtungsklage statthaft, wenn die Auslegung des Gesellschaftsvertrags ergibt, dass die Gesellschafter Beschlussmängelstreitigkeiten mit der Gesellschaft austragen müssen.[252] Die Übernahme des kapitalgesellschaftsrechtlichen Systems ist dabei nicht auf die Publikumspersonengesellschaft beschränkt.[253] Mit Ablauf der Anfechtungsfrist ist der jeweilige Mangel geheilt.[254] Schweigt der Gesellschaftsvertrag ist fraglich, ob das aktienrechtliche Beschlussmängelrecht ohne weiteres eingreift.[255] Nach noch herrschender Meinung muss der Gesellschafter gegenüber den Mitgesellschaftern mittels Feststellungsklage geltend machen, dass der Beschluss wegen einer Verletzung der Treuepflicht unwirksam ist.[256] Jedenfalls bei Gesellschaften mit großem Gesellschafterkreis und kapitalistischer Struktur ist eine Differenzierung zwischen Nichtigkeit und Anfechtbarkeit aber vorzugswürdig[257], um Rechtssicherheit zu gewährleisten.

---

252 BGH Urt. v. 7.6.1999 – II ZR 278/98, NZG 1999, 935; BGH Urt. v. 24.3.2003 – II ZR 4/01, NJW 2003, 1729; BGH Urt. v. 27.4.2009 – II ZR 167/07, NZG 2009, 707, 709; BGH Urt. v. 1.3.2011 – II ZR 83/09, NZG 2011, 544, 545.
253 BGH Urt. v. 1.3.2011 – II ZR 83/09, NZG 2011, 544, 545.
254 Als Anfechtungsfrist wird ebenso wie bei der GmbH für eine Einmonatsfrist analog zum AktG plädiert: *Enzinger*, in: Münchener Kommentar z. HGB, § 119, Rn. 99; krit.: *Freitag*, in: E/B/J/S, HGB, § 119, Rn. 82.
255 Für eine Analogie zu den §§ 241 AktG ff.: *Enzinger*, in: Münchener Kommentar z. HGB, § 119, Rn. 99; *Mock*, Die Heilung fehlerhafter Rechtsgeschäfte, S. 482; *K. Schmidt*, ZIP 2009, 737, 739.
256 BGH Urt. v. 1.3.2011 – II ZR 83/09, NZG 2011, 544; BGH Urt. v. 21.10.2014 – II ZR 84/13, NZG 2014, 1296, 1299; *Mock*, Die Heilung fehlerhafter Rechtsgeschäfte, S. 478 ff., 483, der Beschlüsse eine Personengesellschaft nach derzeitigem Rechtsstand für wirksam oder (schwebend) unwirksam bzw. nichtig hält; *Schäfer*, ZGR 2013, 237, 264.
257 Ebenso *Grunewald*, Der Ausschluß aus Gesellschaft und Verein, S. 139 f., 275 f.; *Köster*, Anfechtungs- und Nichtigkeitsklage gegen Gesellschafterbeschlüsse bei OHG und KG, S. 115 f., 124 ff.; *Mock* in: R/GvW/H, § 163, Rn. 28; *Schürnbrand*, Organschaft im Recht der privaten Verbände, S. 86 m.w.N.; *Timm*, FS Fleck, S. 365, 370 ff.; a.A.: *Nitschke*, Die körperschaftlich strukturierte Personengesellschaft, S. 206 ff.

E. Ergebnis

In den Personengesellschaften kann eine Pauschalzustimmung zur Anteilsübertragung wirksam erteilt werden. Die Zustimmung ist als Grundlagengeschäft zu qualifizieren. Sie fällt nur dann in den Zuständigkeitsbereich der Gesellschaft, wenn hierfür hinreichende Indizien im Gesellschaftsvertrag vorhanden sind. Die Rechtsfähigkeit der Personengesellschaft ist dabei Voraussetzung für die Einführung des organschaftlichen Beschlussfassungsmodells, weshalb dieses bei der OHG, der KG und der Außen-GbR möglich ist. Bei der Publikums-KG sind das organschaftliche Modell und die Zuständigkeit der Komplementärin zur Zustimmungserteilung der Regelfall. Ist die Gesellschaft für die Zustimmungserteilung zur Anteilsübertragung zuständig, ist die Zustimmung in den Personenhandelsgesellschaften als Außengeschäft von der Vertretungsmacht umfasst. Im Innenverhältnis ist ein Beschluss der Gesellschafter bzw. der Gesellschaftermehrheit – vorbehaltlich abweichender Regelungen – erforderlich. In der GbR entscheiden die Gesellschafter auch im Außenverhältnis über die Zustimmung. Beim Vertragsmodell unterfällt die Pauschalzustimmung nicht der Vertretungsmacht; der Geschäftsführer kann die Entscheidung hier aber im Außenverhältnis vollziehen, wenn er hierzu ermächtigt wurde.

Zweiter Teil: Zulässigkeitsvoraussetzungen einer Pauschalzustimmung

Es wurde festgestellt, dass die Erteilung einer Pauschalzustimmung zur Übertragung vinkulierter Anteile in der AG, der GmbH und den Personengesellschaften wirksam erteilt werden kann. Zu klären bleibt, in welchem Verhältnis Geschäftsführung und Gesellschafter bei der Beschlussfassung zueinanderstehen und welche Interessen die zuständigen Organe bei der Entscheidungsfindung zu berücksichtigen haben.

§ 5 Zulässigkeit einer Pauschalzustimmung in der AG

Hinsichtlich der Zulässigkeit einer Pauschalzustimmung zur Übertragung vinkulierter Namensaktien ist zu unterscheiden, ob in der Satzung ein Zustimmungsvorbehalt der Hauptversammlung bzw. des Aufsichtsrats angeordnet ist (§ 68 Abs. 2 Satz 3 AktG) oder ob der Vorstand die alleinige Kompetenz zur Zustimmungserteilung besitzt.

A. Zustimmungsvorbehalt der Hauptversammlung bzw. des Aufsichtsrats gemäß § 68 Abs. 2 Satz 3 AktG

Sieht die Satzung einen Zustimmungsvorbehalt der Hauptversammlung gemäß § 68 Abs. 2 Satz 3 AktG vor, entscheidet diese allein über die Erteilung der Zustimmung. Der Vorstand bleibt aber dennoch zur Erklärung des Entscheidungsergebnisses befugt.[258]

---

[258] Umstritten ist, wonach sich die Erklärungszuständigkeit ergibt. Diese wird zum Teil aus § 78 Abs. 1 AktG abgeleitet, siehe hierzu *Merkt*, in: Großkommentar z. AktG, § 68, Rn. 446, m.w.N.

I. Pflicht des Vorstands zur Überprüfung des Beschlusses gemäß § 93 Abs. 4 Satz 1 AktG

Ist die Hauptversammlung für die Zustimmungserteilung zuständig, hat der Vorstand keinen eigenen Ermessensspielraum. Er ist im Außenverhältnis vielmehr nur der Bote, der die Entscheidung der Hauptversammlung übermittelt. Dies bedeutet jedoch nicht, dass der Vorstand einen Beschluss über die Erteilung einer Pauschalverweigerung blinden Auges vollziehen darf. Vielmehr muss der Vorstand den entsprechenden Beschluss vor der Ausführung auf seine Ordnungsmäßigkeit überprüfen. Unterlässt dies der Vorstand und erweist sich die Pauschalzustimmung im Nachhinein als pflichtwidrig, droht ihm eine Haftung für Schäden, welche die Gesellschaft auf Grund der Vollziehung des Beschlusses erleidet. Dies folgt aus § 93 Abs. 4 S. 1 AktG, wonach die Ersatzpflicht gegenüber der Gesellschaft nur dann nicht eintritt, wenn die Handlung des Vorstands auf einem gesetzmäßigen Beschluss der Hauptversammlung beruht.

II. Vollzugspflicht des Vorstands gemäß § 83 Abs. 2 AktG

Die Pflicht des Vorstands zur Überprüfung eines Beschlusses der Hauptversammlung steht prima facie in Konflikt mit der Regelung des § 83 Abs. 2 AktG. Gemäß § 83 Abs. 2 AktG muss der Vorstand die von einer Hauptversammlung im Rahmen ihrer Zuständigkeit beschlossenen Maßnahmen ausführen. Die Ausführungspflicht des § 83 Abs. 2 AktG kann vor dem Hintergrund der gemäß § 93 Abs. 2 Satz 1 AktG drohenden Schadensersatzpflicht jedoch nicht uneingeschränkt gelten.[259] Ein Hauptversammlungsbeschluss muss daher gesetzes- und satzungskonform sein, damit eine Ausführungspflicht besteht.[260] Dies soll der Fall sein, wenn mit Ablauf der Frist des § 246 Abs. 1 AktG sämtliche Anfechtungsgründe geheilt sind.[261] Jedoch droht dem Vorstand eine Haftung, wenn er den Beschluss der

---

259 *Habersack/Foerster*, in: Großkommentar z. AktG, § 83, Rn. 11.
260 *Habersack/Foerster*, in: Großkommentar z. AktG, § 83, Rn. 12; *Hopt/Roth*, in: Großkommentar z. AktG, § 93, Rn. 471.
261 *Fleischer*, BB 2005, 2025, 2027; *Habersack/Foerster*, in: Großkommentar z. AktG, § 83, Rn. 12; *Koch*, in: Hüffer/Koch, AktG, § 93, Rn. 73; *Hoffmann-Becking*, in: Münchener Hdb des GesR, Bd. 4, § 25, Rn. 94; für eine materielle Rechtswidrigkeit des Beschlusses trotz Ablaufs der Anfechtungsfrist: *Geßler*, JW 1937, 497, 501; *Heidel*, in: Heidel, Aktien-und Kapitalmarktrecht, § 243 AktG, Rn. 66; *Mestmäcker*, Verwaltung, Konzerngewalt und Rechte der Aktionäre, S. 269.

Hauptversammlung nach Ablauf der Anfechtungsfrist trotz voraussichtlichen Schadens bei der Gesellschaft vollziehen muss. Daher muss § 83 Abs. 2 AktG mit § 93 Abs. 4 AktG in Einklang gebracht werden.[262] Folglich ist danach zu fragen, ob der Vorstand verpflichtet war, den Beschluss anzufechten.[263] Dies ist der Fall, wenn die Ausführung eines Hauptversammlungsbeschlusses zu einem Schaden bei der Gesellschaft führen würde.[264] Hierdurch wird letztendlich ein Gleichlauf mit der Norm des § 93 Abs. 2 AktG hergestellt. Gemäß § 93 Abs. 2 AktG ist der Vorstand lediglich dann zum Schadensersatz verpflichtet, wenn der Gesellschaft durch seine Handlung ein Schaden entstanden ist. Hat der Vorstand die Anfechtung pflichtwidrig unterlassen, darf er den Beschluss somit auch nach Ablauf der Anfechtungsfrist nicht ausführen.[265] Droht der Gesellschaft durch die Ausführung des Beschlusses kein Schaden, besteht keine Pflicht zur Anfechtung und der Vorstand muss den Beschluss vollziehen.[266]

Der Eintritt eines Schadens der Gesellschaft ist bei der Ausführung einer pflichtwidrigen Pauschalzustimmung unwahrscheinlich.[267] Es ist nicht ersichtlich, weshalb die Aufnahme neuer Gesellschafter generell zu einer wirtschaftlichen Beeinträchtigung der Gesellschaft führen soll. Ein Schaden, der kausal auf der Ausführung der Pauschalzustimmung beruht, kann aber dann bestehen, wenn der hierdurch eintretende Erwerber die Gesellschaft vom Markt drängen möchte.

---

262 *Golling*, Sorgfaltspflicht und Verantwortlichkeit der Vorstandsmitglieder für Geschäftsführung innerhalb der nicht konzerngebundenen Aktiengesellschaft, S. 81 ff.; *Haertlein*, ZHR 2004, 437, 446; *Hopt/Roth*, in: Großkommentar z. AktG, § 93, Rn. 486; *Mertens/Cahn*, in: Kölner Kommentar z. AktG, § 93, Rn. 156; *Zempelin*, AcP 1956, 209, 226 f. (für die Haftung der Aufsichtsratsmitglieder).
263 *Hopt/Roth*, in: Großkommentar z. AktG, § 93, Rn. 487; *Spindler*, in: Münchener Kommentar z. AktG, § 93, Rn. 267, m.w.N.
264 Wie hier, *Fleischer*, in: Spindler/Stilz, AktG, § 93, Rn. 274; *Grabolle*, Die Pflicht des Vorstands zur Ausführung von Hauptversammlungsbeschlüssen, S. 148 ff., 152; *Hefermehl*, FS Schilling, 1973, S. 159, 167 f.; *Martens*, FS Beusch, 1993, S. 529, 533 ff.; *Mertens/Cahn*, in: Kölner Kommentar z. AktG, § 93, Rn. 154; *Noack*, DB 2014, 1851, 1853; *Seibt*, in: K. Schmidt/Lutter, AktG, § 83, Rn. 12; *Spindler*, in: Münchener Kommentar z. AktG, § 93, Rn. 267; *Volhard*, ZGR 1996, 55, 59; a.A.: *Heidel*, in: Heidel, Aktien- und Kapitalmarktrecht, § 243, Rn. 66, der eine unbedingte Anfechtungspflicht des Vorstands annimmt; ebenso *Servatius*, Strukturmaßnahmen als Unternehmensleitung, S. 330, 338 ff.
265 *Habersack/Foerster*, in: Großkommentar z. AktG, § 83, Rn. 13, m.w.N.; *Spindler*, in: Münchener Kommentar z. AktG, § 83, Rn. 24.
266 *Spindler*, in: Münchener Kommentar z. AktG, § 83, Rn. 24.
267 Ebenso *Nodoushani*, ZGR 2014, 809, 829.

B. Ausschließliche Zuständigkeit des Vorstands zur Zustimmungserteilung gemäß § 68 Abs. 2 AktG

Ist der Vorstand nach § 68 Abs. 2 AktG für die Zustimmungserteilung zuständig, ist die Ordnungsmäßigkeit einer Pauschalzustimmung eng verzahnt mit den Sorgfaltsmaßstäben für die Leitungsorgane der Gesellschaft.

I. Anwendbarkeit der Business Judgment Rule

Umfang und Intensität der gerichtlichen Überprüfbarkeit der Entscheidung über die Pauschalzustimmung sind für den Vorstand von zentraler Bedeutung. Bei Vorliegen der Voraussetzungen der Business Judgment Rule gemäß § 93 Abs. 1 Satz 2 AktG gelangt der Vorstand in den „safe harbour" als Haftungsfreiraum[268]. Liegen die Tatbestandsmerkmale des § 93 Abs. 1 Satz 2 AktG nicht vor, findet eine Prüfung der Pflichtwidrigkeit der Maßnahme am Maßstab des § 93 Abs. 1 Satz 1 AktG statt.[269]

1. Vorliegen einer unternehmerischen Entscheidung

Einer Meinung nach soll die Erteilung einer Zustimmung zur Übertragung vinkulierter Anteile gemäß § 68 Abs. 2 AktG eine unternehmerische Entscheidung darstellen[270] mit der Folge, dass nur eine eingeschränkte gerichtliche Nachprüfbarkeit der Entscheidung besteht[271]. Auf der anderen Seite wird vertreten, dass es sich bei der Zustimmung gemäß § 68 Abs. 2

---

268 *Redeke*, ZIP 2011, 59, 60: „*Sind alle Tatbestandsvoraussetzungen erfüllt, eröffnet die BJR einen „safe harbour"."*
269 BGH Urt. v. 12.10.2016 – 5 StR 134/15, NStZ 2017, 227, 230 [HSH Nordbank]: der Verstoß gegen § 93 Abs. 1 Satz 2 AktG indiziert nach dem Gericht aber den Verstoß gegen § 93 Abs. 1 Satz 1 AktG; ebenso *Fleischer*, in: Spindler/Stilz, AktG, § 93, Rn. 65; *Sailer-Coceani*, in: K. Schmidt/Lutter, AktG, § 93, Rn. 14; krit. *Spindler*, in: Münchener Kommentar z. AktG, § 93, Rn. 47, der eine Vermutungswirkung verneint; für eine abschließende Konkretisierung des allgemeinen Sorgfaltsmaßstabs in § 93 Abs. 1 Satz 2: *Scholz*, AG 2018, 173, 182, 184 f., m.w.N. zum Meinungsstand.
270 *Bezzenberger*, in: K. Schmidt/Lutter, AktG, § 68, Rn. 36; *Bork*, FS Henckel, 1995, S. 23, 25; *Lutter*, AG 1992, 369, 373; *Merkt*, in: Großkommentar z. AktG, § 68, Rn. 405.
271 *Bezzenberger*, in: K. Schmidt/Lutter, AktG, § 68, Rn. 36; *Bork*, FS Henckel, 1995, S. 23, 25, der dem Vorstand einen Beurteilungs- und Ermessensspielraum ein-

AktG um eine gebundene[272] und damit nach § 93 Abs. 1 Satz 1 AktG inhaltlich vollumfänglich nachprüfbare Entscheidung handeln soll[273]. Im Ergebnis macht dies einen fulminanten Unterschied bei der Feststellung des gerichtlichen Prüfungsmaßstabs, da für § 93 Abs. 1 Satz 2 AktG ein anderer Standard gerichtlicher Kontrolle gilt als bei § 93 Abs. 1 Satz 1 AktG.[274]

a) Allgemeine Kriterien für eine unternehmerische Entscheidung

Der Gesetzesbegründung zufolge sind unternehmerische Entscheidungen Prognoseentscheidungen, die vom Zufall abhängen und daher nicht justiziabel sind.[275] Einige Literaturstimmen bezeichnen eine unternehmerische Entscheidung daher als eine Entscheidung *„unter Unsicherheit"*.[276] Ferner soll die Zukunftsbezogenheit der Entscheidung ein wichtiges Kriterium für die Einordung als unternehmerische Entscheidung sein.[277] Daneben wird angeführt, es müsse sich stets um Entscheidungen handeln, die nach unternehmerischen Zweckmäßigkeitsgesichtspunkten getroffen werden.[278] Auch wird eine Abgrenzung zu den rechtlich gebundenen Entscheidun-

---

räumen möchte; *Lutter*, AG 1992, 369, 373; *Merkt*, in: Großkommentar z. AktG, § 68, Rn. 405.
272 *Koch*, in: Hüffer/Koch, AktG, § 68, Rn. 15; *Sailer-Coceani*, in: Münchener Hdb des GesR, Bd. 4, § 14, Rn. 26; zweifelnd, *Westermann*, FS Huber, 2006, S. 997, der die Einordnung der Zustimmung als unternehmerische Entscheidung für *„alles andere als sicher"* hält.
273 *Immenga*, AG 1992, 79, 82.
274 *Holle*, AG 2011, 778 ff.; *Hopt/Roth*, in: Großkommentar z. AktG, § 93, Rn. 75, 126; a.A.: *von Falkenhausen*, NZG 2012, 644, 650, der auch eine unternehmerische Entscheidung nach § 93 Abs. 1 Satz 2 AktG für vollumfänglich gerichtlich nachprüfbar hält.
275 Begr. RegE UMAG, BT-Drs. 15/5092, S. 11.
276 *Bayer/Meier-Wehrsdorfer*, AG 2013, 477, 479 f.; *Dauner-Lieb*, in: Henssler/Strohn, § 93 AktG, Rn. 20; *Habersack*, Karlsruher Forum 2009: Managerhaftung 2010, 5, 15; *Koch*, in: Hüffer/Koch, AktG, § 93, Rn. 18; *Lieder*, Der Aufsichtsrat im Wandel der Zeit, S. 826 f.; *Schäfer*, ZIP 2005, 1253, 1256; *Servatius*, Strukturmaßnahmen als Unternehmensleitung, S. 178; krit.: *von Falkenhausen*, NZG 2012, 644, 646; dieses Kriterium ablehnend: *Hopt/Roth*, in: Großkommentar z. AktG, § 93, Rn. 84, m.w.N.
277 *Bürgers*, in: Bürgers/Körber, AktG, § 93, Rn. 11; *Dauner-Lieb*, in: Henssler/Strohn, § 93 AktG, Rn. 21; *Habersack*, Karlsruher Forum 2009: Managerhaftung 2010, 5, 15; *Ott*, ZGR 2017, 149, 153; *U. Schmidt*, in: Heidel, Aktien- und Kapitalmarktrecht, § 93 AktG, Rn. 84.
278 *Sailer-Coceani*, in: K. Schmidt/Lutter, AktG, § 93, Rn. 21.

gen für notwendig gehalten.[279] Wiederum andere stellen auf das wirtschaftliche Ausmaß der Entscheidung ab.[280] Einigkeit besteht jedoch darin, dass ein Erfordernis einer kaufmännischen Prägung der Entscheidung zu verneinen ist.[281]

b) Handlungsalternativen

Die Qualifizierung der Erteilung einer Pauschalzustimmung nach § 68 Abs. 2 AktG als unternehmerische Entscheidung folgt bereits daraus, dass für den Vorstand mehrere Handlungsoptionen bestehen. Zunächst stellt sich für ihn die Frage, ob die Zustimmung erteilt oder verweigert werden soll. Ist die Entscheidung hierüber gefallen, besteht ferner die Möglichkeit, die Zustimmung oder Verweigerung weiter an die Bedürfnisse der Gesellschaft anzupassen. So kann eine Pauschalzustimmung generell für jede Übertragung[282] oder für einen abgegrenzten Kreis von Geschäften[283] erteilt werden. Auch kann die Zustimmung mit einer Bedingung versehen werden, sofern sie vorab als Einwilligung erteilt wird.[284]

c) Wirtschaftliches Risiko bei Erteilung einer Pauschalzustimmung

Die Pauschalzustimmung birgt auch ein beachtliches wirtschaftliches Risiko[285]. Es besteht die Gefahr, dass Personen dem Unternehmen beitreten,

---

279 *Bachmann*, ZHR 2013, 1, 8; *Koch*, ZGR 2006, 769, 784 f.; *Ott*, ZGR 2017, 149, 157; *Paefgen*, AG 2004, 245, 251; *Paefgen*, AG 2014, 554, 560; *S. H. Schneider*, DB 2005, 707, 710; *U. H. Schneider*, DB 2011, 99, 100; *Spindler*, in: Münchener Kommentar z. AktG, § 93, Rn. 49; krit.: *von Falkenhausen*, NZG 2012, 644, 646.
280 *Heermann*, AG 1998, 201, 203; *Mutter*, Unternehmerische Entscheidungen und Haftung des Aufsichtsrats der Aktiengesellschaft, S. 23; *S. H. Schneider*, DB 2005, 707, 708.
281 Ganz h.M., vgl. statt aller, *Ott*, ZGR 2017, 149, 156, m.w.N.
282 *Nodoushani*, ZGR 2014, 809 ff.
283 *Bayer*, in: Münchener Kommentar z. AktG, § 68, Rn. 91; *Gätsch*, in: Marsch-Barner/Schäfer, § 5, Rn. 5.98; *Hefermehl/Bungeroth*, in: G/H/E/K, AktG, § 68, Rn. 111; *Lutter/Drygala*, in: Kölner Kommentar z. AktG, § 68, Rn. 86; *Merkt*, in: Großkommentar z. AktG, § 68, Rn. 473.
284 *Bayer*, in: Münchener Kommentar z. AktG, § 68, Rn. 86; *Merkt*, in: Großkommentar z. AktG, § 68, Rn. 470, m.w.N.
285 Kritisch zum Kriterium des hohen wirtschaftlichen Risikos: *Loth*, Die Haftung der Organe einer Aktiengesellschaft bei Entscheidungen unter Rechtsunsicher-

die diesem Schaden zufügen. Dies kann vor allem bei spekulativen Investoren passieren, deren Interesse nicht auf das langfristige Unternehmenswohl gerichtet ist. Erweist sich der Beschluss des Vorstands im Nachhinein als fehlerhaft, kann dies zudem erhebliche Folgen für die Wertbemessung der Anteile der in der Gesellschaft verbleibenden Aktionäre haben.

d) Unternehmerische Zweckmäßigkeit der Entscheidungsfindung

Die Einordnung der Pauschalzustimmung als unternehmerische Entscheidung ergibt sich schließlich auch daraus, dass der Vorstand seine Entscheidung allein nach unternehmerischen Zweckmäßigkeitsgesichtspunkten trifft. Die Vorschrift des § 68 Abs. 2 AktG beinhaltet keinerlei Ermessensschranken für den Vorstand. Im Umkehrschluss besteht ein weites Ermessen des Vorstands. Auf die in § 76 Abs. 1 AktG ausdrücklich kodifizierte Eigenverantwortlichkeit darf sich dieser so lange verlassen, wie ihm sein Handlungsspielraum nicht durch gesetzliche Pflichten entzogen oder eingeschränkt wird.[286]

e) Zwischenfazit

Eine Pauschalzustimmung zur Übertragung vinkulierter Anteile lässt sich unter Heranziehung der von Rechtsprechung und Schrifttum aufgestellten Kriterien als unternehmerische Entscheidung qualifizieren.

2. Handeln auf der Grundlage angemessener Information

Damit der Vorstand bei Erteilung einer Pauschalzustimmung in den Genuss der Business Judgment Rule kommen kann, muss sein Handeln auch auf angemessener Informationsgrundlage beruhen.

---

heit, S. 56, der Bedenken hat, dass dann viele Entscheidungen nicht mehr vom unternehmerischen Ermessen erfasst werden.
286 *Ott*, ZGR 2017, 149, 160, 161.

a) Keine Pflicht zur Einholung sämtlicher Informationen

Welche Informationen angemessen sind, richtet sich nach Umfang und Reichweite der zu treffenden Entscheidung.[287] Der vom Regierungsentwurf vorgeschlagene Begriff *„angemessen"* deutet darauf hin, dass der Vorstand nicht alle Informationsquellen zur Sachverhaltsermittlung ausschöpfen muss.[288] Maßstab ist, was der Vorstand als angemessen angesehen hat und als angemessen ansehen durfte.[289] Damit vollzieht sich die Beurteilung zwar auch aus der Perspektive der Handelnden[290], insgesamt handelt es sich jedoch um einen gemischt objektiv/subjektiven Maßstab.[291] Da in Europa eine Tendenz zum prozeduralen Ansatz bei der Business Judgment Rule erkennbar ist[292], muss auch in Deutschland der Abwägungsvorgang einer Nachprüfbarkeit durch die Gerichte auf seine Vertretbarkeit unterliegen (= gerichtliche Plausibilitätskontrolle[293])[294]. Durch die Beschränkung des Gerichts auf die Vertretbarkeit des prozeduralen Entscheidungsverfahrens wird das auch hier existierende Risiko der Hindsight Bias geringgehalten.[295] Eine informationelle Business Judgment Rule ist dagegen abzulehnen.[296]

---

287 *Hopt/Roth*, in: Großkommentar z. AktG, § 93, Rn. 104, m.w.N.; *Redeke*, ZIP 2011, 59, 60.
288 Vgl. Begr. RegE BT-Drs. 15/5092, S. 12; zustimmend: *Bachmann*, ZHR 2013, 1, 3; *Binder*, AG 2012, 885, 891; *Fleischer*, FS Wiedemann, 2002, S. 827, 841; *Peus*, Die Haftung des Vorstands der Aktiengesellschaft zwischen unternehmerischer Freiheit und sozialer Pflicht, S. 113; *Roth*, Unternehmerisches Ermessen und Haftung des Vorstands, S. 82; zu weitgehend daher BGH Beschl. v. 14.7. 2008 – II ZR 202/07, NJW 2008, 3361, 3362 f. (für den GmbH-Geschäftsführer).
289 Begr. RegE BT-Drs. 15/5092, S. 12; Begr. RegE BR-Drs. 3/05, S. 20 f.
290 Eingehend *Druey*, FS Goette, 2011, S. 57, 64; *Roth*, Unternehmerisches Ermessen und Haftung des Vorstands, S. 81.
291 *Bachmann*, ZHR 2013, 1, 10 f.; *Göz/Holzborn*, WM 2006, 157, 158; *Hopt/Roth*, in: Großkommentar z. AktG, § 93, Rn. 102, m.w.N.; *Koch*, ZGR 2006, 769, 788 f.
292 *Merkt*, ZGR 2017, 129, 135 f. In Österreich etwa ist das Handeln auf angemessener Informationsgrundlage voll nachprüfbar, vgl. den Wortlaut von § 84 Abs. 1a ÖAktG.
293 Begriff bei *Koch*, in: Hüffer/Koch, AktG, § 93, Rn. 21.
294 Ebenso *Bachmann*, ZHR 2013, 1, 11; *Brömmelmeyer*, WM 2005, 2065, 2068; *Harbarth*, in: FS Hommelhoff, 2012, S. 323, 338; *Koch*, in: Hüffer/Koch, AktG, § 93, Rn. 21; *Loth*, Die Haftung der Organe einer Aktiengesellschaft bei Entscheidungen unter Rechtsunsicherheit, S. 69 f.
295 *Fleischer*, FS Wiedemann, 2002, S. 827, 840; *Redeke*, ZIP 2011, 59, 62.
296 Für eine „zweite" BJR im Informationsbereich: *Druey*, FS Goette, 2011, S. 57, 64 f.; *Grunewald/Hennrichs*, FS Maier-Reimer, 2010, S. 147, 149; *Kock/Dinkel*, NZG 2004, 441, 444; *Paefgen*, AG 2014, 554, 561 f.

b) Ausreichende Informationsgrundlage bei Unbekanntheit des Erwerbers

Der Vorstand kann die Entscheidung über die Erteilung einer Pauschalzustimmung auch dann auf der Grundlage angemessener Information treffen, wenn ihm die künftigen Erwerber unbekannt sind.[297]

aa) Situation bei Vorliegen einer gewöhnlichen Vinkulierungsklausel

Gemäß § 68 Abs. 2 AktG hat der Vorstand seine Entscheidung am Gesellschaftswohl auszurichten.[298] Ein übergeordnetes Interesse an der Person des Erwerbers existiert in der durchschnittlichen Aktiengesellschaft als Kapitalsammelbecken nicht.[299] Ein entsprechender Vinkulierungszweck kann sich nur durch Auslegung der Satzung der jeweiligen Gesellschaft im Einzelfall feststellen lassen.[300] Zwar kann die Wahrung der Unabhängigkeit der Gesellschaft ein Grund für die Einführung einer Vinkulierung sein.[301] Selbst dann liegt das spezifische Interesse der Gesellschaft aber in der Bewahrung der Beteiligungsverhältnisse[302], wohingegen die Person des Eintretenden eine untergeordnete Rolle spielt. Regelmäßig hat eine Vinkulierungsklausel damit nicht die Bewahrung der individuellen Zusammen-

---

297 A.A.: *Nodoushani*, ZGR 2014, 809, 829.
298 *Francastel*, Steuerung des Aktionärskreises durch Anteilsvinkulierung, S. 95; *Hahn*, Die feindliche Übernahme von Aktiengesellschaften, S. 210; *Westermann*, FS Huber, 2006, S. S. 997, 1009 f.; allgemein *Raiser/Veil*, Recht der Kapitalgesellschaften, S. 169, die generell alle dem Unternehmensinteresse widersprechenden Handlungen für pflichtwidrig erachten.
299 *Asmus*, Vinkulierte Mitgliedschaft, S. 43; *Westermann*, FS Huber, 2006, S. S. 997, 999, der bei der durchschnittlichen AG die strikte Bewahrung des Aktionärskreises nicht als Vinkulierungszweck qualifiziert.
300 *Asmus*, Vinkulierte Mitgliedschaft, S. 43 ff.; *Heß*, Investorenvereinbarungen, S. 233, der den Vinkulierungszweck im Einzelfall durch Auslegung ermitteln möchte.
301 OLG Celle, Urt. v. 24.11.2004 – 9 U 119/04, NZG 2005, 279, 280; LG Aachen Urt. v. 19.05.1992 – 41 O 30/92, AG 1992, 410, 413; *Lutter/Drygala*, in: Kölner Kommentar z. AktG, § 68, Rn. 58, m.w.N.
302 OLG Celle, Urt. v. 24.11.2004 – 9 U 119/04, NZG 2005, 279, 280: das Gericht sieht den Vinkulierungszweck im Überfremdungsschutz, der sich insbesondere durch eine Aufrechterhaltung der Beteiligungsverhältnisse und dem Verhindern der Entstehung einer Mehrheitsposition realisiert; ähnlich *Bayer*, in: Münchener Kommentar z. AktG, § 68, Rn. 36, der den Schutz vor Überfremdung ebenfalls durch eine Aufrechterhaltung der Beteiligungsverhältnisse als erfüllt sieht.

setzung des Gesellschafterkreises zum Ziel[303], sondern es sollen solche Erwerbsvorgänge verhindert werden, die einen zu hohen Einfluss des Neueintretenden auf die Gesellschaft ermöglichen. Verallgemeinernd lässt sich festhalten, dass eine Pauschalzustimmung nur dann unzulässig ist, wenn sie einen unauflösbaren Widerspruch zu einer Vinkulierungsregelung in der Satzung bildet. Ein solches Paradox ist vor allem dann möglich, wenn die Pauschalzustimmung denselben Konkretisierungsgrad hat, wie die Satzungsregelung selbst.

bb) Besonderes verbandsrechtliches Interesse der AG am Erwerber

Wie festgestellt wurde, haben die in der Satzung zum Ausdruck kommenden Leitmaxime eines Unternehmens maßgeblichen Einfluss darauf, ob die Person des Erwerbers eine entscheidende oder nur untergeordnete Rolle bei der Zustimmungserteilung spielt. Lässt sich im Einzelfall ein solches Interesse feststellen, muss der Erwerber der Gesellschaft bekannt sein.

(1) Familien-AG

In der Familien-AG kommt der Person des Erwerbers eine exponierte Stellung zu. Eine Vinkulierung dient hier vornehmlich der Bewahrung des individuellen Gesellschafterkreises.[304] Der Vorstand kommt daher nicht in den Genuss der BJR, wenn er eine Pauschalzustimmung ohne Kenntnis des Erwerbers erteilt. Eine Globaleinwilligung kann jedoch zulässig in der Form erteilt werden, dass einer Übertragung der Anteile an Familienmitglieder generell zugestimmt wird.

---

303 Zum ausnahmsweise bestehenden verbandsrechtlichen Interesse der AG am Erwerber, siehe den nachfolgenden Punkt.
304 *Asmus*, Vinkulierte Mitgliedschaft, S. 44 f.; *Binz/Mayer*, NZG 2012, 201, 202; *Hennerkes/May*, NJW 1988, 2761 ff., 2767; *Merkt*, in: Großkommentar z. AktG, § 68, Rn. 205; *Westermann*, FS Huber, 2006, S. 997, 1001.

(2) AG & Co. KG

Auch bei der AG & Co. KG besteht gemeinhin ein verbandsrechtliches Interesse an der Person des Gesellschafters. In der Entscheidung für die AG & Co. KG kann der Wunsch nach einer kleinen und personalistisch strukturierten AG als Komplementärin gesehen werden.[305] Ziel dieser personalistisch strukturierten Gesellschaftsform ist es, ein wirtschaftliches und einheitliches Handeln zwischen AG und KG zu sichern.[306] Gerade dieses Ziel wird häufig durch Einführung von Vinkulierungen in beiden Gesellschaften gesichert.[307] Aufgrund der starken wechselseitig personalistisch geprägten Beziehung zwischen der AG und der KG zielt das Verbandsinteresse hier darauf ab, den Gesellschafterkreis zu bewahren. Aus diesen Gründen muss der Erwerber der Aktien im Zeitpunkt der Zustimmungserteilung feststehen.

(3) KGaA

Wie bei der AG & Co. KG erfreut sich die KGaA bei Familienunternehmen großer Beliebtheit.[308] Die persönliche Haftung der geschäftsführenden Familiengesellschafter kann durch die Einschaltung einer juristischen Person als Komplementärin umgangen werden.[309] Sind die Kommanditaktien vinkuliert, bedarf die wirksame Übertragung des Anteils der Zustimmung der Komplementärin.[310] Da im Zweifel alle Komplementäre geschäftsführungsbefugt sind (§ 278 Abs. 2 AktG i.V.m. §§ 164 S. 1, 161 Abs. 2, 114 Abs. 1 HGB), muss jeder einzelne einer Übertragung des Kommanditanteils zustimmen. Eine unbeschränkte Pauschalzustimmung ist hier aber, anders als in der regulären Familien-AG, zulässig, da die Bewah-

---

305 *K. Schmidt*, FS Westermann, 2008, S. 1425, 1427 f., der die Einheits-GmbH & Co. KG zum Regelmodell der GmbH & Co. Gesellschaft erklärt. Zweck dieser Einheitsgesellschaft sei das *„Bemühen darin, Beteiligungen und Stimmrechte in beiden Gesellschaften quotengleich in Balance zu halten"*.
306 *Beckmann*, DStR 1995, 296, 298.
307 *Beckmann*, DStR 1995, 296, 299.
308 *Becker*, Unternehmerische Freiheit in deutscher KGaA und britischer PLC, S. 29; *Fett/Stütz*, NZG 2017, 1121, 1123; *Hasselbach/Ebbinghaus*, DB 2015, 1269; *Kruse/Domning/Frechen*, DStR 2017, 2440, 2441; *Mayer-Uellner/Otte*, NZG 2015, 737, 738, die die KGaA als *„die ideale Rechtsform für börsenwillige Familienunternehmer"* beschreiben; *Reichert*, Liber amicorum Oppenhoff, 2017, S. 281, 292.
309 *Fett/Stütz*, NZG 2017, 1121; *Kruse/Domning/Frechen*, DStR 2017, 2440.
310 *Schrick*, NZG 2000, 409, 410.

rung der Beteiligungsverhältnisse der Kommanditaktionäre keine fulminante Rolle spielt. Im Vergleich zum Vorstand einer AG ist der unternehmerische Einfluss der Geschäftsführung der Komplementärin um ein Vielfaches größer.[311] So hat der Aufsichtsrat gegenüber der Komplementärin nur Überwachungs- und Auskunftsrechte, jedoch kein Personalrecht.[312] Auch bedürfen sämtliche Satzungsänderungen, Grundlagengeschäfte und außergewöhnliche Geschäfte der Zustimmung des Komplementärs (§ 285 Abs. 2 Satz 1 AktG).[313] Wurde in der Satzung festgelegt, dass lediglich Familiengesellschafter in die Geschäftsführung der Komplementärin aufgenommen werden dürfen, kann diese Regelung somit nicht im Nachhinein durch einen Beschluss des Mehrheitskommanditisten geändert werden. Die Familiengesellschafter können daher eine Pauschalzustimmung erteilen, ohne Gefahr zu laufen, hierdurch ihre dominierende Stellung zu verlieren.

c) Kriterien für die Informationsermittlung

Vor Erteilung der Pauschalzustimmung muss der Vorstand überprüfen, ob
- eine Veräußerung der Anteile betriebswirtschaftlich sinnvoll ist (dies ist insbesondere dann zu bejahen, wenn die Verfügung über die Anteile als Sicherheit für einen Kredit verwendet werden soll[314])
- die Zustimmung die Gefahr einer feindlichen Übernahme in sich birgt, wie hoch dieses Risiko ist und ob die feindliche Übernahme im Unternehmensinteresse liegt
- es zu einer negativen Veränderung der Beteiligungsstruktur kommen kann
- noch offene Einlageforderungen bestehen.

Zur Beurteilung der betriebswirtschaftlichen und gesellschaftsrechtlichen Auswirkungen einer globalen Zustimmungsentscheidung sollte sich der Vorstand von einem unabhängigen Berater *„second opinions"*[315] einholen.[316] Dies gilt ebenso für die Beurteilung der Gefahr einer feindlichen

---

311 *Mayer-Uellner/Otte*, NZG 2015, 737, 742; *Schürmann/Groh*, BB 1995, 684, 685.
312 *Giehl*, MittBayNot 2016, 285, 286; *Kruse/Domning/Frechen*, DStR 2017, 2440, 2441.
313 *Förl*, Die GmbH & Co. KGaA als abhängiges Unternehmen, S. 6, 8 f.
314 Vgl. dazu ausführlich, *Nodoushani*, ZGR 2014, 809, 827.
315 *Bürgers*, in: Bürgers/Körber, AktG, § 93, Rn. 13.
316 Für eine Pflicht zur Hinzuziehung unabhängiger Berater plädiert *Binder*, AG 2012, 885, 888 f., 890, mit Verweis auf BGH Urt. v. 14.5.2007 – II ZR 48/06, AG

Übernahme. Zur Feststellung bieten sich Gutachten von Wirtschaftsprüfungsgesellschaften und Rechtsanwaltsgesellschaften an. Die Beweislast für die Angemessenheit der eingeholten Informationen trägt der Vorstand.[317] Kann er die ordnungsgemäße Einholung der Informationen darlegen, wird ihm in der Regel der Beweis für die Angemessenheit gelingen. Daher ist ihm anzuraten, den Prozess der Informationsgewinnung schriftlich festzuhalten.[318]

3. Handeln zum Wohle der Gesellschaft

Der Vorstand muss bei Erteilung einer Pauschalzustimmung nicht nur auf der Grundlage angemessener Information handeln, sondern auch zum Wohle der Gesellschaft[319]. Im Gegensatz zur früheren Auffassung des Reichsgerichts[320] ist eine freie Ermessensentscheidung über das „ob" der Zustimmungserteilung ausgeschlossen.

Die Pflicht des Vorstands zur Priorisierung des Gesellschaftswohls bedeutet in seiner negativen Ausprägung, dass der Vorstand Sonderinteressen nicht berücksichtigen darf.[321] Insbesondere darf sich der Vorstand zu keinem Zeitpunkt von eigenen Interessen leiten lassen.[322] Die Aktiengesellschaft als juristische Person ist die Interessenträgerin, der allein der

---

2007, 548 (550) sowie OLG Stuttgart Urt. v. 25.11.2009 – 20 U 5/09, AG 2010, 133 (134 f.).

317 BGH Urt. v. 22.02.2011 – II ZR 146/09, NZG 2011, 549, 550; BGH Urt. v. 15.01.2013 – II ZR 90/11, NJW 2013, 1958, 1961; für die GmbH, BGH Beschl. v. 14.7.2008 – II ZR 202/07, NJW 2008, 3361, 3362; *Fleischer*, NJW 2009, 2337, 2338 f.

318 *Binder*, AG 2012, 885, 889; *Göz/Holzborn*, WM 2006, 157, 158; *Hopt/Roth*, in: Großkommentar z. AktG, § 93, Rn. 438 f., m.w.N. zur Mindermeinung in der Literatur, die von einer sekundären Beweislast der Vorstandsmitglieder ausgeht.

319 Für die individuelle Zustimmung gemäß § 68 Abs. 2 AktG: BGH Urt. v. 1.12.1986 – II ZR 287/85, NJW 1987, 1019, 1020; *Bayer*, ZGR 2002, 588, 598; *Bork*, FS Henckel, 1995, S. 23, 25 ff.; *Francastel*, Steuerung des Aktionärskreises durch Anteilsvinkulierung, S. 95; *Gätsch*, in: Marsch-Barner/Schäfer, § 5, Rn. 5.100; *Koch*, in: Hüffer/Koch, AktG, § 68, Rn. 15; *Lutter*, AG 1992, 369, 370 ff.; *Merkt*, in: Großkommentar z. AktG, § 68, Rn. 407; *Schanz*, NZG 2000, 337, 341; *K. Schmidt*, FS Beusch, 1993, S. 759, 776.

320 RG Urt. v. 31.03.1931 – II 222/30, RGZ 132, 149, 154 [Victoria].

321 *Goette/Goette*, DStR 2016, 815, 818; *Loth*, Die Haftung der Organe einer Aktiengesellschaft bei Entscheidungen unter Rechtsunsicherheit, S. 71.

322 Zur Konkretisierung vorstandsbezogener Interessenkonflikte: *Holtkamp*, Interessenkonflikte im Vorstand der Aktiengesellschaft, S. 40 ff.

Vorstand verpflichtet ist.[323] Dabei hat der Vorstand eine interessenpluralistische Zielkonzeption zu beachten.[324] Dies steht in Einklang mit Ziffer 4.1.1 des DCGK, der das Unternehmensinteresse aufgreift und vom Vorstand die Berücksichtigung der Belange der Aktionäre, Arbeitnehmer und sonstiger Stakeholder verlangt.[325] Das Wohl der Gesellschaft ist dabei mit dem Unternehmensinteresse gleichzusetzen.[326] Es soll in der Sicherung des Bestandes und der dauerhaften Rentabilität des Unternehmens bestehen.[327]

Diese Definition des Gesellschaftswohls findet insbesondere im Gesetz eine Stütze. Das verbandsrechtliche Fortbestehen wird vor allem durch die Pflicht des Vorstands, ein Überwachungssystem einzurichten (§ 91 Abs. 2 AktG) sowie durch die regelmäßige Berichtspflicht über die Geschäftspolitik an den Aufsichtsrat (§ 90 Abs. 1 S. 1 Nr. 1 AktG) gesichert.[328] Der Sicherung des gesellschaftlichen Bestandes dient auch die Pflicht zur Einberufung der Hauptversammlung bei Verlust der Hälfte des Grundkapitals gemäß § 92 Abs. 1 AktG.[329]

Die Entscheidung des Vorstands über die Erteilung einer Pauschalzustimmung richtet sich damit nach dem verbandsrechtlichen Interesse an einem langfristigen und dauerhaften Gesellschaftswohl.[330] Satzungsregelungen sind dabei als Instrument für eine Ermessenslenkung des Vor-

---

323 Für die Verabsolutierung der AG als Interessenträgerin: *Meilicke*, AG 2007, 261, 269; *Mertens/Cahn*, in: Kölner Kommentar z. AktG, § 76, Rn. 6; *Raiser*, Das Unternehmen als Organisation, S. 101 ff.
324 *Koch*, 50 Jahre AktG, ZGR 2016, 65, 73 ff.; *Kort*, AG 2012, 605, 608; *Spindler*, in: Münchner Kommentar zum Aktiengesetz, § 93, Rn. 54; a.A.: für eine stärkere Ausrichtung am share-holder-value: *Fleischer*, in: Hommelhoff/Hopt/von Werder, Hdb Corporate Governance, S. 185, 198; *Loth*, Die Haftung der Organe einer Aktiengesellschaft bei Entscheidungen unter Rechtsunsicherheit, S. 18, 70; *Mülbert*, FS Röhricht 2005, S. 421, 424 ff.
325 *Koch*, in: Hüffer/Koch, AktG, § 76, Rn. 28, mit Hinweis auf die Präambel DCGK, Abs. 2; *Kort*, AG 2012, 605, 608.
326 *Bürgers*, in: Bürgers/Körber, AktG, § 93, Rn. 15; *Hopt/Roth*, in: Großkommentar z. AktG, § 93, Rn. 98 f.; *Koch*, ZGR 2006, 769, 790; *Schäfer*, ZIP 2005, 1253, 1257; *Spindler*, in: Münchener Kommentar z. AktG, § 93, Rn. 54.
327 *Hölters*, in: Hölters/Weber, AktG, § 93, Rn. 37; *Hüffer*, FS Raiser, 2005, S. 163, 165; *Spindler*, in: Münchener Kommentar z. AktG, § 76, Rn. 73.
328 *Servatius*, Strukturmaßnahmen und Unternehmensleitung, S. 159.
329 *Mertens*, AG 1983, 173, 174; *Servatius*, Strukturmaßnahmen und Unternehmensleitung, S. 159.
330 Für die Individualzustimmung: *Hahn*, Die feindliche Übernahme von Aktiengesellschaften, S. 210.

stands geeignet, solange sie allgemeine Vorgaben enthalten.[331] Sollte die Satzung zur Zustimmungserteilung schweigen, hat der Vorstand die Einwilligung allein mit Blick auf eine langfristige Erhaltung und Stärkung des Unternehmens zu erteilen. Der Vorstand muss versuchen, konfligierende Interessenbündel mittels Abwägung im Wege praktischer Konkordanz in Einklang zu bringen.[332] Gleichwohl wird der Vorstand im Rahmen seiner Ermessensentscheidung oftmals zugunsten der Aktionärsinteressen befinden. Dies darf jedoch nicht mit der Befürwortung einer generellen Ausrichtung am share-holder-value verwechselt werden. Nur innerhalb der äußeren Grenzen des Gesellschaftswohls ist die Business Judgment Rule anwendbar.[333] Sonstige Interessen des veräußernden Aktionärs, die nicht im Gesellschaftswohl liegen, sind bei der Abwägung nachrangig zu berücksichtigen[334], können aber im Rahmen der Treuepflicht eine bedeutende Rolle spielen[335].

Da dem Vorstand bei der Frage, ob er zum Wohle der Gesellschaft handelt, ein Ermessensspielraum zusteht, findet nur eine grobmaschige Überprüfung durch die Gerichte statt.[336] Dass dennoch durch die Rechtsprechung eine Tendenz zur Verobjektivierung der Vinkulierungsinteressen erkennbar wird[337], ist bezeichnend für den Wunsch, *„kapitallosen Herrschaftsrechten"*[338] vorzubeugen. Die äußeren Grenzen des Unternehmenswohls sollen daher nicht einem Beurteilungsspielraum des Vorstands unterliegen.[339] Innerhalb der äußeren Grenzen ist die Business Judgment Rule aber anwendbar.[340]

---

331 OLG Stuttgart Beschl. v. 22.7.2006 – 8 W 271, 272/06, BeckRS 2006, 14242; *Spindler*, in: Münchener Kommentar z. AktG, § 76, Rn. 26.
332 *Hopt*, ZGR 2002, 333, 360; *Koch*, in: Hüffer/Koch, AktG, § 76, Rn. 33; *Peus*, Die Haftung des Vorstands der Aktiengesellschaft zwischen unternehmerischer Freiheit und sozialer Pflicht, S. 80.
333 *Hüffer*, FS Raiser, 2005, S. 163, 168; *Kort*, AG 2012, 605, 607.
334 *Merkt*, in: Großkommentar z. AktG, § 68, Rn. 407, m.w.N.
335 Zur Treuepflicht siehe unten, § 5 B II 2.
336 *Fleischer*, in: Spindler/Stilz, AktG, § 93, Rn. 75; *Koch*, ZGR 2006, 769, 790.
337 BGH Urt. v. 1.12.1986 – II ZR 287/85, NJW 1987, 1019, 1020; ebenso LG Aachen Urt. v. 19.05.1992 – 41 O 30/92, AG 1992, 410, 411.
338 Begriff bei *Mestmäcker*, Verwaltung, Konzerngewalt und Rechte der Aktionäre, S. 13.
339 *Hüffer*, FS Raiser, 2005, S. 163, 168; *Kort*, AG 2012, 605, 607; a.A.: *Semler*, FS Ulmer, 2003, S. 627, 633; *Spindler*, in: Münchener Kommentar z. AktG, § 93, Rn. 54.
340 *Kort*, AG 2012, 605, 607.

4. Berufung auf rechtmäßiges Alternativverhalten

Sollten die für eine angemessene Informationsgrundlage erforderlichen Informationen nicht eingeholt worden sein, kann der Vorstand aber darlegen, dass der Schaden auch bei Einholung der entsprechenden Informationen sicher eingetreten wäre, gilt der safe harbour des § 93 Abs. 1 Satz 2 AktG dennoch. Nach dem BGH soll der Vorstand im Rahmen einer unternehmerischen Entscheidung nicht haften, wenn der Schaden auch bei rechtmäßigem Alternativverhalten eingetreten wäre.[341] Dies soll sogar für den Verstoß gegen Organisations- und Kompetenznormen gelten.[342] Nach dem BGH bezweckt § 93 Abs. 2 AktG keine Pönalisierung von Fehlverhalten des Vorstands.[343] Die Ahndung von Pflichtverstößen soll allein dem Aufsichtsrat obliegen. Dem ist zuzustimmen. An den Einwand rechtmäßigen Alternativverhaltens werden hohe Anforderungen gestellt. Derselbe Schadenserfolg muss bei dem Alternativverhalten effektiv herbeigeführt worden sein.[344] Die bloße Möglichkeit, dass der Schaden auch bei sorgfältigem Verhalten eintreten kann, genügt nicht.[345] Wegen dieser hohen Hürden wird der Vorstand auch nicht dazu verleitet, bei der Einholung von Informationen von vornherein zu schludern.[346]

---

341 BGH Urt. v. 4.11.2002 – II ZR 224/00, NJW 2003, 358, 359 (für die GmbH); BGH Urt. v. 22.02.2011 – II ZR 146/09, NZG 2011, 549, 550; BGH Urt. v. 15.1.2013 – II ZR 90/11, NJW 2013, 1958, 1959; BGH Beschl. v. 23.4.2013 – II ZB 7/09, NJW 2013, 2114, 2118; zustimmend: *Koch*, in: Hüffer/Koch, AktG, § 93, Rn. 50, m.w.N.; einschränk.: *Hopt/Roth*, in: Großkommentar z. AktG, § 93, Rn. 416, die eine Berufung auf rechtmäßiges Alternativverhalten negieren, soweit Vorwurf in Verletzung der Zustimmung des AR nach § 111 Abs. 4 Satz 2 AktG oder anderer gesetzlicher oder satzungsmäßiger Organisationsnormen besteht.
342 BGH Urt. v. 10.7.2018 – II ZR 24/17, NZG 2018, 1189, 1192 ff.
343 BGH Urt. v. 10.7.2018 – II ZR 24/17, NZG 2018, 1189, 1192 ff.: nach dem Gericht ist § 93 Abs. 2 AktG kein Sanktionsinstrument, sondern Ausfluss des allgemeinen Schadensrechts; zustimmend: *Wilsing/von der Linden*, NZG 2018, 1416 f.
344 BGH Urt. v. 10.7.2018 – II ZR 24/17, NZG 2018, 1189, 1193, mit Verweis auf BGH Urt. v. 2.11.2016 – XII ZR 153/15, NJW 2017, 1104.
345 BGH Urt. v. 10.7.2018 – II ZR 24/17, NZG 2018, 1189, 1193.
346 In diese Richtung argumentiert *Roth*, Unternehmerisches Ermessen und Haftung des Vorstands, S. 138.

5. Umfang der gerichtlichen Überprüfbarkeit des Entscheidungsergebnisses

In Anlehnung an die ARAG/Garmenbeck Entscheidung[347] kann die Pauschalzustimmung erst dann pflichtwidrig sein, wenn der Vorstand die Grenzen unternehmerischer Leistungssorgfalt „*deutlich überschritten*"[348] hat. Im Gegensatz zur Vertretbarkeit des Entscheidungsvorgangs wird das Entscheidungsergebnis mithin nur auf seine Unverantwortlichkeit überprüft.[349]

II. Grenzen der unternehmerischen Freiheit des Vorstands

Der Vorstand unterliegt bei der Erteilung einer Pauschalzustimmung Grenzen. Diese ergeben sich aus der Legalitätspflicht, welche der Vorstand auch bei unternehmerischen Entscheidungen stets befolgen muss.[350]

1. Pflicht zur zeitlichen Begrenzung einer Pauschalzustimmung

Bedenken im Hinblick auf die Zulässigkeit einer Pauschalzustimmung bestehen insbesondere wegen ihrer zeitlichen Unbegrenztheit. Vor diesem Hintergrund stellt sich die Frage, ob eine Pauschalzustimmung zur Übertragung vinkulierter Anteile eine unzulässige Selbstbeschränkung des Leitungsermessens des Vorstands darstellt.

---

347 BGH Urt. v. 21.04.1997 – II ZR 175/95, NJW 1997, 1926, 1928.
348 BGH Urt. v. 21.04.1997 – II ZR 175/95, NJW 1997, 1926, 1928.
349 Das Entscheidungsergebnis muss „schlechthin" unvertretbar sein: Begr. RegE BR-Drs. 3/05, S. 19; *Bayer*, NJW 2014, 2546, 2547; *Hopt/Roth*, in: Großkommentar z. AktG, § 93, Rn. 124; *Nauheim/Goette*, DStR 2013, 2520, 2523; *Nietsch*, ZGR 2015, 631, 661 f.; *Ott*, ZGR 2017, 149, 171; *Roth*, Unternehmerisches Ermessen und Haftung des Vorstands, S. 97; *Spindler*, in: Münchener Kommentar z. AktG, § 93, Rn. 65; a.A.: *Holle*, AG 2011, 778, 783, der eine inhaltliche Überprüfung der Entscheidung verneint.
350 *Hopt/Roth*, in: Großkommentar z. AktG, § 93, Rn. 54, die die Legalitätspflicht als Grenze der BJR betrachten, was bedeutet, dass der Vorstand bei einem gesetzlichen Gebot oder Verbot einer rechtlichen Bindung unterliegt; ebenso *Spindler*, NZG 2005, 865, 871.

a) Die Unveräußerlichkeit der Leitungsmacht des Vorstands

Die unternehmerische Freiheit des Vorstands geht nicht soweit, als dass er seine Verantwortung zur Leitung der Gesellschaft vollständig abgeben darf.[351] Eine Delegierung von Aufgaben auf horizontaler und vertikaler Ebene der Gesellschaft ist daher nicht uneingeschränkt zulässig.[352] Insbesondere bei rechtsgeschäftlichen Vereinbarungen mit Dritten soll eine Bindung des Vorstands hinsichtlich zukünftigen Leitungsverhaltens unzulässig und unwirksam sein.[353] Das LG München I[354] hat entschieden, dass ein Business Combination Agreement gemäß § 134 BGB nichtig ist, wenn es eine Verpflichtung des Vorstands der Zielgesellschaft für eine maximale Dauer von 18 Monaten vorsieht, ohne die Zustimmung der künftigen Bieterin einzuholen, weder das bestehende genehmigte Kapital anzurühren noch eigene Aktien zu erwerben oder zu veräußern. Das LG München I hält eine solche Vereinbarung unvereinbar mit der aktienrechtlichen Kompetenzordnung und bejahte einen Verstoß gegen die in § 76 AktG geregelte eigenverantwortliche Leitung einer Aktiengesellschaft durch den Vorstand.

b) Risiken bei Erteilung einer zeitlich unbegrenzten Pauschalzustimmung

Denkbar ist, dass sich die Gesellschaft im Rahmen einer unmittelbaren Vorphase einer Übernahme in einem BCA gegenüber dem Bieter schuldrechtlich zur Abgabe einer Pauschalzustimmung verpflichtet. Unter Berücksichtigung der Grundsätze der Rechtsprechung zur Unveräußerlich-

---

351 Zu der Thematik der Entäußerung von Kompetenzen ausf.: *Koch*, 50 Jahre AktG, ZGR 2016, 65, 92 ff.
352 *Koch*, 50 Jahre AktG, ZGR 2016, 65, 92.
353 *Fleischer*, FS Schwark, 2009, S. 137, 149 ff.; *Lutter*, FS Fleck, 1988, S. 169, 184, der eine Beschränkung des Leitungsermessens für „*a priori unverbindlich*" erachtet; *Otto*, NZG 2013, 930, 934 ff.; *Seibt*, FS K. Schmidt, 2009, S. 1463, 1472; für eine weitergehende schuldrechtliche Zulassung von Vorwegbindungen: *Heptner*, Einschränkungen der Leitungsmacht des Vorstands der Aktiengesellschaft durch Vertrag, S. 41 f., der eine schuldrechtliche Entäußerung der Leitungsmacht nur bei besonders außergewöhnlichen Entscheidungen für verboten hält; *Herwig*, Leitungsautonomie und Fremdeinfluss, S. 65 ff.; *Hippeli/Diesing*, AG 2015, 185, 191 ff.; *Kiefner*, ZHR 2014, 547, 576 ff.; *Paschos*, NZG 2012, 1142, 1143, der eine Lösung über § 93 Abs. 1 AktG befürwortet; *Schall*, in: Kämmerer/Veil, Übernahme- und Kapitalmarktrecht in der Reformdiskussion, S. 75, 92.
354 LG München I Urt. v. 5.04.2012 – 5 HK O 20488/11, NZG 2012, 1152, 1153 f.

keit der Leitungsmacht des Vorstandes liegt in dieser Verpflichtung zugleich ein Pflichtverstoß, wenn nicht absehbar ist, wie lange die Vorphase andauert. Denn es bleibt unklar, ob die getroffene Vereinbarung auch zu einem späteren Zeitpunkt noch im Gesellschaftswohl liegt.[355] Zwar legt der Vorstand sein Leitungsmonopol nicht in die Hände eines anderen Aktionärs, indem er die Entscheidung von dessen Zustimmung abhängig macht. Er gibt also nicht seine Entscheidungsverantwortung an eine dritte Person ab. Gleichwohl findet durch eine zeitlich unbegrenzte schuldrechtliche Verpflichtung gegenüber einem Dritten zur Erteilung einer Pauschalzustimmung zur Übertragung vinkulierter Anteile eine langfristige Ausrichtung der Geschäftspolitik[356] statt. Mag die Selbstbindung des Vorstands hierbei sachlich zuständig beschränkt sein, so gilt dies jedenfalls nicht hinsichtlich der zeitlichen Komponente[357]. Daher muss eine schuldrechtliche Verpflichtung gegenüber einem Dritten zur Erteilung einer Pauschalzustimmung zeitlich begrenzt werden, andernfalls ein Verstoß gegen § 93 Abs. 1 AktG zu bejahen ist.

Aber auch wenn der Vorstand kein Rechtsgeschäft mit einer dritten Partei abschließt, sondern sich gemäß § 68 Abs. 2 AktG mit einer Veräußerung sämtlicher vinkulierter Anteile an Dritte einverstanden erklärt, kann die Pauschalzustimmung wegen ihrer zeitlichen Unbeschränktheit einen Pflichtverstoß darstellen:

aa) Gefahr irreversibler Veräußerungen

Der Vorstand kann eine einmal erteilte Pauschalzustimmung zwar jederzeit widerrufen und damit die aus der Zustimmung folgende Selbstbindung einseitig beenden, der Widerruf ist jedoch nur bis zur Vornahme des

---

355 Ähnlich *Heß*, Investorenvereinbarungen, S. 230 ff., 234, der die Vorabbindung nur dann für zulässig hält, wenn die Übertragung zeitnah erfolgt; *Kiem*, AG 2009, 301, 310, der ebenfalls eine zeitnahe Ausübung der Zustimmung verlangt; *Koch*, in: Hüffer/Koch, AktG, § 68, Rn. 15, Vorwegbindung darf Handlungsspielraum nicht über die Maße beschränken.
356 Zur Frage, ob eine schuldrechtliche Festlegung des Vorstands auf eine langfristige Ausrichtung der Geschäftspolitik zulässig ist: *Spindler*, in: Münchener Kommentar z. AktG, § 76, Rn. 29 f.
357 Für eine zeitliche Beschränkung von BCAs: *Fleischer* in: FS Schwark, 2009, S. 137, 152; *Paschos*, NZG 2012, 1142, 1143; für eine zeitliche Beschränkung von Investorenvereinbarungen: *Heß*, Investorenvereinbarungen, S. 172 ff., 181.

dinglichen Rechtsgeschäfts möglich.³⁵⁸ Folglich können die Anteile endgültig und vollwirksam veräußert werden, falls der Widerruf den Aktionären nicht rechtzeitig zugeht. Das Risiko nachteiliger Auswirkungen auf die Gesellschaft ist bei einer zeitlich unbeschränkten Pauschalzustimmung somit nicht hinreichend kalkulierbar. Ähnlich wie bei den BCA oder Investorenvereinbarungen besteht damit auch bei einer Pauschalzustimmung zur Übertragung vinkulierter Anteile die Notwendigkeit einer zeitlichen Begrenzung der Zustimmung. Die Pflicht einer Beschränkung der Pauschalzustimmung folgt dabei unmittelbar aus der organschaftlichen Sorgfaltspflicht des § 93 Abs. 1 AktG. Offenbleiben kann, ob es sich bei der Erteilung einer Pauschalzustimmung um eine Maßnahme der Unternehmensleitung i.S.v. § 76 Abs. 1 AktG oder um eine solche der Geschäftsführung i.S.v. § 77 Abs. 1 Satz 1 AktG handelt.³⁵⁹ Denn der Vorstand kann sich sowohl hinsichtlich Leitungsmaßnahmen als auch hinsichtlich Geschäftsführungsmaßnahmen nur so lange seiner Verantwortung begeben, als er zum Wohle der Gesellschaft handelt.³⁶⁰ Unter dieser Prämisse sollte der Vorstand im Rahmen der Erteilung einer Pauschalzustimmung zugleich einen Endtermin festlegen und die Zustimmung gemäß §§ 158 Abs. 2, 163 BGB unter einer auflösenden Bedingung (hier der zeitlich fixierte Endtermin) erteilen. Dies ist jedenfalls bei der Zustimmungserteilung in Form der Einwilligung möglich³⁶¹. Dabei beseitigt die später eintretende auflösende Bedingung die Wirksamkeit des Übertragungsgeschäfts nicht rückwirkend.³⁶² Sämtliche Verfügungen, die innerhalb des Geltungszeitraums der Pauschalzustimmung vorgenommen werden, sind

---

358 Vgl. statt aller, *Lutter/Drygala*, in: Kölner Kommentar z. AktG, § 68, Rn. 87, m.w.N.
359 Differenzierend zwischen Leitungsaufgaben und Maßnahmen der Geschäftsführung: *Hippeli/Diesing*, AG 2015, 185, 193 f; *König*, NZG 2013, 452, 453; kritisch: *Koch*, 50 Jahre AktG, ZGR 2016, 65, 98.
360 Dies berücksichtigt auch *Koch*, 50 Jahre AktG, 2016, S. 65, 97, der sich in Bezug auf schuldrechtliche Vorwegbindungen des Vorstands ebenfalls für eine Lösung über § 93 Abs. 1 AktG ausspricht, da der Begriff der Sorgfaltspflicht Abwägungen gestattet, wohingegen ein Festhalten an der Unveräußerlichkeit der Leitungsmacht Selbstbindungen selbst dann untersagt, wenn die Maßnahme im Gesellschaftswohl liegt; ebenso *Paschos*, NZG 2012, 1142, 1143.
361 *Bayer*, in: Münchener Kommentar z. AktG, § 68, Rn. 86, m.w.N.; *Merkt*, in: Großkommentar z. AktG, § 68, Rn. 470; missverständlich daher *Heckschen/Weitbrecht*, NZG 2019, 721, 724, die eine auflösende Bedingung als unzulässig ansehen, ohne zwischen der Einwilligung und der nachträglichen Genehmigung zu differenzieren.
362 *Hefermehl/Bungeroth*, in: G/H/E/K, AktG, § 68, Rn. 108; *Merkt*, in: Großkommentar z. AktG, § 68, Rn. 470.

damit wirksam. Nach dem Fristablauf kann der Vorstand die von ihm erteilte Pauschalzustimmung „erneuern". Dabei muss er eine vollständige neue Prüfung vornehmen, ob eine globale Zustimmung zur Anteilsveräußerung für die Gesellschaft immer noch mit hoher Wahrscheinlichkeit von Vorteil ist.

bb) Pflicht zur Beschränkung einer Pauschalzustimmung im Falle einer drohenden Übernahme

Vor dem Hintergrund, dass der Eintritt eines neuen Aktionärs und sogar der Erwerb einer Kontrollposition im Unternehmensinteresse liegen können[363], besteht keine generelle Pflicht zur Beschränkung des Erwerberkreises, wenn durch die Zustimmung die Abhängigkeit der Gesellschaft droht[364]. Vielmehr ist eine differenzierte Betrachtung notwendig. Lässt sich ermitteln, dass durch eine allgemeine Vinkulierungsklausel die materielle Abhängigkeit gemäß § 17 Abs. 1 AktG verhindert werden soll oder die Gesellschaft die formale Kontrolle gemäß § 29 Abs. 2 WpÜG ausschließen möchte[365], kann eine Pauschalzustimmung dem Vinkulierungszweck dennoch gerecht werden. Folgt man der Auffassung, wonach bei börsennotierten Gesellschaften der *„Market for Corporate Governance Control"* über eine Übernahme entscheidet[366], kann der Vorstand versuchen, diesen Markt mittels der Erteilung einer Pauschalzustimmung zur Anteilsübertragung zu beeinflussen und das Spannungsverhältnis zwischen Eigentum und Herrschaft[367] zu regulieren. Da vinkulierte Anteile regelmäßig mit einem Abschlag bewertet werden[368], ist ihr Einfluss auf den Unterneh-

---

363 *Hahn*, Die feindliche Übernahme von Aktiengesellschaften, S. 211, der das Gesellschaftswohl bei einer Übernahme nicht generell in Gefahr sieht; *Lutter/Drygala*, in: Kölner Kommentar z. AktG, § 68, Rn. 81; *Schanz*, NZG 2000, 337, 341.
364 A.A.: *Nodoushani*, ZGR 2014, 809, 826, 833, der andernfalls den Konzerneingangsschutz in Gefahr sieht.
365 Zur Abgrenzung des § 29 Abs. 2 WpÜG von § 17 AktG: *Fleischer*, in: Paschos/Fleischer, Hdb Übernahmerecht, § 2, Rn. 33 ff.
366 Siehe hierzu: *Oechsler*, in: Münchener Kommentar z. AktG, § 71, Rn. 131; kritisch ob der Übertragbarkeit US-amerikanischer Ergebnisse auf Europa: *Fleischer/Bueren*, in: Paschos/Fleischer, Hdb Übernahmerecht, § 3, Rn. 43; *Hirte/Heinrich*, in: Kölner Kommentar z. WpÜG, Einl., Rn. 31.
367 Zu diesem Spannungsverhältnis *Oechsler*, in: Münchener Kommentar z. AktG, § 71, Rn. 131.
368 *Merkt*, in: Großkommentar z. AktG, § 68, Rn. 245 f.; *Quass/Becker*, AG 2007, 421, 430.

menswert geringer als bei der Ausgabe gewöhnlicher Namensaktien. Dies kann insbesondere bei börsennotierten Gesellschaften eine Übernahme für Dritte attraktiv machen, da der Börsenwert hier neben dem Ertragswert maßgeblich den Unternehmenswert bestimmt[369]. Nicht selten führt eine Vinkulierung sogar zu erheblichen Abschlägen von 30 Prozent und mehr.[370] Die Erteilung einer Pauschalzustimmung kann diesem immer wieder periodisch auftretenden Effekt entgegenwirken. Die freie Handelbarkeit der vinkulierten Anteile innerhalb des Geltungszeitraums der Pauschalzustimmung führt dazu, dass die Nachfrage am Markt in diesem Zeitraum tendenziell steigen wird.

2. Treuepflicht

Die Treuepflicht der Gesellschaft gegenüber ihren Aktionären bildet eine bedeutende Ermessensschranke für den Vorstand bei seiner Entscheidung gemäß § 68 Abs. 2 AktG.[371] Eine generelle Pflicht des Vorstands, die Zustimmung nur erteilen oder ablehnen zu dürfen, wenn seine Entscheidung erforderlich und verhältnismäßig ist, besteht jedoch nicht. Andernfalls wäre die Kontrolle der Entscheidung durch das Gericht eine strengere als bei gewöhnlichen unternehmerischen Entscheidungen.[372] Grenzen und Umfang der Treuepflicht hat der BGH für das Abstimmungsverhalten der Gesellschafter einer GmbH klar bestimmt.[373] Nach dem BGH müssen die Gesellschafter auf Grund ihrer Treuepflicht nur solchen Maßnahmen zustimmen, welche zur Erhaltung wesentlicher Werte objektiv unabweisbar erforderlich sind. Dazu gehören Positionen, die die Gesellschafter geschaffen haben oder die Vermeidung von Verlusten, welche die Gesellschafter bzw. die Gesellschaft durch die Maßnahme erleiden könnten.

---

369 OLG Frankfurt a. M. Beschl. v. 26.01.2017 – 21 W 75/15, BeckRS 2017, 111151.
370 Siehe hierzu die Kursentwicklung der BayWa AG-Aktie im Jahre 2019: *Hock*, Kleine Mysterien an der Börse, in: FAZ, 26.02.2019, 14:43 Uhr, URL: https://www.faz.net/aktuell/finanzen/finanzmarkt/baywa-aktien-kleine-mysterien-der-boerse-16060897.html, (eingesehen am 21.12.2019).
371 *Götze*, in: Münchener Kommentar z. AktG, Vorbem. Dritter Teil, Rn. 34, m.w.N.
372 *Merkt*, in: Großkommentar z. AktG, § 68, Rn. 427; bei gewöhnlichen unternehmerischen Entscheidungen findet eine Zweckmäßigkeitskontrolle durch die Gerichte nicht statt: OLG Düsseldorf Urt. v. 22.06.1995 – 6 U 104/94, NJW-RR 1995, 1371, 1375 f. (für den Aufsichtsrat).
373 BGH Urt. v. 12.4.2016 – II ZR 245/14, NZG 2016, 781 ff.

Eine sachliche Inhaltskontrolle der Entscheidung darf somit nur stattfinden, wenn eine Verletzung der Treuepflicht feststeht.[374] Diese Grundsätze lassen sich auf die Aktiengesellschaft übertragen, da es für den Maßstab der Treuepflicht nicht auf die Rechtsform der Gesellschaft ankommt.[375] Folglich darf das Gericht die sachliche Rechtfertigung der Entscheidung des Vorstands gemäß § 68 Abs. 2 AktG nur dann überprüfen, wenn es zuvor festgestellt hat, dass die Zustimmung/Verweigerung zur Anteilsübertragung objektiv unabweisbar erforderlich für die Gesellschaft bzw. die Aktionäre war. Dies ist insbesondere bei einer Ermessensreduzierung auf null der Fall.[376] Im Hinblick auf die Annahme einer Pflicht zur Zustimmungserteilung bzw. zur Zustimmungsverweigerung zur Übertragung vinkulierter Anteile ist zu berücksichtigen, dass ein Kündigungsrecht des Aktionärs nicht existiert.[377] Der Aktionär darf daher nicht auf ewig in der Gesellschaft festgehalten werden.[378] Als Richtlinie für den Vorstand gilt, dass eine Treuepflichtverletzung und eine Ermessensreduzierung auf null insbesondere bei Betroffenheit schwerwiegender Individualinteressen des Aktionärs in Betracht kommt.[379]

---

374 BGH Urt. v. 12.4.2016 – II ZR 245/14, NZG 2016, 781, 782; dem folgend: OLG München Urt. v. 23.06.2016 – 23 U 4531/16, NZG 2016, 1149, 1150.
375 BGH Urt. v. 1.12.1988 – II ZR 75/87, DNotZ 1989, 14, 18 f.: nach dem Gericht bemisst sich der Umfang der Treuepflicht nach der innergesellschaftlichen Struktur und nicht nach der Rechtsform; ebenso *Fastrich*, in: Noack/Servatius/Haas, GmbHG, § 13, Rn. 22, m.w.N.
376 OLG Düsseldorf Urt. v. 22.06.1995 – 6 U 104/94, NJW-RR 1995, 1371, 1375 f. (für den Aufsichtsrat); *Katsas*, Die Inhaltskontrolle unternehmerischer Entscheidungen von Verbandsorganen im Spannungsfeld zwischen Ermessensfreiheit und Gesetzesbindung, S. 129.
377 *Asmus*, Vinkulierte Mitgliedschaft, S. 77; *Bayer/Lieder*, LMK 2004, 224, 225, m.w.N.; *Friedewald*, Die personalistische Aktiengesellschaft, S. 42; *Hefermehl/Bungeroth*, in: G/H/E/K, AktG, § 68, Rn. 67; *Immenga*, AG 1992, 79, 82; *Lutter/Drygala*, in: Kölner Kommentar z. AktG, § 68, Rn. 57; *Merkt*, in: Großkommentar z. AktG, § 68, Rn. 194; *Wirth*, DB 1992, 617; a.A.: *Grunewald*, FS Claussen, 1997, S. 103 ff.
378 BGH Urt. v. 1.12.1986 – II ZR 287/85, NJW 1987, 1019, 1020; *Gätsch*, in: Happ, AktR, Band I, 4.03, Rn. 3.2; *Lutter/Drygala*, in: Kölner Kommentar z. AktG, § 68, Rn. 82; *Merkt*, in: Großkommentar z. AktG, § 68, Rn. 425, m.w.N.; zu den Auswirkungen dieses Grundsatzes auf die Erteilung einer Pauschalverweigerung siehe unten, § 8 B IV 2.
379 So ausdrückl. für die GmbH: *Seibt*, in: Scholz, GmbHG, § 15, Rn. 127, der eine Beeinträchtigung der individuellen Rechtsstellung insbesondere bei einem dringenden Verkaufsbedürfnis zur Abwendung der Insolvenz oder bei gesundheitlichen Beeinträchtigungen annimmt.

Zweiter Teil: Zulässigkeitsvoraussetzungen einer Pauschalzustimmung

3. Das Gleichbehandlungsgebot gemäß § 53 a AktG

Eine Pflicht des Vorstands zur Erteilung einer Pauschalzustimmung kann sich aus dem Gleichbehandlungsgebot des § 53 a AktG ergeben. Nach der gesetzlichen Regelung sind Aktionäre unter gleichen Voraussetzungen gleich zu behandeln. Hat der Vorstand in einer vergleichbaren Situation schon einmal eine Pauschalzustimmung erteilt, ist er zur hierzu also erneut verpflichtet.[380] Möchte der Vorstand trotz gleicher Grundvoraussetzungen dennoch die Zustimmung verweigern, bedarf es eines wichtigen Grundes für die Versagung.[381]

III. In der Satzung festgelegte Entscheidungskriterien

Auch in der Satzung festgelegte Entscheidungskriterien haben Auswirkung auf die Zulässigkeit einer Pauschalzustimmung zur Übertragung vinkulierter Anteile.

1. Aufzählung von Verweigerungsgründen

Werden Gründe in der Satzung aufgezählt, bei deren Vorliegen die Zustimmung verweigert werden darf, so kann man daraus folgern, dass eine Zustimmung zur Anteilsübertragung zulässig ist, wenn ein abschließender Fall nicht vorliegt.[382] Nach herrschender Auffassung soll ein Zustimmungsverbot spiegelbildlich zu einem Zustimmungsgebot aber unzulässig sein.[383] Dies wird aus dem Wortlaut des § 68 Abs. 2 Satz 4 AktG abgeleitet, der von Gründen spricht, aus denen die Zustimmung verwei-

---

[380] LG Aachen, Urt. v. 19.5.1992 – 41 O 30/92, AG 1992, 410, 412; *Lutter*, AG 1992, 369, 372.

[381] *Bayer*, in: Münchener Kommentar z. AktG, § 68, Rn. 73; *Lutter/Drygala*, in: Kölner Kommentar z. AktG, § 68, Rn. 82; *Merkt*, in: Großkommentar z. AktG, § 68, Rn. 415, m.w.N.

[382] *Bezzenberger*, in: K. Schmidt/Lutter, AktG, § 68, Rn. 29; *Hefermehl/Bungeroth*, in: G/H/E/K, AktG, § 68, Rn. 101.

[383] *Bayer*, in: Münchener Kommentar z. AktG, § 68, Rn. 62, m.w.N.; *Immenga*, BB 1992, 2446, 2447; *Lieder*, ZHR 2008, 306, 321; *Merkt*, in: Großkommentar z. AktG, § 68, Rn. 397; *Westermann*, FS Huber, 2006, S. 997, 999; *Wirth*, DB 1992, 617, 618; a.A.: *Asmus*, Die vinkulierte Mitgliedschaft, S. 77; *Lutter/Drygala*, in: Kölner Kommentar z. AktG, § 68, Rn. 70; *Reichert*, AG 2016, 677, 679; *Schrötter*, DB 1977, 2265, 2268.

gert werden *darf*.³⁸⁴ Sieht die Satzung Gründe vor, bei deren Vorliegen die Zustimmung verweigert werden darf, soll dem Vorstand bei seiner Entscheidung daher ein weites unternehmerisches Ermessen zustehen.³⁸⁵ Da ein Zustimmungsverbot dem Grundsatz der freien Übertragbarkeit der Aktien widerspricht und die Gefahr einer gänzlichen Unübertragbarkeit der Anteile geschaffen wird, überzeugt diese Ansicht. Der Vorstand kann somit nach eingehender Prüfung eine Pauschalzustimmung erteilen, selbst wenn ein in der Satzung genannter Verweigerungsgrund einschlägig ist. Die Entscheidung muss allerdings zum Wohle der Gesellschaft unabweisbar erforderlich sein.³⁸⁶

2. Exklusiver Vinkulierungszweck

Sofern der Satzung ein exklusiver Vinkulierungszweck zu entnehmen ist, sind anderweitige Interessen der Aktiengesellschaft im Rahmen der Abwägung nachrangig.³⁸⁷ Zu weit geht die Auffassung, wonach andere Vinkulierungszwecke in diesem Fall überhaupt nicht mehr zu berücksichtigen sind.³⁸⁸ Dies würde in manchen Fällen einem Zustimmungsverbot gleichkommen, welches – wie soeben festgestellt wurde – unzulässig ist.³⁸⁹ Der statutarische Vinkulierungszweck bildet damit einen Aspekt unter den Belangen des Gesellschaftswohls. Ihm kommt jedoch besonderes Gewicht zu, weshalb der Vorstand seine Entscheidung primär an dem in der Satzung konkretisierten Zweck auszurichten hat. Dennoch ist eine daran aus-

---

384 *Hefermehl/Bungeroth*, in: G/H/E/K, AktG, § 68, Rn. 102.
385 In diesem Sinne auch *Hefermehl/Bungeroth*, in: G/H/E/K, AktG, § 68, Rn. 128, die jedoch von „*pflichtgemäßem Ermessen*" sprechen; ebenso *Immenga*, BB 1992, 2446, 2447.
386 Siehe oben, § 5 B I 3.
387 LG Aachen Urt. v. 19.5.1992 – 41 O 30/92, AG 1992, 410, 412: ergeben sich aus der Satzung objektive Hinweise auf Vinkulierungszweck, ist Ermessen eingeschränkt; *Immenga*, BB 1992, 2446, 2447.
388 *Lutter*, AG 1992, 369, 371; zustimmend *Merkt*, in: Großkommentar z. AktG, § 68, Rn. 410 f.
389 Denkbar ist etwa, dass ein exklusiver Vinkulierungszweck eine Übernahme der Gesellschaft ausschließen möchte. Der Vorstand müsste die Zustimmung bei der reellen Gefahr einer Übernahme durch den Erwerber dann stets verweigern, wenn er andere Interessen nicht mehr berücksichtigen darf. Dies kommt jedoch einem Zustimmungsverbot gleich, welches gemäß § 68 Abs. 2 Satz 4 AktG unzulässig ist.

gerichtete Zustimmung pflichtwidrig, wenn sie aus anderen gewichtigen Gründen dem Gesellschaftswohl schadet.

3. Zustimmungspflicht qua Satzung

Die Satzung kann Gründe vorsehen, bei deren Vorliegen die Zustimmung erteilt werden muss.[390] Aufgrund seiner Legalitätspflicht hat der Vorstand hier keinen eigenen Ermessensspielraum, sondern lediglich eine Kontrollbefugnis.[391] Eine Pauschalzustimmung ist daher in den Fällen einer statutarischen Zustimmungspflicht stets rechtmäßig. Die Zulässigkeit von solchen Zustimmungsgeboten wird in der Literatur begrüßt, da die Übertragbarkeit der vinkulierten Namensaktien dadurch ausgeweitet wird.[392] Im Hinblick auf die Frage der Wirksamkeit einer Pauschalzustimmung erscheint dies paradox, da eine statutarische Zustimmungspflicht weitreichendere Folgen hat, als die Erteilung einer Pauschalzustimmung durch den Vorstand. Eine rasche Anpassung der Entscheidung an die aktuelle gesellschaftliche Situation ist bei einer Zustimmungspflicht qua Satzung nicht möglich. Dies mag seine Rechtfertigung in dem Beschluss der Hauptversammlung zur Einführung der statutarischen Zustimmungspflicht finden. Wegen der Pflicht des Vorstands zur Einhaltung der Voraussetzungen des § 93 Abs. 1 Satz 2 AktG ist eine Pauschalzustimmung jedoch nicht risikoreicher für die Gesellschaft als eine Zustimmungspflicht qua Satzung. In letzterem Fall hat der Aktionär stets einen Anspruch auf Erteilung der Zustimmung.[393] Hingegen hat der Aktionär, sofern die Zustimmung im Ermessen des Vorstands liegt, lediglich einen Anspruch auf Ausübung fehlerfreien Ermessens, das sich am Gesellschaftswohl zu orientieren hat.[394] Nur im Falle der Ermessensreduzierung auf null besteht

---

390 *Bayer*, in: Münchener Kommentar z. AktG, § 68, Rn. 59; *Hefermehl/Bungeroth*, in: G/H/E/K, AktG, § 68, Rn. 103; *Lutter/Drygala*, in: Kölner Kommentar z. AktG, § 68, Rn. 69; *Merkt*, in: Großkommentar z. AktG, § 68, Rn. 398; *Westermann*, FS Huber, 2006, S. 997, 1000.
391 *Lutter/Drygala*, in: Kölner Kommentar z. AktG, § 68, Rn. 69; *Merkt*, in: Großkommentar z. AktG, § 68, Rn. 400.
392 *Merkt*, in: Großkommentar z. AktG, § 68, Rn. 399.
393 *Bayer*, in: Münchener Kommentar z. AktG, § 68, Rn. 83; *Cahn*, in: Spindler/Stilz, AktG, § 68, Rn. 58; *Merkt*, in: Großkommentar z. AktG, § 68, Rn. 511.
394 Siehe oben, § 5 B I 3.

ein Anspruch auf Zustimmung.[395] Der Aktionär trägt hierfür die Beweispflicht.[396]

IV. Die Zulässigkeit einer Pauschalzustimmung bei der gesetzlich vorgeschriebenen Vinkulierung

Die bisherigen Ausführungen beruhen darauf, dass die AG in ihrer Entscheidung frei ist, eine Vinkulierungsklausel in der Satzung einzuführen. Noch nicht beleuchtet wurden die Fälle, in denen eine Vinkulierung der gezeichneten Namensaktien zwingend gesetzlich vorgesehen ist.[397] Hier hat sich die Entscheidung des Vorstands allein an den Zwecken zu orientieren, die das Gesetz mit der Vinkulierung verfolgt.[398] Die Unzulässigkeit von Zustimmungsverboten gemäß § 68 Abs. 2 Satz 4 AktG steht dem nicht entgegen, da man die gesetzlichen Vorschriften über die Pflicht zur Einführung vinkulierter Namensaktien als lex specialis zu § 68 Abs. 2 AktG ansehen muss.[399] Stellt die Zustimmung keinen Widerspruch zur gesetzlichen Vinkulierung dar, muss sie sogar erteilt werden.[400] Die Erteilung einer Pauschalzustimmung ist bei der gesetzlich vorgeschriebenen Vinkulierung folglich stets möglich, wenn die Zustimmung nicht in Konflikt mit den speziellen Vinkulierungszwecken steht.

1. Nebenverpflichtung der Aktionäre gemäß § 55 Abs. 1 S. 1 AktG

Gemäß § 55 Abs. 1 S. 1 AktG ist die Vinkulierung gesetzlich vorgeschrieben, wenn die Aktionäre Nebenleistungspflichten haben, die nicht in

---

395 Zur Zustimmungspflicht bei Vorliegen einer Treuepflicht siehe oben, § 5 B II 2.
396 *Bork*, FS Henckel, 1995, S. 23, 27, m.w.N.
397 Eine Aufzählung findet sich bei *Merkt*, in: Großkommentar z. AktG, § 68, Rn. 200 ff.
398 *Von und zu Franckenstein*, NJW 1998, 286, 287; *Merkt*, in: Großkommentar z. AktG, § 68, Rn. 413.
399 *Hefermehl/Bungeroth*, in: G/H/E/K, AktG, § 68, Rn. 105; *Sailer-Coceani*, in: Münchener Hdb des GesR, Bd. 4, § 14, Rn. 23, der meint, dass die aktienrechtliche Freiheit zur Ausgestaltung der Vinkulierungsklausel den Vorgaben einer gesetzlich vorgeschriebenen Vinkulierung nicht widersprechen darf.
400 Tendenziell *Von und zu Franckenstein*, NJW 1998, 286, 287, der ein Recht zur Verweigerung nur bei Beeinträchtigung des gesetzlich vorgeschriebenen Vinkulierungszwecks annimmt.

Geld zu erfüllen sind.[401] Die Vorschrift hat ihren Ursprung in der Rübenzuckerindustrie und ist ein Fremdkörper in der Aktiengesellschaft als Kapitalsammelbecken.[402] Die Vinkulierung soll hier dafür sorgen, dass die Leistungsfähigkeit des zur Nebenleistung verpflichteten Aktionärs sichergestellt ist.[403] Eine unbeschränkte Pauschalzustimmung ist in diesem Fall unzulässig, da mangels Kenntnis des Erwerbers seine Leistungsfähigkeit nicht vorab bestimmt werden kann. Möchte die AG etwa den Nebenleistungs-Schuldner für rückständige Leistungen des Veräußerers in die Pflicht nehmen, ist eine genaue Kenntnis der Fähigkeiten des Erwerbers unerlässlich. Als zulässig wird man die Zustimmung aber dann ansehen müssen, wenn sie auf einen kleinen Erwerberkreis beschränkt ist, bei dem mit der Erbringung der Nebenleistung sicher gerechnet werden kann.

2. Inhabergebundenes Entsendungsrecht in den Aufsichtsrat gemäß § 101 Abs. 2 Satz 1 AktG

Besteht gemäß § 101 Abs. 2 Satz 1 AktG ein Recht zur Entsendung von Mitgliedern in den Aufsichtsrat, schreibt Satz 2 die Vinkulierung zwingend vor, wenn das Recht satzungsmäßig dem jeweiligen Inhaber des Anteils zugewiesen ist.[404] Durch die Vinkulierung soll verhindert werden, dass rein spekulative Anleger mittels Entsendungsrecht Einfluss auf die Gesellschaft nehmen.[405] Die Vinkulierung kann ferner der Sicherung staat-

---

401 *Cahn*, in: Spindler/Stilz, § 68, Rn. 30; *Hefermehl/Bungeroth*, in: G/H/E/K, AktG, § 55, Rn. 4; *Merkt*, in: Großkommentar z. AktG, § 68, Rn. 208.
402 *Cahn/v. Spannenberg*, in: Spindler/Stilz, AktG, § 55, Rn. 2; *Drygala*, in: Kölner Kommentar z. AktG, § 55, Rn. 3 f.; *Götze*, in: Münchener Kommentar z. AktG, § 55, Rn. 3; kartellrechtliche Bedenken gegen die Zulässigkeit der statutarischen Nebenpflicht nach § 55 Abs. 1 AktG finden sich bei *K. Schmidt*, FS Immenga, 2004, S. 705, 718 ff.; zweifelnd auch *Schwintowski*, in: Frodermann/Jannott, Hdb Aktienrecht, § 6 Rn. 36.
403 *Drygala*, in: Kölner Kommentar z. AktG, § 55, Rn. 14; *Merkt*, in: Großkommentar z. AktG, § 68, Rn. 208; *Noack*, FS Bezzenberger, 2000, S. 291, 292.
404 *Lieder*, ZHR 2008, 306, 323; *Mertens/Cahn*, in: Kölner Kommentar z. AktG, § 101, Rn. 52.
405 Begründung zum Aktiengesetz vom 30.1.1937, abgedruckt bei *Klausing*, AktG, S. 76 und bei *Matthes*, Aktienrecht, S. 186; *Habersack*, in: Münchener Kommentar z. AktG, § 101, Rn. 39; *Hopt/Roth*, in: Großkommentar z. AktG, § 101, Rn. 115; *Klausmann*, Entsendungsrechte in der Aktiengesellschaft, S. 40; *Merkt*, in: Großkommentar z. AktG, § 68, Rn. 210; *Simons*, in: Hölters/Weber, AktG, § 101, Rn. 26.

licher Einflussnahme dienen.[406] Die Belange des Fiskus waren ein wesentliches Motiv für die Einführung des Entsenderechts im Jahre 1937.[407] Bereits eine Aktie reicht aus, um sich ohne entsprechende Kapitalbeteiligung eine verhältnismäßig hohe Einflussnahme auf die Unternehmensführung zu sichern.[408] Der Anwendungsbereich des Gesetzes ist jedoch nicht auf staatliche Beteiligungen beschränkt[409], weshalb insbesondere bei börsennotierten Familiengesellschaften in der Einführung eines Entsendungsrechts der Wunsch nach Verhinderung jeglicher Einflussnahme durch Dritte erblickt werden kann.[410] All dies führt dazu, dass bei Bestehen eines inhabergebundenen Entsendungsrechts die Kenntnis des Erwerbers von besonderer Bedeutung ist. Ferner wird dem Vorstand dadurch die Möglichkeit eröffnet, zu prüfen, ob die in §§ 100, 105 AktG festgelegten Voraussetzungen beim Interessenten vorliegen. Die Anforderungen in §§ 100, 105 AktG müssen auch von entsandten Aufsichtsratsmitgliedern erfüllt werden.[411] Eine Pauschalzustimmung ist damit unzulässig, da sie dem Vinkulierungszweck des § 101 Abs. 2 AktG widerspricht. Die Zustimmung kann aber auf einen Erwerberkreis beschränkt werden, bei dem sichergestellt ist, dass er nicht wider den mit dem Entsendungsrecht verfolgten Zwecken agiert.

3. Börsennotierte Luftfahrtunternehmen

Gemäß §§ 1, 2 Abs. 1 Satz 1 LuftNaSiG müssen die von börsennotierten Luftfahrtunternehmen ausgegebenen Aktien Namensaktien sein, deren Übertragung an die Zustimmung der Gesellschaft gebunden ist. Die

---

406 Ausführl. *Lieder*, ZHR 2008, 306, 323 f., der Zweifel hegt im Hinblick auf die Vereinbarkeit von § 101 Abs. 2 AktG mit der Kapitalverkehrsfreiheit, wenn die öffentliche Hand für sich selbst ein Entsenderecht als Sonderrecht einführt; eine Auseinandersetzung mit den Grundfreiheiten findet sich auch bei *Möslein*, AG 2007, 770, 774.
407 Begründung zum Aktiengesetz vom 30.1.1937, abgedruckt bei *Klausing*, AktG, S. 76 und bei *Matthes*, Aktienrecht, S. 185; *Klausmann*, Entsendungsrechte in der Aktiengesellschaft, S. 70 f.; *Mertens/Cahn*, in: Kölner Kommentar z. AktG, § 101, Rn. 49.
408 *Lieder*, ZHR 2008, 306, 323 f.
409 *Hopt/Roth*, in: Großkommentar z. AktG, § 101, Rn. 102; *Lieder*, ZHR 2008, 306, 323.
410 *Hopt/Roth*, in: Großkommentar z. AktG, § 101, Rn. 102; *May*, Die Sicherung des Familieneinflusses auf die Führung der börsengehandelten Aktiengesellschaft, S. 127 ff.; *Möslein*, AG 2007, 770, 771 f.
411 *Hopt/Roth*, in: Großkommentar z. AktG, § 101, Rn. 128.

Pflicht zur Ausgabe vinkulierter Anteile ergibt sich unmittelbar aus der gemeinschaftsrechtlichen Verordnung EWG Nr. 2407/92, Artikel 4 Abs. 1 und Abs. 2.[412] Danach darf ein Mitgliedstaat einem Luftfahrtunternehmen die Betriebsgenehmigung nur erteilen, wenn das Luftfahrtunternehmen seinen Sitz in dem Mitgliedstaat hat und das Unternehmen sich derzeit und auch weiterhin unmittelbar oder über Mehrheitsbeteiligung im Eigentum von EU-Mitgliedstaaten und/oder seiner Staatsangehörigen befindet. Gemäß Art. 4 Abs. 2 Satz 2 der Verordnung ist Zweck dieser Regelung, dass das Unternehmen zu jeder Zeit von dem Staat oder seinen Staatsangehörigen tatsächlich kontrolliert werden kann.[413] Das LuftNaSiG konkretisiert die gemeinschaftsrechtliche Verordnung und schreibt in § 2 Abs. 1 Satz 2 vor, dass der zukünftige Erwerber als Voraussetzung für die Zustimmungserteilung Angaben über seine Nationalität und das Bestehen eines unmittelbaren oder mittelbaren Mehrheitsbesitzes zu machen hat. Da die Vinkulierung aber nur der Sicherung der internationalen Luftfahrtrechte dient, muss die Zustimmung erteilt werden, wenn die in Art. 4 Abs. 2 genannten Voraussetzungen der Verordnung EWG Nr. 2407/92 bzw. die Vorgaben des § 2 Abs. 1 Satz 2 LuftNaSiG vorliegen.[414] Daraus folgt, dass gegen eine Pauschalzustimmung zum Erwerb vinkulierter Anteile an Luftfahrtunternehmen in Deutschland keinerlei Bedenken bestehen, wenn die Zustimmung mit der Einschränkung versehen ist, dass Erwerber einer unmittelbaren oder mittelbaren Mehrheitsbeteiligung nur natürliche oder juristische Personen der Bundesrepublik Deutschland sein können[415]. Diese Einschränkung ist mit dem in Art. 18 AEUV verankerten Diskriminierungsverbot vereinbar, da der Eingriff gemäß Art. 4 Abs. 2 Satz 2 der Verordnung EWG Nr. 2407/92 der Sicherung des Luftverkehrs des einzelnen Mitgliedstaats dient und damit gerechtfertigt ist.

---

412 EWG Verordnung Nr. 2407/92 des Rates vom 23. Juli 1992 über die Erteilung von Betriebsgenehmigungen an Luftfahrtunternehmen; dazu *Than*, Festschrift Nobbe, 2009, S. 791, 794.
413 Ebenso *Noack*, Festschrift Bezzenberger, 2000, S. 291, 293.
414 Ähnlich *von Falkenhausen*, NJW 1998, 286, 287.
415 I.E.: *Merkt*, in: Großkommentar z. AktG, § 68, Rn. 201; der Anteil deutscher Investoren lag bei der Lufthansa AG zum Jahresende 2018 bei 72,1 Prozent (Vorjahr: 67,9 Prozent), siehe Geschäftsbericht 2018 der Lufthansa Group, S. 10.

4. Die Rechtsanwalts-AG

Nach vorherrschender Meinung setzt die berufsrechtliche Zulassung von Rechtsanwaltsgesellschaften in der Rechtsform einer Aktiengesellschaft voraus, dass die Aktien als vinkulierte Namensaktien ausgegeben werden.[416] Dieses Erfordernis wird aus § 59 e BRAO hergeleitet.[417] Nach dem BGH ist Zweck der Vinkulierung die Sicherstellung der erforderlichen Transparenz des Aktionärskreises.[418] Ferner soll die Vinkulierung in Anlehnung an § 59 e Abs. 1 Satz 2 BRAO dafür Sorge tragen, dass alle Anteilseigner in der Rechtsanwaltsgesellschaft beruflich tätig sein müssen.[419] Die Zustimmung darf damit nur erteilt werden, wenn der Erwerber zugelassener Rechtsanwalt oder Angehöriger einer der in § 59 a BRAO genannten Berufe mit aktiver Tätigkeit ist.[420] Eine Pauschalzustimmung zur Übertragung der Anteile einer Rechtsanwalts-AG ist damit unzulässig. Die Zustimmung kann aber für einen bestimmten Erwerberkreis erteilt werden, wenn für jeden einzelnen Erwerber feststeht, dass er die Vorrausetzungen des § 59 e BRAO erfüllt.

5. Wirtschafts- und Buchprüfungsgesellschaften

Gemäß §§ 28 Abs. 5, 130 Abs. 2 Satz 1 WPO müssen bei Wirtschaftsprüfungs- und Buchprüfungsgesellschaften, die sich in Form einer AG oder einer KGaA vereinigen, die Anteile als vinkulierte Namensaktien ausgege-

---

416 BGH Beschl. v. 10.01.2005 – AnwZ (B) 27 u. 28/03, NJW 2005, 1568, 1571; BGH Beschl. v. 14.11.2005 – AnwZ (B) 83/04, NJW 2006, 1132; *Kempter/Kopp*, NJW 2001, 777, 779; *Merkt*, in: Großkommentar z. AktG, § 68, Rn. 202; *Noack*, FS Bezzenberger, 2000, S. 291, 293; *Passarge*, NJW 2005, 1835, 1837; a.A.: *Henssler*, in: Henssler/Prütting, BRAO, Vorbem. § 59 c, Rn. 35; *Muthers*, NZG 2001, 930, 932.
417 BGH Beschl. v. 10.01.2005 – AnwZ (B) 27 u. 28/03, NJW 2005, 1568, 1571; *Merkt*, in: Großkommentar z. AktG, § 68, Rn. 202; a.A.: *Passarge*, NJW 2005, 1835, 1836, der eine analoge Anwendung der §§ 49 ff. StBerG und §§ 27 ff. WPO befürwortet.
418 BGH Beschl. v. 10.01.2005 – AnwZ (B) 27 u. 28/03, NJW 2005, 1568, 1571.
419 BGH Beschl. v. 10.01.2005 – AnwZ (B) 27 u. 28/03, NJW 2005, 1568, 1571; *Brüggemann*, in: Weyland, BRAO, § 59 e, Rn. 8, der Erwerber muss die Voraussetzungen des § 59 e erfüllen.
420 *Kempter/Kopp*, NJW 2001, 777, 779; *Passarge*, NJW 2005, 1835, 1837.

ben werden. Die Zustimmung muss von der Gesellschaft erteilt werden.[421] Zweck der Vinkulierung ist hierbei die Bewahrung des Gesellschafterkreises, da eine freie Anteilsübertragung die Unabhängigkeit der Berufsausübung durch den Vorstand bzw. die Geschäftsführung gefährden könnte.[422] Aufgrund der hohen Prämien für die Haftpflichtversicherung liegt es im besonderen Interesse der Gesellschaft, von vornherein qualifizierte Wirtschaftsprüfer als Gesellschafter auszuwählen. Folglich muss vor Erteilung der Zustimmung die berufsrechtliche Zulässigkeit der Person überprüft werden, die die Anteile erwerben soll. Eine Pauschalzustimmung zur Übertragung der Anteile ist bei Wirtschafts- und Buchprüfungsgesellschaften daher unzulässig, es sei denn, die Zustimmung wird auf einen bestimmten Erwerberkreis beschränkt, der die notwendigen Qualifikationen erfüllt.

6. Steuerberatungsgesellschaften

Gemäß § 50 Abs. 5 S. 2 Steuerberatungsgesetz müssen bei Steuerberatungsgesellschaften die Anteile vinkuliert sein. Hier liegen dieselben Vinkulierungszwecke zu Grunde wie bei den Wirtschaftsprüfungsgesellschaften.[423] Die Unabhängigkeit der Berufsausübung durch den Vorstand und die Geschäftsführung soll durch die Vinkulierung sichergestellt werden.[424] Die Anerkennung als Steuerberatungsgesellschaft setzt den Nachweis voraus, dass die Gesellschaft von Steuerberatern verantwortlich geführt wird (§ 32 Abs. 3 Satz 2 StBerG).[425] Von dem Grundsatz der verantwortlichen Führung hängt auch der Fortbestand der Gesellschaft ab (§ 55 StBerG). Daher ist eine Pauschalzustimmung zur Anteilsübertragung hier unzulässig, es sei denn, sie wird auf einen individuell bestimmten Erwerberkreis beschränkt, der die notwendigen Qualifikationen erfüllt.

---

421 *Naumann*, in: WP Hdb, A, Rn. 454, der eine Zustimmung durch den Aufsichtsrat für nicht ausreichend hält.
422 *Timmer*, in: Hense/Ulrich, WPO Kommentar, § 28, Rn. 99; in diese Richtung auch *Merkt*, in: Großkommentar z. AktG, § 68, Rn. 202, der den Vinkulierungszweck in berufsrechtlichen Gründen sieht.
423 *Koslowski*, in: Gehre/Koslowski, StBerG, § 50, Rn. 20.
424 *Koslowski*, in: Gehre/Koslowski, StBerG, § 50, Rn. 20; *Willerscheid*, in: Kuhls, StBerG, § 50, Rn. 45.
425 LG Köln Urt. v. 11.7.2002 – 171 StL 1/02, BeckRS 9998, 43480; *Willerscheid*, in: Kuhls, StBerG, § 50, Rn. 2.

C. Ergebnis

Erteilt die Hauptversammlung gemäß § 68 Abs. 2 Satz 3 AktG eine Pauschalzustimmung, darf der Vorstand den Beschluss nur ausführen, wenn keine Pflicht zur Anfechtung bestand. Ist der Vorstand für die Zustimmungserteilung zuständig, ist die Pauschalzustimmung als unternehmerische Entscheidung zu qualifizieren. Eine Pauschalzustimmung ist dabei pflichtgemäß, wenn der Vorstand auf angemessener Informationsgrundlage und zum Wohle der Gesellschaft handelt. Wegen der Anwendbarkeit der Business Judgment Rule unterliegt das Entscheidungsverfahren einer eingeschränkten gerichtlichen Überprüfung (Plausibilitätskontrolle). Das Entscheidungsergebnis darf lediglich dann beanstandet werden, wenn es unverantwortlich ist. Grenzen der Pauschalzustimmung bilden die Treuepflicht sowie das Gleichbehandlungsgebot gemäß § 53 a AktG. Die Pauschalzustimmung ist zudem zeitlich zu begrenzen, da der Vorstand andernfalls seine Sorgfaltspflicht gemäß § 93 Abs. 1 AktG verletzt. Für eine erneute Pauschalzustimmung nach Ablauf der Frist muss der Vorstand vorab ein neues Informationsverfahren durchführen. Ist die Vinkulierung gesetzlich vorgeschrieben, kann eine Pauschalzustimmung nur ergehen, wenn sie in Einklang mit den jeweiligen Vinkulierungszwecken steht.

§ 6 *Zulässigkeit einer Pauschalzustimmung in der GmbH*

Anders als der Vorstand einer Aktiengesellschaft leitet der Geschäftsführer einer GmbH die Gesellschaft regelmäßig nicht autonom und eigenverantwortlich.[426] Die Gesellschafter einer GmbH haben maßgeblichen Einfluss auf die Geschäftsführung.[427] Daher unterliegt die Zulässigkeit einer Pauschalzustimmung hier anderen Voraussetzungen als in der Aktiengesellschaft.

---

426 BGH Urt. v. 8.1.2019, NZG 2019, 505, 509: nach dem BGH sind die Gesellschafter einer GmbH das zentrale Entscheidungsorgan; *Uwe H. Schneider/Sven H. Schneider*, in: Scholz, GmbHG, § 37, Rn. 75.
427 BGH Urt. v. 8.1.2019, NZG 2019, 505, 506 ff., 509; *Hommelhoff*, ZIP 1983, 383, 385; *Immenga*, GmbHR 1973, 5, 6.

Zweiter Teil: Zulässigkeitsvoraussetzungen einer Pauschalzustimmung

A. Zuständigkeit der Gesellschafter zur Erteilung einer Pauschalzustimmung

Der BGH hat entschieden, dass es bei der Zustimmung zur Abtretung vinkulierter Geschäftsanteile ebenso wie bei der früher nach § 17 Abs. 1 GmbHG (a.F.) erforderlichen Zustimmung zur Abtretung von geteilten Geschäftsanteilen Sache der Gesellschafter ist, mit welchen Mitgesellschaftern sie die Gesellschaft bilden wollen.[428] Daher obliegt die Entscheidung über die Zustimmung zur Anteilsabtretung im Innenverhältnis im Zweifel den Gesellschaftern, sofern die Satzung keine eindeutig abweichende Regelung trifft.[429]

I. Mehrheitserfordernis für die Beschlussfassung

Der Zustimmungsbeschluss zur Anteilsabtretung kann mit einfacher Mehrheit gefasst werden (§ 47 Abs. 1 GmbHG).[430] Ein anderes Quorum ist für die Zustimmungserteilung nur bei abweichender Regelung in der Satzung erforderlich.[431]

II. Stimmverbot für den veräußerungswilligen Gesellschafter gemäß § 47 Abs. 4 Satz 2, 1. Alt. GmbHG

Fraglich ist, ob der veräußerungswillige Gesellschafter einem Stimmverbot unterliegt. Gemäß § 47 Abs. 4 Satz 2, 1. Alt. GmbHG besteht ein Stimmverbot, wenn die Beschlussfassung die Vornahme eines Rechtsgeschäfts der Gesellschaft gegenüber dem Gesellschafter betrifft. Nach herrschen-

---

[428] BGH Urt. v. 14.03.1988 – II ZR 211/87, NJW 1988, 2241, 2242; dem folgend OLG Hamburg Beschl. v. 5.06.1992 – 11 W 30/92, GmbHR 1992, 609, 610; ebenso *Löbbe*, in: H/C/L, GmbHG, § 15, Rn. 243; *Pahnke*, Die Grenzen des Gesellschafterschutzes durch Vinkulierung von GmbH-Geschäftsanteilen, S. 40 f.; *Reichert/Weller*, in: Münchener Kommentar z. GmbHG, § 15, Rn. 421.

[429] *Bayer*, in: Lutter/Hommelhoff, GmbHG, § 15, Rn. 77; *Servatius*, in: Noack/Servatius/Haas, GmbHG, § 15, Rn. 42.

[430] *Blasche*, RNotZ 2013, 515, 526; *Jasper*, in: Münchener Hdb des GesR, Bd. 3, § 24, Rn. 193; *Löbbe*, in: H/C/L, GmbHG, § 15, Rn. 245; *Reichert/Weller*, in: Münchener Kommentar z. GmbHG, § 15, Rn. 422.

[431] *Reichert/Weller*, in: Münchener Kommentar z. GmbHG, § 15, Rn. 425; *Reichert*, GmbHR 2012, 713, 714; *K. Schmidt*, FS Beusch, 1993, S. 759, 766.

§ 6 Zulässigkeit einer Pauschalzustimmung in der GmbH

der Meinung ist die Zustimmung zur Anteilsveräußerung kein Rechtsgeschäft im Sinne der Norm.[432] Dies wird vor allem damit begründet, dass die Zustimmung einen Sozialakt darstellen soll und das Geschäft daher nicht mit jedem beliebigen Dritten abgeschlossen werden kann.[433] Für die Frage, ob ein Rechtsgeschäft im Sinne des § 47 Abs. 4 Satz 2, 1. Alt. GmbHG vorliegt, muss es jedoch richtigerweise auf die Differenzierung zwischen Innen- und Außengeschäft ankommen, nicht aber auf die Differenzierung zwischen Gesellschafter und Dritten.[434] Bei der Erteilung einer Pauschalzustimmung handelt es sich zwar um ein Grundlagengeschäft der Gesellschaft, die Zustimmung ist hier aber untrennbar mit der Verfügung verbunden und zielt besonders auf Außenwirkung gegenüber potentiellen Erwerbern ab.[435] Dafür spricht auch, dass die Zustimmung direkt gegenüber dem Erwerber erteilt werden kann, falls dieser bekannt ist.[436] Ein bloßer interner Sozialakt kann daher bei der Zustimmung zur Anteilsabtretung nur bejaht werden, wenn sowohl Veräußerer als auch Erwerber Gesellschafter sind. Hier wird bei Erteilung der Zustimmung gegenüber den Gesellschaftern die innere Gesellschaftssphäre nicht verlassen – es liegt

---

432 BGH Urt. v. 29.5.1967 – II ZR 105/66, NJW 1967, 1963, 1964: Zustimmung ist Sozialakt; BGH Urt. v. 24.1.1974 – II ZR 65/72, GmbHR 1974, 107, 108; BGH Urt. v. 31.5.2011 – II ZR 109/10, NJW 2011, 902, 903; OLG Düsseldorf Urt. v. 25.2.2000 – 16 U 59/99, NZG 2000, 1180, 1181: Zustimmung betrifft kein Rechtsgeschäft zwischen Gesellschaft und Gesellschaftern; *Falkner*, GmbHR 2008, 458, 460 ff.; *K. Schmidt*, FS Beusch, 1993, S. 759, 771; *Völker*, Die Vinkulierung von GmbH-Geschäftsanteilen, S. 222 ff., 225; einschr. *Drescher*, in: Münchener Kommentar z. GmbHG, § 47, Rn. 170, der die Zustimmung als Rechtsgeschäft qualifiziert, ein Stimmverbot aber an der fehlenden Interessenkollision scheitern lässt; a.A.: OLG Schleswig Urt. v. 20.2.2003 – 5 U 29/02, NZG 2003, 821, 823; *Noack*, in: Noack/Servatius/Haas, GmbHG, § 47, Rn. 90; *Zöllner*, Die Schranken mitgliedschaftlicher Stimmrechtsmacht, S. 245 f.
433 Ausf. BGH Urt. v. 24.1.1974 – II ZR 65/72, GmbHR 1974, 107, 108.
434 Ungenau daher *Hüffer/Schürnbrand*, in: U/H/L, GmbHG, § 47, Rn. 167, die zwischen Drittgeschäften und gesellschaftsinternen Geschäften differenzieren; in der AG ist die Differenzierung zwischen Außen- und Inngengeschäft geläufig: *Spindler*, in: Münchener Kommentar z. AktG, § 82, Rn. 17, der trotz Vorliegens eines Sozialakts ein Rechtsgeschäft und ggf. Vertretungsakt nicht ausschließt; ähnlich wie hier argumentiert *K. Schmidt*, in: Münchener Kommentar z. HGB, § 126, Rn. 17, der im Hinblick auf die Frage, ob bei Rechtshandlungen gegenüber Mitgesellschaftern der Grundsatz der unbeschränkten Vertretungsmacht Anwendung findet dafür plädiert, zwischen schutzbedürftigen Außen- und nicht schutzbedürftigen Innengeschäften zu differenzieren, nicht aber zwischen Dritten und Gesellschaftern.
435 Für die AG siehe oben, § 2 B II 1.
436 *Bayer*, in: Lutter/Hommelhoff, GmbHG, § 15, Rn. 85.

ein internes Rechtsgeschäft vor. Folglich sind Veräußerer und Erwerber in diesem Fall stets stimmberechtigt. Sofern der Veräußerer seine Anteile an einen Nichtgesellschafter abtreten möchte, stellt die Zustimmung zur Anteilsabtretung ein Rechtsgeschäft im Sinne des § 47 Abs. 4 Satz 2, 1. Alt. GmbHG dar.[437] Die Möglichkeit eines Stimmverbots für den Veräußerer kann somit nicht von vornherein negiert werden. Jedoch muss § 47 Abs. 4 Satz 2, 1. Alt. GmbHG einschränkend ausgelegt werden.[438] Ein Stimmverbot greift nur ein, wenn das Individualinteresse des Gesellschafters die Beschlussfassung abstrakt beeinflussen kann.[439] Damit muss bei Bejahung eines Außengeschäfts auf zweiter Stufe geprüft werden, ob eine Interessenkollision bei dem betroffenen Gesellschafter vorliegt. Eine solche Interessenkollision wird beim Veräußerer regelmäßig zu verneinen sein, da sein mitgliedschaftliches Interesse und nicht das private betroffen ist.[440] Würde man auch bei Betroffenheit des mitgliedschaftlichen Interesses einen Stimmrechtsausschluss bejahen, wären die Grundsätze über die mitgliedschaftliche Treuepflichtbindung in der GmbH weitgehend obsolet. Der veräußerungswillige Gesellschafter ist bei der Beschlussfassung über die Zustimmung zur Anteilsabtretung mithin stimmberechtigt.

B. Statutarische Zuständigkeit des Geschäftsführers zur Zustimmungserteilung

Die Gesellschafter können ihre Entscheidungskompetenz zur Zustimmung der Übertragung vinkulierter Geschäftsanteile auf den Geschäftsführer übertragen. Möglich ist dies stets durch eine entsprechende Anordnung in der Satzung.[441] Ohne Satzungsänderung, d.h. per einfachem Gesellschafterbeschluss, erscheint eine solch umfangreiche Kompetenzübertragung problematisch. Daher wird man zumindest eine Ermächtigungs-

---

437 I.E. *Drescher*, in: Münchener Kommentar z. GmbHG, § 47, Rn. 170; *Noack*, in: Noack/Servatius/Haas, GmbHG, § 47, Rn. 90.
438 *Hüffer/Schürnbrand*, in: U/H/L, GmbHG, § 47, Rn. 167.
439 *Römermann*, in: Michalski u.a., GmbHG, § 47, Rn. 87.
440 *Drescher*, in: Münchener Kommentar z. GmbHG, § 47, Rn. 170; *Hüffer/Schürnbrand*, in: U/H/L, GmbHG, § 47, Rn. 177, die die Freiheit zur Desinvestition als Teil der Mitgliedschaft ansehen; krit. *Zöllner*, Die Schranken mitgliedschaftlicher Stimmrechtsmacht, S. 245 f., der im Ergebnis eine Interessenkollision beim Veräußerer bejaht.
441 Allg. *K. Schmidt/Bochmann*, in: Scholz, GmbHG, § 45, Rn. 8; *Hüffer/Schürnbrand*, in: U/H/L, GmbHG, § 45, Rn. 21.

klausel in der Satzung⁴⁴² fordern müssen, um sicher zu gehen, dass die Pauschalzustimmung durch den Übertragungsbeschluss im Einzelfall zur Geschäftsführung zählt.

I. Die Pauschalzustimmung als außergewöhnliche Maßnahme der Geschäftsführung

Ist der Geschäftsführer nach der Satzung zur Zustimmungserteilung gemäß § 15 Abs. 5 GmbHG zuständig, ist ein Beschluss der Gesellschafterversammlung im Innenverhältnis nicht erforderlich.[443] Die Zustimmung liegt folglich im Ermessen des Geschäftsführers.[444] Etwas anderes gilt aber dann, wenn die Zustimmung im Einzelfall eine außergewöhnliche Maßnahme der Geschäftsführung darstellt.[445] Liegt eine außergewöhnliche Maßnahme vor, ist der Geschäftsführer gemäß § 49 Abs. 2 GmbHG verpflichtet, vor Durchführung der Maßnahme eine Gesellschafterversammlung einzuberufen.[446] Wann in der GmbH eine außergewöhnliche Maßnahme gegeben ist, wird unterschiedlich beurteilt. Während zum einen für eine restriktive Auslegung der außergewöhnlichen Maßnahme nach den Grundsätzen über die Holzmüller/Gelatine Doktrin im Aktienrecht plädiert wird[447], fordern andere eine Analogie zu § 116 Abs. 1, Abs. 2

---

442 Die Möglichkeit zur Übertragung der Entscheidungskompetenz durch einfachen Gesellschafterbeschluss auf Basis des Gesellschaftsvertrags bejahen *Hüffer/Schürnbrand*, in: U/H/L, GmbHG, § 45, Rn. 17.

443 *Blasche*, RNotZ 2013, 515, 526; *Löbbe*, in: H/C/L, GmbHG, § 15, Rn. 243; *Schmitz*, FS Wiedemann, 2002, S. 1223, 1247; *Zutt*, in: Hachenburg, GmbHG, § 15, Rn. 108; wohl auch *Völker*, Die Vinkulierung von GmbH-Geschäftsanteilen, S. 173 ff., der an eine abweichende Beurteilung einer solchen Klausel hohe Anforderungen stellt.

444 *Löbbe*, in: H/C/L, GmbHG, § 15, Rn. 243; *Zutt*, in: Hachenburg, GmbHG, § 15, Rn. 108.

445 Bereits die Erteilung einer individuellen Zustimmung zur Anteilsabtretung kommt als außergewöhnliche Maßnahme der Geschäftsführung in Betracht: *Liebscher*, in: Münchener Kommentar z. GmbHG, § 49, Rn. 51; ebenso *Seibt*, in: Scholz, GmbHG, § 49, Rn. 22.

446 *Baukelmann*, in: Rowedder/Schmidt-Leithoff, GmbHG, § 37, Rn. 10; *Geißler*, GmbHR 2010, 457, 461; *Hüffer/Schürnbrand*, in: U/H/L, GmbHG, § 49, Rn. 21; *Kleindiek*, in: Lutter/Hommelhoff, GmbHG, § 37, Rn. 10; *Liebscher*, in: Münchener Kommentar z. GmbHG, § 49, Rn. 51; *Uwe H. Schneider/Sven H. Schneider*, in: Scholz, GmbHG, § 37, Rn. 34; *Seibt*, in: Scholz, GmbHG, § 49, Rn. 22.

447 In diese Richtung, BGH Urt. v. 8.1.2019 – II ZR 364/18, NZG 2019, 505, 509: nach dem BGH muss der Geschäftsführer vor der Übertragung des ge-

HGB[448]. Die erstgenannte Auffassung überzeugt im Ansatz, da der Umfang der ungewöhnlichen Geschäfte nach §§ 116 Abs. 1, Abs. 2, 164 HGB für die GmbH zu weit ist.[449] Die Vorlagepflicht der Geschäftsführer geht aber über die Holzmüller/Gelatine Doktrin hinaus, da der Geschäftsführer einer GmbH die Gesellschaft gerade nicht eigenverantwortlich leitet[450]. Deswegen muss der Geschäftsführer eine geplante Maßnahme immer dann vorlegen, wenn die Gesellschafter mit dieser nicht rechnen müssen.[451] Dies ist bei der Erteilung einer Pauschalzustimmung der Fall. Diese geht erheblich über den gewöhnlichen Rahmen der Geschäfte hinaus, indem jedem beliebigen Dritten der Eintritt in die Gesellschaft ermöglicht wird. Existiert lediglich eine allgemeine Vinkulierungsklausel, welche die Zustimmungserteilung in die Hände des Geschäftsführers legt, dürfen die Gesellschafter davon ausgehen, dass der Geschäftsführer allenfalls eine Individualzustimmung erteilt. Der Geschäftsführer ist vor Erteilung einer Globaleinwilligung daher verpflichtet, die Gesellschafterversammlung einzuberufen und über die geplante Maßnahme abstimmen zu lassen. Andernfalls würde das Weisungsrecht der Gesellschafter im Hinblick auf die Übertragung vinkulierter Anteile unzumutbar entwertet. Eine Schmälerung des Weisungsrechts ist vor dem Hintergrund des Charakters der GmbH als ein von den Gesellschaftern kontrolliertes Unternehmen[452] restriktiv zu handhaben. Erteilen die Gesellschafter dem Geschäftsführer eine Weisung für die Erteilung einer Pauschalzustimmung oder billigen sie die Zustimmung per Gesellschafterbeschluss, handelt es sich für den Geschäftsführer um eine gebundene Entscheidung.[453] In diesen Fällen ist

---

samten Gesellschaftsvermögens einen Gesellschafterbeschluss einholen; ebenso: *Kleindiek*, in: Lutter/Hom-melhoff, GmbHG, § 37, Rn. 11; *Paefgen*, in: U/H/L, GmbHG, § 37, Rn. 20 ff.; *Priester*, FS Westermann, 2008, S. 1281, 1286 ff.; *Uwe H. Schneider/Sven H. Schneider*, in: Scholz, GmbHG, § 37, Rn. 34.

448 *Altmeppen*, in: Altmeppen, GmbHG; § 37, Rn. 23 (für die personalistische GmbH); *Baukelmann*, in: Rowedder/Schmidt-Leithoff, GmbHG, § 37, Rn. 11; *Hommelhoff*, ZIP 1983, 383, 384 f.
449 Dahingehend *Stephan/Tieves*, in: Münchener Kommentar z. GmbHG, § 37, Rn. 129, m.w.N.
450 BGH Urt. v. 8.1.2019 – II ZR 364/18, NZG 2019, 505, 509; *Uwe H. Schneider/Sven H. Schneider*, in: Scholz, GmbHG, § 37, Rn. 75.
451 einschr. *Beurskens*, in: Noack/Servatius/Haas, GmbHG, § 37, Rn. 46 f.
452 *Liebscher*, Konzernbildungskontrolle, S. 218.
453 BGH Urt. v. 14.12.1959 – II ZR 187/57, NJW 1960, 285, 289; BFH Urt. v. 9.10.1996 – XI R 47/96, GmbHR 1997, 374, 375; OLG Düsseldorf Urt. v. 15.11.1984 – 8 U 22/84, ZIP 1984, 1476, 1478; OLG Frankfurt a. M. Urt. v. 7.2.1997 – 24 U 88/95, ZIP 1997, 450, 451; *Boesebeck*, GmbHR 1960, 118, 119; *Fleck*, GmbHR 1974, 224, 226; *Immenga*, Die personalistische Kapitalge-

er bei ordnungsmäßiger Einholung des Beschlusses von einer etwaigen Haftung freigestellt.[454]

II. Zu erwartender Widerspruch der Gesellschafter

Gemäß § 49 Abs. 2 GmbHG kann die Pflicht zur Einberufung einer Gesellschafterversammlung auch dann bestehen, wenn bei Vornahme der Maßnahme mit einem Widerspruch der Gesellschafter zu rechnen ist.[455] Der BGH hat entschieden, dass der Geschäftsführer seine Vertretungsmacht nicht gegen einen mutmaßlichen Willen der Gesellschafter missbrauchen darf.[456] Gleichwohl betonte das Gericht, dass es sich bei dem Einberufungs- und Zustimmungsvorbehalt der Gesellschafterversammlung um eine bloße Schranke im Innenverhältnis handelt.[457] Besteht ein hinrei-

---

sellschaft, S. 89, 247, 278; *Immenga*, GmbHR 1973, 5, 6; *Paefgen*, in: U/H/L, GmbHG, § 43, Rn. 214, m.w.N.; *Stephan/Tieves*, in: Münchener Kommentar z. GmbHG, § 37, Rn. 107.

[454] BGH Urt. v. 14.12.1959 – II ZR 187/57, NJW 1960, 285, 289; BGH Urt. v. 18.03. 1974 – II ZR 2/72, GmbHR 1974, 131, 132; BGH Urt. v. 26.10.2009 – II ZR 222/08, GmbHR 2010, 85; *Fleck*, GmbHR 1974, 224, 226; *Immenga*, Die personalistische Kapitalgesellschaft, S. 278 ff.; *Paefgen*, in: U/H/L, GmbHG, § 43, Rn. 214, m.w.N.; siehe auch den Gesetzentwurf der Bundesregierung über Gesellschaften mit beschränkter Haftung, Begr. RegE BT-Drs. VII/253, S. 21, zur Sorgfaltspflicht des Geschäftsführers: *„Die Ersatzpflicht tritt nicht ein, wenn die Handlung in Übereinstimmung mit Gesetz und Gesellschaftsvertrag auf einem Beschluss der Gesellschafterversammlung oder einer für die Geschäftsführer verbindlichen Weisung beruht."*

[455] BGH Urt. v. 5.12.1983 – II ZR 56/82, GmbHR 1984, 96, 97; OLG Frankfurt a. M. Urt. v. 19.1.1989 – 5 U 3/86, GmbHR 1989, 254, 255; OLG Stuttgart Urt. v. 19.12.2012 – 14 U 10/12, GmbHR 2013, 414, 419; OLG Stuttgart Beschl. v. 14.01.2013 – 14 W 17/12, GmbHR 2013, 535, 540; *Fleischer*, GmbHR 2010, 1307, 1310; *Kleindiek*, in: Lutter/Hommelhoff, GmbHG, § 37, Rn. 11, m.w.N.; *Uwe H. Schneider/Sven H. Schneider*, in: Scholz, GmbHG, § 37, Rn. 39; *Zeilinger*, GmbHR 2001, 541, 544.

[456] BGH Urt. v. 5.12.1983 – II ZR 56/82, GmbHR 1984, 96 ff.

[457] Gleichwohl war in dem zu Grunde liegenden Fall auch ein Missbrauch der Vertretungsmacht im Außenverhältnis gegeben. Aufgrund der Kenntnisse der Vorgänge konnte sich der Vertragsgegner (Steuerberater) hier nicht auf die Vertretungsmacht der Geschäftsführerin berufen. Vielmehr stellte der BGH fest, die Regeln über den Missbrauch der Vertretungsmacht seien auch dann anwendbar, wenn ein Geschäft nicht nachweislich den Interessen des Vertretenen (hier der B. & R. GmbH) zuwiderläuft, der Vertragsgegner aber weiß oder sich sagen muss, dass der Vertreter dem Geschäftsherrn Tatsachen vorenthält, bei deren

chend konkreter Anlass für die Annahme, dass die Erteilung einer Pauschalzustimmung bei den Gesellschaftern auf Widerspruch stoßen würde, muss der Geschäftsführer einen Beschluss der Gesellschafterversammlung einholen. Andernfalls handelt er pflichtwidrig und ist der Gesellschaft gegebenenfalls zum Schadensersatz verpflichtet. Da nach § 47 Abs. 1 GmbHG eine einfache Mehrheit für die Beschlussfassung genügt, ist ein mutmaßlicher bzw. entgegenstehender Wille aber erst dann beachtlich, wenn eine solche Mehrheit hinter ihm steht[458]. Folglich kann keine Pflicht zur Devolution bestehen, wenn fünfzig Prozent der Gesellschafter für die Pauschalzustimmung sind oder der Geschäftsführer selbst in dieser Höhe beteiligt ist. Die Gesellschafterversammlung ist auch dann einzuberufen, wenn mit dem Widerspruch eines Minderheitsgesellschafters zu rechnen ist, der sich aufgrund des Bestehens von Stimmverboten gegenüber der Mehrheit durchsetzen würde.[459]

III. Situation in der Publikums-GmbH

Sieht in einer Publikums-GmbH die Satzung die Zustimmung zur Anteilsübertragung durch die Gesellschaft vor, ist der Geschäftsführer auch ohne ausdrückliche Ermächtigung zur alleinigen Entscheidung befugt.[460] Ein Beschluss der Gesellschafterversammlung im Innenverhältnis muss nicht eingeholt werden.[461] Ebenso wie bei den Publikumspersonengesellschaften[462] folgt die Zuständigkeit des Geschäftsführers bereits aus dem Wesen der Publikumsgesellschaft. Eine flexible und schnelle Anteilsübertragung ist in der auf eine Vielzahl von Mitgliedern angelegten Gesellschaft gerade erwünscht, weshalb die Pauschalzustimmung hier keine außergewöhnliche Maßnahme der Geschäftsführung ist. Bei einer Publikums-GmbH

Kenntnis dieser den Vertrag nicht abgeschlossen hätte, BGH Urt. v. 5.12.1983 – II ZR 56/82, GmbHR 1984, 96, 97.
458 *Roth*, ZGR 1985, 265, 268; *Stephan/Tieves*, in: Münchener Kommentar z. GmbHG, § 37, Rn. 134.
459 OLG Stuttgart Beschl. v. 14.01.2013 – 14 W 17/12, GmbHR 2013, 535, 540 f.; *Paefgen*, in: U/H/L, GmbHG, § 37, Rn. 23.
460 *Ebbing*, in: Michalski u.a., GmbHG, § 15, Rn. 146; *Löbbe*, in: H/C/L, GmbHG, § 15, Rn. 243; *Reichert*, GmbHR 2012, 713, 714; *Zutt*, in: Hachenburg, GmbHG, § 15, Rn. 108; einschr. *Völker*, Die Vinkulierung von GmbH-Geschäftsanteilen, S. 143, der es von der konkreten Ausgestaltung der Vinkulierungsklausel abhängig machen möchte, ob ein Gesellschafterbeschluss erforderlich ist, oder nicht.
461 *Ebbing*, in: Michalski u.a., GmbHG, § 15, Rn. 146.
462 Siehe unten, § 7 C III.

§ 6 Zulässigkeit einer Pauschalzustimmung in der GmbH

liegt der Fokus auf sachlichen Merkmalen wie die Zahlungsfähigkeit des Eintretenden und weniger auf der Person des Erwerbers.[463] Daher scheidet eine Vorlagepflicht an die Gesellschafter hier aus.

C. Ermessensgrenzen bei Erteilung einer Pauschalzustimmung

Die hohe Reichweite an potentiellen Erwerbern macht die Erteilung einer Pauschalzustimmung zur Übertragung vinkulierter Geschäftsanteile für die veräußerungswilligen Gesellschafter besonders begehrenswert. Aber auch die verbleibenden Gesellschafter können ein Bedürfnis nach der Erteilung einer Pauschalzustimmung haben. Ein solches kann bestehen, wenn die Gesellschaft illiquide ist und durch eine Globalzustimmung viele Investoren als Erwerber gewonnen werden können. Die Erteilung einer Pauschalzustimmung ist in diesem Fall ein geeignetes Mittel zur Suche nach restrukturierungswilligen Erwerbern, da eine Verwirkung der Zustimmung durch Zeitablauf anders als bei Erteilung einer Individualzustimmung[464] nicht droht. Daher müssen sich potentielle Investoren nicht mit zeitraubenden und kostspieligen Streitigkeiten ob der fortdauernden Wirksamkeit der Genehmigung zur Anteilsabtretung auseinandersetzen. Bestehen statutarische Vorgaben zur Zustimmungserteilung oder -versagung ist zu ermitteln, ob die jeweiligen Regelungen abschließenden oder beispielhaften Charakter haben.[465] Bei fehlenden Vorgaben im Gesellschaftsvertrag, steht die Entscheidung über das „ob" der Zustimmung im weiten, unternehmerischen Ermessen der Zustimmungsberechtigten.[466] In der GmbH hat es der Mehrheitsgesellschafter daher regelmäßig in der

---

463 *Löbbe*, in: H/C/L, GmbHG, § 15, Rn. 243; *Zutt*, in: Hachenburg, GmbHG, § 15, Rn. 108.
464 Nach dem OLG Hamm, Urt. v. 11.2.1999 – 27 U 187/98, NZG 1999, 599, 600, kommt ein „Verbrauch" der Zustimmung in Betracht, wenn die Zustimmung in einer konkreten Situation unter gewissen Vorbehalten erteilt wurde und ein zeitlich großer Abstand zwischen Zustimmung und Veräußerungsgeschäft liegt.
465 *Reichert/Weller*, in: Münchener Kommentar z. GmbHG, § 15, Rn. 408.
466 *Blasche*, RNotZ 2013, 515, 529, der dem Entscheidungsträger gerichtsfesten Beurteilungsspielraum zugesteht; *K. Schmidt*, GmbHR 2011, 1289, 1293, der die Entscheidung zur Übertragung vinkulierter GmbH-Anteile nur durch die Treuepflicht begrenzt wissen will; ähnlich: *Reichert/Weller*, in: Münchener Kommentar z. GmbHG, § 15, Rn. 409; *Seibt*, in: Scholz, GmbHG, § 15, Rn. 127; *Servatius*, in: Noack/Servatius/Haas, GmbHG, § 15, Rn. 46b, der für eine Missbrauchskontrolle des Beschlusses plädiert; für eine Entscheidung nach pflichtgemäßem Ermessen: OLG Hamm, Urt. v. 6.4.2000 – 27 U 78/99, NJW-RR 2001,

Hand, die Pauschalzustimmung zu seinen Gunsten zu erteilen. Die Erteilung der Zustimmung steht jedoch nicht gänzlich in seinem Belieben.[467] Vielmehr findet die Zustimmung ihre Grenzen im Verbot des Verstoßes gegen die guten Sitten (§§ 138, 826 BGB)[468] sowie in der Beachtung von Treu und Glauben (242 BGB)[469]. Daneben ist der gesellschaftsrechtliche Gleichbehandlungsgrundsatz gemäß § 53 a AktG analog sowie die Treuepflicht zu berücksichtigen.[470]

I. Die Treuepflicht

Die Treuepflicht setzt der Zustimmungsentscheidung die wohl bedeutendste Schranke.[471] Sie kann dazu führen, dass eine Pflicht zur Zustimmungserteilung oder zur Zustimmungsverweigerung gemäß § 15 Abs. 5 GmbHG besteht. Der Umfang der Treuepflicht richtet sich dabei nach der Gesellschafts- und Mitgliedsstruktur.[472] In der personalistisch strukturierten GmbH reichen die Treuebindungen weiter als in der kapitalistischen Ausprägungsform.[473] Eine Pflicht der Gesellschafter zur Verweigerung der Zustimmung gemäß § 15 Abs. 5 GmbHG ist zu bejahen, wenn einzelne Vinkulierungszwecke oder das Interesse des veräußerungswilligen Gesellschafters derart erheblich ins Gewicht fallen, dass ein Ermessen für den

---

     109, 11; *Bayer*, in: Lutter/Hommelhoff, GmbHG, § 15, Rn. 82; *Löbbe*, in: H/C/L, GmbHG, § 15, Rn. 254.
467 OLG Koblenz Urt. v. 12.01.1989 – U 1053/87, NJW-RR 1989, 1057, 1059; *Reichert/Winter*, 100 Jahre GmbH-Gesetz, 1992, S. 209, 215 ff., 241 f.; nach einer früheren Auffassung durfte die Entscheidung willkürlich verweigert werden: RG Urt. v. 20.6.1916 – II 439/15, RGZ 88, 319, 325.
468 *Reichert*, GmbHR 2012, 713, 719, m.w.N.
469 OLG Düsseldorf Urt. v. 27.2.1964 – 6 U 208/63; GmbHR 1964, 250, 251; *Reichert/Winter*, 100 Jahre GmbH-Gesetz, 1992, S. 209, 216, 221.
470 OLG Hamm Urt. v. 6.4.2000 – 27 U 78/99, NJW-RR 2001, 109, 111; *Löbbe*, in: H/C/L, GmbHG, § 15, Rn. 255.
471 Zur Treuepflicht als Schranke des Zustimmungsermessens: OLG Hamm Urt. v. 6.4.2000 – 27 U 78/99, NJW-RR 2001, 109, 111; *Reichert/Winter*, 100 Jahre GmbH-Gesetz, 1992, S. 209 ff., 223; *K. Schmidt*, GmbHR 2011, 1289, 1293.
472 *Fastrich*, in: Noack/Servatius/Haas, GmbHG, § 13, Rn. 22, m.w.N.; *Wiedemann*, Gesellschaftsrecht I, S. 434.
473 BGH Urt. v. 1.2.1988 – II ZR 75/87, DNotZ 1989, 14, 18 f.; *Liebscher*, ZIP 2003, 825, 829; *Reichert*, GmbHR 2012, 713, 720; *Völker*, Die Vinkulierung von GmbH-Geschäftsanteilen, S. 202 f.

§ 6 Zulässigkeit einer Pauschalzustimmung in der GmbH

Zustimmungsberechtigten gänzlich fehlt.[474] Der BGH hat entschieden, dass die Gesellschafter aufgrund ihrer Treuepflicht nur solchen Maßnahmen zustimmen müssen, welche zur Erhaltung wesentlicher Werte, die die Gesellschafter geschaffen haben oder zur Vermeidung von Verlusten, welche die Gesellschafter bzw. die Gesellschaft erleiden könnten, objektiv unabweisbar erforderlich sind.[475] Dass eine Maßnahme im Gesellschaftsinteresse liegt und die Zwecke der Gesellschaft fördert, genügt dabei nicht für die Bejahung einer Treuepflicht zur Zustimmung. Weiter stellt der BGH fest, dass eine sachliche Inhaltskontrolle der Entscheidung nur stattfinden darf, wenn die Verletzung der Treuepflicht feststeht.[476] In allen übrigen Fällen sind die Gesellschafter in ihrer Abstimmung frei. Auf die Zweckmäßigkeit der Entscheidung kommt es nach dem BGH dann nicht an. Ist der Geschäftsführer für die Zustimmungserteilung verantwortlich, folgt die fehlende Inhaltskontrolle durch das Gericht bereits daraus, dass es sich bei der Pauschalzustimmung um eine unternehmerische Entscheidung[477] handelt, welche nur bei Anzeichen für eine Ermessensreduzierung auf null der vollen gerichtlichen Überprüfung unterliegt[478]. Daher ist die im Schrifttum vorzufindende Ansicht abzulehnen, welche die Zustimmungsentscheidung gemäß § 15 Abs. 5 GmbHG stets einer materiellen Beschlusskontrolle unterwerfen möchte.[479]

---

[474] *Blasche*, RNotZ 2013, 515, 529; *Seibt*, in: Scholz, GmbHG, § 15, Rn. 127; *Servatius*, in: Noack/Servatius/Haas, GmbHG, § 15, Rn. 46b; wohl auch *K. Schmidt*, GmbHR 2011, 1292, 1294, der eine Durchbrechung der Vinkulierung im Mitgesellschafterinteresse aber nur ausnahmsweise bejahen möchte.
[475] BGH Urt. v. 12.4.2016 – II ZR 245/14, NZG 2016, 781, 782.
[476] BGH Urt. v. 12.4.2016 – II ZR 245/14, NZG 2016, 781, 782; dem folgend OLG München Urt. v. 23.06.2016 – 23 U 4531/16, NZG 2016, 1149, 1150.
[477] Zur Pauschalzustimmung als unternehmerische Entscheidung siehe oben, § 5 B I 1.
[478] *Katsas*, Die Inhaltskontrolle unternehmerischer Entscheidungen von Verbandsorganen im Spannungsfeld zwischen Ermessensfreiheit und Gesetzesbindung, S. 129; OLG Düsseldorf, Urt. v. 22.06.1995 – 6 U 104/94, NJW-RR 1995, 1371, 1375 f. (für unternehmerische Entscheidungen des Aufsichtsrats einer AG).
[479] Für eine Verhältnismäßigkeitsprüfung: *Altmeppen*, in: Altmeppen, GmbHG, § 15, Rn. 104; *Bayer*, in: Lutter/Hommelhoff, GmbHG, § 15, Rn. 82; *Löbbe*, in: H/C/L, GmbHG, § 15, Rn. 254; *Lutter/Timm*, NJW 1982, 409, 417; *Pahnke*, Die Grenzen des Gesellschafterschutzes durch Vinkulierung von GmbH-Geschäftsanteilen, S. 30; eingehend dazu *Wiedemann*, Gesellschaftsrecht I, S. 434 f.

1. Fehlende Kenntnis des Erwerbers

Die Erteilung einer Pauschalzustimmung zur Anteilsübertragung kann treuepflichtwidrig sein, wenn ein gesteigertes Interesse am Erwerber der Anteile besteht und dieser im Zeitpunkt der Zustimmung unbekannt ist. Insbesondere bei personalistischen GmbHs, die häufig als Familiengesellschaften vorkommen[480], soll durch eine Beschränkung der Anteilsübertragung im Gesellschaftsvertrag ein Eindringen Dritter gänzlich verhindert werden[481] (sog. *closed-shop-Strategie*[482]). Obwohl sie nicht dem gesetzgeberischen Leitbild entspricht, stellt die personalistische GmbH im Vergleich zur kapitalistischen GmbH in der Praxis die weitaus häufiger auftretende Ausgestaltung dar.[483] Indizien für das Vorliegen einer personalistischen GmbH können eine geringe Zahl von Gesellschaftern[484] sein ebenso wie die Tatsache, dass die Leitung der Geschäftsführung den Gesellschaftern selbst obliegt[485].

Ein gänzlich anderes Bild bietet sich bei einer kapitalistischen Beteiligung der Gesellschafter an der GmbH. Der Person des Erwerbers kommt dann keine exponierte Stellung zu[486], weshalb die Unkenntnis des Käufers einen Beschluss über die Erteilung einer Pauschalzustimmung nicht anfechtbar macht. Im Gegenteil kommt in der kapitalistischen GmbH mangels entgegenstehender schutzwürdiger Interessen der übrigen Gesellschafter eher eine Zustimmungspflicht in Betracht.[487]

---

480 *Liebscher*, ZIP 2003, 825, 829; *Löbbe*, in: H/C/L, GmbHG, § 15, Rn. 232; *Völker*, Die Vinkulierung von GmbH-Geschäftsanteilen, S. 30.
481 *Binz/Mayer*, NZG 2012, 201, 204; *Loritz*, NZG 2007, 361, 364; *Löbbe*, in: H/C/L, GmbHG, § 15, Rn. 232; *Pahnke*, Die Grenzen des Gesellschafterschutzes durch Vinkulierung von GmbH-Geschäftsanteilen, S. 15; *Reichert*, Das Zustimmungserfordernis zur Abtretung von Geschäftsanteilen in der GmbH, S. 50; *Völker*, Die Vinkulierung von GmbH-Geschäftsanteilen, S. 30, 99.
482 Eingehend dazu *Holler*, DStR 2019, 931, 933, 934, mit einer Darstellung der bislang ergangenen Rechtsprechung.
483 *Bayer/Hoffmann/J. Schmidt*, GmbHR 2007, 953 ff.; *Pahnke*, Die Grenzen des Gesellschafterschutzes durch Vinkulierung von GmbH-Geschäftsanteilen, S. 7 f., 10.
484 *Loritz*, NZG 2007, 361, 364.
485 *Reichert*, Das Zustimmungserfordernis zur Abtretung von Geschäftsanteilen in der GmbH, S. 49.
486 *Loritz*, NZG 2007, 361, 364; *Völker*, Die Vinkulierung von GmbH-Geschäftsanteilen, S. 202, der in der kapitalistischen GmbH die Person des Erwerbers für zweitrangig erachtet.
487 *Völker*, Die Vinkulierung von GmbH-Geschäftsanteilen, S. 202 f.

2. Beschränkung des Erwerberkreises auf fachlich qualifizierte Personen

Die Erteilung einer Pauschalzustimmung kann ferner einen Verstoß gegen die Treuepflicht darstellen, wenn der Erwerberkreis in dem Beschluss nicht auf fachlich qualifizierte Personen beschränkt wird. Ein unabweisbares Interesse der Gesellschaft an geeigneten Erwerbern wird vor allem dann vorliegen, wenn die Gesellschafter in dem Unternehmen mitarbeiten und daher eine besondere Vertrauensstellung besteht.[488] In diesem Fall wollen die verbleibenden Gesellschafter die Gesellschaft nicht mit einem Dritten fortsetzen, dem entsprechende Kenntnisse und Fähigkeiten fehlen.

3. Aufrechterhaltung von Beteiligungsverhältnissen

Neben der Stabilität des Gesellschafterkreises dient die Vinkulierung in der GmbH häufig dem Schutz vor einer Veränderung der Beteiligungsquote.[489] Insbesondere bei Familiengesellschaften soll eine Mehrheitsposition eines Mitgesellschafters regelmäßig verhindert werden.[490] Durch „gerechte" Beteiligungsstrukturen sollen Streitigkeiten unter den Familienmitgliedern von vornherein verhindert werden. Kann dieser Vinkulierungszweck ermittelt werden, ist eine Zustimmung ohne die Beschränkung, dass der Erwerber des Geschäftsanteils nur eine bestimmte Beteiligungsquote erreichen darf, treuepflichtwidrig.

4. Sicherung der Zahlungs-/Leistungsfähigkeit der Gesellschafter

Relevant für die Pflicht zu einem bestimmten Abstimmungsverhalten ist ferner, ob offene Einlageforderungen gegen den veräußerungswilligen Gesellschafter bestehen. Gemäß § 7 Abs. 2 Satz 1 GmbHG kann der Anteil vor vollständiger Erfüllung der Einlagepflicht erworben werden. Dasselbe gilt

---

488 *Loritz*, NZG 2007, 361, 364; *Reichert*, Das Zustimmungserfordernis zur Abtretung von Geschäftsanteilen in der GmbH, S. 233 ff., 234.

489 *Bayer*, in: Lutter/Hommelhoff, GmbHG, § 15, Rn. 69; *Liebscher*, ZIP 2003, 825, 826; *Lutter/Grunewald*, AG 1989, 109; *Löbbe*, in: H/C/L, GmbHG, § 15, Rn. 233; *Pahnke*, Die Grenzen des Gesellschafterschutzes durch Vinkulierung von GmbH-Geschäftsanteilen, S. 16; *Reichert/Weller*, in: Münchener Kommentar z. GmbHG, § 15, Rn. 359; *Schmitz*, FS Wiedemann, 2002, S. 1223, 1224; *Völker*, Die Vinkulierung von GmbH-Geschäftsanteilen, S. 32, m.w.N.

490 *Werner*, NWB 2012, 2315, 2316.

im Hinblick auf noch offene Nebenleistungspflichten gemäß § 3 Abs. 2, 2. Alt. GmbHG. Eine Vinkulierung soll hierbei die Leistungsfähigkeit der Gesellschafter sicherstellen.[491] Der Erwerber der vinkulierten Anteile wird zwar Schuldner sämtlicher mit der Mitgliedschaft einhergehender Pflichten, mit Ausnahme höchstpersönlicher Rechte und Pflichten[492]; hierbei bleibt aber unklar, ob er zur Leistung tatsächlich willens und im Stande ist[493]. Bestehen offene Einlageforderungen, ist eine unbeschränkte Pauschalzustimmung wegen der drohenden Verluste daher regelmäßig treuepflichtwidrig, wenn im Zeitpunkt der Zustimmung nicht feststeht, ob der unbekannte Erwerber zahlungsfähig ist.

5. Desinvestitionsinteresse des Veräußerers

In der GmbH spielt das Desinvestitionsinteresse des veräußerungswilligen Gesellschafters eine zentrale Rolle bei der Frage, ob die Treuepflicht ausnahmsweise die Zustimmung zur Anteilsabtretung gebietet. Das Desinvestment ist ein wichtiger Bestandteil der Unternehmensdisposition.[494] Das Interesse des Gesellschafters, den Vermögenswert seines Anteils realisieren zu können, ist von der Mitgliedschaft umfasst.[495] Zwar ist auch die Möglichkeit zum Austritt aus der Gesellschaft anerkannt, sofern ein wichtiger, zum Austritt berechtigender Grund vorliegt.[496] Das außerordentliche Austrittsrecht unterliegt jedoch strengen Voraussetzungen.[497] Es darf nur ausgeübt werden, wenn eine Fortsetzung der Mitgliedschaft unzumutbar und eine Beendigung nicht auf andere Weise möglich ist.[498] Die bloße Verweigerung der Zustimmung zur Übertragung der Anteile

---

491 *Löbbe*, in: H/C/L, GmbHG, § 15, Rn. 233; *Völker*, Die Vinkulierung von GmbH-Geschäftsanteilen, S. 33.
492 *Servatius*, in: Noack/Servatius/Haas, GmbHG, § 3, Rn. 49.
493 *Lutter/Grunewald*, AG 1989, 109.
494 *Loritz*, NZG 2007, 361, 362.
495 *Reichert/Winter*, 100 Jahre GmbH-Gesetz, 1992, S. 209, 221 f., 233 f.
496 *Kersting*, in: Noack/Servatius/Haas, GmbHG, Anh. § 34, Rn. 18, m.w.N.
497 *Kleindiek*, in: Lutter/Hommelhoff, GmbHG, § 34, Rn. 144: „Notrecht".
498 BGH Urt. v. 1.4.1953 – II ZR 235/52, NJW 1953, 780; BGH Urt. v. 16.12.1991 – II ZR 58/91, NJW 1992, 892, 895; OLG Hamm Urt. v. 28.9.1992 – 8 U 9/92, GmbHR 1993, 656, 657; *Kleindiek*, in: Lutter/Hommelhoff, GmbHG, § 34, Rn. 144; *Seibt*, in: Scholz, GmbHG, Anh. § 34, Rn. 7, m.w.N.; *Ulmer/Habersack*, in: U/H/L, GmbHG, Anh. § 34, Rn. 48.

stellt für sich keinen wichtigen Grund dar.[499] Der wichtige Grund muss vielmehr zusätzlich zur Zustimmungsverweigerung gegeben sein.[500] Daher muss der veräußerungswillige Gesellschafter zunächst auf die Erteilung der Zustimmung hinwirken, bevor das Recht zur außerordentlichen Kündigung als *ultima ratio* in Betracht kommt.[501] Dem Gesellschafter drohen dadurch keine Nachteile, da er bei treuepflichtwidriger Verweigerung der Zustimmung den Beschluss anfechten kann.[502] Insbesondere bei Betroffenheit schwerwiegender Individualinteressen des Gesellschafters muss die Zustimmung erteilt werden.[503] Eine Treuepflicht zur Zustimmungserteilung wird auch bei mehrmaliger Verweigerung der Zustimmung angenommen[504], wobei in diesem Fall teilweise auch ein Recht zum Austritt aus wichtigem Grund angenommen wird[505]. Jedoch besteht keine Pflicht des Minderheitsgesellschafters einer Abtretung des Mehrheitsgesellschafters zuzustimmen, wenn andernfalls die vorsätzliche Herbeiführung der Liquidation durch den Mehrheitsgesellschafter droht. Die vorsätzliche Herbeiführung der Liquidation stellt ein beliebtes Mittel dar, bei Blockierung der Zustimmung zur Anteilsabtretung durch den Minderheitsgesellschafter ein Ausscheiden zu erzwingen.[506] Da in diesem Fall der Auflösungsbeschluss durch den Mehrheitsgesellschafter treuepflichtwidrig sein kann, wenn der Minderheitsgesellschafter durch den Auflösungsbeschluss

---

499 *Kersting*, in: Noack/Servatius/Haas, GmbHG, Anh. § 34, Rn. 21; *Völker*, Die Vinkulierung von GmbH-Geschäftsanteilen, S. 283 ff.; a.A.: *Seibt*, in: Scholz, GmbHG, Anh. § 34, Rn. 7, der ein Austrittsrecht bei einer Einschränkung der Veräußerlichkeit im Gesellschaftsvertrag tendenziell bejaht.
500 OLG Hamm Urt. v. 28.9.1992 – 8 U 9/92, GmbHR 1993, 656, 657: nach dem Gericht darf die Vinkulierung nicht dadurch unterlaufen werden, dass dem Gesellschafter im Gegenzug stets ein Austrittsrecht zusteht; *Binz/Mayer*, NZG 2012, 201, 205; *Kort*, in: Münchener Hdb des GesR, Bd. 3, § 29, Rn. 13; *Völker*, Die Vinkulierung von GmbH-Geschäftsanteilen, S. 273 ff., 282; i.E. auch *Fette*, GmbHR 1986, 73, 77.
501 I.E.: *Ulmer/Habersack*, in: U/H/L, GmbHG, Anh. § 34, Rn. 48, die ein Recht zur außerordentlichen Kündigung erst bejahen, wenn Zustimmungsverweigerung unzumutbare Härte bedeutet.
502 *Ebbing*, in: Michalski u.a., GmbHG, § 15, Rn. 155; *Löbbe*, in: H/C/L, GmbHG, § 15, Rn. 255; *Reichert/Winter*, 100 Jahre GmbH-Gesetz, 1992, S. 209, 224, 233 ff.
503 *Seibt*, in: Scholz, GmbHG, § 15, Rn. 127, mit Beispielen, wann eine Zustimmungspflicht bestehen kann.
504 *Seibt*, in: Scholz, GmbHG, § 15, Rn. 127.
505 *Kleindiek*, in: Lutter/Hommelhoff, GmbHG, § 34, Rn. 146; *Ulmer/Habersack*, in: U/H/L, GmbHG, Anh. § 34, Rn. 48; *Wiedemann*, Gesellschaftsrecht I, S. 401.
506 *Reichert*, Liber Amicorum für Wilhelm Happ, 2006, S. 241, 252 ff.

bewusst aus der Gesellschaft gedrängt werden soll[507], kann der Minderheitsgesellschafter nicht verpflichtet sein, einem Beschluss über die Abtretung der Geschäftsanteile zuzustimmen.

6. Veräußerung des Geschäftsanteils an einen Wettbewerber

Eine Ermessensreduzierung auf null und eine daraus resultierende Pflicht zur Verweigerung der Zustimmung liegt regelmäßig vor, wenn der Mehrheitsgesellschafter seine Anteile an einen Wettbewerber übertragen möchte.[508] Dabei ist unerheblich, ob für den Erwerber ein statuarisches oder gesetzliches Wettbewerbsverbot besteht.[509] Entgegenstehende Einwände seitens des Mehrheitsgesellschafters, weshalb eine Erteilung der Zustimmung durch ihn sachlich gerechtfertigt ist, sind hier nur ganz ausnahmsweise und unter strengen Voraussetzungen beachtlich.[510] So kann die Veräußerung an den Wettbewerber zulässig sein, wenn sie das Gesellschaftswohl und die Belange des Minderheitsgesellschafters nicht beeinträchtigt.[511] Besteht hingegen die Gefahr der Schädigung der Gesellschaft, muss ein Beschluss über die Pauschalzustimmung den Wettbewerber vom Erwerberkreis ausschließen, um der erfolgreichen Anfechtung durch den Minderheitsgesellschafter zu entgehen. Den dissentierenden Gesellschaftern kann nicht abverlangt werden, zunächst ein Eintreten des Wettbewerbers hinzunehmen und erst anschließend auf Unterlassung zu klagen.[512]

---

507 Tendenziell *Bosse*, NWB 2016, 2520, 2523, der einen Auflösungsbeschluss durch Mehrheitsgesellschafter als treuwidrig bewertet, wenn dieser allein dazu dient, sich das Unternehmen möglich günstig anzueignen; ähnlich *Reichert*, Liber Amicorum für Wilhelm Happ, 2006, S. 241, 252, 256.
508 *Bayer*, in: Lutter/Hommelhoff, GmbHG, § 15, Rn. 82; *Löbbe*, in: H/C/L, GmbHG, § 15, Rn. 256; *Reichert/Winter*, FS 100 Jahre GmbH-Gesetz, 1992, S. 209, 234 ff.; *Reichert*, GmbHR 2012, 713, 720.
509 *Reichert/Winter*, FS 100 Jahre GmbH-Gesetz, 1992, S. 209, 235, m.w.N.; eingehend: *Verse*, in: Henssler/Strohn, GesR, § 13 Anh. GmbHG, Rn. 32 ff.
510 BGH Urt. v. 16.2.1981 – II ZR 168/79, NJW 1981, 1512, 1514; *Löbbe*, in: H/C/L, GmbHG, § 15, Rn. 256; *Reichert/Winter*, FS 100 Jahre GmbH-Gesetz, 1992, S. 209, 234.
511 BGH Urt. v. 16.2.1981 – II ZR 168/79, NJW 1981, 1512, 1514; *Löbbe*, in: H/C/L, GmbHG, § 15, Rn. 256; *Reichert*, GmbHR 2012, 713, 720; *Reichert/Winter*, FS 100 Jahre GmbH-Gesetz, 1992, S. 209, 236.
512 *Reichert/Winter*, FS 100 Jahre GmbH-Gesetz, 1992, S. 209, 234.

7. Veräußerung der Mehrheitsposition an ein Unternehmen

Die Minderheitsgesellschafter haben keinen Anspruch darauf, dass eine Pauschalzustimmung nur unter der Bedingung erteilt wird, dass die Gesellschaft durch den Erwerb nicht zu einem abhängigen Unternehmen wird. Droht durch die Pauschalzustimmung die Abhängigkeit der Gesellschaft vom Erwerber, liegt in der Zustimmung nach § 15 Abs. 5 GmbHG kein Verstoß gegen die gesellschafterliche Treuepflicht.[513] Einen solch weitgehenden Schutz bezweckt die Vinkulierung in der GmbH nicht, sofern der Konzerneingangsschutz nicht ausdrücklich in der Satzung statuiert ist. Andernfalls würde das Desinvestitionsinteresse des veräußerungswilligen Gesellschafters zu sehr beeinträchtigt.[514] Lediglich dann, wenn im Zeitpunkt der Erteilung einer Pauschalzustimmung konkrete Anzeichen bestehen, dass durch die unternehmerische Abhängigkeit ein Schaden der Gesellschaft ernstlich droht, kommt eine Ermessensreduzierung auf null und die Pflicht zur Verweigerung der Zustimmung in Betracht.

8. Zeitliche Reichweite einer Pauschalzustimmung

Anders als in der Aktiengesellschaft entscheiden in der GmbH regelmäßig die Gesellschafter über die Erteilung/Verweigerung der Zustimmung zur Übertragung der Geschäftsanteile gemäß § 15 Abs. 5 GmbHG. Die Anfechtung einer zeitlich unbegrenzten Pauschalzustimmung des Geschäftsführers wegen eines Verstoßes gegen seine Sorgfaltspflicht zum Handeln auf angemessener Informationsgrundlage[515] kommt daher nur in Betracht, wenn der Geschäftsführer auch im Innenverhältnis für die Erteilung der Zustimmung gemäß § 15 Abs. 5 GmbHG zuständig ist. Letzteres ist nur bei erweiterter Geschäftsführungsbefugnis bzw. in einer Publikums-GmbH der Fall.[516] Sind die Gesellschafter im Innenverhältnis für die

---

513 KG Urt. v. 2.1.2001 – 14 U 2955/99, NZG 2001, 508, 509; *Asmus*, Die vinkulierte Mitgliedschaft, S. 45; *Löbbe*, in: H/C/L, GmbHG, § 15, Rn. 256; *Reichert/Winter*, 100 Jahre GmbH-Gesetz, 1992, S. 209, 224, 238 ff.; *Verse*, in: Hensßler/Strohn, GesR, § 13 Anh. GmbHG, Rn. 39; a.A.: *Bayer*, in: Lutter/Hommelhoff, GmbHG, § 15, Rn. 69; *Happ*, Die GmbH im Prozess, § 15, Rn. 31; *Liebscher*, Konzernbildungskontrolle, S. 229 ff.
514 *Reichert/Winter*, 100 Jahre GmbH-Gesetz, 1992, S. 209, 233.
515 Zur Sorgfaltspflichtverletzung des Vorstands bei Erteilung einer zeitlich unbeschränkten Pauschalzustimmung siehe oben, § 5 B II 1.
516 Siehe oben, § 6 B III.

Erteilung der Zustimmung zuständig, kann eine Pauschalzustimmung grundsätzlich zeitlich unbeschränkt erteilt werden, es sei denn die zeitliche Unbeschränktheit der Pauschalzustimmung begründet für sich einen Verstoß gegen Treuepflicht.

II. Der Gleichbehandlungsgrundsatz gemäß § 53 a AktG analog

Der Gleichbehandlungsgrundsatz gemäß § 53 a AktG analog führt auch in der GmbH dazu, dass eine Pflicht zur Erteilung der Zustimmung besteht, wenn diese in gleich gelagerten Fällen erteilt wurde.[517] Der Gleichbehandlungsgrundsatz hat dabei sowohl eine personelle als auch eine sachliche Komponente.[518] Ist die Erteilung der Pauschalzustimmung einem in der Satzung geregelten Sachverhalt vergleichbar, muss sich die Entscheidung hieran orientieren.[519]

D. Ergebnis

In der Mehrheit der Fälle ist die Erteilung einer Pauschalzustimmung zur Übertragung vinkulierter GmbH-Anteile durch den Geschäftsführer ohne einen Beschluss der Gesellschafterversammlung pflichtwidrig. Dies ist der Fall, wenn die Satzung die Zustimmung der Gesellschaft oder der Gesellschafter vorsieht. Dasselbe gilt, wenn der Geschäftsführer laut Satzung zur Zustimmungserklärung befugt ist, da es sich bei der Erteilung einer Pauschalzustimmung um eine außergewöhnliche Maßnahme der Geschäftsführung handelt. Daher entscheiden auch hier stets die Gesellschafter im Innenverhältnis. Etwas Anderes gilt nur in der Publikums-GmbH, da die Person des Erwerbers hier keine entscheidende Rolle spielt und eine rasche Anteilsübertragung dem Unternehmenszweck entspricht. Grenzen bei der Beschlussfassung ergeben sich insbesondere aus der Treuepflicht und dem Gleichbehandlungsgebot. Eine Pflicht zu einem bestimmten Ab-

---

517 *Ebbing*, in: Michalski u.a., GmbHG, § 15, Rn. 155; *Loritz*, NZG 2007, 361, 366; *Seibt*, in: Scholz, GmbHG, § 15, Rn. 127, m.w.N.; es handelt sich hierbei um eine „aktive Gleichbehandlung", *Verse*, in: Henssler/Strohn, GesR, § 15 GmbHG, Rn. 96.
518 OLG Hamm, Urt. v. 6.4.2000 – 27 U 78/99, NJW-RR 2001, 109, 111.
519 Allgemein, OLG Hamm, Urt. v. 6.4.2000 – 27 U 78/99, NJW-RR 2001, 109, 111.

stimmungsverhalten besteht dabei jedoch nur im Falle einer vollständigen Ermessensreduzierung.

§ 7 Zulässigkeit einer Pauschalzustimmung in den Personengesellschaften

In den Personengesellschaften ist die Zulässigkeit einer Pauschalzustimmung zur Anteilsübertragung vor allem vom Grad der persönlichen Verbundenheit der Gesellschafter untereinander abhängig.

A. Zustimmung durch die Gesellschafter

Schweigt der Gesellschaftsvertrag, müssen sämtliche Gesellschafter der Anteilsübertragung zustimmen.[520] Ergibt die Auslegung des Gesellschaftsvertrags, dass die Pauschalzustimmung von einer Mehrheitsklausel umfasst ist, unterliegt die Mehrheitsherrschaft gewissen Grenzen[521]. Die Beschlussfassung durch die Mehrheit muss verhältnismäßig sein und das Gleichbehandlungsgebot sowie die Treuepflicht angemessen berücksichtigen.[522] Das Bestandsinteresse am Gesellschafterkreis ist dabei umso höher zu gewichten, je stärker die Gesellschaft personalistische Züge aufweist.[523] In der traditionellen Personengesellschaft steht das „Wir-Gefühl"[524] im Vordergrund. Persönliche Qualifikationen und Fähigkeiten bilden das Grundgerüst der Gesellschaft, das ein neuer Gesellschafter zum Einsturz bringen kann.[525] Bei Bestehen einer typischen Arbeits- und Haftungsge-

---

520 *Lieder*, ZfPW 2016, 205, 213, m.w.N.; *Schäfer*, in: Das Recht der OHG, § 105, Rn. 296.
521 *Haas*, in: R/GvW/H, HGB, § 119, Rn. 16; *Mock*, BB 2018, 2644; *Schäfer*, ZGR 2013, 237 ff., der zwischen Eingriffen in den Kernbereich der Mitgliedschaft und einer Verletzung der Treuepflicht differenziert, im Ergebnis jedoch feststellt, dass bei beiden Alternativen der Eingriff einer sachlichen Rechtfertigung bedarf.
522 *Haas*, in: R/GvW/H, HGB, § 119, Rn. 16; *Mock*, BB 2018, 2644; *Schäfer*, ZGR 2013, 237, 264 ff.
523 *Lieder*, ZfPW 2016, 205, 217.
524 *Wiedemann*, JZ 1976, 392, 393; *Winter*, Mitgliedschaftliche Treuebindungen im GmbH-Recht, S. 16.
525 Ähnlich *Asmus*, Die vinkulierte Mitgliedschaft, S. 47.

meinschaft[526] spielt die Kenntnis vom Erwerber somit eine wichtige Rolle. Die Erteilung einer Pauschalzustimmung kann daher treuepflichtwidrig sein, wenn der Erwerber für die Gesellschaft bzw. für einen Gesellschafter unzumutbar ist[527] und/oder eine persönliche Vertrauensstellung der Gesellschafter Grund für den Zusammenschluss zum Verband war[528]. Um die Unwirksamkeit des Beschlusses zu vermeiden, ist zu empfehlen, dass die Gesellschafter die Pauschalzustimmung zur Anteilsübertragung inhaltlich auf einen geeigneten Erwerberkreis beschränken.

B. Zustimmung durch die Gesellschaft

Fällt die Zustimmungserteilung in den Zuständigkeitsbereich der Gesellschaft, sind im Innenverhältnis im Zweifel die Gesellschafter in ihrer Gesamtheit oder nach der im Gesellschaftsvertrag vorgesehenen Mehrheit zuständig. Dies gilt ungeachtet dessen, dass durch das organschaftliche Modell der Beschluss der Gesellschaft zugerechnet wird. Die Einführung des organschaftlichen Modells tangiert die Rechtsposition des einzelnen Gesellschafters nicht.[529]

C. Zustimmung durch die Geschäftsführer

Ferner besteht die Möglichkeit, dass der Gesellschaftsvertrag einer Personengesellschaft die Zustimmung durch die Geschäftsführer vorsieht. Die Delegierung der Zustimmung auf einen ausgewählten Personenkreis ist nach ganz herrschender Meinung zulässig.[530]

---

526 Die Arbeits- und Haftungsgemeinschaft entspricht dem Leitbild der Personengesellschaft: *Priester*, DStR 2007, 28, 29; exemplarisch auch für die OHG: BGH Urt. v. 6.12.1962 – KZR 4/62, GRUR 1963, 382, 384.
527 Zur Unzumutbarkeit des Erwerbers: BGH Urt. v. 14.12.1981 – II ZR 200/80, BeckRS 1981, 31068086 (für die GmbH & Co. KG).
528 In diese Richtung *Lieder*, ZfPW 2016, 205, 217, der dem Bestandsinteresse der Mehrheit umso mehr Bedeutung beimisst, je stärker die Gesellschafter persönlich miteinander verbunden sind.
529 *Schürnbrand*, Organschaftliche Beschlusszurechnung, S. 84, der davon ausgeht, dass die Rechtsstellung eines jeden Gesellschafters durch die Einführung des organschaftlichen Modells unberührt bleibt; siehe oben, § 4 C IV.
530 BGH Urt. v. 14. 10.1957 – II ZR 109/56, WM 1958, 49 f.; OLG München Beschl. v. 28.7.2008 – 7 U 3004/08, NZG 2009, 25, 26; *Lieder*, in: Oetker, HGB, § 105, Rn. 92; *Neumann*, ZIP 2016, 1753, 1754.

I. Die Pauschalzustimmung als außergewöhnliche Geschäftsführungsmaßnahme in der OHG und der KG

Ist nach dem Gesellschaftsvertrag der Geschäftsführer für die Zustimmungserteilung zuständig, könnte es sich jedenfalls bei der Pauschalzustimmung zur Anteilsübertragung um eine außergewöhnliche Geschäftsführungsmaßnahme gemäß § 116 Abs. 2 HGB handeln. Eine außergewöhnliche Maßnahme ist mit der ständigen Rechtsprechung immer dann anzunehmen, wenn das Geschäft nach seinem Inhalt und Zweck oder durch seine Bedeutung und die mit ihm verbundene Gefahr für die Gesellschafter über den Rahmen des gewöhnlichen Geschäftsbetriebs der Gesellschaft hinausgeht.[531] Berührt das Geschäft die gesellschaftsrechtliche Ebene, kann dies ein Indiz für eine außergewöhnliche Maßnahme sein.[532]

Da die Pauschalzustimmung die Charakteristika eines Grundlagengeschäfts erfüllt[533], liegt die Qualifikation als außergewöhnliche Geschäftsführungsmaßnahme nahe. Eine Gefahr für die Belange sämtlicher verbleibender Gesellschafter besteht insbesondere deshalb, weil durch die Anteilsveräußerung eine fremde Person Geschäftsführer werden kann, die für diese Position gänzlich ungeeignet ist.[534] Bei Abtretung des Gesellschaftsanteils erhält der Erwerber grundsätzlich dieselben Rechte wie der Veräußerer.[535] Eine Ausnahme gilt nur für höchstpersönliche Rechte des Veräußerers.[536] Damit geht bei der Anteilsübertragung auch die Geschäftsführungsbefugnis mit über, es sei denn, der Veräußerer hatte diese Position nur aufgrund besonderer persönlicher Qualifikationen inne.[537] Umgekehrt wird der Erwerber sogar dann Geschäftsführer, wenn der Veräußerer diese Position aufgrund persönlicher Umstände nicht hatte, Geschäftsführungs-

---

531 BGH Urt. v. 13.01.1954 – II ZR 6/53, DB 1954, 153; BGH Urt. v. 11.02.1980 – II ZR 41/79, NJW 1980, 1463, 1464; *Drescher*, in: E/B/J/S, HGB, § 116, Rn. 4; *Jickeli*, in: Münchener Kommentar z. HGB, § 116, Rn. 7.
532 *Jickeli*, in: Münchener Kommentar z. HGB, § 116, Rn. 34.
533 Siehe oben, § 4 A.
534 *Asmus*, Die Vinkulierte Mitgliedschaft, S. 47.
535 *Schäfer*, in: Münchener Kommentar z. BGB, § 719, Rn. 40; *Schäfer*, in: Das Recht der OHG, § 105, Rn. 304; *K. Schmidt*, in: Münchener Kommentar z. HGB, § 105, Rn. 222; *Wertenbruch*, in: E/B/J/S, § 105, Rn. 283; ausf. *Wiedemann*, Die Übertragung und Vererbung von Mitgliedschaftsrechten bei Handelsgesellschaften, S. 72 ff.
536 *Schäfer*, in: Münchener Kommentar z. BGB, § 719, Rn. 41; *Schäfer*, in: Das Recht der OHG, § 105, Rn. 306.
537 Eingehend *Schäfer*, in: Das Recht der OHG, § 105, Rn. 306, § 114, Rn. 24.

und Vertretungsmacht ansonsten jedoch die Regel sind.[538] Geschäftsführungs- und Vertretungsmacht sind in diesem Fall nicht Ausdruck eines besonderen persönlichen Vertrauens, sondern Konsequenz der gesellschaftsrechtlichen Stellung.[539] Schließt der Erwerber als Geschäftsführer ungünstige Geschäfte ab, müssen sämtliche Gesellschafter für die in diesem Zusammenhang eingegangenen Gesellschaftsverbindlichkeiten gemäß § 128 HGB akzessorisch haften.[540] Es bleiben zwar Schadensersatzansprüche gegen den Geschäftsführer, falls dieser seine Pflichten als Geschäftsführer schuldhaft verletzt hat, jedoch ist deren Verfolgung mit einem erheblichen Mehraufwand für die Gesellschafter verbunden. Wegen der nicht zu unterschätzenden Gefahr negativer Auswirkungen auf die Gesellschaft, stellt die Erteilung einer Pauschalzustimmung somit eine Maßnahme dar, welche der Geschäftsführer nur vornehmen darf, wenn er gemäß § 116 Abs. 2 HGB vorab einen Gesellschafterbeschluss eingeholt hat.

II. Erfordernis eines Gesellschafterbeschlusses gemäß § 116 Abs. 2 HGB

Für die Beschlussfassung gemäß § 116 Abs. 2 HGB kann es genügen, wenn im Zeitpunkt der Zustimmung der wesentliche Inhalt der Maßnahme feststeht. Dies hat der BGH für die Publikums-KG entschieden.[541] Nach dem Gericht ist für die Frage, ob eine abstrakte Zustimmung genügt, stets eine Einzelfallbetrachtung unter Berücksichtigung des Gesellschaftsvertrags erforderlich.[542] Es ist daher regelmäßig ausreichend, wenn die Gesellschafter die grundlegenden Bestandteile des Geschäfts selbst festlegen, sofern sich nicht aus dem Gesellschaftsvertrag ergibt, dass der Beschlussgegenstand im Zeitpunkt der Beschlussfassung bereits hinreichend konkretisiert sein muss. Der Gesellschafterbeschluss gemäß § 116 Abs. 2 HGB ist vor allem deshalb von Bedeutung, da ein Weisungsrecht der Gesellschaf-

---

538 *Fischer*, BB 1956, 839, 840; *Schäfer*, in: Das Recht der OHG, § 105, Rn. 306; *Wiedemann*, Die Übertragung und Vererbung von Mitgliedschaftsrechten bei Handelsgesellschaften, S. 74.
539 *Fischer*, BB 1956, 839, 840; *Haas*, in: R/GvW/H, § 114, Rn. 16; *Schäfer*, in: Das Recht der OHG, § 105, Rn. 306; *Wertenbruch*, in: Westermann/Wertenbruch, Hdb Personengesellschaften I, § 29, Rz. I, Rn. 645.
540 Gemäß § 128 Satz 1 HGB haften die Gesellschafter für die Verbindlichkeiten der Gesellschaft den Gläubigern als Gesamtschuldner persönlich.
541 BGH Beschl. v. 24.7.2012 – II ZR 185/10, BeckRS 2012, 22805; *Haas*, in: R/GvW/H, § 116, Rn. 3.
542 BGH Beschl. v. 24.7.2012 – II ZR 185/10, BeckRS 2012, 22805.

ter gegenüber den Geschäftsführern einer Personengesellschaft ansonsten nur bei besonderen Regelungen im Gesellschaftsvertrag existiert.[543] Im Rahmen der Beschlussfassung gemäß § 116 Abs. 2 HGB über die Erteilung einer Pauschalzustimmung zur Anteilsabtretung können die Gesellschafter den Geschäftsführer daher anweisen, dass der künftige Erwerber nur die Stellung als Gesellschafter erhalten darf. Dies kann zum einen dadurch bewerkstelligt werden, dass der veräußerungswillige Geschäftsführer sein Amt vor der Abtretung niederlegt. Eine weitere Möglichkeit besteht darin, im Abtretungsvertrag zu vereinbaren, in welchem Umfang Rechte und Pflichten auf den Erwerber übergehen sollen.[544] Ebenso können die Gesellschafter den Geschäftsführer anweisen, bestimmte Erwerber von vornherein in der Zustimmung vom Erwerberkreis auszunehmen. Für den Geschäftsführer besteht eine Pflicht zur Durchführung des Geschäfts, wobei er aufgrund der Weisungswirkung des Beschlusses zugleich von der Verantwortlichkeit befreit ist.[545] Mithin stellt der Beschluss nach § 116 Abs. 2 HGB selbst einen Akt der Geschäftsführung dar, weshalb er, wie der Beschluss gemäß § 116 Abs. 1 HGB, pflichtgemäß sein muss.[546]

1. Förderung des Gesellschaftszwecks

Bei der Beschlussfassung gemäß § 116 Abs. 2 HGB ist darauf zu achten, dass Erwerbschancen zugunsten der Gesellschaft genutzt werden müssen. Dieser Grundsatz gilt nicht nur für die Geschäftsführer[547], sondern für sämtliche Gesellschafter[548]. Daher müssen die Gesellschafter bei der Abstimmung nach fehlerfreiem Ermessen und uneigennützig handeln.[549] Ihre Stimme muss der Förderung des Gesellschaftszwecks dienen.[550] Der

---

543 BGH Urt. v. 11.2.1980 – II ZR 41/79, NJW 1980, 1463, 1464; *Haas*, in: R/GvW/H, § 114, Rn. 15.
544 BGH Urt. v. 25.4.1966 – II ZR 120/64, NJW 1966, 1307, 1308.
545 *Haas*, in: R/GvW/H, § 116, Rn. 4; *Jickeli*, in: Münchener Kommentar z. HGB, § 116, Rn. 43.
546 *Haas*, in: R/GvW/H, § 116, Rn. 3a; *Lieder*, in: Oetker, HGB, § 116, Rn. 13.
547 BGH Urt. v. 23.9.1985 – II ZR 257/85, NJW 1986, 584, 585; *Spitze*, Geschäftsführung in der Personengesellschaft, S. 72.
548 OLG München, Urt. v. 17.04.2012 – 5 U 2168/11, NZG 2012, 663, 665 f.; *Drescher*, in: E/B/J/S, HGB, § 116, Rn. 11, m.w.N.
549 *Jickeli*, in: Münchener Kommentar z. HGB, § 116, Rn. 41.
550 *Drescher*, in: E/B/J/S, HGB, § 116, Rn. 12; *Jickeli*, in: Münchener Kommentar z. HGB, § 116, Rn. 37.

Gesellschaftszweck wird durch sämtliche Gesellschafter festgelegt[551] und findet maßgeblich im Gesellschaftsvertrag Ausdruck.[552] Das Verbandsinteresse entspricht damit zwar nicht zwingend den individuellen Interessen einzelner Gesellschafter bei der Abstimmung, aber jedenfalls dem der Gesellschaftergesamtheit.[553] Darüber hinaus müssen die Gesellschafter bei der organschaftlich strukturierten Personengesellschaft auch die Belange der Arbeitnehmer und Dritter[554] beachten. In diesem Fall ist das Verbandsinteresse wie in den Kapitalgesellschaften in hohem Maße verselbstständigt.[555]

2. Pflicht zur Erteilung/Verweigerung der Zustimmung

Im Rahmen der gerichtlichen Überprüfung der Entscheidung findet lediglich eine Missbrauchskontrolle statt.[556] Insbesondere aus der Treuepflicht kann sich im Einzelfall eine Pflicht zur Erteilung der Zustimmung zur Anteilsabtretung gegenüber dem veräußerungswilligen Mitgesellschafter ergeben.[557] Eine Ermessensreduzierung auf null, d.h. eine Pflicht zur Zustimmung, kommt insbesondere bei befristeten Gesellschaften in Betracht, da ein Recht zur ordentlichen Kündigung hier nicht besteht.[558] Müsste der Gesellschafter bis zum Ablauf der Frist in der Gesellschaft verweilen, obwohl er ohne einen zügigen Verkauf des Anteils verschuldet oder gar

---

551 *K. Schmidt*, GesR, S. 65.
552 OLG München Urt. v. 17.04.2012 – 5 U 2168/11, NZG 2012, 663, 665; *Flume*, Allgemeiner Teil des Bürgerlichen Rechts I/1, S. 37 ff.; *Spitze*, Geschäftsführung in der Personengesellschaft, S. 73 ff., 79.
553 *K. Schmidt*, GesR, S. 65; *Spitze*, Geschäftsführung in der Personengesellschaft, S. 86; *Zöllner*, Die Schranken mitgliedschaftlicher Stimmrechtsmacht, S. 29.
554 A.A.: *Spitze*, Geschäftsführung in der Personengesellschaft, S. 86, 88 f., der eine Pflicht zur Berücksichtigung von Allgemeininteressen bei Personengesellschaften nur dann annimmt, wenn sie Teil des Gesellschaftszwecks sind.
555 Zum Verbandsinteresse in den Personenhandelsgesellschaften: *O. v. Gierke*, Die Genossenschaftstheorie, 1887, S. 631 ff.; *K. Schmidt*, GesR, S. 60 f., der für die Frage eines übergeordneten Unternehmensinteresses zwischen Verband und bloßem Schuldverhältnis differenziert; *Wiedemann*, Gesellschaftsrecht I, S. 8; a.A.: *Reuter*, FS K. Schmidt, 2009, S. 1357, 1363 f., der bei Personengesellschaften einen überpersonalen Verband verneint.
556 OLG München Urt. v. 22.10.2003 – 7 U 2721/03, NZG 2004, 125, 126; *Drescher*, in: E/B/J/S, HGB, § 116, Rn. 12.
557 OLG München Urt. v. 22.10.2003 – 7 U 2721/03, NZG 2004, 125, 126; *Drescher*, in: E/B/J/S, HGB, § 116, Rn. 12.
558 Siehe unten, § 10 B.

auf Sozialhilfe angewiesen wäre, ist in Anlehnung an die Rechtsprechung zum Aktienrecht eine Pflicht zur Zustimmung zur Anteilsveräußerung zu bejahen.[559] Umgekehrt ist die Zustimmung zu verweigern, wenn der Erwerber für die Gesellschaft und die Gesellschafter unzumutbar ist.[560] Dies ist im Regelfall dann anzunehmen, wenn in der Person des neuen Gesellschafters Gründe gegeben sind, die seine Ausschließung rechtfertigen würden.[561]

3. Rechtsfolgen einer fehlerhaften Pauschalzustimmung

Holt der Geschäftsführer den Beschluss gemäß § 116 Abs. 2 HGB nicht ein, liegt darin eine Pflichtverletzung des Gesellschaftsvertrags gemäß § 280 Abs. 1 BGB, wenn ihm der Kompetenzverstoß vorgeworfen werden kann.[562] Auf ein Verschulden bei Durchführung der außergewöhnlichen Geschäftsführungsmaßnahme kommt es für eine etwaige Ersatzpflicht nicht an, da der Gesellschaftergeschäftsführer in diesem Fall bereits wegen Übernahmeverschuldens haftet.[563] Die im Außenverhältnis getroffene Maßnahme ist gleichwohl wirksam.[564]

4. Disponibilität des § 116 Abs. 2 HGB

§ 116 Abs. 2 HGB ist disponibel.[565] Jedoch müssen für den Willen zur Disposition im Hinblick auf die Erteilung einer Pauschalzustimmung wei-

---

559 Zur Zustimmungspflicht der Aktiengesellschaft gegenüber einem Aktionär, der andernfalls auf Sozialhilfe angewiesen ist: BGH Urt. v. 1.12.1986 – II ZR 287/85, NJW 1987, 1019 ff.
560 BGH Urt. v. 14.12.1981 – II ZR 200/80, BeckRS 1981, 31068086 (für die GmbH & Co. KG).
561 BGH Urt. v. 14.12.1981 – II ZR 200/80, BeckRS 1981, 31068086 (für die GmbH & Co. KG); *Wertenbruch*, in: Westermann/Wertenbruch, Hdb Personengesellschaften I, § 29, Rz. I, Rn. 641.
562 BGH Urt. v. 2.6.2008 – II ZR 67/07, NZG 2008, 622; *Schäfer*, in: Das Recht der OHG, § 114, Rn. 58 f.
563 BGH Urt. v. 4.11.1996 – II ZR 48/95, NJW 1997, 314; *Haas*, in: R/GvW/H, § 116, Rn. 5; *Mock*, GesR, Rn. 345.
564 *Drescher*, in: E/B/J/S, HGB, § 116, Rn. 17; *Haas*, in: R/GvW/H, § 116, Rn. 5.
565 BGH Beschl. v. 7.6.2010 – II ZR 210/09, NZG 2010, 1381, 1382; BGH Beschl. v. 24.7.2012 – II ZR 185/10, BeckRS 2012, 22805; *Jickeli*, in: Münchener Kommentar z. HGB, § 116, Rn. 60; *Roth*, in: Baumbach/Hopt, HGB, § 116, Rn. 11.

tere Umstände – etwa die ausdrückliche Ermächtigung zur Erteilung einer Globaleinwilligung und nicht nur eine generelle Zustimmungsermächtigung – hinzutreten. Ob eine allgemeine Mehrheitsklausel, die unter dem Vorbehalt abweichender gesetzlicher Bestimmungen steht, typischerweise dahin auszulegen ist, dass die Mehrheitsklausel dispositiven gesetzlichen Regelungen und damit § 116 Abs. 2 HGB vorgeht, ist jedenfalls für die Rechtsform der OHG, der KG und der GbR fraglich.[566] Der BGH hat dies ausdrücklich nur für die Publikums-KG bejaht.[567] Hierbei gilt es zu berücksichtigen, dass die Rechtsform der Publikums-KG den Zweck verfolgt, eine Vielzahl von Gesellschaftern aufzunehmen[568], weshalb hier per se eine Notwendigkeit für Mehrheitsbeschlüsse besteht.[569] Bei der OHG und der KG, die gerade für einen kleinen Gesellschafterkreis konzipiert sind, ist der subjektive Wille der Gesellschafter maßgebend, ob eine allgemeine Mehrheitsklausel auch § 116 Abs. 2 HGB vorgehen soll.[570] Um Beschwerlichkeiten bei der subjektiven Auslegung vorzubeugen, empfiehlt sich, bei der Gestaltung des Gesellschaftsvertrags eine ausdrückliche Regelung aufzunehmen, wonach der Mehrheitsbeschluss auch außergewöhnliche Maßnahmen der Geschäftsführung erfassen soll.

III. Situation in der Publikums-KG

In der Publikumspersonengesellschaft, die überwiegend in der Rechtsform einer GmbH & Co. KG erscheint[571], stellt die Erteilung einer Pauschalzustimmung keine außergewöhnliche Maßnahme der Geschäftsführung im Sinne des § 116 Abs. 2 HGB dar. Wie oben festgestellt wurde, ist das organschaftliche Beschlussmodell der Regelfall in der Publikumspersonengesellschaft.[572] Dabei bestätigt bereits die geläufige Bezeichnung der Pu-

---

566 Zweifelnd *Mock*, BB 2018, 2644; a.A.: *Girsewald/Scharf*, DB 2018, 2981, 2982, die der Meinung sind, dass die Entscheidung des BGH vom 11.9.2018 – II ZR 307/16 zumindest für sämtliche Kommanditgesellschaften Bedeutung hat.
567 BGH Urt. v. 11.9.2018 – II ZR 307/16, NZG 2018, 1226, 1227.
568 *Mock*, in: R/GvW/H, § 161, Rn. 18.
569 BGH Urt. v. 11.9.2018 – II ZR 307/16, NZG 2018, 1226, 1227; ebenso *Mock*, BB 2018, 2644.
570 Ebenso *Mock*, BB 2018, 2644.
571 *Horbach*, in: Münchener Hdb des GesR, Bd. 2, § 61, Rn. 1; *Oertel*, Fungibilität von Anteilen an Publikumskommanditgesellschaften, S. 15.
572 Siehe oben, § 4 C VI.

§ 7 Zulässigkeit einer Pauschalzustimmung in den Personengesellschaften

blikumspersonengesellschaft als „Massengesellschaft"[573], dass die genaue Person des Gesellschafters hier nur eine untergeordnete Rolle spielt[574]. Zudem hat die Möglichkeit einer flexiblen Anteilsübertragung in den vergangenen Jahren stetig an Bedeutung gewonnen.[575] Regelmäßig kommt es bei Publikumspersonengesellschaften zu einer langen Befristung der Gesellschaft von zehn Jahren und mehr.[576] Dies war ein maßgeblicher Grund für die Schaffung von Handelsplattformen zur schnellen Veräußerung von Anteilen.[577] Wegen des fehlenden Rechts zur ordentlichen Kündigung ist die Anteilsübertragung in der befristeten Publikumspersonengesellschaft für den Gesellschafter das bedeutendste Lösungsrecht. Der Geschäftsführer der KG (in der Regel der Komplementär) hat dies bei seiner Entscheidung über die Erteilung der Zustimmung zu beachten. Nach dem OLG München hat der Geschäftsführer eine Gesamtbetrachtung anzustellen, die vorrangig berücksichtigt, ob die Versagung der Zustimmung im konkreten Fall berechtigte Interessen des betroffenen Anlegers wesentlich beeinträchtigt.[578] Da ein gesteigertes Interesse der Gesellschaft an der Person des Erwerbers bei dieser Rechtsform nicht besteht, ist die Erteilung einer unbeschränkten Pauschalzustimmung hier regelmäßig zulässig. Damit steht die Publikumspersonengesellschaft im Hinblick auf den Eintritt und das Ausscheiden ihrer Mitglieder in ihrer Organisationsverfassung der Aktiengesellschaft nahe.[579]

IV. Analoge Anwendbarkeit von § 116 Abs. 2 HGB auf die GbR

§ 714 BGB enthält eine Auslegungsregel, wonach die Vertretungsmacht der Geschäftsführer einer GbR im Zweifel an die Geschäftsführungsbefugnis gekoppelt ist.[580] Maßgebend für die Bestimmung der Reichweite der

---

573 BGH Urt. v. 24.11.1975 – II ZR 89/74, NJW 1976, 958, 959; *Horbach*, in: Münchener Hdb des GesR, Bd. 2, § 61, Rn. 1; *Schäfer*, in: Münchener Kommentar z. BGB, Vor § 705, Rn. 4.
574 Ebenso *Mock*, in: R/GvW/H, § 161, Rn. 18.
575 *Oertel*, Fungibilität von Anteilen an Publikumskommanditgesellschaften, S. 17.
576 *Oertel*, Fungibilität von Anteilen an Publikumskommanditgesellschaften, S. 42.
577 *Oertel*, Fungibilität von Anteilen an Publikumskommanditgesellschaften, S. 17.
578 OLG München Beschl. v. 22.10.2008 – 7 U 3004–08, 7 U 3004/08, BeckRS 2008, 22938.
579 Ebenso *Mock*, in: R/GvW/H, § 161, Rn. 18; *Mock*, BB 2018, 2644.
580 *Hadding/Kießling*, in: Soergel, BGB, § 714, Rn. 6; *Schäfer*, in: Münchener Kommentar z. BGB, § 714, Rn. 18.

Zweiter Teil: Zulässigkeitsvoraussetzungen einer Pauschalzustimmung

Vertretungsmacht ist die Ausgestaltung der Geschäftsführungsbefugnis im Gesellschaftsvertrag.[581] Ist nach dem Gesellschaftsvertrag der Geschäftsführer für die Zustimmungserteilung zuständig, stellt sich die Frage, ob § 116 Abs. 2 HGB für die GbR analog gilt.[582] Eine entsprechende Vorschrift für außergewöhnliche Geschäftsführungsmaßnahmen findet sich im Recht der GbR nicht.[583] Dies ist dem Umstand geschuldet, dass das Gesetz in § 709 Abs. 1 HS 2. BGB das Einstimmigkeitsprinzip für die Geschäftsführung als Regelfall vorsieht.[584] Eine analoge Anwendbarkeit des § 116 Abs. 2 HGB auf die GbR muss aber dann bejaht werden, wenn der Gesellschaftsvertrag die Zuständigkeit des Geschäftsführers für die Zustimmung zur Anteilsabtretung vorsieht und Einzelgeschäftsführungsbefugnis besteht. In dieser Konstellation besteht eine planwidrige Regelungslücke des Gesetzgebers.[585] Könnte der Geschäftsführer einer GbR auch außergewöhnliche Maßnahmen ohne Zustimmung der Mitgesellschafter vornehmen, würden Handelsgesellschaften bei Geschäftsführungsmaßnahmen einem höheren Schutz unterstellt als eine GbR. Zwar existiert nach § 711 BGB ein Widerspruchsrecht eines jeden Einzelgeschäftsführers einer GbR gegen die Vornahme eines Geschäfts durch einen anderen Geschäftsführer. Es besteht jedoch die Gefahr, dass die zum Widerspruch berechtigten Gesellschaftergeschäftsführer von der geplanten Maßnahme nicht rechtzeitig erfahren. Eine Rückgängigmachung des Geschäfts ist kaum zu bewerkstelligen, wenn die Anteilsübertragung aufgrund der erteilten Zustimmung bereits stattgefunden hat. Daher ist eine Analogie zu § 116 Abs. 2 HGB bei Einzelgeschäftsführung in einer GbR zu befürworten. Für die Beschlussfassung

---

581 *Schäfer*, in: Münchener Kommentar z. BGB, § 714, Rn. 24.
582 Für die analoge Anwendbarkeit: *Groth*, Die analoge Anwendung von OHG-Recht auf BGB-Gesellschaften, S. 94 f.; *Spitze*, Geschäftsführung in der Personengesellschaft, S. 213; *Wertenbruch*, in: Westermann/Wertenbruch, Hdb Personengesellschaften I, § 18, Rz. I, 354 b; a.A.: *Habermeier*, in: Staudinger, BGB, § 709, Rn. 3; *Hadding/Kießling*, in: Soergel, BGB, § 709, Rn. 14; *Schäfer*, in: Münchener Kommentar z. BGB, § 709, Rn. 24; *Westermann*, in: Erman, BGB, § 709, Rn. 5.
583 *Habermeier*, in: Staudinger, BGB, § 709, Rn. 3; *Schäfer*, in: Münchener Kommentar z. BGB, § 709, Rn. 24.
584 *Spitze*, Geschäftsführung in der Personengesellschaft, S. 182.
585 Ebenso für eine planwidrige Regelungslücke bei Anordnung von Einzelgeschäftsführung: *Groth*, Die analoge Anwendung von OHG-Recht auf BGB-Gesellschaften, S. 94 f.; *Spitze*, Geschäftsführung in der Personengesellschaft, S. 213.

gelten in diesem Fall die für die Personenhandelsgesellschaften geltenden Maßstäbe.[586]

D. Ergebnis

Ist nach dem Gesellschaftsvertrag die Gesellschaft für die Zustimmungserteilung zuständig, entscheidet bei der GbR, der OHG und der KG im Zweifel die Gesellschaftermehrheit im Innenverhältnis über das „ob" der Zustimmung. Etwas anderes gilt für die Publikums-KG, da hier regelmäßig der Geschäftsführer allein über die Zustimmung entscheidet. Daneben ist es möglich, die Zustimmungsbefugnis auf den einzelnen Geschäftsführer oder die Gesamtheit der Geschäftsführer zu delegieren. In diesem Fall erweist sich die Erteilung einer Pauschalzustimmung als eine außergewöhnliche Maßnahme der Geschäftsführung (§ 116 Abs. 2 HGB). Folglich muss bei statutarischer Zuständigkeit der Geschäftsführer ein Beschluss sämtlicher Gesellschafter vorliegen. § 116 Abs. 2 HGB ist dabei auf die GbR analog anwendbar, wenn nach dem Gesellschaftsvertrag Einzelgeschäftsführung besteht.

Hinsichtlich der Zulässigkeit einer Pauschalzustimmung gilt, dass eine Verletzung der Treuepflicht gegenüber den verbleibenden Gesellschaftern eher in Betracht kommt, wenn der Gesellschafterkreis kleiner und persönlicher ist. Um das Risiko der Unwirksamkeit des Beschlusses zu minimieren, sollte die Pauschalzustimmung stets auf einen geeigneten Erwerberkreis beschränkt werden.

---

586 Siehe oben, § 7 C II.

Dritter Teil: Die Pauschalverweigerung der Zustimmungserteilung

§ 8 Die Pauschalverweigerung in der AG

Die Aktie ist Ausdruck der Mitgliedschaft des Aktionärs bei der Gesellschaft.[587] Zur Mitgliedschaft zählt insbesondere das Recht zur freien Übertragbarkeit des Anteils.[588] Dieser Grundsatz ist nicht im Gesetz festgehalten, da es ihn schon vor Kodifizierung des Aktienrechts gab.[589] Die freie Übertragbarkeit des Anteils kann nach dem Aktiengesetz nur in den Grenzen des § 68 Abs. 2 AktG eingeschränkt werden.[590] In diesem Zusammenhang stellt sich die Frage, ob die Gesellschaft befugt ist, dem Inhaber vinkulierter Anteile die Übertragung seiner Anteile pauschal zu verweigern. Dies hätte zur Folge, dass eine Abtretung des Anteils an Dritte ausscheidet, da die Verweigerung der Zustimmung zur absoluten Unwirksamkeit des Rechtsgeschäfts führt.[591]

---

[587] BayObLG Beschl. v. 24.11.1988 – 3 Z 111/88, NJW-RR 1989, 687; *Maul*, in: Beck'sches Hdb d. AG, § 3, Rn. 1.

[588] BGH Urt. v. 20.09.2004 – II ZR 288/02, NZG 2004, 1109, 1110; BayObLG Beschl. v. 24.11.1988 – 3 Z 111/88, NJW-RR 1989, 687, 688; *Bayer*, in: Münchener Kommentar z. AktG, § 68, Rn. 34; *Cahn*, in: Spindler/Stilz, AktG, § 68, Rn. 28; *Koch*, in: Hüffer/Koch, AktG, § 68, Rn. 10; *Mayer/Albrecht vom Kolke*, in: Hölters/Weber, AktG, § 68, Rn. 9; *Lutter/Drygala*, in: Kölner Kommentar z. AktG, § 68, Rn. 57; *Merkt*, in: Großkommentar z. AktG, § 68, Rn. 192; *Reuter*, Privatrechtliche Schranken der Perpetuierung von Unternehmen, S. 434 ff.; *Sailer-Coceani*, in: Münchener Hdb des GesR, Bd. 4, § 14, Rn. 14.

[589] BayObLG Beschl. v. 24.11.1988 – 3 Z 111/88, NJW-RR 1989, 687, 688.

[590] BGH Urt. v. 20.09.2004 – II ZR 288/02, NZG 2004, 1109, 1110; BayObLG Beschl. v. 24.11.1988 – 3 Z 111/88, NJW-RR 1989, 687, 688.

[591] Ganz h.M.: BGH Urt. v. 28.04.1954 – II ZR 8/53, NJW 1954, 1155, 1156; *Bayer*, in: Münchener Kommentar z. AktG, § 68, Rn. 100; *Koch*, in: Hüffer/Koch, AktG, § 68, Rn. 16; *Lutter/Drygala*, in: Kölner Kommentar z. AktG, § 68, Rn. 94; *Merkt*, in: Großkommentar z. AktG, § 68, Rn. 504; *Schrötter*, DB 1977, 2265, 2266; *Wiedemann*, Die Übertragung und Vererbung von Mitgliedschaftsrechten bei Handelsgesellschaften, S. 66, 117 ff.; *Wirth*, DB 1992, 617. Abzulehnen ist die inzwischen nicht mehr vertretene Ansicht, die eine relative Unwirksamkeit bei Verweigerung der Zustimmung annahm, siehe *Ulmer*, FS Schmidt-Rimpler, 1957, S. 271, 275.

A. Untauglichkeit der Pauschalverweigerung in der börsennotierten AG

Bevor auf die Frage der generellen Wirksamkeit einer Pauschalverweigerung der Zustimmung zur Übertragung vinkulierter Anteile eingegangen wird, muss geklärt werden, ob zwischen börsennotierter und nichtbörsennotierter Aktiengesellschaft differenziert werden muss.

I. Drohendes Delisting der börsennotierten Gesellschaft gemäß § 39 Abs. 1 BörsG

Vinkulierte Anteile stehen einer Börsenzulassung zwar nicht generell entgegen.[592] Eine Pauschalverweigerung der Zustimmung zur Übertragung vinkulierter Anteile an einer Aktiengesellschaft könnte bei börsennotierten Anteilen aber zu einer Störung des freien Handels führen. Als Konsequenz droht gemäß § 39 Abs. 1 AktG das scharfe Schwert des Delistings. Danach kann die Zulassung von Wertpapieren zum Handel im regulierten Markt widerrufen werden, wenn ein ordnungsgemäßer Börsenhandel auf Dauer nicht mehr gewährleistet ist und die Geschäftsführung die Notierung im regulierten Markt eingestellt hat oder der Emittent seine Pflichten aus der Zulassung auch nach einer angemessenen Frist nicht erfüllt. Eine Ansicht im Schrifttum sieht die Verweigerung der Zustimmung bei börsennotierten Anteilen daher regelmäßig als missbräuchlich an.[593]

---

[592] *Degner*, WM 1990, 793, 794; *Heidelbach*, in: Schwark/Zimmer, Kapitalmarktrecht, § 5 BörsZulV, Rn. 3; *Lutter*, AG 1992, 369, 372; *Lutter/Drygala*, in: Kölner Kommentar z. AktG, § 68, Rn. 80; *Merkt*, in: Großkommentar z. AktG, § 68, Rn. 225 ff.; *Schönhofer*, "Vinkulierungsklauseln" betreffend Übertragungen unter Lebenden von Namensaktien und GmbH-Anteilen unter besonderer Berücksichtigung der Rechtslage in der Schweiz und in Frankreich, S. 129; *Wirth*, DB 1992, 617, 618.

[593] *Bezzenberger*, in: K. Schmidt/Lutter, AktG, § 68, Rn. 33; *Cahn*, in: Spindler/Stilz, AktG, § 68, Rn. 56; *Hahn*, Die feindliche Übernahme von Aktiengesellschaften, S. 211 f.; *Immenga*, AG 1992, 79, 83; *Kerber*, WM 1990, 789, 792; *Kümpel*, WM 1983, Sonderbeilage 8, S. 3, 9; *Otto*, DB 1988, Beilage 12, S. 1, 7, der die Zustimmungsverweigerung wegen des venire contra factum proprium für unzulässig hält; *Schanz*, Börseneinführung, § 3 Rn. 170; *Steinmeyer*, in: Steinmeyer, WpÜG, § 33, Rn. 80; a.A.: *Krause/Pötzsch/Stephan*, in: Assmann/Pötzsch/Uwe H. Schneider, WpÜG, § 33, Rn. 114, die eine Verweigerung der Zustimmung bei börsennotierten Anteilen nicht als rechtsmissbräuchlich anzusehen, da § 68 AktG nicht zwischen börsennotierten und nicht börsennotierten AGs differenziert; *Lutter*, AG 1992, 369, 372; *Lutter/Drygala*, in: Kölner Kommentar z. AktG, § 68, Rn. 80; *Merkt*, in: Großkommentar z. AktG, § 68, Rn. 421, mit Verweis auf RG

Es erscheint jedoch unverhältnismäßig, alleine wegen der Verweigerung der Zustimmung zur Übertragung zwingend auf eine mangelnde Börsenfähigkeit vinkulierter Anteile zu schließen. Eine „weitreichende Fungibilität"[594] erfordert die Notierung an der Börse nicht. Allerdings führt eine mehrmalige Verweigerung der Zustimmung nicht nur zu vereinzelten Verzögerungen im Handel, sondern kann schwerwiegende Marktausfälle nach sich ziehen.[595] Bereits die einmalige Verweigerung der Zustimmung wird man bei börsennotierten Anteilen als besonders rechtfertigungsbedürftig ansehen müssen.[596] Eine Pauschalverweigerung ist wegen ihrer folgenschweren Auswirkungen auf den freien Handel und das drohende Delisting bei börsennotierten Anteilen folglich als ungeeignet einzustufen. Erteilt der Vorstand einer börsennotierten AG dennoch eine Pauschalverweigerung, kann hierin eine Pflichtverletzung liegen. Dies gilt insbesondere dann, wenn der Vorstand nach einer angemessenen Frist im Sinne des § 39 Abs. 1 BörsG immer noch an der Zustimmungsverweigerung festhält. Die Untauglichkeit der Pauschalverweigerung bei börsennotierten Anteilen betrifft dabei auch die Fälle, in denen die Zustimmung ausnahmsweise im Unternehmensinteresse verweigert werden muss. Ein solcher Fall kann vorliegen, wenn die Aktien noch nicht voll eingezahlt sind, wie dies bei Anteilen an Versicherungsgesellschaften Usus ist.[597] Für eine weitreichende Pauschalverweigerung besteht hier kein die Beschränkung des freien Handels rechtfertigendes Interesse der Gesellschaft, falls ein solventer Käufer vorhanden ist. Kann der Erwerber seine Zahlungsfähigkeit hinreichend

---

Urt. v. 31.03.1931 – II 222/30, RGZ 132, 149, 155 [Victoria]; *Wirth*, DB 1992, 617, 619.

594 *Lutter/Drygala*, in: Kölner Kommentar z. AktG, § 68, Rn. 80, die vinkulierte Namensaktien für „börsenfähig" halten; krit. *Bayer*, in: Münchener Kommentar z. AktG, § 68, Rn. 80, der eine Abschaffung der Vinkulierungsermächtigung für börsennotierte Anteile in Erwägung zieht.

595 *Immenga*, AG 1992, 79, 83, der ein reibungsloses Funktionieren der Börse durch Vinkulierung in Gefahr sieht; ebenso *Kümpel*, WM 1983, Sonderbeilage 8, S. 3, 9; *Schinzler*, Die teileingezahlte Namensaktie als Finanzierungsinstrument der Versicherungswirtschaft, S. 161, der eine Störung des Börsenhandels insbesondere bei mehrmaliger Zustimmungsverweigerung befürchtet.

596 A.A.: *Lutter/Drygala*, in: Kölner Kommentar z. AktG, § 68, Rn. 80, die auch bei regelmäßiger Verweigerung der Zustimmung keine Beeinträchtigung des Börsenhandels befürchten.

597 *Bruns*, AG 1962, 329, 331; *Degner*, Die vinkulierte Versicherungsaktie im Börsenhandel, S. 15; *Schinzler*, Die teileingezahlte Namensaktie als Finanzierungsinstrument der Versicherungswirtschaft, S. 159 ff.

belegen, muss die Zustimmung daher erteilt werden, um einen reibungslosen Börsenhandel nicht zu gefährden.

Auch die Einbeziehung vinkulierter Anteile in die Girosammelverwahrung vermag die Tauglichkeit einer Pauschalverweigerung der Zustimmung zur Übertragung börsennotierter vinkulierter Anteile nicht zu protegieren.[598] Die Girosammelverfahrung mag die Abwicklung des Geschäfts an der Börse erleichtern.[599] Die besondere Hürde der Erteilung der Zustimmung durch die Gesellschaft bleibt hingegen bestehen. Da in der Praxis bereits die drei- bis viermalige Verweigerung der Zustimmung zum Widerruf der Börsenzulassung führen kann[600], ist eine Pauschalverweigerung aufgrund ihrer inhaltlichen und personellen Tragweite bei börsennotierten Gesellschaften als ungeeignet einzustufen.

II. Fazit

Eine Pauschalverweigerung der Zustimmung zur Übertragung vinkulierter Anteile kommt nur bei der nichtbörsennotierten Aktiengesellschaft in Betracht. Bei börsennotierten Gesellschaften steht eine Pauschalverweigerung in Widerspruch zu § 5 Abs. 2 Nr. 2 BörsZulV, da ein ungestörter Ablauf des Effektenverkehrs erheblich gefährdet wird. Erteilt die börsennotierte Gesellschaft dennoch eine Pauschalverweigerung, droht gemäß § 39 Abs. 1 BörsG das Delisting. Das Kapitalmarktrecht hat demnach erheblichen Einfluss auf die Auslegung und Reichweite der aktienrechtlichen Norm des § 68 Abs. 2 AktG. Die Unterschiede zwischen börsen- und nichtbörsennotierten Aktiengesellschaften sowie mögliche Reformvorschläge waren zuletzt immer wieder Gegenstand einer geführten Diskussion in Rechtspolitik und Rechtswissenschaft.[601]

---

598 A.A.: *Groß*, in: Kapitalmarktrecht, §§ 1–12 BörsZulV, Rn. 10, der eine Störung des Börsenhandels bei vinkulierten Anteilen wegen deren Einbeziehung in die Girosammelverwahrung nicht befürchtet; ebenso *Heidelbach*, in: Schwark/Zimmer, Kapitalmarktrechtskommentar, § 5 BörsZulV, Rn. 3.
599 *Heißel/Kienle*, WM 1993, 1909, 1910; *Schlitt*, AG 2003, 57, 61.
600 *Merkt*, in: Großkommentar z. AktG, § 68, Rn. 235, mit Verweis auf *Kerber*, WM 1990, 789, 791.
601 *Reichert*, Liber amicorum Oppenhoff, 2017, S. 281 ff., m.w.N.; einen ausführlichen Überblick über den Stand der Diskussion gibt *Bayer*, Empfehlen sich besondere Regelungen für börsennotierte und für geschlossene Gesellschaften?, Gutachten E zum 67. DJT, 2008, E 39 ff., E 81 ff. *Bayer* spricht sich insbesondere für eine Lockerung des Prinzips der Satzungsstrenge bei der nicht börsennotierten Gesellschaft aus, E 82, noch vehementer E 96. Auch soll die geschlossene

B. Einfluss des Art. 14 GG auf die Erteilung einer Pauschalverweigerung

Es wurde festgestellt, dass eine Pauschalverweigerung der Zustimmung zur Übertragung vinkulierter Anteile nur bei der nichtbörsennotierten Aktiengesellschaft in Betracht kommt. Entscheidet sich der Vorstand für eine solche Maßnahme, muss er die Belange des betroffenen Gesellschafters hinreichend berücksichtigen. Die Erteilung einer Pauschalverweigerung könnte andernfalls einen rechtswidrigen Eingriff in das Eigentumsrecht des Aktionärs darstellen.

I. Schutzbereich des Art. 14 GG

Nach ständiger Rechtsprechung des Bundesverfassungsgerichts und des BGH fällt das in der Aktie verkörperte Anteilseigentum in den Schutzbereich des Art. 14 Abs. 1 GG.[602] Zum Schutzbereich des Art. 14 Abs. 1 GG zählt die Substanz des Anteils in seiner vermögensrechtlichen und mitgliedschaftsrechtlichen Position.[603]

Die Frage, ob auch die Verkehrsfähigkeit der Aktie ein vom Schutzbereich des Art. 14 Abs. 1 GG umfasstes Recht ist, blickt dagegen auf eine Entwicklung in der Rechtsprechung[604] zurück, die zu erheblichen

---

AG anders als die börsennotierte mittels vinkulierter Anteile ihren Gesellschafterkreis kontrollieren, E 95.

602 BVerfG Urt. v. 7.08.1962 – 1 BvL 16/60, NJW 1962, 1667 [Feldmühle]; BVerfG Beschl. v. 27.04.1999 – 1 BvR 1613/94, DNotZ 1999, 831, 833 [DAT/Altana]; BVerfG Beschl. v. 23.08.2000 – 1 BvR 68/95, 147/97, NJW 2001, 279, 280 [Moto Meter]; BVerfG Beschl. v. 30.05.2007 – 1 BvR 390/04, NJW 2007, 3268, 3269; BVerfG Urt. v. 11.07.2012 – 1 BvR 3142/07, 1569/08, NJW 2012, 3081, 3082 f.; BGH Urt. v. 22.01.2013 – II ZR 80/10, DNotZ 2013, 697, 701; BGH Beschl. v. 8.10.2013 – II ZB 26/12, NJW 2014, 146, 147 [FRoSTA].

603 BGH Urt. v. 22.01.2013 – II ZR 80/10, DNotZ 2013, 697, 701; *Depenheuer/Froese*, in: v. Mangoldt/Klein/Starck, GG, Art. 14, Rn. 143, m.w.N.; zur Frage, ob nur das Anteilseigentum oder auch das Mitgliedschaftsrecht von Art. 14 Abs. 1 GG erfasst ist: *Habersack*, Die Mitgliedschaft – subjektives und „sonstiges" Recht, S. 57 f., sowie zur Abgrenzung von Mitgliedschaft und Eigentum, S. 69 f.

604 In der Macrotron-Entscheidung entschied der BGH, dass den Minderheitsaktionären im Rahmen eines Delistings ein Anspruch auf Erstattung des vollen Werts der Aktien zusteht, dessen Höhe in einem Spruchverfahren überprüft werden könne: BGH Urt. v. 25.11.2002 – II ZR 133/01, DNotZ 2003, 364, 365. Von diesem Grundsatz verabschiedete sich der BGH in seiner FRoSTA-Entscheidung: BGH Beschl. v. 8.10.2013 – II ZB 26/12, NJW 2014, 146, 147. Danach haben Aktionäre bei einem Widerruf der Zulassung einer Aktie zum

Kontroversen in der Literatur⁶⁰⁵ geführt hat. Mit der Rechtsprechung des BVerfG⁶⁰⁶, der sich der BGH in seiner FRoSTA-Entscheidung⁶⁰⁷ inzwischen angeschlossen hat, kommt es für die Eröffnung des Schutzbereichs des Art. 14 GG darauf an, ob die Verkehrsfähigkeit des Anteils unter rechtlichen oder unter wirtschaftlichen Gesichtspunkten betroffen ist. Während im ersten Fall der Anwendungsbereich des Art. 14 GG eröffnet ist, scheidet im zweiten Falle – der wirtschaftlichen Verkehrsfähigkeit des Anteils – eine Eigentumsbeeinträchtigung aus. Diese Grundsätze hat das Bundesverfassungsgericht bereits in seinem DAT/Altana Beschluss⁶⁰⁸ festgesetzt, weshalb der Entscheidung des Bundesverfassungsgerichts vom 11.07.2012⁶⁰⁹ nur Klarstellungsfunktion gegenüber den Zivilgerichten zukommt. Folglich ist das Urteil nicht als Rechtsprechungsänderung zu bewerten.⁶¹⁰ So heißt es bereits im DAT/Altana Beschluss:

„Zum anderen ermöglicht das Aktieneigentum eine Sphäre individueller Freiheit in finanzieller Hinsicht. Dieser Freiraum fußt auf der besonders ausgeprägten Verkehrsfähigkeit von Aktien. [...] Die Aktie ist aus der Sicht

---

Handel im regulären Markt auf Veranlassung der Gesellschaft keinen Anspruch auf ein gerichtlich überprüfbares Barabfindungsgebot.

605 Gegen das Erfordernis eines HV-Beschlusses und für das Eingreifen der Macrotron-Grundsätze beim vollständigen Delisting: *Habersack*, ZHR 2012, 463, 465, 468 f.; gegen einen Abfindungsanspruch der Aktionäre beim Delisting: *Goetz*, BB 2012, 2767, 2771 ff.; *Kiefner/Gillessen*, AG 2012, 645, 649 ff., 659 f.; für einen Schutz der Anleger nach § 39 Abs. 2 S. 1 BörsG: *Thomale*, ZGR 2013, 686, 711 ff., 717 ff.; für eine Pflichtverletzung des Vorstands ohne das Einholen eines HV-Beschlusses und für die Durchführung eines Spruchverfahrens: *Wackerbarth*, WM 2012, 2077, 2078 ff.; für eine Fortführung des Abfindungserfordernisses und des Spruchverfahrens nach der Entscheidung des BVerfG v. 11.07.2012 – 1 BvR 3142/07, 1569/08 auf Grundlage des § 29 Abs. 1 S. 1, 1. HS., 2. Fall UmwG: *Herrler*, in: Grigoleit, AktG, § 119, Rn. 31, 32; *Klöhn*, NZG 2012, 1041, 1045 ff.; *Schockenhoff*, ZIP 2013, 2429, 2432, 2435. Mit der **Neuregelung** von § 39 BörsG dürfte sich der Streit weitestgehend erledigt haben. § 39 Abs. 2 Satz 2 Nr. 1 BörsG regelt, dass ein Widerrufsantrag mit dem Ziel eines vollständigen Delistings nur zulässig ist, wenn dem Widerrufsantrag ein Erwerbsangebot hinsichtlich aller Aktien nach den Vorschriften des WpÜG beigefügt ist, *Kubis*, in: Münchener Kommentar z. AktG, § 119, Rn. 92.
606 BVerfG Urt. v. 11.07.2012 – 1 BvR 3142/07, 1569/08, NJW 2012, 3081, 3082 f.
607 BGH Beschl. v. 8.10.2013 – II ZB 26/12, NJW 2014, 146, 147 [FRoSTA].
608 BVerfG Beschl. v. 27.04.1999 – 1 BvR 1613/94, DNotZ 1999, 831, 833 [DAT/Altana].
609 BVerfG Urt. v. 11.07.2012 – 1 BvR 3142/07, 1569/08, NJW 2012, 3081 ff.
610 *Sanders*, JZ 2012, 1070, 1071; a.A.: *Thomale*, ZGR 2013, 686, 693, der in der Entscheidung des BVerfG v. 11.07.2012 – 1 BvR 3142/07, 1569/08, NJW 2012, 3081 ff. eine Rechtsprechungsänderung erblickt.

des Kleinaktionärs gerade deshalb so attraktiv, weil er sein Kapital nicht auf längere Sicht bindet, sondern sie fast ständig wieder veräußern kann."[611]

Im Moto-Meter Beschluss führte das BVerfG seine Linie konsequent fort:

„Bloße, in dem aktuellen Wert des konkreten Eigentums noch nicht abgebildete Gewinnerwartungen und in der Zukunft liegende Verdienstmöglichkeiten sowie Chancen und Gegebenheiten, innerhalb derer ein Unternehmen seine Tätigkeit entfaltet, liegen grundsätzlich außerhalb des Schutzbereichs der Eigentumsgarantie [...]; dies gilt auch für das Aktieneigentum."[612]

Aus dem Kontext der beiden Beschlüsse folgt, dass das BVerfG zwischen der in dem Anteil verkörperten Verkehrsfähigkeit sowie der bloßen wirtschaftlichen Verkehrsfähigkeit differenziert. Rechtlich geschützt ist im Ergebnis nur der in dem Anteil verkörperte Verkehrswert.

II. Beeinträchtigung der rechtlichen Verkehrsfähigkeit des Anteils durch die Vinkulierung

Da die Vinkulierung unmittelbare Auswirkung auf das Recht zur freien Verfügung des Aktionärs zeitigt und nicht nur – wie bei einem Delisting – Veräußerungschancen mindert, betrifft der Zustimmungsvorbehalt die rechtliche Verkehrsfähigkeit des Anteils.[613] Die Möglichkeit, sich jederzeit von der Mitgliedschaft lösen zu können, ist durch die mit der Vinkulierung einhergehende Verfügungsbeschränkung stark gemindert. Auch kann eine Vinkulierung zu erheblichen Wertabschlägen bei den betroffenen Anteilen führen.[614] Unmittelbar betrifft der Wertabschlag zwar die wirtschaftliche Verkehrsfähigkeit des Anteils; die Wertminderung ist aber Folge und Ergebnis der dinglichen Verfügungsbeschränkung und hat

---

611 BVerfG Beschl. v. 27.04.1999 – 1 BvR 1613/94, DNotZ 1999, 831, 833 [DAT/Altana].
612 BVerfG Beschl. v. 23.08.2000 – 1 BvR 68/95, 147/97, NJW 2001, 279, 280 [Moto Meter].
613 Ebenso LG München I Beschl. v. 14.09.2001 – 5HK O 16369/99, ZIP 2001, 1959, 1961; *Habersack*, AG 2005, 137, 141; *Habersack*, in: Emmerich/Habersack, Aktien- und GmbH-Konzernrecht, vor § 311 AktG, Rn. 38; *Hahn*, ZGR 2006, 805, 829; *Merkt*, in: Großkommentar z. AktG, § 68, Rn. 218; *Mülbert*, ZHR 2001, 104, 115; *Schrötter*, DB 1977, 2265, 2266.
614 LG München I Beschl. v. 14.09.2001 – 5HK O 16369/99, ZIP 2001, 1959, 1961; *Merkt*, in: Großkommentar z. AktG, § 68, Rn. 245 f.

ihren Ursprung somit in der im Anteil verkörperten rechtlichen Verkehrsfähigkeit des Anteils.

III. Eingriff

Eine Pauschalverweigerung der Zustimmung zur Übertragung vinkulierter Anteile greift in den Schutzbereich des Art. 14 Abs. 1 GG ein:

1. Schutzpflicht des Staates

Grundrechtsadressat ist zunächst nur der Staat.[615] Die Aktiengesellschaft als Person des Privatrechts ist regelmäßig nicht Grundrechtsverpflichtete[616], sondern im Gegenteil Grundrechtsberechtigte[617]. Möglicherweise liegt aber eine mittelbare Drittwirkung[618] der Grundrechte vor. Das Bundesverfassungsgericht vermeidet diesen Begriff in seinen jüngeren Entscheidungen.[619] Vielmehr kommt es nach dem BVerfG darauf an, ob die zum Eingriff berechtigende Norm verfassungskonform ist und vom Richter im Einzelfall verfassungskonform ausgelegt wurde.[620] Vorliegend bedarf es keiner abschließenden Klärung, ob der Begriff der mittelbaren

---

615 *Funke*, Minderheitenschutz im Aktienrecht beim „kalten" Delisting, S. 78; *Enders*, in: Stern/Becker, Grundrechtekommentar, Art. 1, Rn. 108; *Klein*, NJW 1989, 1633; *Starck*, in: v. Mangoldt/Klein/Starck, GG, Art. 1, Rn. 221.
616 Zur Grundrechtsverpflichtetheit juristischer Personen: *Goldhammer*, JuS 2014, 891 ff.
617 Zur Grundrechtsberechtigung juristischer Personen: *Schoch*, Jura 2001, 201 ff.; zur Grundrechtsberechtigung staatlich beherrschter Unternehmen: *Ludwigs/Friedmann*, NVwZ 2018, 22 ff.
618 Zur Drittwirkung der Grundrechte siehe das Grundsatzurteil des BVerfG vom 15.1.1958 – 1 BvR 400/57, NJW 1958, 257 ff. [Lüth]; *Canaris*, Grundrechte und Privatrecht, S. 33 ff.; *Leisner*, Grundrechte und Privatrecht, S. 285 ff.; *Lücke*, JZ 1999, 377 ff.; *de Wall/Wagner*, JA 2011, 734 ff.
619 Das BVerfG spricht in letzter Zeit nur noch von Schutzpflichten, welchen der Staat hinreichend nachkommen muss, BVerfG Urt. v. 19.04.2016 – 1 BvR 3309/13, NJW 2016, 1939 ff.; BVerfG Urt. v. 31.05.2016 – 1 BvR 1585/13, NJW 2016, 2247 ff.; *Kulick* geht davon aus, dass sich das BVerfG von dem Begriff der Drittwirkung gänzlich verabschiedet hat, NJW 2016, 2236, 2239; zur neueren Lehre und Rechtsprechung des BAG zu einer unmittelbaren Drittwirkung: *Starck*, in: v. Mangoldt/Klein/Starck, GG, Art. 1, Rn. 303 ff.
620 BVerfG Urt. v. 31.05.2016 – 1 BvR 1585/13, NJW 2016, 2247, 2252; *Kulick*, NJW 2016, 2236, 2239.

Dritter Teil: Die Pauschalverweigerung der Zustimmungserteilung

Drittwirkung noch angemessen ist. Jedenfalls trifft den Staat eine Schutzpflicht gegenüber den Bürgern, die durch die Grundrechte gesicherten Güter vor Übergriffen durch Private zu bewahren.[621] Nach der Rechtsprechung des Bundesverfassungsgerichts sind Normen, die einen Eingriff in das Anteilseigentum ermöglichen, als Inhalts- und Schrankenbestimmung an Art. 14 GG zu messen.[622] Eine solche Inhalts- und Schrankenbestimmung stellt § 68 Abs. 2 AktG dar.

Von der generellen Verfassungskonformität des § 68 Abs. 2 AktG ist auszugehen.[623] Dem Staat kann betreffend § 68 Abs. 2 AktG folglich keine Verletzung seiner Schutzpflicht durch ein Versagen der Legislative vorgeworfen werden. Was bleibt, ist die Möglichkeit einer Verletzung des Art. 14 Abs. 1 GG durch Private im Einzelfall. Diese Schutzlücke muss der Richter im Rahmen seiner verfassungskonformen Auslegung berücksichtigen, andernfalls verletzt er seine Garantenpflicht als Teil des Staates und damit Schutzverpflichteter. Ein *„governing with judges"*[624] ist hierbei im Rahmen der verfassungskonformen Auslegung der §§ 68 Abs. 2 AktG, 180 AktG, 138 BGB hinzunehmen, denn

> *„Der Einfluss der Grundrechte auf die Auslegung und Anwendung der zivilrechtlichen Normen ist nicht auf Generalklauseln beschränkt, sondern erstreckt sich auf alle auslegungsfähigen- und bedürftigen Tatbestandsmerkmale der zivilrechtlichen Vorschriften [...]."*[625]

---

621 BVerfG Urt. v. 25.2.1975 – 1 BvF 1 – 6/74, NJW 1975, 573, 575; BVerfG Beschl. v. 14.1.1981 – 1 BvR 612/72, NJW 1981, 1655, 1656; *Enders*, in: Stern/Becker, Grundrechtekommentar, Art. 1, Rn. 117.
622 BVerfG Urt. v. 7.08.1962 – 1 BvL 16/60, NJW 1962, 1667 [Feldmühle]; BVerfG Beschl. v. 27.04.1999 – 1 BvR 1613/94, DNotZ 1999, 831, 833 [DAT/Altana]; BVerfG Beschl. v. 23.08.2000 – 1 BvR 68/95, 147/97, NJW 2001, 279, 280 [Moto Meter]; siehe auch *Funke*, Minderheitenschutz im Aktienrecht beim „kalten" Delisting, S. 78; *Hüttemann*, ZGR 2001, 454, 456 f.
623 So ausdrückl. *Bayer/Lieder*, LMK 2004, 224, 225.
624 Zu dieser Entwicklung in Europa: *Stone Sweet*, Governing with Judges: Constitutional Politics in Europe, 2000, S. 127 ff., 141: "In resolving disputes, constitutional judges seek both to preserve the normative superiority of the constitutional law and to ensure that the constitution becomes, or continues to be, the essential reference point for the settlement of like cases that may arise in the future"; zum Übergang vom parlamentarischen Gesetzgebungsstaat zum verfassungsgerichtlichen Jurisdiktionsstaat: *Böckenförde*, Staat, Verfassung, Demokratie – Studien zur Verfassungstheorie und zum Verfassungsrecht, S. 190; *Kulick*, NJW 2016, 2236, 2237.
625 BVerfG Urt. v. 31.05.2016 – 1 BvR 1585/13, NJW 2016, 2247, 2250; st. Rspr.: BVerfG Beschl. v. 19.04.2005 – 1 BvR 1644/00, NJW 2005, 1561, 1565; BVerfG Beschl. v. 19.07.2011 – 1 BvR 1916/09, NJW 2011, 3428, 3432.

2. Grundrechtsverzicht des betroffenen Aktionärs wegen der Zustimmung gemäß § 180 Abs. 2 AktG

Gemäß § 180 Abs. 2 AktG bedarf ein Beschluss, durch den die Übertragung von Namensaktien an die Zustimmung der Gesellschaft gebunden wird, zu seiner Wirksamkeit der Zustimmung aller betroffenen Aktionäre. Nach Sinn und Zweck der Vorschrift besteht ein Zustimmungserfordernis auch, wenn eine bestehende Vinkulierung verschärft wird.[626] Ohne die erforderliche Zustimmung des betroffenen Aktionärs zu dem satzungsändernden Beschluss der Hauptversammlung ist die Maßnahme ihm gegenüber schwebend unwirksam.[627]

Vorliegend stellt eine Pauschalverweigerung eine Verschärfung der Vinkulierung dar. Sie hat zur Folge, dass jede Verfügung über den Anteil in dem Zeitraum, für den sie gelten soll, unwirksam ist. Daher ist das Erfordernis eines satzungsändernden Beschlusses sowie die notwendige Zustimmung jedes betroffenen Aktionärs zu bejahen. Eine in der Satzung vorgesehene allgemeine Vinkulierungsklausel umfasst dabei nicht die Befugnis zur Erteilung einer Pauschalverweigerung. Dies folgt nicht bereits aus § 68 Abs. 2 AktG, der allgemein davon spricht, dass der Vorstand die Zustimmung zu erteilen hat, sondern ergibt sich aus dem Kontext mit § 180 Abs. 2 AktG. § 180 Abs. 2 AktG stellt klar, dass eine Verschärfung der Vinkulierung besonderen Anforderungen unterliegt. Anders als eine Pauschalzustimmung bedarf eine Pauschalverweigerung daher stets einer Satzungsänderung und unterliegt darüber hinaus wegen des Zustimmungserfordernisses sämtlicher betroffener Aktionäre besonderen Anforderungen bei der Beschlussfassung.

---

626 *Cahn*, in: Spindler/Stilz, AktG, § 68, Rn. 40; *Koch*, in: Hüffer/Koch, AktG, § 180, Rn. 6; *Merkt*, in: Großkommentar z. AktG, § 68, Rn. 257; *Sailer-Coceani*, in: Münchener Hdb des GesR, Bd. 4, § 14, Rn. 17; *Seibt*, in: K. Schmid/Lutter, AktG, § 180, Rn. 9; *Stein*, in: Münchener Kommentar z. AktG, § 180, Rn. 18; *Wiedemann*, in: Großkommentar z. AktG, § 180, Rn. 12; *Zetzsche*, in: Kölner Kommentar z. AktG, § 180, Rn. 22.
627 RG Urt. v. 8.6.1928 – II 515/27, RGZ 121, 238, 244; BGH Urt. v. 20.9.2004 – II ZR 288/02, DStR 2004, 1970, 1971; *Koch*, in: Hüffer/Koch, AktG, § 180, Rn. 9; *Seibt*, in: K. Schmidt/Lutter, AktG, § 180, Rn. 15; *Stein*, in: Münchener Kommentar z. AktG, § 180, Rn. 35; *Wiedemann*, in: Großkommentar z. AktG, § 180, Rn. 20; *Zetzsche*, in: Kölner Kommentar z. AktG, § 180, Rn. 36.

Dritter Teil: Die Pauschalverweigerung der Zustimmungserteilung

a) Konkrete Zustimmung zur Erteilung einer Pauschalverweigerung

Ein Eingriff in Art. 14 Abs. 1 GG könnte entfallen, wenn der betroffene Aktionär die Zustimmung zur Erteilung einer Pauschalverweigerung vor dem Hintergrund einer bereits konkretisierten und überschaubaren Maßnahme erteilt. Dies kann der Fall sein, wenn eine Pauschalverweigerung als Abwehrmittel für eine drohende feindliche Übernahme genützt werden soll. In dieser Situation enthält die Zustimmung des betroffenen Aktionärs einen Grundrechtsverzicht, der bei vorheriger Einwilligung nach vorzugswürdiger Auffassung bereits den Eingriff entfallen lässt[628]. Anders als bei der abstrakten Erteilung der Zustimmung zur Einführung der Vinkulierungsverschärfung, bei der ungewiss ist, wann und aus welchem Anlass der Vorstand die Maßnahme durchführt, weiß der Aktionär bei einer ad-hoc-Ermächtigung bereits im Zeitpunkt der Zustimmung, welche Beschränkungen seiner Rechtspositionen drohen.[629] Gleichwohl darf nicht außer Acht gelassen werden, dass auch bei der konkreten Zustimmung zur Pauschalverweigerung ein weites Ermessen des Vorstands besteht. Gemäß § 68 Abs. 2 S. 4 AktG kann die Satzung zwar Gründe bestimmen, aus denen die Zustimmung verweigert werden darf. Eine Beschränkung des Ermessens des Vorstands, wonach dieser die Verweigerung erteilen muss, ist jedoch nicht möglich.[630] Dies vermag nichts daran zu ändern, dass die Aktionäre im Falle einer ad-hoc-Ermächtigung zur Pauschalverweigerung ihr Eigentumsrecht selbst beschränken.[631] Denn die Erteilung einer Pauschalverweigerung ist bei einer konkreten Vorabermächtigung mehr Ausdruck des Willens der Aktionäre als desjenigen des Vorstands.

---

628 *Schwabe*, Probleme der Grundrechtsdogmatik, S. 98 ff.; *Voßkuhle*, JuS 2009, 313, 314; a.A.: *Fischinger*, JuS 2007, 808, 813, der wirksame Grundrechtsverzicht nimmt dem Eingriff stets nur seine Rechtswidrigkeit.
629 Ebenso in Bezug auf die Frage, ob die ad-hoc Zustimmung zur Abwehr einer feindlichen Übernahme die Grundfreiheiten beeinträchtigt: *Möslein*, Grenzen unternehmerischer Leitungsmacht im marktoffenen Verband, S. 267.
630 Zu dieser Kontroverse siehe oben, § 5 B III 1.
631 *Möslein*, Grenzen unternehmerischer Leitungsmacht im marktoffenen Verband, S. 267, der eine ad-hoc Genehmigung nicht als Behinderung der Grundfreiheiten ansieht, da die Aktionäre als „residuale Risikoträger" die Entscheidung in Kenntnis aller konkreten Umstände treffen.

b) Abstrakte Zustimmung zur Erteilung einer Pauschalverweigerung

Eine Pauschalverweigerung stellt dann einen Eingriff in Art. 14 Abs. 1 GG dar, wenn die Aktionäre ihre Zustimmung zu einem satzungsändernden Beschluss erteilen, wonach der Vorstand generell zur Erteilung einer Pauschalverweigerung ermächtigt wird. In dieser Konstellation handelt es sich nicht mehr um eine privatautonome Entscheidung der Aktionäre, sondern der Vorstand selbst beschränkt das Eigentumsrecht der Aktionäre.[632] Die Aktionäre wissen im Zeitpunkt der abstrakten Ermächtigungserteilung noch nicht, wann und in welcher Situation der Vorstand eine Pauschalverweigerung erteilt. Die Ermächtigung ist daher nicht mehr entscheidend kausal für die Verweigerung der Zustimmung, sondern der Entschluss des Vorstands, von eben dieser Ermächtigung Gebrauch zu machen.

Zu klären bleibt, ob ein solcher Ermächtigungsbeschluss zur Erteilung einer Pauschalverweigerung unter Zustimmung aller betroffenen Aktionäre den Anforderungen des § 180 Abs. 2 AktG genügt. Der gesetzliche Wortlaut des § 180 Abs. 2 AktG erfordert jedenfalls keine Zustimmung zu einer konkreten Maßnahme, sondern lediglich die Zustimmung zu einem satzungsändernden Beschluss der Aktionäre, der die Rahmenvoraussetzungen für die Vinkulierungsverschärfung vorgibt.[633] Würde man trotz eines bestehenden Ermächtigungsbeschlusses in der Satzung vor Erteilung der Pauschalverweigerung erneut die Zustimmung des betroffenen Aktionärs sowie erneut einen satzungsändernden Beschluss durch die

---

632 Für eine Beschränkung der Grundfreiheiten bei einer Ermessensentscheidung des Vorstands gemäß § 68 Abs. 2 AktG: *Lübke*, Der Erwerb von Gesellschaftsanteilen zwischen Kapitalverkehrs- und Niederlassungsfreiheit, S. 267, 500 f.; ebenso *Grundmann/Möslein*, ZGR 2003, 317, 359 f.; eine privatautonome Selbstbeschränkung der Aktionäre bei einer autonomen Entscheidung des Vorstands zur Abwehr einer Übernahme verneint *Kainer*, Unternehmensübernahmen im Binnenmarktrecht, S. 351, 359 f.; ders. ZHR 2004, 542, 572; *Möslein* sieht in Vorratsermächtigungen zur Abwehr einer Übernahme eine Beschränkung der Grundfreiheiten, Grenzen unternehmerischer Leitungsmacht im marktoffenen Verband, S. 267; a.A.: *Hütten*, Gesetzliche und satzungsmäßige Investitions- und Übernahmehindernisse, S. 565 ff., der in der Genehmigungsverweigerung keine Beschränkung der Kapitalverkehrsfreiheit sieht, da sich die Hauptversammlung durch die Vinkulierungseinführung selbst beschränkt hat.
633 *Zetzsche*, in: Kölner Kommentar z. AktG, § 180, Rn. 24, der den Schutzzweck des § 180 AktG bei hinreichend bestimmter Ermächtigung als gewahrt sieht; ebenso *Ehmann*, in: Grigoleit, AktG, § 180, Rn. 5; *Drinhausen*, in: Hölters/Weber, AktG, § 180, Rn. 5; *Immenga*, BB 1992, 2446, 2447; *Seibt*, in: K. Schmidt/Lutter, AktG, § 180, Rn. 9; *Zöllner*, in: Kölner Kommentar z. AktG, 2. Auflage, § 180, Rn. 12 mit 7 f.

Hauptversammlung verlangen[634], würde man die Vinkulierung über das gesetzlich zulässige Maß (d.h. §§ 68 Abs. 2, 180 AktG) hinaus an Zustimmungserfordernisse binden. Solange die Aktionäre nicht von der Regelung des § 68 Abs. 2 S. 3 AktG Gebrauch machen und die Zustimmungserteilung an einen Hauptversammlungsbeschluss binden, steht ein abstrakter Ermächtigungsbeschluss zur Erteilung der Pauschalverweigerung durch den Vorstand in Einklang mit §§ 68 Abs. 2 Satz 2, 180 Abs. 2 AktG. Für die Aktionäre besteht im Rahmen des § 180 Abs. 2 AktG somit die Option, die Zustimmung zu einem Satzungsbeschluss zu erteilen, der den Vorstand entweder für eine konkrete Maßnahme oder aber abstrakt zur Erteilung einer Pauschalverweigerung ermächtigt. In beiden Fällen hat der Vorstand einen Ermessensspielraum. Im ersten Fall haben die Aktionäre allerdings Kenntnis von sämtlichen Umständen, die sich auf die Entscheidung des Vorstands auswirken, während im zweiten Fall die Entscheidung im Zeitpunkt der Zustimmung der Aktionäre noch völlig offen ist. Das Argument, dass wegen der mit der Vinkulierung verbundenen Schwere des Eingriffs eine *„Vorratsermächtigung"* nicht zulässig sein soll[635], geht fehl, da die betroffenen Aktionäre wegen des rechtfertigungsbedürftigen Eingriffs in Art. 14 Abs. 1 GG hinreichend geschützt sind.

c) Zwischenergebnis

§ 180 Abs. 2 AktG bildet eine Schranken-Schranke zur Inhalts- und Schrankenbestimmung des § 68 Abs. 2 AktG. Die konkrete Ermächtigung der Aktionäre gemäß § 180 Abs. 2 AktG zur Erteilung einer Pauschalverweigerung – etwa zur Abwehr einer feindlichen Übernahme – beinhaltet einen Grundrechtsverzicht auf Art. 14 Abs. 1 GG. Eine Pauschalverweigerung ist hierbei Ausdruck des Willens der Aktionäre. Erteilen die Aktionäre dagegen einen abstrakten Ermächtigungsbeschluss, basiert eine später erteilte Pauschalverweigerung auf einem privatautonomen Entschluss des Vorstands.

Durch die gesetzliche Schranken-Schranke des § 180 Abs. 2 AktG wird einem ausufernden *„governing with judges"* vorgebeugt. Der Staat kommt mit der gesetzlichen Anordnung seiner bestehenden Schutzpflicht gegen-

---

634 *Merkt*, in: Großkommentar z. AktG, § 68, Rn. 260; *Stein*, in: Münchener Kommentar z. AktG, § 180, Rn. 21; *Wiedemann*, in: Großkommentar z. AktG, § 180, Rn. 13.
635 *Merkt*, in: Großkommentar z. AktG, § 68, Rn. 260.

über den Aktionären präventiv nach, wenngleich bei einem abstrakten Ermächtigungsbeschluss der mit der Erteilung einer Pauschalverweigerung einhergehende Eingriff in das Eigentumsrecht des Aktionärs rechtfertigungsbedürftig bleibt.

IV. Rechtfertigung des Eingriffs

Zu klären bleibt, wann eine Beschränkung des Eigentumsrechts des Aktionärs durch die Erteilung einer Pauschalverweigerung auf Grundlage eines abstrakten Ermächtigungsbeschlusses gerechtfertigt ist. Der Aktionär kann sich zwar nicht gegenüber der Gesellschaft und dem Vorstand auf eine Verletzung seines Eigentumsrechts berufen, jedoch gegenüber den Gerichten.[636] Der Richter muss bei der Auslegung der einschlägigen Normen im Wege der praktischen Konkordanz[637] zu einem angemessenen Interessenausgleich gelangen.[638] Verkennt der Richter, dass die Maßnahme des Vorstands im Einzelfall nicht gerechtfertigt ist, greift er durch das Unterlassen der Feststellung der Nichtigkeit der Pauschalverweigerung in Art. 14 Abs. 1 GG ein.

1. Handeln zum Wohle der Gesellschaft

Ein anerkennenswertes Interesse der Gesellschaft an der Erteilung einer Pauschalverweigerung kann zunächst in dem Fall drohender Schäden und Gefahren für die Gesellschaft vorliegen. Die Zustimmungsverweigerung zur Übertragung vinkulierter Anteile kann etwa der Abwehr einer feindlichen Übernahme dienen.[639] Da feindliche Übernahmen nicht zwingend

---

636 Zur mittelbaren Drittwirkung der Grundrechte siehe das Grundsatzurteil des BVerfG vom 15.1.1958 – 1 BvR 400/57, NJW 1958, 257 ff. [Lüth].
637 Der Begriff wurde besonders von *Hesse* geprägt, Grundzüge des Verfassungsrechts der Bundesrepublik Deutschland, § 2, Rn. 72.
638 BGH Urt. v. 9.3.2012 – V ZR 115/11, NJW 2012, 1725, 1726; BGH Urt. v. 26.11.2015 – I ZR 174/14, NJW 2016, 794, 797; *Canaris*, in: Umwelt, Wirtschaft und Recht, S. 29, 53.
639 *Hahn*, Die feindliche Übernahme von Aktiengesellschaften, S. 209; *Kainer*, Unternehmensübernahmen im Binnenmarktrecht, S. 327; *Klein*, NJW 1997, 2085, 2086 f.; *Lutter*, AG 1992, 369, 374; *Merkt*, in: Großkommentar z. AktG, § 68, Rn. 429.

gesellschaftsschädlich sind[640], muss der Vorstand aber darlegen, weshalb die Erteilung einer Pauschalverweigerung eine notwendige Maßnahme ist. Auch findet für nichtbörsennotierte Aktiengesellschaften das WpÜG keine Anwendung[641], weshalb der Vorstand bei seiner Entscheidung nur die aktienrechtlichen Grundsätze sowie übergeordnetes nationales und europäisches Recht zu beachten hat. Eine Pauschalverweigerung der Zustimmung zur Übertragung vinkulierter Anteile sticht aber nicht nur als Mittel zur Abwehr gesellschaftsschädigender Dritter hervor. Ein Bedürfnis zur Erteilung einer Pauschalverweigerung kann auch in Familiengesellschaften bestehen, da hier der Bewahrung des Gesellschafterkreises und des Charakters der Gesellschaft eine zentrale Rolle zukommt[642].

2. Notwendige zeitliche Begrenzung einer Pauschalverweigerung

Der Vorstand hat bei Erteilung der Zustimmungsverweigerung ferner darauf Rücksicht zu nehmen, dass die Vinkulierung nicht zu einer grundsätzlichen Unveräußerlichkeit auf unbestimmte Zeit führen darf.[643] Eine Pauschalverweigerung der Anteilsübertragung ohne jede zeitliche Beschränkung ist mit Art. 14 Abs. 1 GG daher nicht vereinbar. Ebenso wie die Pauschalzustimmung muss die Pauschalverweigerung zwingend zeitlich begrenzt werden.

---

640 *Hahn*, Die feindliche Übernahme von Aktiengesellschaften, S. 211; *Lutter/Drygala*, in: Kölner Kommentar z. AktG, § 68, Rn. 81.
641 Gemäß § 1 Abs. 1 WpÜG ist das Gesetz anzuwenden auf Angebote zum Erwerb von Wertpapieren, die von einer Zielgesellschaft ausgegeben wurden und zum Handel an einem organisierten Markt zugelassen sind.
642 BGH Urt. v. 1.12.1986 – II ZR 287/85, NJW 1987, 1019, 1020; *Lübke*, Der Erwerb von Gesellschaftsanteilen zwischen Kapitalverkehrs- und Niederlassungsfreiheit, S. 500 f.; eingehend *Holler*, DStR 2019, 931, 933, der die Anteilsvinkulierung neben der generellen Steuerung der Gesellschafterstellung als zentral für die Wahrung des Charakters eines Familienunternehmens erachtet.
643 BGH Urt. v. 1.12.1986 – II ZR 287/85, NJW 1987, 1019, 1020; LG Aachen Urt. v. 19.05.1992 – 41 O 30/92, AG 1992, 410, 411; *Bayer*, in: Münchener Kommentar z. AktG, § 68, Rn. 81; *Buchetmann*, Die teileingezahlte Aktie, S. 105, 106; *Hefermehl/Bungeroth*, in: G/H/E/K, AktG, § 68, Rn. 125; *Heinrich*, in: Heidel, Aktien- und Kapitalmarktrecht, § 68 AktG, Rn. 19; *Merkt*, in: Großkommentar z. AktG, § 68, Rn. 425; *Sailer-Coceani*, in: Münchener Hdb des GesR, Bd. 4, § 14, Rn. 26.

a) Fehlendes Kündigungsrecht des Aktionärs

Die zeitliche Beschränkung der Geltung einer Pauschalverweigerung ist in der Aktiengesellschaft von besonderer Relevanz. Im Gegensatz zur GmbH, bei der die Anteilsübertragung gänzlich ausgeschlossen werden kann[644], ist diese Möglichkeit in der AG nicht vorgesehen[645]. Dies ist ein wesentlicher Grund dafür, dass in der AG ein Kündigungsrecht des Aktionärs nicht anerkannt ist[646]. Im Falle der Erteilung einer Pauschalverweigerung ohne Beschränkung der Geltungsdauer bestünde somit keine Möglichkeit, aus der AG auszuscheiden. Ein solches Recht zum Austritt ist dem Aktionär auch nicht ausnahmsweise zuzugestehen.[647] Die Vinkulierung gemäß § 68 Abs. 2 AktG ist als eine strenge Ausnahmeregelung zu verstehen, deren Grenzen es einzuhalten gilt. Würde man bei Erteilung einer Pauschalverweigerung ein außerordentliches Austrittsrecht des Aktionärs bejahen, besteht die Gefahr, dass die Möglichkeit des Austritts von der Gesellschaft als Argument für die Rechtfertigung des Eingriffs in Art. 14 Abs. 1 GG herangezogen und die Verweigerung der Zustimmung gemäß § 68 Abs. 2 AktG zur Regel wird. Die Anerkennung eines außerordentlichen Austrittsrechts gereicht dem Aktionär auch deshalb zum Nachteil, weil er einen angemes-

---

644 *Bayer*, in: Lutter/Hommelhoff, GmbHG, § 15, Rn. 68; *Immenga*, Die personalistische Kapitalgesellschaft, S. 86 f.; *Löbbe*, in: H/C/L, GmbHG, § 15, Rn. 4, 220; *Reichert*, Das Zustimmungserfordernis zur Abtretung von Geschäftsanteilen in der GmbH, S. 93 ff.; *Seibt*, in: Scholz, GmbHG, § 15, Rn. 135; *Servatius*, in: Noack/Servatius/Haas, GmbHG, § 15, Rn. 38, m.w.N.; *Wiedemann*, Die Übertragung und Vererbung von Mitgliedschaftsrechten bei Handelsgesellschaften, S. 76 ff., m.w.N. zur früheren Gegenansicht.
645 BGH Urt. v. 20.9.2004 – II ZR 288/02, NJW 2004, 3561, 3562; BayObLG Beschl. v. 24.11.1988 – BReg. 3 Z 111/88, NJW-RR 1989, 687, 688; *Hefermehl/Bungeroth*, in: G/H/E/K, AktG, § 68, Rn. 68; *Heinrich*, in: Heidel, Aktien- und Kapitalmarktrecht, § 68 AktG, Rn. 10; *Koch*, in: Hüffer/Koch, AktG, § 68, Rn. 14; *Lieder*, ZHR 2008, 306, 309; *Lutter/Drygala*, in: Kölner Kommentar z. AktG, § 68, Rn. 66.
646 *Asmus*, Vinkulierte Mitgliedschaft, S. 77; *Bayer*, in: Münchener Kommentar z. AktG, § 68, Rn. 34; *Bayer/Lieder*, LMK 2004, 224, 225; *Friedewald*, Die personalistische Aktiengesellschaft, S. 42; *Hefermehl/Bungeroth*, in: G/H/E/K, AktG, § 68, Rn. 67; *Immenga*, AG 1992, 79, 82; *Lutter/Drygala*, in: Kölner Kommentar z. AktG, § 68, Rn. 57; *Merkt*, in: Großkommentar z. AktG, § 68, Rn. 194; *Wirth*, DB 1992, 617.
647 A.A.: *Grunewald*, FS Claussen, 1997, S. 103 ff., der ein außerordentliches Kündigungsrecht bejaht; *Reuter*, Privatrechtliche Schranken der Perpetuierung von Unternehmen, S. 436, 437; *Teichmann*, Gestaltungsfreiheit in Gesellschaftsverträgen, S. 247; *Westermann*, FS Huber 2006, S. 997, 1010, der ein Austrittsrecht des Aktionärs in der nichtbörsennotierten AG bejaht.

senen Ausgleich für seinen Anteil nur in den engen Grenzen des § 71 Abs. 1 AktG bzw. bei der Zwangseinziehung gemäß § 237 AktG verlangen kann.[648] Ein genereller Anspruch auf entgeltlichen Erwerb des Anteils bei einem hypothetischen Austrittsrecht des Aktionärs besteht nicht.[649] Ein außerordentliches Kündigungsrecht des Aktionärs stellt somit keine gleichwerte Alternative zur zeitlichen Beschränkung der Pauschalverweigerung dar.

b) Angemessener Zeitrahmen

Welcher zeitliche Rahmen für die Geltungsdauer einer Pauschalverweigerung angemessen ist, unterliegt einer Einzelfallbetrachtung. Insbesondere vor dem verfassungsrechtlichen Hintergrund wird eine Pauschalverweigerung jedoch maximal für einen Zeitraum von drei Monaten erteilt werden können. Der Vorstand muss den Endtermin vorab festlegen und die Pauschalverweigerung gemäß §§ 158 Abs. 2, 163 BGB unter einer auflösenden Bedingung (hier der zeitlich fixierte Endtermin) erteilen. Dadurch wird sichergestellt, dass nicht gegen den aktienrechtlichen Grundsatz verstoßen wird, wonach die Vinkulierung nicht zu einer grundsätzlichen Unveräußerlichkeit auf unbestimmte Zeit führen darf.[650] Ist ein Endtermin für die Pauschalverweigerung fixiert, ist die Unveräußerlichkeit auf einen bestimmten Zeitraum beschränkt. Im Gegensatz zur Pauschalzustimmung, die nach ihrem Ablauf vom Vorstand erneut erteilt werden kann, ist ein solches Vorgehen bei einer Pauschalverweigerung wegen des damit erneut verbundenen Eingriffs in Art. 14 Abs. 1 GG ausgeschlossen. Andernfalls bestünde die Gefahr, dass es zu einer permanenten Unveräußerlichkeit des Anteils kommt. Denkbar ist aber, dass die Satzung ein Vorerwerbsrecht für Mitaktionäre vorsieht[651], falls der Aktionär nach Ablauf der Zeit im-

---

648 BGH Urt. v. 22.1.2013 – II ZR 80/10, DNotZ 2013, 697, 701; *Reuter*, Privatrechtliche Schranken der Perpetuierung von Unternehmen, S. 437, der für die Zwangseinziehung eine eindeutige Satzungsvorschrift fordert.
649 *Reuter*, Privatrechtliche Schranken der Perpetuierung von Unternehmen, S. 437, a.A.: *Teichmann*, Gestaltungsfreiheit in Gesellschaftsverträgen, S. 247, der einen schweren Schaden der AG bei Ausscheiden des Aktionärs bejaht und eine Erwerbsmöglichkeit der AG gemäß § 71 Abs. 1 Nr. 1 AktG annimmt.
650 Siehe oben, § 8 B IV 2.
651 LG München I Urt. v. 27.02.2017 – 5 HK O 14748/16, BeckRS 2017, 107418; zustimmend: *Giedinghagen*, AG 2017, R 243 f.; a.A.: *Bayer*, in: Münchener Kommentar z. AktG, § 68, Rn. 39, der ein Vorerwerbsrecht verneint, jedoch nicht da-

mer noch aus der Gesellschaft ausscheiden möchte, die Gesellschaft die Zustimmung aber dennoch nicht erteilen will. Jedoch darf eine Pflicht zur Aktienübertragung an die Gesellschaft oder an einen von der Gesellschaft ausgewählten Dritten nicht an den Eintritt bestimmter Tatsachen – etwa die Kündigung des Arbeitsverhältnisses – geknüpft werden.[652] In diesem Fall liegt ein unzulässiger Zwangsverkauf gegen den Willen des Aktionärs vor, während es sich bei dem bloßen statutarischen Vorerwerbsrecht um eine zulässige Ergänzung der gesetzlichen Vinkulierungsregeln handelt.[653] Auch eine sogenannte „Firmensperre"[654] mit einer schuldrechtlich wirkenden Übertragungsbeschränkung von mehreren Jahren, wie sie häufig bei Belegschaftsaktien vorkommt[655], kann aufgrund der vorstehenden Erwägungen jedenfalls nicht mit dinglicher Wirkung eingeführt werden. Damit ist eine Pauschalverweigerung als Zweck für die langfristige Bindung von Arbeitnehmern an das Unternehmen als ungeeignet einzustufen. Dagegen bietet sich die Pauschalverweigerung wegen ihrer starken dinglichen Wirkung besonders als Maßnahme zur kurzfristigen Stabilisierung des Gesellschafterkreises sowie zur Übernahmeprophylaxe an.

V. § 138 BGB als Rechtsfolge des Eingriffs in Art. 14 Abs. 1 GG

Den Gerichten obliegt es, den grundrechtlichen Schutz des Einzelnen bei der Auslegung der zivilrechtlichen Normen zu gewährleisten.[656] Der BGH hat entschieden, dass ein schuldrechtlicher Vertrag gemäß Art. 14 Abs. 1 GG, § 138 Abs. 1 BGB nichtig ist, wenn der Aktionär die Aktien bei Ein-

---

nach differenziert, ob der Aktionär freiwillig ausscheiden möchte (dann Vorerwerbsrecht zulässig) oder das Ausscheiden mit Vorerwerbsrecht der Mitaktionäre an bestimmte Tatsachen geknüpft wird (dann unzulässiger Zwangsverkauf).
652 Nach dem BayObLG, Beschl. v. 24.11.1988 – BReg. 3 Z 111/88, NJW-RR 1989, 687, 688 f., kann die Satzung keine Pflicht zur Übertragung der Anteile auf die Gesellschaft im Falle des arbeitnehmerbedingten Ausscheidens vorsehen. Nach dem Gericht bleibt der Gesellschaft nur die Möglichkeit, mit dem Aktionär eine schuldrechtliche Vereinbarung zu treffen, wonach er dessen Anteile bei Ausscheiden an die Gesellschaft übertragen muss; zustimmend: *Barthelmeß/Braun*, AG 2000, 172, 173.
653 *Giedinghagen*, AG 2017, R 243, 244.
654 Begriff bei *Knepper*, ZGR 1985, 419, 440.
655 Zur Zulässigkeit und den Grenzen von Bindeklauseln ausführlich *Buder*, Die Mitarbeiterbeteiligung durch Aktienoptionen und Belegschaftsaktien, S. 313 ff.
656 BVerfG Urt. v. 6.2.2001 – 1 BvR 12/92, NJW 2001, 957, 958; BGH Urt. v. 27.9.1999 – II ZR 305–98, NJW 1999, 3552.

tritt einer Bedingung entschädigungslos an die Gesellschaft zurückübertragen soll.[657] Der Fall liegt bei der Erteilung einer Pauschalverweigerung der Zustimmung zur Anteilsübertragung zwar anders, da die Zustimmungsverweigerung sich unmittelbar auf das dingliche Rechtsgeschäft bezieht und den Aktionär keine Verpflichtung trifft, seinen Anteil nach Ablauf der Zustimmungsverweigerung entschädigungslos an die Gesellschaft zu übertragen. Bei der Erteilung einer nicht gerechtfertigten Pauschalverweigerung wird dem Aktionär aber gegen dessen Willen die Möglichkeit genommen, den vermögenswerten Teil seines Anteils durch Veräußerung zu realisieren. Gleichzeitig wird er in der Gesellschaft festgehalten. Die guten Sitten bringen im Privatrecht den Wertmaßstab des Art. 14 Abs. 1 GG sowie der übrigen Grundrechte zum Ausdruck[658], weshalb die Pauschalverweigerung gemäß §§ 138 BGB, 241 Nr. 4 AktG nichtig ist, wenn die übrigen Tatbestandsvoraussetzungen des § 138 BGB vorliegen.[659] Ein Verstoß gegen die guten Sitten scheidet jedoch aus, wenn der Richter bereits im Rahmen der verfassungskonformen Auslegung von § 68 Abs. 2 AktG einen gerechten Interessensausgleich zwischen der Gesellschaft und dem Aktionär herzustellen vermag.

C. Einfluss des Art. 17 Abs. 1 GRCh auf die Rechtmäßigkeit einer Pauschalverweigerung

Neben dem Konflikt mit Art. 14 GG könnte eine Pauschalverweigerung der Zustimmung zur Übertragung vinkulierter Anteile auf europarechtlicher Ebene zu einer Beschränkung des nach Art. 17 Abs. 1 GRCh garantierten Eigentumsrechts des betroffenen Aktionärs führen.

---

657 BGH Urt. v. 22.1.2013 – II ZR 80/10, DNotZ 2013, 697, 701; zustimmend, *Oechsler*, in: Münchener Kommentar z. AktG, § 237, Rn. 65a.
658 OLG München Urt. v. 18.10.2007 – 23 U 5786/06, ZIP 2008, 220, 224; *Sack/Fischinger*, in: Staudinger, BGB, § 138, Rn. 22; *Schmidt-Räntsch*, in: Erman, BGB, § 138, Rn. 12a; *Wiedemann*, in: Umbach/Clemens, Kommentar zum GG, Art. 2, Rn. 315 ff., 324.
659 A.A.: *Koch*, Gutachten F zum 72. DJT 2018, F 53, der es für ausreichend erachtet, wenn Verstöße gegen die guten Sitten im Rahmen der materiellen Beschlusskontrolle geahndet werden.

I. Adressaten der europäischen Grundrechtecharta

Die EU-Grundrechtecharta ist in der EU nach Art. 6 Abs. 1 EUV rechtsverbindlich.[660] Grundrechtsadressat im Sinne des Art. 51 Abs. 1 S. 1 GRCh sind zunächst nur die Organe, Einrichtungen und sonstigen Stellen der Union.[661] Für die Mitgliedstaaten hingegen ist die Grundrechtecharta gemäß dem Wortlaut des Art. 51 Abs. 1 S. 1 GRCh ausschließlich bei der Durchführung des Rechts der Union zu beachten. Allerdings hat der EuGH in seiner Fransson-Entscheidung[662] bestätigt, dass die Mitgliedstaaten über die in Art. 51 Abs. 1 S. 1 GRCh geregelte *„agency-situation"*[663] hinaus die europäischen Grundrechte im gesamten Anwendungsbereich des Gemeinschaftsrechts zu beachten haben.[664] Dies betrifft vor allem die Grundfreiheiten.[665] Diese *„zweite Kategorie"*[666] von mitgliedstaatlichen Maßnahmen fußt auf dem ERT Urteil[667] des EuGH. Nach dem EuGH fungieren die EU-Grundrechte im Falle einer Berufung auf die Grundfreiheiten als Schranken-Schranke und sind im Rahmen der Rechtfertigung zu berücksichtigen.[668] Die Grundrechtecharta begründet dabei keine supranationalen Grundrechte, sondern es besteht ein geteilter Grundrechtsschutz

---

660 *Ehlers*, in: Ehlers, Europäische Grundrechte und Grundfreiheiten, § 14, Rn. 8.
661 *Calliess*, in: Calliess/Ruffert, EUV/AEUV, Art. 1 GRCh, Rn. 6; *Schwerdtfeger*, in: Meyer/Hölscheidt, GRCh, Art. 51, Rn. 27.
662 EuGH Urt. v. 26.02.2013 – C-617/10, NJW 2013, 1415, 1416 [Fransson].
663 *Kühling*, in: v. Bogandy/Bast, EuVerfR, S. 657, 680 ff.
664 *Calliess*, EuZW 2001, 261, 266; *Ehlers*, in: Ehlers, Europäische Grundrechte und Grundfreiheiten, § 14, Rn. 68; *Heselhaus*, in: Heselhaus/Nowak, Hdb der Europäischen Grundrechte, § 6, Rn. 8, 29.
665 *Haltern*, Europarecht, Bd. II, Rn. 1580, der den Unionsgrundrechten als Schranken-Schranke nur dann Bedeutung beimisst, wenn diese über das Schutzniveau der jeweiligen Grundfreiheit hinausgehen; *Heselhaus*, in: Heselhaus/Nowak, Hdb der Europäischen Grundrechte, § 6, Rn. 31, der die ERT-Entscheidung nach wie vor für relevant hält.
666 *Kühling*, in: v. Bogandy/Bast, EuVerfR, S. 657, 681.
667 EuGH Urt. v. 18.06. 1991 – C-260/89, BeckRS 2004, 75777 [ERT].
668 EuGH Urt. v. 18.06.1991 – C-260/89, BeckRS 2004, 75777, Rn. 42, 43 [ERT]; in der Literatur: *Kingreen*, in: Calliess/Ruffert, EUV/AEUV, Art. 51 GRCh, Rn. 16 f.; *Kühling*, in: v. Bogandy/Bast, EuVerfR, S. 657, 681; *Schwerdtfeger*, in: Meyer/Hölscheidt, GRCh, Art. 51, Rn. 39 ff.; kritisch in Bezug auf die Bindung der Mitgliedstaaten an die Grundrechte bei Maßnahmen im Bereich der Grundfreiheiten: *Folz*, in: Vedder/Heintschel von Heinegg, Europäisches Unionsrecht, Art. 51 GRCh, Rn. 6, m.w.N.; *Ruffert*, EuGRZ 1995, 518, 528 f.: EuGH hat keine Kompetenz mitgliedschaftliche Vorschriften, welche die Grundfreiheiten beeinträchtigen, an Grundrechten zu messen.

Dritter Teil: Die Pauschalverweigerung der Zustimmungserteilung

zwischen der Union und den Mitgliedstaaten.[669] Bei einer Beeinträchtigung der Grundfreiheiten hat der EuGH die Kompetenz, die mitgliedstaatliche Maßnahme im Rahmen der Rechtfertigung an den europäischen Grundrechten zu messen.[670]

II. Anwendbarkeit der EU-Grundrechtecharta bei Erteilung einer Pauschalverweigerung

§ 68 Abs. 2 AktG sowie § 180 Abs. 2 AktG haben ihren Ursprung im nationalen Recht, weshalb die Anwendbarkeit der EU-Grundrechtecharta auf Grundlage einer Durchführung des Rechts der Union ausscheidet. Art. 17 Abs. 1 GRCh kann bei der Erteilung einer Pauschalverweigerung der Zustimmung zur Übertragung vinkulierter Anteile aber dann eine Rolle spielen, wenn die Pauschalverweigerung einem Aktionär gegenüber erteilt wird und darin eine Beschränkung der Kapitalverkehrsfreiheit gemäß Art. 63 Abs. 1 AUEV oder der Niederlassungsfreiheit gemäß Art. 49 Abs. 1 AEUV liegt. Art. 17 Abs. 1 GRCh ist dann als Schranken-Schranke im Rahmen der Rechtfertigung zu berücksichtigen.

D. Beschränkung der Kapitalverkehrsfreiheit gemäß Art. 63 Abs. 1 AEUV durch die Erteilung einer Pauschalverweigerung

Eine Pauschalverweigerung der Zustimmung zur Übertragung vinkulierter Anteile schließt die Desinvestition der gehaltenen Anteile für den Zeitraum ihrer Gültigkeit gänzlich aus, weshalb umgekehrt auch ein Erwerb der Anteile durch Investoren nicht möglich ist. Damit könnte die Pauschalverweigerung eine Beschränkung der Kapitalverkehrsfreiheit darstellen.[671]

---

669 *Britz*, EuGRZ 2015, 275; *Kingreen*, in: Calliess/Ruffert, EUV/AEUV, Art. 51 GRCh, Rn. 14; inzwischen besteht eine Tendenz zu einem geschichteten Grundrechtsschutz zwischen Unionsgrundrechten und staatlichen Grundrechten, vgl. *Masing*, JZ 2015, 477, 480, 483.
670 *Britz*, EuGRZ 2015, 275, 276 f.
671 Eine mittelbare Drittwirkung der Grundfreiheiten bei Verweigerung der Zustimmung gemäß § 68 Abs. 2 AktG deuten an: *Groß*, EuZW 1994, 395, 397; *Grundmann/Möslein*, ZGR 2003, 317, 359; *Lutter*, AG 1992, 369, 371, Fn. 18; ausf. zur Beschränkungswirkung einer statutarischen Vinkulierungsklausel: *Hüt-*

I. Eröffnung des Anwendungsbereichs der Kapitalverkehrsfreiheit gemäß Art. 63 Abs. 1 AEUV

Der Kapitalverkehr ist in Art. 63 Abs. 1 AEUV nicht definiert. Betrachtet man die kapitalverkehrsrelevanten primär- und sekundärrechtlichen Regelungen, ergibt sich, dass der Kapitalverkehr alle über die Grenzen eines Mitgliedstaats stattfindenden Transaktionen umfasst, die auf Geld oder Sachkapital gerichtet sind und die ihren Ursprung nicht direkt im Waren- oder Dienstleistungsverkehr haben.[672] Die Kapitalverkehrsfreiheit dient primär der Sicherung des EU-Binnenmarktes[673], umfasst aber auch Investitionen zwischen Mitgliedstaaten und Drittstaaten.[674] Daher können sich auch Drittstaatsangehörige auf den unmittelbaren Anwendungsbereich des Art. 63 Abs. 1 AEUV als ihr subjektives Recht vor den Gerichten der Mitgliedstaaten berufen.[675]

Dass auch die Anteilsübertragung unter die Kapitalverkehrsfreiheit fällt, ergibt sich aus Anhang I der Kapitalverkehrsrichtlinie 88/361[676]. Dort aufgeführt sind Geschäfte, die den Schutzbereich der Kapitalverkehrsfreiheit eröffnen, wenngleich der Anhang keine abschließende Aufzählung[677] enthält. Nach Punkt III des Anhangs I der Kapitalverkehrsrichtlinie 88/361 umfasst der Anwendungsbereich der Kapitalverkehrsfreiheit Geschäfte mit Wertpapieren, die normalerweise am Kapitalmarkt gehandelt werden. Nach Punkt V ist die Kapitalverkehrsfreiheit bei Geschäften mit Wertpapieren und anderen Instrumenten eröffnet, die normalerweise am Geldmarkt gehandelt werden. Der Handel mit Aktien ist damit sowohl in der börsennotierten als auch in der nichtbörsennotierten AG von der Kapitalverkehrsfreiheit umfasst. Eine Berührung der Kapitalverkehrsfreiheit liegt jedoch nicht nur dann vor, wenn ein Inländer seine Aktien im Ausland verkaufen möchte, oder umgekehrt[678]. Sie ist auch gegeben, wenn Anteile

---

ten, Gesetzliche und satzungsmäßige Investitions- und Übernahmehindernisse, S. 561 ff., der eine behindernde Wirkung im Ergebnis verneint.

672 *Bröhmer*, in: Calliess/Ruffert, EUV/AEUV, Art. 63 AEUV, Rn. 10; *Kotzur*, in: Geiger/Khan/Kotzur, EUV/AEUV, Art. 63 AEUV, Rn. 3.
673 *Oppermann/Classen/Nettesheim*, Europarecht, § 30, Rn. 1.
674 *Bröhmer*, in: Calliess/Ruffert, EUV/AEUV, Art. 63 AEUV, Rn. 6; *Oppermann/Classen/Nettesheim*, Europarecht, § 30, Rn. 1, 3, 12.
675 *Khan/Eisenhut*, in: Vedder/Heintschel von Heinegg, Europäisches Unionsrecht, Art. 63 AEUV, Rn. 3.
676 RICHTLINIE 88/361/EWG vom 24. Juni 1988.
677 Vgl. Punkt XIII. F der Nomenklatur in Anhang I der Kapitalverkehrsrichtlinie 88/361/EWG: „Verschiedenes".
678 *Bröhmer*, in: Calliess/Ruffert, EUV/AEUV, Art. 63 AEUV, Rn. 10.

an einer gebietsansässigen Gesellschaft durch einen Gebietsansässigen von einem fremden Anteilseigner erworben werden.[679]

II. Abgrenzung zur Niederlassungsfreiheit

Die Abgrenzung der Kapitalverkehrsfreiheit von der Niederlassungsfreiheit bereitet Rechtsprechung und Rechtspraxis Schwierigkeiten. Während der EuGH lange Zeit ein Nebeneinander beider Grundfreiheiten für möglich hielt[680], geht die Tendenz inzwischen zu einem Exklusivitätsverhältnis beider Grundfreiheiten[681].

Die Einschlägigkeit der Niederlassungsfreiheit ist bei einer Veräußerung von Anteilen an einer Gesellschaft möglich, wenn der Erwerber durch den möglichen Kauf der Anteile einen sicheren Einfluss in der Gesellschaft erlangt (*„definite influence"*[682]). In den mehrwiegenden Fällen in der Praxis werden sich Veräußerer oder Erwerber somit allein auf die Kapitalverkehrsfreiheit berufen, sodass schon kein Konflikt mit der Niederlassungsfreiheit vorliegt. Von Wichtigkeit ist die Abgrenzung bei Investoren aus Drittstaaten, da diese sich nicht auf die Niederlassungsfreiheit, wohl aber auf die Kapitalverkehrsfreiheit berufen können.[683]

---

679 EuGH Urt. v. 17.9.2009 – C-182/08, DStRE 2009, 1370, 1373; *Bröhmer*, in: Calliess/Ruffert, EUV/AEUV, Art. 63, Rn. 10.
680 EuGH Urt. v. 1.6.1999 – C-302/97, BeckRS 2004, 76163 [Konle]; EuGH Urt. v. 4.6.2002 – C-503/99, NJW 2002, 2303, 2304 [Golden Share I]; EuGH Urt. v. 4.6.2002 – C-483/99, NZG 2002, 628, 629 [Golden Share II]; EuGH Urt. v. 26.6.2008 – C-284/06, EuZW 2008, 533, 536 [Burda]; EuGH Urt. v. 23.6.2009 – C-326/07, EuZW 2009, 458, 460.
681 EuGH Urt. v. 10.6.2015 – C-686/13, DStRE 2015, 1178, 1180: nach dem Gericht fällt eine nationale Regelung, die es ermöglicht einen sicheren Einfluss auf die Gesellschaft auszuüben, allein unter die Niederlassungsfreiheit; *Oppermann/Classen/Nettesheim*, Europarecht, § 30, Rn. 8; *Sedlaczek/Züger*, in: Streinz, EUV/AEUV, Art. 63 AEUV, Rn. 33, die für die vorrangige Anwendbarkeit der sachgerechteren Grundfreiheit plädieren; a.A.: *Wilmowsky*, in: Ehlers, Europäische Grundrechte und Grundfreiheiten, § 12, Rn. 55, der ein Nebeneinander von Kapitalverkehrsfreiheit und Niederlassungsfreiheit für möglich erachtet; ebenso: *Habersack/Verse*, Europäisches Gesellschaftsrecht, § 3, Rn. 48.
682 *Habersack/Verse*, Europäisches Gesellschaftsrecht, § 3, Rn. 49; *Frenz*, EWS 2011, 125, 128.
683 *Habersack/Verse*, Europäisches Gesellschaftsrecht, § 3, Rn. 49; *Hindelang*, JZ 2009, 829, 830.

III. Zurechenbarkeit einer Pauschalverweigerung zum Mitgliedstaat

Da eine Pauschalverweigerung in der börsennotierten Aktiengesellschaft wegen der Gefährdung des ungestörten Handels unzulässig ist[684], kommt sie als eine Maßnahme mit behindernder Wirkung nur bei der nichtbörsennotieren Gesellschaft in Betracht. Bei letzterer kommen grenzüberschreitende Transaktionen insbesondere im Rahmen von Private Equity Geschäften vor.[685]

1. Der Staat als Aktionär

Eine mögliche Behinderung der Kapitalverkehrsfreiheit durch die Erteilung einer Pauschalverweigerung kann nicht auf einen legislativen Eingriffsakt durch den Staat gestützt werden. Eine Pauschalverweigerung wird nicht per Gesetz erlassen, sondern ergeht auf Grundlage einer Satzungsermächtigung unter Zustimmung der betroffenen Aktionäre gemäß § 180 Abs. 2 AktG. Die Tatsache, dass der Staat eine Maßnahme mit behindernder Wirkung nicht unmittelbar per Gesetz erlässt, bedeutet jedoch nicht, dass eine mitgliedstaatliche Verantwortung zwingend ausgeschlossen ist. Diese kann auch dann gegeben sein, wenn die Maßnahme der Gesellschaft dem Staat zugerechnet werden kann.[686] Dies ist der Fall, wenn ein Eingriff aufgrund einer Satzungsregelung erfolgt und die Regelung durch den Staat als Alleinaktionär erlassen wird.[687]

Eine Maßnahme der Gesellschaft wird dem Staat darüber hinaus in denjenigen Fällen zugerechnet, in denen er als öffentliches Unternehmen im Sinne des Art. 106 AEUV zu qualifizieren ist.[688] Gemäß Art. 2b) der

---

684 Siehe oben, § 8 A I.
685 *Pießkalla*, Goldene Aktien, S. 155.
686 *Frenz*, EWS 2011, 125, 130; *Kingreen*, in: Callies/Ruffert, EUV/AEUV, Art. 34 AEUV, Rn. 107; *Stöber*, NZG 2010, 977, 979, ausf. zum Erfordernis eines Zurechnungstatbestands: *Schindler*, Die Kollision von Grundfreiheiten und Gemeinschaftsgrundrechten, S. 32 ff.
687 *Hütten*, Gesetzliche und satzungsmäßige Investitions- und Übernahmehindernisse, S. 443, m.w.N.
688 EuGH Urt. v. 6.7.1982 – C-188/80, BeckRS 2004, 72099; EuGH Urt. v. 12.7.1990 – C-188/89, NJW 1991, 3086, 3087; *Frenz*, Handbuch Europarecht, Rn. 321, 325; *Roth*, FS Everling, Band II, 1995, S. 1231, 1243 f.; *Wernicke*, in: Grabitz/Hilf/Nettesheim, EUV/AEUV, Art. 106 AEUV, Rn. 61; a.A.: *Hütten*, Gesetzliche und satzungsmäßige Investitions- und Übernahmehindernisse, S. 438 ff., 442, m.w.N., der eine mitgliedstaatliche Verantwortung auch bei öffentlichen Unternehmen

Dritter Teil: Die Pauschalverweigerung der Zustimmungserteilung

Richtlinie über die Transparenz der finanziellen Beziehungen zwischen den Mitgliedstaaten und den öffentlichen Unternehmen[689] ist ein Unternehmen als öffentlich i.S.v. Art. 106 Abs. 1 AEUV zu qualifizieren, wenn der Staat auf das Unternehmen unmittelbar oder mittelbar einen beherrschenden Einfluss ausübt. Dies wird vermutet, wenn die öffentliche Hand die Mehrheit des gezeichneten Kapitals des Unternehmens besitzt oder über die Stimmenmehrheit verfügt oder mehr als die Hälfte der Mitglieder des Aufsichtsorgans bestellen kann.[690]

Ist der Staat nicht als öffentliches Unternehmen zu qualifizieren, kommt es auch dann zu einer Zurechnung, wenn dessen Stimmen für eine die Grundfreiheiten beschränkende Maßnahme kausal waren.[691]

Für die Erteilung einer Pauschalverweigerung der Zustimmung zur Übertragung vinkulierter Anteile durch den Vorstand stellt sich die Besonderheit, dass sämtliche betroffenen Aktionäre gemäß § 180 Abs. 2 AktG ihre Zustimmung hierfür vorab erteilen müssen. Eine Zurechnung an den (mitstimmenden) Mitgliedstaat findet nicht statt, da die Maßnahme des Vorstands in diesem Fall auf den konkreten Willen des zustimmenden Aktionärs zurückgeht[692].

2. Die Erteilung einer abstrakten Ermächtigung zur Erteilung einer Pauschalverweigerung

Der Ermächtigungsbeschluss zur Erteilung einer Pauschalverweigerung geht dann nicht auf den Willen der Aktionäre zurück, wenn diese den Vorstand lediglich abstrakt zur Erteilung einer Pauschalverweigerung ermächtigt haben. In diesem Fall steht die Zustimmung gemäß § 180 Abs. 2 AktG in keinem Zusammenhang mit der späteren Zustimmungsverweige-

---

      nur über die mitgliedstaatliche Zurechnung der Unternehmenshandlungen für möglich hält.
689 RICHTLINIE 2006/111/EG vom 16. November 2006.
690 RICHTLINIE 2006/111/EG vom 16. November 2006, Art. 2b) i-iii.
691 *Hütten*, Gesetzliche und satzungsmäßige Investitions- und Übernahmehindernisse, S. 446; *Lieder*, ZHR 2008, 306, 339 f.; *Lübke*, Der Erwerb von Gesellschaftsanteilen zwischen Kapitalverkehrs- und Niederlassungsfreiheit, S. 244, 351; *Stöber*, NZG 2010, 977, 979.
692 Ebenso in Bezug auf ad-hoc Zustimmungen zur Abwehr einer feindlichen Übernahme: *Möslein*, Grenzen unternehmerischer Leitungsmacht im marktoffenen Verband, S. 267, der die Aktionäre hier als „*residuale Risikoträger*" ansieht; zum Eingriff in Art. 14 Abs. 1 GG durch die Pauschalverweigerung siehe oben, § 8 B III.

rung der Übertragung der Anteile. Wegen des beim Vorstand verbleibenden Ermessensspielraums, ob und wann er eine Pauschalverweigerung erteilt, stellt die Entscheidung in den Fällen einer abstrakten Ermächtigung zur Vinkulierungsverschärfung eine Beschränkung der Kapitalverkehrsfreiheit dar.[693] Es stellt sich die Frage, ob der Staat für die Vereinbarkeit der Pauschalverweigerung mit höherrangigem EU-Recht im Rahmen einer abstrakten Ermächtigung verantwortlich sein kann.

a) Schutzpflicht des Mitgliedstaats

Möglicherweise kann für die Zurechnung einer Pauschalverweigerung an den Mitgliedstaat daran angeknüpft werden, dass der Staat durch die Einführung der §§ 68 Abs. 2 AktG, 180 Abs. 2 AktG überhaupt erst die Möglichkeit dafür geschaffen hat, dass der Vorstand durch die Erteilung einer Zustimmungsverweigerung den Kapitalverkehr beschränken kann.[694] Hierbei gilt jedoch zu berücksichtigen, dass der Vorstand eine Pauschalverweigerung auf der Grundlage eines Ermächtigungsbeschlusses in der Satzung erteilt. Jedoch besteht in diesem Fall die Möglichkeit, dass der Staat nach den Grundsätzen der mittelbaren Drittwirkung zur Verantwortung gezogen werden kann.[695] Kommt der Mitgliedstaat seiner Garantenpflicht nicht nach, kommt ein Eingriff in die Grundfreiheit

---

693 Nach *Lübke* stellt die Zustimmungsverweigerung des Vorstands gemäß § 68 Abs. 2 AktG eine die Kapitalverkehrsfreiheit beschränkende Maßnahme dar, Der Erwerb von Gesellschaftsanteilen zwischen Kapitalverkehrsfreiheit und Niederlassungsfreiheit, S. 267, 500 f.; eine privatautonome Selbstbeschränkung der Aktionäre bei einer autonomen Entscheidung des Vorstands zur Abwehr einer Übernahme verneint *Kainer*, Unternehmensübernahmen im Binnenmarktrecht, S. 351, 359 f.; ders. ZHR 2004, 542, 572; nach *Möslein* stellen Vorratsermächtigungen zur Abwehr einer Übernahme eine Beschränkung der Grundfreiheiten dar, Grenzen unternehmerischer Leitungsmacht im marktoffenen Verband, S. 267; a.A.: *Hütten*, Gesetzliche und satzungsmäßige Investitions- und Übernahmehindernisse, S. 565 ff., der in der Genehmigungsverweigerung keine Beschränkung der Kapitalverkehrsfreiheit sieht, da sich die Hauptversammlung durch die Vinkulierungseinführung selbst beschränkt hat.
694 Eine ausführliche Auseinandersetzung dieser Frage findet statt bei *Hütten*, Gesetzliche und satzungsmäßige Investitions- und Übernahmehindernisse, S. 461 ff., der eine beschränkende Wirkung im Falle der Erteilung der Zustimmungsverweigerung durch den Vorstand verneint, S. 565 ff.
695 Für eine mittelbare Drittwirkung der Grundfreiheiten: *Burgi*, EWS 1999, 327, 331 f.; *Canaris*, in: Umwelt, Wirtschaft und Recht, S. 31, 37 f.; *Schmahl/Jung*, NVwZ 2013, 607, 612; *Streinz/Leible*, EuZW 2000, 459, 465 ff.

Dritter Teil: Die Pauschalverweigerung der Zustimmungserteilung

durch Unterlassen in Betracht.[696] Eine mitgliedstaatliche Schutzpflicht zur Beachtung der Grundfreiheiten bejahte der EuGH erstmals in den Fällen *Agrarblockaden*[697] und *Schmidberger*[698]. Dass der EuGH in den Golden-Shares-Fällen eine unmittelbare Beschränkung des Kapitalverkehrs bejahte[699], ist für die Frage einer mittelbaren Drittwirkung bei Erteilung einer Pauschalverweigerung auf Grundlage einer Satzungsermächtigung irrelevant. Denn die Sonderrechte waren bei den Golden-Shares-Fällen regelmäßig zu Gunsten staatlicher Aktionäre ausgestaltet.[700] Die Möglichkeit zur Einführung der Vinkulierungsverschärfung nach § 180 Abs. 2 AktG ist anders gelagert und dem Fall vergleichbar, dass der Gesetzgeber eines Mitgliedstaates der Gesellschaft eine Ausgabe von Mehrstimmrechtsaktien gestattet.[701] In der Befugnisnorm zur Ausgabe von Mehrstimmrechtsaktien liegt kein normkausaler Eingriff in die Kapitalverkehrsfreiheit durch den Mitgliedstaat vor, sofern die Regelung allgemein gefasst ist. Die Ausgabe der Mehrstimmrechtsaktien erfolgt vielmehr privatautonom auf der Grundlage einer Regelung in der Satzung bei der jeweiligen Gesellschaft. Gleichwohl führt die Ausgabe von Mehrstimmrechtsaktien an private Investoren zu einer Beschränkung der Kapitalverkehrsfreiheit, da potentielle Investoren für eine vergleichbare Einwirkungsmöglichkeit mehr Anteile erwerben müssen.[702] Zwar erachtet der EuGH die Übernahme der

---

696 *Streinz/Leible*, EuZW 2000, 459, 466.
697 EuGH Urt. v. 9.12.1997 – C-265/95, NJW 1998, 1931, 1932 f. [Agrarblockaden].
698 EuGH Urt. v. 12.6.2003 – C-112/00, EuR 2003, 657, 664 [Schmidberger]: nach dem Gericht verpflichtet die Warenverkehrsfreiheit die Mitgliedstaaten dazu, alle notwendigen Maßnahmen zu treffen, um die Beachtung der Grundfreiheit zu gewährleisten.
699 EuGH Urt. v. 23.10.2007 – C-112/05, NJW 2007, 3481, 3485 [VW]; EuGH Urt. v. 6.12.2007 – C-463/04, C-463, C-464/04, BeckRS 2007, 71020 [Federconsumatori].
700 EuGH Urt. v. 6.12.2007 – C-463/04, C-463, C-464/04, BeckRS 2007, 71020 [Federconsumatori]; EuGH Urt. v. 8.7.2010 – C-171/08, NZG 2010, 983, 985 f.
701 Das europäische Recht kennt anders als das deutsche Recht kein Verbot von Mehrstimmrechtsaktien: *Mock*, in: Großkommentar z. AktG, § 12, Rn. 21.
702 *Möslein*, ZIP 2007, 208, 214, der auch bei privatautonomen Satzungsregeln eine marktzugangshindernde Wirkung für potentielle Anleger bejaht; nach *Lieder* stellen Maßnahmen wie Höchststimmrechte und Stimmrechtsbeschränkungen eine Beschränkung der Kapitalverkehrsfreiheit dar, sofern sie auf staatliche Einflussnahme zurückgehen, ZHR 2008, 309, 336 ff., 341 f. Eine mittelbare Drittwirkung der Grundfreiheiten hält er für *„noch völlig ungeklärt"*, ZHR 2008, 309, 318; a.A.: *Anderson*, Stimmrechtsproportionalität im Aktienrecht, S. 161 ff.; *Mock*, in: Großkommentar z. AktG, § 12, Rn. 24, der eine Beschränkung der

Keck-Rechtsprechung auf die Kapitalverkehrsfreiheit für möglich.[703] Er stellte jedoch fest, dass eine beschränkende Wirkung der Kapitalverkehrsfreiheit nicht allein deshalb entfällt, weil die entsprechende Maßnahme unterschiedslos für Gebietsansässige wie auch Gebietsfremde gilt.[704] Sofern die Situation des Erwerbs einer Beteiligung als solche berührt ist und die Beschränkung geeignet ist, Anleger aus anderen Mitgliedstaaten von einer Investition abzuhalten, liegt mit dem EuGH ein Eingriff in die Kapitalverkehrsfreiheit vor.[705] Die Mitgliedstaaten müssen daher auch bei privatautonomen Maßnahmen der Gesellschaften, welche das Prinzip des Erwerbs an sich betreffen, dafür Sorge tragen, dass die Kapitalverkehrsfreiheit hinreichend Wirkung entfaltet. Eine übermäßige Beschränkung der unternehmerischen Freiheit ist bei der Bejahung einer Schutzpflicht des Staates nicht zu befürchten.[706] Das Schutzniveau der Grundfreiheiten ist bei der mittelbaren Drittwirkung deutlich geringer als bei einem aktiven Eingreifen durch den Staat.[707] Es gilt das Untermaßverbot.[708]

Kapitalverkehrsfreiheit bei der Ausgabe von Mehrstimmrechtsaktien an private Investoren verneint.

703 *Ress/Ukrow*, in: Grabitz/Hilf/Nettesheim, EUV/AEUV, Art. 63 AEUV, Rn. 167, m.w.N.
704 EuGH Urt. v. 13.5.2003 – Rs. C-463/00, EuZW 2003, 529, 534, Rz. 61; EuGH Urt. v. 13.5.2003 – Rs. C-98/01, NZG 2003, 685, 688, Rz. 47.
705 EuGH Urt. v. 13.5.2003 – Rs. C-463/00, EuZW 2003, 529, 534, Rz. 61; EuGH Urt. v. 13.5.2003 – Rs. C-98/01, NZG 2003, 685, 688, Rz. 47.
706 Dies verkennen *Spindler*, RIW 2003, 850, 854 und *Lieder*, ZHR 2008, 306, 318 f. *Spindler* spricht sich gegen die mittelbare Drittwirkung der Grundfreiheiten im Gesellschaftsrecht aus. Nach *Lieder* ist die Reichweite einer staatlichen Schutzpflicht ungeklärt und lässt jedenfalls die Zulässigkeit von statutarischen Vinkulierungsklauseln unberührt.
707 *Canaris*, in: Umwelt, Wirtschaft und Recht, S. 31, 53; *Frenz*, Handbuch Europarecht, Rn. 373; *Habersack/Verse*, Europäisches Gesellschaftsrecht, § 3 Rn. 11, die den Mitgliedsstaaten zur Erfüllung ihrer Schutzpflichten einen weiten Beurteilungsspielraum zubilligen; *Neumann/Ogorek*, NZG 2008, 892, 897.
708 *Canaris*, in: Umwelt, Wirtschaft und Recht, S. 31, 53; *Neumann/Ogorek*, NZG 2008, 892, 897, mitgliedstaatliches Schutzniveau darf Mindestmaß nicht unterschreiten.

b) Unmittelbare Bindung der Gesellschaft an die Grundfreiheiten im Privatrecht

Fraglich ist, ob die Kapitalverkehrsfreiheit im Horizontalverhältnis nicht sogar unmittelbar Anwendung findet.[709] Zuletzt verneinte der EuGH eine unmittelbare Drittwirkung der Warenverkehrsfreiheit[710], nachdem er diese anfänglich bejahte[711]. Denn nur durch eine Ablehnung der unmittelbaren Drittwirkung der Grundfreiheiten wird die Kompetenzordnung zwischen der Union und den Mitgliedstaaten gewahrt.[712] Auch passt die Struktur der Grundfreiheiten nicht für den Handelsverkehr zwischen Privaten, da diese ihr Verhalten nicht mit der öffentlichen Sicherheit und Ordnung rechtfertigen können.[713] Gegen eine unmittelbare Drittwirkung sprechen auch die vertraglichen Vorschriften über den Wettbewerb.[714] Die Art. 101 ff. AEUV halten spezielle Regelungen für Private bereit, die nicht durch die Grundfreiheiten unterlaufen werden dürfen.[715]

Eine unmittelbare Drittwirkung ist aus den vorstehenden Gründen somit abzulehnen. Für die Sicherstellung der Rechte der Unionsbürger

---

709 Gegen eine unmittelbare Drittwirkung der Grundfreiheiten: *Burgi*, EWS 1999, 327, 330; *Canaris*, in: Umwelt, Wirtschaft und Recht, S. 29, 49 f.; *Frenz*, Handbuch Europarecht, Rn. 372; *Kingreen*, in: Callies/Ruffert, EUV/AEUV, Art. 34 AEUV Rn. 115 f.; *Lieder*, ZHR 2008, 306, 311 f.; für eine unmittelbare Drittwirkung: *Ganten*, Die Drittwirkung der Grundfreiheiten, S. 118; *Hütten*, Gesetzliche und satzungsmäßige Investitions- und Übernahmehindernisse, S. 553; *Müller-Graff*, EuR 2014, 1, 9; einschr.: *Möslein*, Grenzen unternehmerischer Leitungsmacht im marktoffenen Verband, S. 256 ff., 265, der nur bei einem Machtungleichgewicht zwischen Privaten eine unmittelbare Bindung des Überlegenen bejaht.

710 EuGH Urt. v. 1.10.1987 – Rs. 311/85, BeckRS 2004, 70731 Rz. 30; *Kingreen*, in: Callies/Ruffert, EUV/AEUV, Art. 34 AEUV, Rn. 112, m.w.N.; für eine unmittelbare Drittwirkung der Warenverkehrsfreiheit: GA *Trstenjak*, Schlussantrag vom 28.03.2012 – C-171/11, BeckRS 2012, 80688 Rz. 29 ff.

711 EuGH Urt. v. 22.1.1981 – Rs. 58/80, NJW 1981, 1893, 1894 [Dansk Supermarket].

712 *Canaris*, in: Umwelt, Wirtschaft und Recht, S. 29, 51 f.; *Stachel*, Schutzpflichten der Mitgliedstaaten, S. 65 f.; *Streinz/Leible*, EuZW 2000, 459, 466; *Stünkel*, EG-Grundfreiheiten und Kapitalmärkte, S. 333 f.

713 *Kingreen*, in: Callies/Ruffert, EUV/AEUV, Art. 34 AEUV, Rn. 115, m.w.N.; *Roth*, FS Everling, Band II, 1995, S. 1231, 1241; *Schmahl/Jung*, NVwZ 2013, 607, 611.

714 *Kingreen*, in: Callies/Ruffert, EUV/AEUV, Art. 34 AEUV, Rn. 115; *Schmahl/Jung*, NVwZ 2013, 607, 611.

715 *Schmahl/Jung*, NVwZ 2013, 607, 611.

genügt die Schutzpflicht des jeweiligen Mitgliedstaates.[716] Durch die Anerkennung einer staatlichen Schutzpflicht werden jegliche Bedenken gegen die Erfüllung des „*effet-utile-Grundsatzes*"[717] ausgeräumt.

3. Die Rechtsstellung des Erwerbers der vinkulierten Anteile

Der Erwerber der vinkulierten Anteile kann sich vor den Gerichten stets auf eine Beschränkung der Kapitalverkehrsfreiheit wegen der Erteilung einer Pauschalverweigerung der Zustimmung zur Übertragung seiner Anteile berufen. Das Argument, wonach der Erwerber bei seinem Beitritt die gesamte Satzung in Form einer Generalzustimmung billigt, weshalb eine Beeinträchtigung der Kapitalverkehrsfreiheit ausscheide[718], stellt in Bezug auf die Zustimmungsverweigerung zum Erwerb vinkulierter Anteile einen Zirkelschluss dar. Denn die Zustimmungsverweigerung beschränkt gerade das Prinzip des Erwerbs an sich, weshalb es mangels Eintritts in die Gesellschaft schon nicht zur Billigung des gesamten Satzungsinhalts und damit auch der Vinkulierungsverschärfung kommen kann.

4. Rechtfertigung der Beschränkung des freien Kapitalverkehrs

Die Beschränkung des freien Kapitalverkehrs unter Privaten kann im Einzelfall gerechtfertigt sein. In diesem Fall besteht keine Pflicht des Mitgliedstaats zu Schutzmaßnahmen für die betroffenen Aktionäre.

Anders als in dem Fall „Agrarblockaden"[719], in welchem der französischen Regierung vorgeworfen werden konnte, eine wiederholte Beschränkung der Grundfreiheiten nicht unterbunden zu haben, kann dem Staat im Hinblick auf die Erteilung einer Pauschalverweigerung durch den Vorstand ein präventives Tätigwerden nicht zugemutet werden. Der jeweilige

---

716 Wie hier: *Frenz*, Handbuch Europarecht, Rn. 372 f.; *Körber*, Grundfreiheiten und Privatrecht, S. 709 f.; *Schmahl/Jung*, NVwZ 2013, 607, 612; *Streinz/Leible*, EuZW 2000, 459, 466.
717 Eine Auseinandersetzung der unmittelbaren Drittwirkung mit dem *effet-utile-Grundsatz* findet statt bei *Körber*, Grundfreiheiten und Privatrecht, S. 775 ff. Nach *Körber* vermag der *effet-utile-Grundsatz* keine unmittelbare Drittwirkung zu rechtfertigen, S. 796.
718 So *Hütten*, Gesetzliche und satzungsmäßige Investitions- und Übernahmehindernisse, S. 580 f., 628.
719 EuGH Urt. v. 9.12.1997 – C-265/95, NJW 1998, 1931, 1933 [Agrarblockaden].

Mitgliedstaat muss nicht für jeden denkbaren Fall der Beschränkung der Grundfreiheiten Vorsorge treffen.[720] Ein Überwachungssystem durch die Exekutive erscheint lebensfremd und würde die Handlungsfähigkeit des Staates aufgrund des zusätzlichen Bürokratieaufwands schwächen. Auch hat der Gesetzgeber durch das Zustimmungserfordernis nach § 180 Abs. 2 AktG sichergestellt, dass bereits bei Einführung einer Vinkulierungsverschärfung die Rechte des betroffenen Aktionärs geschützt werden. Eine Schutzlücke für die aktuellen Aktionäre besteht damit nur im Falle eines abstrakten Ermächtigungsbeschlusses. Dagegen ist der Erwerber selbst bei einer konkreten Ermächtigung der Aktionäre zur Erteilung einer Pauschalverweigerung – mangels persönlicher Zustimmung nach § 180 Abs. 2 AktG – in seiner Kapitalverkehrsfreiheit beschränkt. Die in ihren Grundfreiheiten beeinträchtigten Aktionäre bzw. der Erwerber können sich daher gegenüber den zum Handeln verpflichteten Gerichten auf die Verletzung der Kapitalverkehrsfreiheit berufen. Die einschlägigen Grundfreiheiten werden dann von den Gerichten einer Verhältnismäßigkeitsprüfung unterzogen.[721] Die in Art. 64 und Art. 65 AEUV geschriebenen Rechtfertigungsgründe scheiden bei Erteilung einer Pauschalverweigerung mangels Einschlägigkeit aus. Der Richter hat die Zustimmungsverweigerung folglich anhand der ungeschriebenen Rechtfertigungsgründe zu überprüfen. Eine Maßnahme ist nach allgemeinen Grundsätzen gerechtfertigt, wenn sie nichtdiskriminierend ist, sie aus zwingenden Gründen des Allgemeinwohls ergeht sowie zur Erreichung des angestrebten Zwecks geeignet und erforderlich ist.[722] Insbesondere die europäischen Grundrechte sind dabei als Schranke wie auch als Schranken-Schranke[723] zu berücksichtigen. Die kollidierenden Grundfreiheiten und Grundrechte sind im Rahmen einer Abwägung durch das Gericht in Ausgleich zu bringen.[724] Den europäischen Grundrechten kommt bei der Rechtfertigung von privatautonom

---

720 *Neumann/Ogorek*, NZG 2008, 892, 897.
721 *Manger-Nestler/Noack*, JuS 2013, 503, 506.
722 *Lieder*, ZHR 2008, 306, 314; *Ress/Ukrow*, in: Grabitz/Hilf/Nettesheim, EUV/AEUV, Art. 63 AEUV, Rn. 227.
723 Diese Terminologie ist im Europarecht nicht gebräuchlich. Es soll verdeutlicht werden, dass den Rechtfertigungsgründen des AEUV selbst Grenzen gesetzt sind. Die europäischen Grundrechte können dabei entweder ein zusätzlicher Rechtfertigungsgrund sein oder aber bestehenden Rechtfertigungsgründen entgegengesetzt werden, *Kahl/Schwind*, EuR 2014, 170, 172 ff.; *Manger-Nestler/Noack*, JuS 2013, 503, 504 f.
724 EuGH Urt. v. 11.12.2007 – C-438/05, NZA 2008, 124, 130, Rz. 79 [Viking Line]; *Ganten*, Die Drittwirkung der Grundfreiheiten, S. 176; *Möslein*, AG 2007, 770, 775; *Neumann/Ogorek*, NZG 2008, 892, 896.

eingeführten Investitionshindernissen eine Schlüsselrolle zu. So kann sich die Gesellschaft auf die Ausübung der ihr eingeräumten Satzungsautonomie berufen, welche Ausfluss der Vereinigungsfreiheit gemäß Art. 12 GRCh ist.[725] Die Maßnahme des Vorstands kann dabei aus Gründen des Unternehmenswohls gerechtfertigt sein.[726] Der von einer Pauschalverweigerung betroffene Aktionär kann sich auf sein gemäß Art. 17 Abs. 1 GRCh garantiertes Eigentumsrecht berufen. Der Erwerber genießt den Schutz des Art. 17 Abs. 1 GRCh dagegen nicht, weshalb eine Beschränkung der Kapitalverkehrsfreiheit ihm gegenüber leichter gerechtfertigt werden kann. Stellt der Richter im Rahmen der Interessensabwägung fest, dass die Pauschalverweigerung nicht gerechtfertigt ist, muss die Maßnahme der Kapitalverkehrsfreiheit weichen.[727] In besonders gravierenden Fällen folgt die Nichtigkeit der Pauschalverweigerung auch aus § 138 Abs. 1 BGB.[728]

E. Einfluss des Art. 1 des Zusatzprotokolls zur EMRK auf die Pauschalverweigerung

Gemäß Art. 1 Satz 1 des Zusatzprotokolls zur EMRK hat jede natürliche oder juristische Person das Recht auf Achtung ihres Eigentums. Nach dem EGMR beinhaltet Art. 1 sowohl eine Verpflichtung, nicht in das Eigentum einzugreifen, als auch eine Schutzpflicht des Staates, das Eigentum zu schützen.[729]

---

725 *Hütten*, Gesetzliche und satzungsmäßige Investitions- und Übernahmehindernisse, S. 658, insbes. Fn. 140.
726 *Lübke*, Der Erwerb von Gesellschaftsanteilen zwischen Kapitalverkehrs- und Niederlassungsfreiheit, S. 501.
727 Allgemein für nicht gerechtfertigte Eingriffe in die Grundfreiheiten: *Streinz/Leible*, EuZW 2000, 459, 466.
728 *Körber*, Grundfreiheiten und Privatrecht, S. 588 f.; a.A.: *Müller-Graff*, EuR 2014, 3, 24, die bei einem Verstoß gegen die Grundfreiheiten eine Nichtigkeit nur bei Vorliegen einer Verbotsnorm i.S.d. § 134 BGB für möglich halten. Wie schon zur mittelbaren Drittwirkung der Grundrechte festgestellt wurde, sind die Werteentscheidungen der Verfassung bestimmendes Element im Rahmen der rechtlich anzuerkennenden Sittenordnung. Dies muss auch für das Gemeinschaftsrecht gelten. Die mittelbare Drittwirkung der Grundfreiheiten ergibt sich daher primär aus dem Maßstab der allgemeinen Gesetze sowie aus § 138 BGB.
729 EGMR Urt. v. 3.4.2012 – 54522/00, NJOZ 2013, 1355, 1359; *Meyer-Ladewig/von Raumer*, in: Meyer-Ladewig/Nettesheim/von Raumer, Europäische Menschenrechtskonvention, Art. 1 Zusatzprotokoll zur EMRK, Rn. 5.

Dritter Teil: Die Pauschalverweigerung der Zustimmungserteilung

Der Europäische Gerichtshof billigt dem Staat einen weiten Spielraum sowohl bei der Wahl der Mittel als auch bei der Feststellung eines „gerechten Ausgleichs" zu.[730] Damit hat der Richter einen weiten Ermessensspielraum. In Betracht kommt ein Verstoß gegen Art. 1 des Zusatzprotokolls zur EMRK, falls der Richter in seinem Urteil das Recht offensichtlich falsch angewendet hat oder seine Entscheidung willkürlich ist.[731] Sollte der Richter gänzlich verkennen, dass ihn eine Schutzpflicht trifft, die Interessen des Aktionärs mit denen der Gesellschaft in Einklang zu bringen, liegt ein nicht gerechtfertigter Eingriff in das Eigentumsrecht des von der Pauschalverweigerung betroffenen Aktionärs vor. Der Aktionär muss gemäß Art. 35 Abs. 1 EMRK allerdings erst den nationalen Rechtsweg ausschöpfen, bevor er beim EGMR Klage wegen eines Verstoßes gegen Art. 1 des ersten Zusatzprotokolls erheben kann.[732]

F. Schuldrechtliche Vereinbarung einer „Sperrfrist" für die Anteilsübertragung als Ergänzung zur Pauschalverweigerung

Trotz einer bestehenden Vinkulierung der Gesellschaftsanteile besteht die Gefahr der Einflussnahme Dritter auf die Gesellschaft.[733] Wenngleich vinkulierungsumgehende Abreden nach herrschender Meinung unzulässig bzw. sogar nichtig sind[734], kann der Aktionär sein Verhalten an einer schuldrechtlichen Abrede mit einem Dritten ausrichten[735]. Vor diesem Hintergrund ist fraglich, ob der Vorstand neben der Erteilung einer Pauschalverweigerung, welche sich auf die dingliche Übertragung der Anteile bezieht, auf schuldrechtlicher Ebene mit dem Aktionär eine Sperrfrist zur Anteilsübertragung vereinbaren kann. Kann die Zulässigkeit einer solchen

---

730 EGMR Urt. v. 8.12.2011 – 35023/04, NJOZ 2012, 2235, 2237.
731 EGMR Urt. v. 5.1.2000 – 33202/96, NJW 2003, 654, 656; EGMR Urt. v. 11.1.2007 – 73049/01, GRUR 2007, 696, 699; *Meyer-Ladewig/von Raumer*, in: Meyer-Ladewig/Nettesheim/von Raumer, Europäische Menschenrechtskonvention, Art. 1 Zusatzprotokoll zur EMRK, Rn. 84.
732 Vgl. ECHR, Practical Guide on Admissibility Criteria, S. 22 ff.
733 *Bayer*, in: Münchener Kommentar z. AktG, § 68, Rn. 116; *Cahn*, in: Spindler/Stilz, AktG, § 68, Rn. 76 f.; *Merkt*, in: Großkommentar z. AktG, § 68, Rn. 532.
734 Zum Meinungsstand bezüglich der Rechtsfolgen einer Umgehungsabrede vgl. statt aller: *Merkt*, in: Großkommentar z. AktG, § 68, Rn. 530.
735 *Liebscher*, ZIP 2003, 825; *Lutter/Drygala*, in: Kölner Kommentar z. AktG, § 68, Rn. 119; *Merkt*, in: Großkommentar z. AktG, § 68, Rn. 531.

Abrede bejaht werden, wäre eine längerfristige Bindung der Aktionäre an das Unternehmen möglich.

I. Zuständigkeit des Vorstands zur Vereinbarung einer vinkulierungsergänzenden Nebenabrede

Grundsätzlich können satzungsergänzende Nebenabreden in der Aktiengesellschaft wirksam vereinbart werden.[736] In Nebenabreden können jedoch keine Verpflichtungen für sämtliche künftige Aktionäre getroffen werden. Derartige Regelungen sind mitgliedschaftlicher Natur und unterliegen einem Satzungsvorbehalt.[737] Die Möglichkeit des Abschlusses einer vinkulierungsergänzenden Nebenabrede als eine mögliche Form der schuldrechtlichen Nebenabrede zwischen der Gesellschaft und den Aktionären wird weitgehend bejaht.[738] Gegen die Wirksamkeit vinkulierungsergänzender Nebenabreden werden aber auch Bedenken erhoben.[739] Dem Vorstand wird vorgeworfen, bei Abschluss einer Nebenabrede in Widerspruch zur Kompetenzordnung über die Zusammensetzung der Hauptver-

---

736 BGH Urt. v. 25.9.1986 – II ZR 272/85, NJW 1987, 890, 891; BGH Beschl. v. 15.3.2010 – II ZR 4/09, NJW 2010, 3718 (für die GmbH); BGH Urt. v. 22.1.2013 – II ZR 80/10, MittBayNot 2013, 254, 255, m.w.N.; *Koch*, in: Hüffer/Koch, AktG, § 23, Rn. 45; *Limmer*, in: Spindler/Stilz, AktG, § 23, Rn. 41; *Noack*, NZG 2013, 281, 283; *Pentz*, in: Münchener Kommentar z. AktG, § 23, Rn. 195 f.; *Röhricht/Schall*, in: Großkommentar z. AktG, § 23, Rn. 296; *Seibt*, in: K. Schmidt/Lutter, AktG, § 23, Rn. 64.

737 BGH Urt. v. 22.1.2013 – II ZR 80/10, MittBayNot 2013, 254, 255; gegen eine korporative Wirkung solcher Vereinbarungen: *Limmer*, in: Spindler/Stilz, AktG, § 23, Rn. 41 a; für eine korporative Wirkung: *Röhricht/Schall*, in: Großkommentar z. AktG, § 23, Rn. 296; allgemein zur Thematik: *Cziupka/Kliebisch*, BB 2013, 715, 716 f.

738 BayObLG Beschl. v. 24.11.1988 – BReg. 3 Z 111/88, NJW-RR 1989, 687, 688 f.: nach dem Gericht kann die AG mit dem Aktionär eine schuldrechtliche Vereinbarung treffen, wonach Aktien in einem bestimmten Zeitraum nicht veräußert werden dürfen oder die Anteile bei Ausscheiden an die Gesellschaft zu übertragen sind; *Barthelmeß/Braun*, AG 2000, 172, 177; *Bayer*, in: Münchener Kommentar z. AktG, § 68, Rn. 41; *Bezzenberger*, in: K. Schmidt/Lutter, AktG, § 68, Rn. 16; *Hefermehl/Bungeroth*, in: G/H/E/K, AktG, § 68, Rn. 70; *Knott/Jacobsen*, NZG 2014, 372, 377; *Lieder*, ZHR 2008, 306, 310; *Mayer*, in: MittBayNot 2006, 281, 285; *Merkt*, in: Großkommentar z. AktG, § 68, Rn. 521; *Röhricht/Schall*, in: Großkommentar z. AktG, § 23, Rn. 309; *Schanz*, NZG 2000, 337, 341; *Stupp*, NZG 2005, 205, 207.

739 *Immenga*, AG 1992, 79, 80 ff.; *Otto*, AG 1991, 369, 372 f., 374 f.; jüngst wieder *Otto*, NZG 2013, 930 ff.; krit.: *Cziupka/Kliebisch*, BB 2013, 715, 717.

sammlung zu entscheiden, da außerhalb des § 68 Abs. 2 AktG eine solche Möglichkeit nur unter engen Grenzen vorgesehen ist.[740] Dabei wird verkannt, dass eine Zuständigkeit der Hauptversammlung nur in den Fällen des § 119 Abs. 2 AktG besteht.[741] Die vinkulierungsergänzende Nebenabrede lässt sich schon nicht darunter subsumieren. Bei der Zuständigkeit des Vorstands gemäß § 68 Abs. 2 AktG handelt es sich deshalb nicht um eine von der Hauptversammlung abgeleitete Kompetenz, sondern um eine originäre.[742] Dies spricht dafür, dass der Vorstand regelmäßig über die Zusammensetzung des Aktionärskreises bestimmen darf. Auch die Neutralitätspflicht des Vorstands steht erst in der konkreten Übernahmesituation zur Diskussion, weshalb sie keine tragfähige Grundlage für die Verneinung der Zulässigkeit einer vinkulierungsergänzenden Nebenabrede bilden kann.[743] Ferner begründet die vinkulierungsergänzende Nebenabrede keine ungeschriebene Zuständigkeit der Hauptversammlung.[744] Der Vorstand ist daher für den Abschluss vinkulierungsergänzender Nebenabreden zuständig.

II. Vinkulierungsergänzende Nebenabreden als Umgehungsgeschäft

Eine vinkulierungsergänzende Nebenabrede zwischen der Gesellschaft und dem Aktionär stellt auch kein Umgehungsgeschäft dar. § 68 Abs. 2 AktG möchte lediglich die Umgehung der Veräußerung ohne Zustimmung des Vorstands, nicht aber vinkulierungsergänzende Nebenabreden verbieten.[745] Für Umgehungsgeschäfte ist die Beteiligung eines gesell-

---

740 *Immenga*, AG 1992, 79, 81; *Otto*, AG 1991, 369, 374.
741 *Kubis*, in: Münchener Kommentar z. AktG, § 119, Rn. 9, der eine „Kompetenz-Kompetenz" der HV verneint.
742 I.E.: *Grigoleit/Rachlitz*, in: Grigoleit, AktG, § 68, Rn. 23; *Hüffer*, Liber amicorum für Martin Winter, 2011, S. 279, 289; a.A.: *Immenga*, AG 1992, 79, 81, der die Kompetenz des Vorstands gemäß § 68 Abs. 2 AktG auf eine Ermächtigung durch die Aktionäre zurückführt.
743 Ebenso *Barthelmeß/Braun*, AG 2000, 172, 175; *Knott/Jacobsen*, NZG 2014, 372, 377; dahingehend auch *Cziupka/Kliebisch*, BB 2013, 715, 717; a.A.: *Immenga*, AG 1992, 79, 81, der grundsätzlich eine Neutralitätspflicht des Vorstands bejaht.
744 *Barthelmeß/Braun*, AG 2000, 172, 176 f.
745 Diese Differenzierung findet sich bei *Merkt*, in: Großkommentar z. AktG, § 68, Rn. 516 ff.; a.A.: *Otto*, AG 1991, 369, 374, 375, der die Unwirksamkeit einer schuldrechtlichen Aktienvinkulierung aus dem Umgehungsverbot der gesetzlichen Vinkulierung ableitet.

schaftsfremden Dritten charakteristisch.[746] Satzungsergänzende Nebenabreden zur Vinkulierung zwischen der Gesellschaft und dem Aktionär fallen daher nicht darunter. Allerdings darf sich der Vorstand auch bei Abschluss von satzungsergänzenden Nebenabreden nicht in Widerspruch zur bestehenden Satzung verhalten.[747] Existiert eine Satzungsregelung, wonach der Vorstand die Zustimmung in bestimmten Fällen erteilen muss, kann er für diese Fälle keine schuldrechtliche Sperrfrist mit einem Aktionär vereinbaren.

III. Vereinbarkeit einer vinkulierungsergänzenden Nebenabrede mit § 138 BGB

Der BGH hat in seinem Urteil vom 22.01.2013 offengelassen, ob vinkulierungsergänzende Nebenabreden zwischen der Gesellschaft und dem Aktionär generell zulässig sind.[748] Das Gericht hat jedoch festgestellt, dass eine solche Abrede gemäß § 138 BGB nichtig ist, wenn der Aktionär sich verpflichtet, seinen Anteil bei seinem Ausscheiden entschädigungslos auf die Gesellschaft zu übertragen.[749] Ein entschädigungsloser Ausschluss verstößt nach Auffassung des Gerichts gegen Art. 14 Abs. 1 GG. Dies bestätigt, dass der mittelbaren Drittwirkung der Grundrechte auch beim Abschluss privatautonomer Verträge zwischen der Gesellschaft und ihren Aktionären eine nicht zu unterschätzende Bedeutung zukommt. Bei der Prüfung, ob eine schuldrechtliche Nebenabrede im Einzelfall gegen die guten Sitten verstößt, muss jedoch berücksichtigt werden, dass der Aktionär sich mit seiner vertraglichen Verpflichtung ausdrücklich einverstanden erklärt. Nur in besonderen Fällen kann die vinkulierungsergänzende Nebenabrede daher gemäß § 138 BGB nichtig sein. Ein solcher Fall wird vorliegen, wenn der Vorstand seine Position in besonders verwerflicher Weise zu Lasten des Aktionärs ausnutzt, sodass bei Vertragsabschluss ein krasses Machtgefälle zwischen den Parteien besteht. Hat eine unter diesen Bedingungen vereinbarte Nebenabrede schwerwiegende Nachteile für den Aktionär zur Folge, liegt ein Verstoß gegen Art. 14 Abs. 1 GG nahe. Eine schuldrechtli-

---

746 *Merkt*, in: Großkommentar z. AktG, § 68, Rn. 526.
747 *Limmer*, in: Spindler/Stilz, AktG, § 23, Rn. 41; *Pentz*, in: Münchener Kommentar z. AktG, § 23, Rn. 196, m.w.N.
748 BGH Urt. v. 22.1.2013 – II ZR 80/10, MittBayNot 2013, 254, 255 f.; zu dem Urteil und der Thematik, *Noack*, NZG 2013, 281, 283 f.
749 BGH Urt. v. 22.1.2013 – II ZR 80/10, MittBayNot 2013, 254, 256.

che Nebenabrede, die einen entschädigungslosen Austritt eines Aktionärs beim Eintreten bestimmter Umstände vorsieht, ist somit nur dann als unwirksam zu qualifizieren, sofern ein strukturelles Ungleichgewicht bei Vertragsabschluss bestand[750]. Eine generelle Unwirksamkeit von vinkulierungsergänzenden Nebenabreden lässt sich daraus nicht implizieren. Vereinbart die Gesellschaft mit dem Aktionär eine Sperrfrist für die Anteilsübertragung, fehlt es jedenfalls dann an einem Eingriff in Art. 14 Abs. 1 GG, wenn sich die Gesellschaft im Gegenzug verpflichtet, nach Ablauf der Sperrfrist einen interessierten Käufer zu präsentieren oder die von der Sperrfrist erfassten Anteile von vornherein zu einem Vorzugspreis auszugeben. Die Fährde der Anteilsverschlechterung sowie das Erwerberrisiko werden für den Aktionär durch eine derartige Gegenleistung hinreichend abgegolten.

IV. Zulässigkeit einer schuldrechtlichen Veräußerungssperre

Der Vorstand muss bei Abschluss einer vinkulierungsergänzenden Nebenabrede ebenso wie bei der Zustimmung gemäß § 68 Abs. 2 AktG zum Wohle der Gesellschaft handeln.[751] Die Vereinbarung einer Sperrfrist für die Anteilsübertragung mit Arbeitnehmern der Gesellschaft kann das hinter den Belegschaftsaktien stehende Prinzip der langfristigen Bindung der Arbeitnehmer an das Unternehmen sichern.[752] Dient die Nebenabrede diesem Zweck, wird sie regelmäßig im Unternehmenswohl liegen. Aber auch bei der Vereinbarung einer Sperrfrist mit unternehmerischen Aktionären kann die Maßnahme im Interesse der Gesellschaft liegen, etwa um einen bestehenden Vinkulierungszweck besonders effektiv zu sichern.

V. Fazit

Eine Kombination von schuldrechtlicher Nebenabrede und satzungsmäßiger Vinkulierung kann Ausdruck einer elaborierten Anteilssteuerung durch die Gesellschaft sein. Die Gesellschaft kann mit dem Aktionär auf schuldrechtlicher Ebene eine Sperrfrist für die Übertragung der Anteile

---

750 Ebenso *Cziupka/Kliebisch*, BB 2013, 715, 717 f.; *Noack*, NZG 2013, 281, 284.
751 *Cziupka/Kliebisch*, BB 2013, 715, 717.
752 *Buder*, Die Mitarbeiterbeteiligung durch Aktienoptionen und Belegschaftsaktien, S. 50, 310; *Martens*, AG 1996, 337, 346.

vorsehen. Problem einer solchen Vereinbarung ist, dass diese oftmals von der verpflichteten Vertragspartei missachtet wird und der Aktionär seine Anteile trotz der entgegenstehenden vertraglichen Regelung wirksam veräußert, falls eine daneben bestehende Vinkulierung nicht existiert.[753] Die Gesellschaft kann aber versuchen, die Einhaltung einer schuldrechtlichen Verfügungsbeschränkung durch „empfindliche" Vertragsstrafen bei Verstoß gegen das Veräußerungsverbot sicherzustellen.[754] Diese Schmerzgrenze wird jedoch nicht immer ausgereizt werden, weshalb die schuldrechtliche Verfügungsbeschränkung im Vergleich zur Vinkulierung an Wirkung einbüßt. Zudem werden Bieter im Rahmen eines Übernahmeverfahrens dem Aktionär häufig ein Angebot machen, das die Vertragsstrafe mit abdeckt bzw. über diese hinausgeht.[755] Wegen dieser Risiken bleibt die dinglich wirkende Vinkulierung das stärkste Mittel für die Gesellschaft, um die freie Veräußerlichkeit des Anteils effektiv zu beschränken.

G. Ergebnis

Die Erteilung einer Pauschalverweigerung der Zustimmung zur Übertragung von vinkulierten Anteilen ist nur bei der nichtbörsennotierten AG möglich. In der börsennotieren AG droht bei Erteilung der Pauschalverweigerung eine Störung des freien Handels, welche gemäß § 39 Abs. 1 BörsG den Widerruf der Börsenzulassung zur Konsequenz haben kann.

Eine Pauschalverweigerung stellt eine Vinkulierungsverschärfung dar, die eine Satzungsänderung erfordert und zusätzlich der Zustimmung der Aktionäre bedarf. Die auf Grundlage eines abstrakten Ermächtigungsbeschlusses erfolgte Erteilung einer Pauschalverweigerung durch den Vorstand kann einen rechtfertigungsbedürftigen Eingriff in Art. 14 Abs. 1 GG sowie in die Kapitalverkehrsfreiheit gemäß Art. 63 Abs. 1 AEUV darstellen. Denn die Aktionäre wissen im Zeitpunkt ihrer Zustimmung zum satzungsändernden Beschluss nicht, ob und wann der Vorstand von seinem Ermessen zur Erteilung der Pauschalverweigerung Gebrauch macht. Umgekehrt ist eine die nationalen Grundrechte und die Grundfreiheiten

---

753 *Bayer*, in: Münchener Kommentar z. AktG, § 68, Rn. 42; *Schanz*, NZG 2000, 337, 341.
754 *Schuster*, Feindliche Übernahmen deutscher Aktiengesellschaften: Abwehrstrategien des Vorstands, S. 156.
755 *Schanz*, NZG 2000, 337, 341; *Schuster*, Feindliche Übernahmen deutscher Aktiengesellschaften: Abwehrstrategien des Vorstands, S. 156.

behindernde Wirkung der Pauschalverweigerung zu negieren, wenn die Aktionäre gemäß § 180 Abs. 2 AktG ihre Zustimmung zur Erteilung der Pauschalverweigerung im Kontext einer bereits hinreichend geplanten und überschaubaren Maßnahme abgeben. Die Pauschalverweigerung ist dann im Ergebnis Hervorbringung des privatautonomen Willens der Aktionäre. Der Erwerber kann sich mangels Eigentümerstellung nicht auf Art. 14 Abs. 1 GG berufen. Umso bedeutender ist für ihn daher die Berufung auf die Kapitalverkehrsfreiheit.

Eine Pauschalverweigerung ist dem Staat aktiv zuzurechnen, wenn er die statutarische Ermächtigung zur Erteilung der Pauschalverweigerung als Mehrheitsaktionär erlässt oder die Stimme des Staates entscheidungserheblich für die Beschlussfassung war. Wird der Ermächtigungsbeschluss rein privatautonom gefasst, trifft den Staat eine Garantenpflicht, ein Schutzniveau der nationalen Grundrechte und der Kapitalverkehrsfreiheit zwischen den Privaten sicherzustellen, das ein Mindestmaß nicht unterschreiten darf. Für die Erreichung des Schutzniveaus bei Erteilung der Pauschalverweigerung genügt es, dass die Gerichte die Grundrechte und Grundfreiheiten des betroffenen Aktionärs bzw. des Erwerbers im Rahmen einer Abwägung mit den Belangen der Gesellschaft hinreichend würdigen müssen. Stellt der Richter fest, dass die Pauschalverweigerung gegen die Grundrechte und/oder die Grundfreiheiten verstößt und liegen keine Rechtfertigungsgründe seitens der Gesellschaft vor, muss die Maßnahme den Rechten des Aktionärs weichen. Eine unmittelbare Drittwirkung der Kapitalverkehrsfreiheit ist dabei ebenso wie bei den nationalen Grundrechten abzulehnen.

Ergänzend zur Pauschalverweigerung kann die Gesellschaft mit dem Aktionär eine Nebenabrede schließen, wonach der Aktionär die Anteile in einem bestimmten Zeitraum nicht an Dritte veräußern darf. Eine solche schuldrechtliche Nebenabrede vermag wegen ihrer Umgehungsmöglichkeiten die dinglich wirkende Pauschalverweigerung nicht zu ersetzen. Sie kann aber als verlängerter Arm der Pauschalverweigerung dienen, da diese vor dem verfassungsrechtlichen Hintergrund restriktiveren zeitlichen Grenzen bei der Anwendung unterliegt.

§ 9 Die Pauschalverweigerung in der GmbH

Die freie Übertragbarkeit des GmbH-Anteils kann nicht nur gemäß § 15 Abs. 5 GmbHG beschränkt, sondern nach herrschender Meinung sogar ganz ausgeschlossen werden[756]. In dem Ausschluss der Abtretbarkeit liegt kein Verstoß gegen § 137 Satz 1 BGB, da nicht die Verfügungsbefugnis des Anteilsinhabers betroffen ist, sondern die Abtretbarkeit des Anteils selbst.[757] Bei dem Ausschluss der Abtretbarkeit handelt es sich deshalb um eine zulässige Inhaltsbestimmung im Sinne der §§ 399, 413 BGB.[758] Der Ausschluss der Abtretung in der Satzung oder durch Beschluss führt dazu, dass dem Gesellschafter ein Recht zum Austritt aus wichtigem Grund zusteht.[759]

A. Beschlussfassung

Die Möglichkeit zum gänzlichen Ausschluss der Abtretbarkeit des GmbH-Geschäftsanteils spricht für die Wirksamkeit und Zulässigkeit einer pauschalen Zustimmungsverweigerung zur Übertragung vinkulierter GmbH-Geschäftsanteile. Da eine Pauschalverweigerung die freie Übertragbarkeit des Anteils erheblich erschwert und sämtliche Abtretungen an Dritte umfasst, ist sie als Vinkulierungsverschärfung[760] zu qualifizieren, sofern die

---

756 RG Urt. v. 8.10.1912 – II 133/12, RGZ 80, 175, 179; BayObLG Beschl. v. 24.11.1988 – 3 Z 111/88, BeckRS 1980, 45238; *Bayer*, in: Lutter/Hommelhoff, GmbHG, § 15, Rn. 68; *Reichert*, Das Zustimmungserfordernis zur Abtretung von Geschäftsanteilen in der GmbH, S. 93 ff.; *Reichert/Weller*, in: Münchener Kommentar z. GmbHG, § 15, Rn. 393, m.w.N.; *Seibt*, in: Scholz, GmbHG, § 15, Rn. 135, m.w.N.
757 *Reichert/Weller*, in: Münchener Kommentar z. GmbHG, § 15, Rn. 393, m.w.N.; zum Streit, ob der Ausschluss der Abtretbarkeit gegen § 137 BGB verstößt: *Asmus*, Die vinkulierte Mitgliedschaft, S. 80 ff.; *Ohr*, Der Ausschluss der Abtretbarkeit von Geschäftsanteilen im Gesellschaftsvertrag der GmbH, S. 7 ff.; *Reichert*, Das Zustimmungserfordernis zur Abtretung von Geschäftsanteilen in der GmbH, S. 97 f.
758 *Binz/Mayer*, NZG 2012, 201, 202; *Reichert/Weller*, in: Münchener Kommentar z. GmbHG, § 15, Rn. 393, m.w.N.; *Seibt*, in: Scholz, GmbHG, § 15, Rn. 135.
759 OLG Karlsruhe, Urt. v. 25.4.1984 – 6 U 20/84, BB 1984, 2015, 2016; *Kleindiek*, in: Lutter/Hommelhoff, GmbHG, § 34, Rn. 146; *Seibt*, in: Scholz, GmbHG, Anhang § 34, Rn. 7, m.w.N.
760 Abtretungsbeschränkungen gemäß § 15 Abs. 5 GmbHG können nachträglich verschärft werden und gelten für alle bisher noch nicht vollzogenen Übertragungen: *Reichert/Weller*, in: Münchener Kommentar z. GmbHG, § 15, Rn. 395, m.w.N.; a.A.: OLG Brandenburg, Urt. v. 24.3.1999 – 7 U 249/98, NZG 1999, 828, 830 f.: nach dem Gericht soll sich die Vinkulierungsverschärfung nicht auf eine unwiderruflich erteilte Abtretungserklärung beziehen, die vor dem satzungsändernden Beschluss abgegeben worden ist.

Dritter Teil: Die Pauschalverweigerung der Zustimmungserteilung

Vinkulierungsabrede in der Satzung nicht ausdrücklich deren Erteilung umfasst. Anders als eine Pauschalzustimmung ist eine Pauschalverweigerung nicht von einer allgemeinen Vinkulierungsklausel in der Satzung umfasst. Vielmehr erfordert die Erteilung einer Pauschalverweigerung ebenso wie in der Aktiengesellschaft eine Satzungsänderung. Hierbei ist fraglich, ob für die wirksame Beschlussfassung über die Pauschalverweigerung als Vinkulierungsverschärfung (i) eine satzungsändernde Mehrheit genügt[761], (ii) zusätzlich die Zustimmung sämtlicher betroffener Gesellschafter zu dem Beschluss erforderlich ist[762], oder (iii) die Zustimmung einstimmig erfolgen muss[763].

I. Nähe zur Leistungsvermehrung i.S.d. § 53 Abs. 3 GmbHG

Nach einem Teil der Rechtsprechung und der Literatur soll die mit der Verfügungsbeschränkung verbundene Verkürzung von Rechten der Gesellschafter in ihren Folgen einer Leistungsvermehrung i.S.d. § 53 Abs. 3 GmbHG gleichstehen.[764] Als Konsequenz müsse die nachträgliche Vinkulierung bzw. Vinkulierungsverschärfung dem Minderheitenschutz unterstellt werden und bedürfe einer einstimmigen Beschlussfassung.[765] Hierbei wird jedoch verkannt, dass die Vinkulierung und die Leistungsvermehrung wesensverschieden sind. Während die nachträgliche Einführung oder Verschärfung einer Vinkulierung zu einer bloßen Verkürzung des Mit-

---

761 *Fette*, GmbHR 1986, 73, 75.; *Frenzel*, GmbHR 2008, 983 ff., 986; *Leßmann*, GmbHR 1985, 179, 181, der dem überstimmten Gesellschafter aber Austrittsrecht zugesteht; so bereits auch *Lutter/Timm*, NJW 1982, 409, 416; *Wiedemann*, NJW 1964, 282, 284 f.
762 OLG München Urt. v. 23.01.2008 – 7 U 3293/07, BeckRS 2008, 2845; *Ebbing*, in: Michalski u.a., GmbHG, § 15, Rn. 133, m.w.N.; *Görner*, in: Rowedder/Schmidt-Leithoff, GmbHG, § 15, Rn. 177; *Reichert/Weller*, in: Münchener Kommentar z. GmbHG, § 15, Rn. 395, m.w.N.; *Servatius*, in: Noack/Servatius/Haas, GmbHG, § 15, Rn. 40; *Zöllner*, Die Schranken mitgliedschaftlicher Stimmrechtsmacht bei den privatrechtlichen Personenverbänden, S. 114.
763 OLG Dresden Urt. v. 10.5.2004 – 2 U 286/04, BeckRS 2004, 07290; *Immenga*, Die personalistische Kapitalgesellschaft, S. 76 ff., 79; *Zutt*, in: Hachenburg, GmbHG, § 15, Rn. 101.
764 OLG Dresden Urt. v. 10.5.2004 – 2 U 286/04, BeckRS 2004, 07290; für eine unmittelbare Anwendbarkeit von § 53 Abs. 3 GmbHG: *Immenga*, Die personalistische Kapitalgesellschaft, S. 76 ff., 79; *Zutt*, in: Hachenburg, GmbHG, § 15, Rn. 101.
765 OLG Dresden Urt. v. 10.5.2004 – 2 U 286/04, BeckRS 2004, 07290.

gliedschaftsrechts und damit des gebundenen Vermögens führt, geht es bei der Leistungsvermehrung um eine zusätzliche Verpflichtung aus ungebundenem Vermögen.[766] Die Leistungsvermehrung steht der Verkürzung der Mitgliedschaftsrechte aus diesem Grund nicht gleich.[767] Ein Erfordernis der Zustimmung aller betroffenen Gesellschafter für die Vinkulierungsverschärfung kann somit nicht auf eine analoge oder gar unmittelbare Anwendung von § 53 Abs. 3 GmbHG gestützt werden.

II. Die freie Übertragbarkeit des Geschäftsanteils in der GmbH – ein relativ unentziehbares Mitgliedschaftsrecht

Nach einer beachtlichen Meinung soll die freie Veräußerlichkeit des Anteils ebenso wie in der Aktiengesellschaft ein relativ unentziehbares Mitgliedschaftsrecht darstellen.[768] Relativ unentziehbare Mitgliedschaftsrechte sind solche Rechte, die nach Gesetz oder Satzung nur mit Zustimmung der betroffenen Gesellschafter entzogen bzw. eingeschränkt werden können.[769] Gegenüber den nicht zustimmenden Gesellschaftern soll der Beschluss über die Vinkulierungsverschärfung relativ unwirksam sein.[770] Die schwebende Unwirksamkeit soll der Gesellschafter im Rahmen der Feststellungsklage gemäß § 256 ZPO geltend machen können.[771] Nach dieser Ansicht ist ein Beschluss über die Einführung einer vinkulierungsverschärfenden Maßnahme stets so gravierend, dass er zu seiner Rechtfertigung

---

766 *Fette*, GmbHR 1986, 73, 74; *Frenzel*, GmbHR 2008, 983, 985; sehr ausf.: *Völker*, Die Vinkulierung von GmbH-Geschäftsanteilen, S. 39 ff., 42 ff.
767 *Fette*, GmbHR 1986, 73, 74; *Priester*, in: Scholz, GmbHG, § 53, Rn. 54; offenlassend: BGH Urt. v. 16.12.1991 – II ZR 58/91, DNotZ 1992, 526, 527; a.A.: *Möhring*, GmbHR 1963, 201, 204, der die Verkürzung der Mitgliedschaft der Leistungsvermehrung gleichstellt.
768 OLG München Urt. v. 23.01.2008 – 7 U 3293/07, BeckRS 2008, 2845; *Lieder*, ZfPW 2016, 205, 220; *Löbbe*, in: H/C/L, GmbHG, § 15, Rn. 228; *Priester*, in: Scholz, GmbHG, § 53, Rn. 161; *Reichert*, BB 1985, 1496, 1499; *Seibt*, in: Scholz, GmbHG, § 15, Rn. 108; a.A.: *Fette*, GmbHR 1986, 73, 74; *Frenzel*, GmbHR 2008, 983, 985 f.; zweifelnd auch *Blath*, RNotZ 2017, 218, 220.
769 *Fette*, GmbHR 1986, 73, 74; *Reichert/Weller*, in: Münchener Kommentar z. GmbHG, § 14, Rn. 89; *Seibt*, in: Scholz, GmbHG, § 14, Rn. 43.
770 *Seibt*, in: Scholz, GmbHG, § 14, Rn. 48.
771 Dahingehend für den Eingriff in ein Sonderrecht ohne Zustimmung des betroffenen Gesellschafters: *Seibt*, in: Scholz, GmbHG, § 14, Rn. 36; siehe auch OLG Hamm, Urt. v. 21.12.2015 – 8 U 67/15, BeckRS 2016, 3149: nach dem Gericht entfaltet der schwebend unwirksame Beschluss gegenüber dem nicht zustimmenden Gesellschafter keine Rechtswirkung.

zwingend der Zustimmung des betroffenen Gesellschafters bedarf. Die Interessenlage wird dadurch von vornherein zu Gunsten des Gesellschafters und gegen die Gesellschaft getroffen.[772]

1. Gesetzliche Wertung des § 15 GmbHG

In Zusammenhang mit der Vinkulierungsverschärfung bzw. dem nachträglichen Ausschluss der Übertragbarkeit des GmbH-Anteils wird vorgebracht, Sinn und Zweck des § 15 Abs. 1 GmbHG erforderten hierfür die Zustimmung des betroffenen Gesellschafters.[773]

Vorliegend erscheint zweifelhaft, dass sich die freie Übertragbarkeit des Anteils als ein relativ unentziehbares Mitgliedschaftsrecht unmittelbar aus dem Gesetz ergibt.[774] § 15 Abs. 5 GmbHG sieht ausdrücklich vor, dass durch den Gesellschaftsvertrag die Abtretung an weitere Voraussetzungen geknüpft werden kann. Der Grundsatz der freien Übertragbarkeit des GmbH-Anteils kann nach der gesetzlichen Regelung somit bis zum gänzlichen Ausschluss der Übertragbarkeit durchbrochen werden.[775] Hierbei besteht keine Parallele zur Aktiengesellschaft, welche eine andere Bewertung rechtfertigen könnte. In der Aktiengesellschaft stellt die freie Übertragbarkeit der Aktie nur deshalb ein relativ unentziehbares Mitgliedschaftsrecht dar, weil sich der Aktionär außer durch eine Veräußerung seiner Anteile nicht von der Gesellschaft lösen kann.[776] Dem Gesellschafter einer GmbH

---

772 Ähnlich *Wiedemann*, NJW 1964, 282, 284 f., der deshalb mittels einer sachlichen Inhaltskontrolle des Beschlusses einen Mittelweg zwischen dem Interesse der Gesellschaft und des Gesellschafters präferiert.
773 *Seibt*, in: Scholz, GmbHG, § 14, Rn. 44; auf das teleologische Argument verweist *Fette*, GmbHR 1986, 73, 74, die die freie Anteilsveräußerung nicht als ein relativ unentziehbares Mitgliedschaftsrecht ansieht.
774 Ähnlich *Fette*, GmbHR 1986, 73, 74; *Frenzel*, GmbHR 2008, 983, 985 f.
775 *Binz/Mayer*, NZG 2012, 201, 205; *Fette*, GmbHR 1986, 73, 74; *Frenzel*, GmbHR 2008, 983, 985 f.; *Möhring*, GmbHR 1963, 201, 204.
776 Ausdrücklich *Bayer/Lieder*, LMK 2004, 224, 225, die den Grundsatz der freien Übertragbarkeit bei der AG als Gegenstück zum Umstand betrachten, dass sich der Aktionär anders als der GmbH-Gesellschafter nicht durch Austritt aus der Gesellschaft lösen kann; ebenso *Leßmann*, GmbHR 1985, 179, 180, nach dem die freie Übertragbarkeit in der AG besonders gewährleistet ist; die unterschiedliche Reichweite von § 68 Abs. 2 AktG und § 15 Abs. 5 GmbHG betont auch das BayObLG Beschl. v. 24.11.1988 – 3 Z 111/88, BeckRS 1980, 45238; zum Grundsatz der freien Übertragbarkeit der Mitgliedschaft in der AG siehe oben, § 8 B IV 2.

steht aber ein Austrittsrecht aus wichtigem Grund zu, sofern die Übertragbarkeit des Anteils gänzlich ausgeschlossen wird.[777] Auch kann die Verschärfung der Vinkulierung zu einem außerordentlichen Kündigungsrecht des überstimmten Gesellschafters führen.[778] Sogar bei Bestehen einer normalen Vinkulierungsklausel wird die Möglichkeit zum Austritt aus wichtigem Grund befürwortet, wenn die Genehmigung mehrmals verweigert wird.[779] Der Austritt selbst wird durch Einziehung des Anteils bzw. durch die Übertragung auf die Gesellschaft, einen Gesellschafter oder einen von der Gesellschaft benannten Dritten vollzogen.[780] Da sich der GmbH-Gesellschafter anders als der Aktionär nicht nur mittels der Übertragung des Anteils von der Mitgliedschaft lösen kann, ist die freie Übertragbarkeit des Anteils in der GmbH kein besonders zu schützender Grundsatz. Sofern eingewandt wird, die Ausscheidungsbefugnis sei kein ausreichendes Korrelat für die nachträgliche Vinkulierung, weil der Gesellschafter mit seinem Anteil nicht nur wertgerecht, sondern gewinnbringend arbeiten dürfe[781], ist dem entgegenzuhalten, dass das GmbHG einen spekulativen Handel mit Geschäftsanteilen von vornherein unterbindet[782]. Dies ergibt sich aus § 15 Abs. 3, Abs. 4 GmbHG.[783] Die Formvorschrift des § 15 Abs. 3 GmbH dient nach der Gesetzesbegründung dazu, einen schnellen, spekulativen Handel mit Anteilen an einer GmbH zu erschweren.[784] Dieses Regelungsziel wird in ständiger Rechtsprechung des Bundesgerichtshofs

---

777 OLG Karlsruhe, Urt. v. 25.4.1984 – 6 U 20/84, BB 1984, 2015, 2016; *Kleindiek*, in: Lutter/Hommelhoff, GmbHG, § 34, Rn. 146; *Seibt*, in: Scholz, GmbHG, Anhang § 34, Rn. 7, m.w.N.
778 *Wiedemann*, NJW 1964, 282, 284 f.
779 *Kleindiek*, in: Lutter/Hommelhoff, GmbHG, § 34, Rn. 146; *Wiedemann*, Gesellschaftsrecht I, S. 401 f.
780 *Kleindiek*, in: Lutter/Hommelhoff, GmbHG, § 34, Rn. 152.
781 *Möhring*, GmbHR 1963, 201, 202; ähnlich *Pahnke*, Die Grenzen des Gesellschafterschutzes durch Vinkulierung von GmbH-Geschäftsanteilen, S. 50, der das Austrittsrecht nicht als Ausgleich zum Eingriff in die Mitgliedschaft ansieht.
782 Dies ergibt sich aus § 15 Abs. 4 GmbHG, der einen schnellen, spekulativen Handel mit GmbH-Anteilen erschweren möchte, siehe dazu: Stenographische Berichte über die Verhandlungen des Reichstags, 8. Legislaturperiode – I. Session 1890/92, Aktenstück Nr. 660, S. 3729; wie hier auch *Leßmann*, GmbHR 1985, 179, 180; *Raiser/Veil*, Recht der Kapitalgesellschaften, S. 504, die jede Veräußerung von GmbH-Anteilen als aufwendigen Einzelakt betrachten.
783 BGH Beschl. v. 27.02.1997 – III ZR 75/96, NJW-RR 1998, 1270, 1271.
784 Stenographische Berichte über die Verhandlungen des Reichstags, 8. Legislaturperiode – I. Session 1890/92, Aktenstück Nr. 660, S. 3729.

der Auslegung von § 15 Abs. 3, Abs. 4 GmbHG zugrunde gelegt.[785] Durch die Vorschrift soll ein fortlaufender Wechsel der Gesellschafter erschwert werden, der bei der GmbH die Kontinuität der Unternehmensführung beeinträchtigen würde, weil – anders als bei der AG – die Gesellschafter bei der GmbH nach § 37 Abs. 1 GmbHG direkten Einfluss auf die Geschäftsleitung haben.[786] Ferner steht es dem überstimmten Gesellschafter frei, in der Gesellschaft zu verweilen und so auf die Unternehmenspolitik einzuwirken.

2. Anwendbarkeit der Rechtsprechung zu Mehrheitsklauseln im Personengesellschaftsrecht auf die Beschlussfassung im GmbH-Recht

Vorzugswürdig ist es, mit der neueren Rechtsprechung zu Mehrheitsklauseln in Personengesellschaften[787] auch in der GmbH die formelle Legitimation eines qualifizierten Mehrheitsbeschlusses gemäß § 53 Abs. 2 GmbHG gegenüber allen Gesellschaftern zu bejahen und erst auf einer zweiten Stufe zu prüfen, ob ein Eingriff in die individuelle Rechtsstellung des Gesellschafters im Einzelfall vorliegt und gegebenenfalls gerechtfertigt ist.[788] Für die Rechtfertigung kommt es dann darauf an, ob der Eingriff im Interesse der Gesellschaft geboten und dem betroffenen Gesellschafter unter Berücksichtigung seiner persönlichen Belange zumutbar ist.[789] Die Frage, ob im Einzelfall der Kernbereich der Mitgliedschaft verletzt ist, wird

---

[785] BGH Urt. v. 24.03.1954 – II ZR 23/53, BGHZ 13, 49, 51; BGH Urt. v. 21.09.1994 – II ZR 257/93, BGHZ 127, 129, 135; BGH Urt. v. 10.03.2008 – II ZR 312/06, NZG 2008, 377, 378; OLG Frankfurt a. M. Urt. v. 25.01.2005 – 11 U 8/04, GmbHR 2005, 764, 765; zustimmend: *Görner*, in: Rowedder/Schmidt-Leithoff, GmbHG, § 15 Rn. 2 f.; diff.: *Kanzleiter*, ZIP 2001, 2105, 2107 f., der die Beurkundungspflicht aus allgemeinen Zwecken der Beurkundung ableitet; kritisch zum Beurkundungserfordernis auch *Heidenhain*, ZIP 2001, 721 ff., 2113 f.; ausf. zum Meinungsstand: *Walz/Fembacher*, NZG 2003, 1134 ff.
[786] *Armbrüster*, DNotZ 1997, 762, 769; *Görner*, in: Rowedder/Schmidt-Leithoff, GmbHG, § 15, Rn. 3; krit.: *Seibt*, in: Scholz, GmbHG, § 15, Rn. 5, der die Vorstellung des dauerhaften Verbleibs in der Gesellschaft als überholt ansieht.
[787] BGH Urt. v. 21.10.2014 – II ZR 84/13, NZG 2014, 1296, 1297 f.
[788] Eine Tendenz zur Überprüfung von Mehrheitsbeschlüssen anhand der Treuepflicht in der GmbH erblicken *Seibt*, in: Scholz, GmbHG, § 14, Rn. 49 und *Ebbing*, in: Michalski u.a., GmbHG, § 14, Rn. 67.
[789] Für das Personengesellschaftsrecht: BGH Urt. v. 21.10.2014 – II ZR 84/13, NZG 2014, 1296, 1300.

also erst bei der Inhaltskontrolle des Beschlusses relevant.[790] Unterschiede bei einem Verstoß gegen die Treuepflicht und einem solchen gegen den Kernbereich der Mitgliedschaft ergeben sich bei diesem Lösungsansatz nur bei den Rechtsfolgen.

3. Analoge Anwendung von § 180 Abs. 2 AktG

Ein Zustimmungserfordernis des von der Pauschalverweigerung betroffenen Gesellschafters für die Wirksamkeit des Beschlusses kann schließlich auch nicht auf eine analoge Anwendung von § 180 Abs. 2 AktG gestützt werden.[791] § 180 Abs. 2 AktG erfordert für die nachträgliche Einführung einer Vinkulierungsverschärfung einen satzungsändernden Beschluss unter Zustimmung aller betroffenen Aktionäre. Das OLG München begründet eine analoge Anwendung von § 180 Abs. 2 AktG bei Einführung einer nachträglichen Vinkulierungsverschärfung in der GmbH allein damit, dass Regeln des Aktienrechts auf die GmbH analog Anwendung finden können.[792] Dabei setzt sich das Gericht nicht mit den soeben genannten Unterschieden auseinander, die in der GmbH und der AG bestehen und eine Analogie von § 180 Abs. 2 AktG ausschließen. Es fehlt daher bereits an einer vergleichbaren Interessenlage in der GmbH als Voraussetzung für eine analoge Anwendung von § 180 Abs. 2 AktG. Für die Aktiengesellschaft lässt sich die abstrakte Feststellung treffen, dass die nachträgliche Einführung/Verschärfung der Vinkulierung den Aktionär mangels ander-

---

790 Für das Personengesellschaftsrecht: *Adams*, Mittelbare Beteiligung an einer Publikumspersonengesellschaft über einen Treuhänder, S. 24; *Böttcher*, NZG 2019, 61, 62; *Roth*, in: Baumbach/Hopt, HGB, § 119, Rn. 37; *Schäfer*, NZG 2014, 1401, 1403; a.A.: *Lieder*, ZfPW 2016, 205, 219 f., der für Eingriffe in den Kernbereich der Mitgliedschaft die Zustimmung des betroffenen Gesellschafters fordert und eine Mehrheitsklausel nicht genügen lässt; *Seidel/Wolf*, DB 2015, 2563 ff., die die Kernbereichslehre auch auf formeller Ebene für relevant erachten; ähnl.: *K. Schmidt*, ZIP 2009, 737, 738 f., der bei Eingriffen in den Kernbereich den Individualschutz über die Ermächtigungsebene und nicht die Inhaltsebene gesichert sieht.
791 So aber OLG München Urt. v. 23.01.2008 – 7 U 3293/07, BeckRS 2008, 2845; *Reichert*, BB 1985, 1496, 1499; *Ulmer/Casper*, in: U/H/L, GmbHG, § 53, Rn. 139; eine ausführliche Auseinandersetzung mit der analogen Anwendung von § 180 Abs. 2 AktG findet statt bei *Fette*, GmbHR 1986, 73, 74 f., *Frenzel*, GmbHR 2008, 983, 986 und *Völker*, Die Vinkulierung von GmbH-Geschäftsanteilen, S. 47 ff., die alle im Ergebnis eine Analogie verneinen.
792 OLG München Urt. v. 23.01.2008 – 7 U 3293/07, BeckRS 2008, 2845.

weitiger Möglichkeit aus der Gesellschaft auszuscheiden derart in dessen Mitgliedschaftsrecht verletzt, dass eine Zustimmung zu der Verschärfung Wirksamkeitserfordernis ist. § 180 Abs. 2 AktG ist daher im Aktienrecht notwendige Rechtsgrundlage für den Eingriff in die freie Übertragbarkeit der Aktie.[793] Für die GmbH ist eine differenzierte Betrachtung notwendig. § 15 Abs. 5 GmbHG enthält hier bereits die gesetzgeberische Ermächtigung zur nachträglichen Einführung bzw. Verschärfung der Vinkulierung. Nach dem Gesetzeswortlaut bedarf es für den Eingriff in die Mitgliedschaft des GmbH-Gesellschafters durch eine Vinkulierungsverschärfung gerade nicht der Zustimmung des betroffenen Gesellschafters. Ob die Pauschalverweigerung eine unzumutbare Härte für die Ausübung des Mitgliedschaftsrechts des betroffenen Gesellschafters darstellt, unterliegt daher einer Überprüfung der individuellen Rechtsstellung im Einzelfall. Es verbietet sich wie in der AG die abstrakte Feststellung, wonach die nachträgliche Vinkulierung überhaupt nur mit Zustimmung des betroffenen Aktionärs gerechtfertigt werden kann. Auch besteht bereits keine Regelungslücke, da § 180 Abs. 2 AktG seit 1965 existiert und der Gesetzgeber bis heute auf eine vergleichbare Vorschrift im GmbHG verzichtet hat.[794] Eine nachträgliche Verschärfung der Vinkulierung ist in der GmbH folglich durch einfachen satzungsändernden Beschluss gemäß § 53 Abs. 2 GmbHG möglich.

4. Satzungsmäßiges Zustimmungserfordernis aller Gesellschafter für die Erteilung der Pauschalverweigerung

Die Erteilung einer Pauschalverweigerung bedarf – ausnahmsweise – dann der Zustimmung aller Gesellschafter, wenn die Auslegung der Satzung ein solches Beschlussquorum für die Vinkulierungsverschärfung ergibt. Eine solche Regelung stellt zwar kein Sonderrecht i.S.d. § 35 GmbHG dar, weil alle Gesellschafter gleichermaßen betroffen sind. Allerdings handelt es sich um die statutarische Gewährung eines relativ unentziehbaren Mitgliedschaftsrechts, wenn die Satzung für eine Maßnahme die Zustimmung

---

[793] Siehe oben, § 8 B III 2.
[794] *Fette*, GmbHR 1986, 73, 75; *Frenzel*, GmbHR 2008, 983, 986; *Völker*, Die Vinkulierung von GmbH-Geschäftsanteilen, S. 49.

aller Gesellschafter ausdrücklich vorschreibt.[795] Die Aufhebung einer solchen Regelung bedarf ebenfalls der Zustimmung aller Gesellschafter.[796]

5. Zwischenfazit

Die Erteilung einer Pauschalverweigerung bedarf als Vinkulierungsverschärfung eines Beschlusses gemäß § 53 Abs. 2 GmbHG. Lediglich dann, wenn die Satzung die Zustimmung aller Gesellschafter vorsieht, handelt es sich um die Gewährung eines relativ unentziehbaren Mitgliedschaftsrechts, weshalb die Zustimmung jedes Gesellschafters in diesem Fall Wirksamkeitsvoraussetzung für den Beschluss über die Erteilung einer Pauschalverweigerung der Zustimmung zur Anteilsabtretung ist.

B. Inhaltskontrolle des Mehrheitsbeschlusses

Nach hier vertretener Auffassung bedarf es keiner Zustimmung des betroffenen Gesellschafters zu einem Beschluss über die Erteilung einer Pauschalverweigerung als Vinkulierungsverschärfung. Daher trägt der satzungsändernde Mehrheitsbeschluss seine Rechtfertigung nicht in sich, wenn der betroffene Gesellschafter nicht zugestimmt hat. Zwar ist eine generelle sachliche Inhaltskontrolle von Mehrheitsbeschlüssen abzulehnen.[797] Eine Inhaltskontrolle muss aber stattfinden, wenn für die entsprechende Maßnahme ein Verstoß gegen die gesellschafterlichen Treuepflichten[798] oder ein Eingriff in die Mitgliedschaft[799] im Raum steht.

---

795 So das OLG Stuttgart, Urt. v. 12.5.1999 – 20 U 62/98, NZG 2000, 159, 165; *Reichert/Weller*, in: Münchener Kommentar z. GmbHG, § 15, Rn. 396; *Völker*, Die Vinkulierung von GmbH-Geschäftsanteilen, S. 62 f.
796 *Reichert/Weller*, in: Münchener Kommentar z. GmbHG, § 15, Rn. 396, m.w.N.
797 *Altmeppen*, in: Altmeppen, GmbHG, Anh. § 47, Rn. 48 f., der die Treuepflicht als ausreichende Schranke für Mehrheitsbeschlüsse ansieht; *Blath*, RNotZ 2017, 218, 223; *Fette*, GmbHR 1986, 73, 75 f.; eine ausführliche Darstellung des Meinungsstands findet sich bei *Raiser*, in: U/H/L, GmbHG, Anh. § 47, Rn. 134 ff.
798 *Blath*, RNotZ 2017, 218, 222; *K. Schmidt*, in: Scholz, GmbHG, § 47, Rn. 26, 28.
799 BGH Urt. v. 13.3.1978 – II ZR 142/76, NJW 1978, 1316, 1317 [Kali & Salz]; *Fette*, GmbHR 1986, 73, 75 f.; *Lutter/Timm*, NJW 1982, 409, 416; *Raiser*, in: U/H/L, GmbHG, Anh. § 47, Rn. 140; *Wiedemann*, NJW 1964, 282, 284 f.

Dritter Teil: Die Pauschalverweigerung der Zustimmungserteilung

I. Die gesellschafterliche Treuepflicht als Ermessenschranke

Nach der Rechtsprechung erfordert die Treuepflicht ein bestimmtes Abstimmungsverhalten des GmbH-Gesellschafters nur dann, wenn die Maßnahme objektiv, unabweisbar erforderlich und den Gesellschaftern unter Berücksichtigung ihrer eigenen schutzwürdigen Belange zumutbar ist, also wenn der Gesellschaftszweck und das Interesse der Gesellschaft diese Maßnahme zwingend gebieten.[800] Es darf keine andere Stimmabgabe denkbar sein.[801] In diesem Fall gibt es nur eine einzig vertretbare Entscheidung: Möchte der GmbH-Gesellschafter einen Verstoß gegen die Treuepflicht durch den Beschluss über die Erteilung einer Pauschalverweigerung rügen, muss er Anfechtungsklage erheben[802].

II. Beeinträchtigung des Mitgliedschaftsrechts durch die Pauschalverweigerung

Oben wurde festgestellt, dass die Erteilung einer Pauschalverweigerung in der AG die vom Schutzbereich des Art. 14 Abs. 1 GG umfasste rechtliche Verkehrsfähigkeit der Aktie beschränkt und einen Eingriff in den Kernbereich der Mitgliedschaft darstellt.[803] Ob auch der GmbH-Geschäftsanteil von Art. 14 GG geschützt ist, wird in der Literatur bisher nur äußerst stiefmütterlich behandelt, jedoch durchgehend bejaht.[804] Damit ist auch in der GmbH die im Anteil verkörperte Mitgliedschaft verfassungsrechtlich geschützt. Dabei mindert bereits die Vinkulierung selbst die rechtliche Verkehrsfähigkeit des Geschäftsanteils erheblich.[805] Erst recht muss dies bei Erteilung einer Pauschalverweigerung gelten, welche in ihrer beschrän-

---

800 BGH Urt. v. 12.4.2016 – II ZR 245/14, NZG 2016, 781, 782; OLG München, Urt. v. 23.06.2016 – 23 U 4531/16, NZG 2016, 1149, 1150; eine Aufzählung gewichtiger Gründe findet sich bei *Seibt*, in: Scholz, GmbHG, § 15, Rn. 127.
801 BGH Urt. v. 12.4.2016 – II ZR 245/14, NZG 2016, 781, 782.
802 Zur Treuepflicht als Ermessensschranke bei der Beschlussfassung über die Pauschalzustimmung siehe oben, § 6 C I.
803 Siehe oben, § 8 B II, III.
804 *Depenheuer*, in: v. Mangoldt/Klein/Starck, GG, Art. 14, Rn. 142 f.; *Lieder*, Die rechtsgeschäftliche Sukzession, S. 629; *Seibt*, in: Scholz, GmbHG, § 14, Rn. 13 (unter Verweis auf die Rechtsprechung zur Aktie); eine Auseinandersetzung mit der Frage findet statt bei *Wagner*, Der gutgläubige Erwerb von Geschäftsanteilen im Recht der GmbH, S. 26 f.
805 *Fette*, GmbHR 1986, 73, 77; *Völker*, Die Vinkulierung von GmbH-Geschäftsanteilen, S. 46.

§ 9 Die Pauschalverweigerung in der GmbH

kenden Wirkung noch weitergeht als eine gewöhnliche Vinkulierung und zur Unveräußerlichkeit des Anteils auf unabsehbare Zeit führt. Eine Pauschalverweigerung stellt eine die Mitgliedschaft des Gesellschafters beschränkende Maßnahme dar, welche der Rechtfertigung bedarf.

1. Bedeutung des Austrittsrechts aus wichtigem Grund

Ein Eingriff in Art. 14 Abs. 1 GG könnte trotz Erteilung einer Pauschalverweigerung zu verneinen sein, wenn der entsprechende Mehrheitsbeschluss einen wichtigen Grund zum Austritt aus der Gesellschaft begründet.[806] In Rechtsprechung[807] und im Schrifttum[808] ist anerkannt, dass jedem Gesellschafter ein außerordentliches Austrittsrecht zusteht, wenn Umstände vorliegen, die den weiteren Verbleib in der Gesellschaft unzumutbar machen. Das außerordentliche Austrittsrecht zählt zum Grundprinzip des Verbandsrechts[809] und findet seine Rechtfertigung in dem Minderheitenschutz sowie dem Recht zur Lösung von einem Dauerschuldverhältnis[810]. Die nachträgliche Einführung einer Vinkulierung führt jedoch nicht automatisch dazu, dass ein wichtiger Grund zum Austritt aus der Gesellschaft besteht.[811] Das Vorliegen eines wichtigen Grundes hängt vielmehr von der individuellen Auswirkung der Vinkulierungsklausel auf den einzelnen Ge-

---

806 Diesen Ansatz verfolgt *Fette*, GmbHR 1986, 73, 77.
807 BGH Urt. v. 1.4.1953 – II ZR 235/52, NJW 1953, 780, 781; BGH Urt. v. 16.12.1991 – II ZR 58/91, NJW 1992, 892, 895; OLG Karlsruhe Urt. v. 25.4.1984 – 6 U 20/84, BB 1984, 2015, 2016; OLG München Urt. v. 9.6.1989 – 23 U 6437/88, BeckRS 9998, 40781; OLG Hamm Urt. v. 28.9.1992 – 8 U 9/92, GmbHR 1993, 656, 657; OLG Köln Urt. v. 21.5.1996 – 3 U 130/95, GmbHR 1996, 609, 610.
808 *Kleindiek*, in: Lutter/Hommelhoff, GmbHG, § 34, Rn. 146; *Seibt*, in: Scholz, GmbHG, Anh. § 34, Rn. 7, m.w.N.; *Ulmer/Habersack*, in: U/H/L, GmbHG, Anh. § 34, Rn. 48.
809 BGH Urt. v. 16.12.1991 – II ZR 58/91, NJW 1992, 892, 895.
810 *Heinrich*, in: Reichert, GmbH & Co. KG, S. 809; eingehend *Schindler*, Das Austrittsrecht in Kapitalgesellschaften, S. 44 ff.
811 OLG Hamm Urt. v. 28.9.1992 – 8 U 9/92, GmbHR 1993, 656, 657: nach dem Gericht darf die Vinkulierung nicht dadurch unterlaufen werden, dass dem Gesellschafter im Gegenzug stets ein Austrittsrecht zusteht; *Binz/Mayer*, NZG 2012, 201, 205; *Kersting*, in: Noack/Servatius/Haas, GmbHG, Anh. § 34, Rn. 21; *Kort*, in: Münchener Hdb des GesR, Bd. 3, § 29, Rn. 13; *Völker*, Die Vinkulierung von GmbH-Geschäftsanteilen, S. 273 ff., 282; i.E. auch *Fette*, GmbHR 1986, 73, 77.

sellschafter ab.[812] Dem außerordentlichen Austrittsrecht des GmbH-Gesellschafters kann somit allenfalls als ein im Rahmen der Rechtfertigung der vinkulierungsverschärfenden Maßnahme zu berücksichtigender Aspekt Relevanz zukommen.

a) Zeitlich limitierte Pauschalverweigerung

Ein Recht zum Austritt aus wichtigem Grund wird regelmäßig zu verneinen sein, wenn die Pauschalverweigerung einmalig für einen Zeitraum erteilt wird, welcher einen Rahmen von drei Monaten nicht überschreitet. Dem von der Zustimmungsverweigerung betroffenen Gesellschafter ist in diesem Fall ein Verbleib in der Gesellschaft zumutbar. Andernfalls besteht die Gefahr, dass die Vinkulierung, die gerade den Verbleib des Gesellschafters sichern möchte, unterlaufen wird[813]. Daher darf das Austrittsrecht vor dem Hintergrund einer bestehenden Anteilsvinkulierung nicht leichtfertig bejaht werden. Die Annahme eines Austrittsrechts bei einer zeitlich begrenzten Zustimmungsverweigerung widerspricht bereits dem ultima-ratio-Gedanken[814] für das außerordentliche Austrittsrecht. Wird eine zeitlich beschränkte Pauschalverweigerung nach ihrem Ablauf „erneuert", ist ein Recht zum Austritt aus wichtigem Grund aber zu bejahen. Andernfalls ist die Abtretung des Anteils faktisch ausgeschlossen, sofern sich die erneute Zustimmungsverweigerung nicht auf ein konkretes Rechtsgeschäft beschränkt.[815] Jedoch dürfen die drei Monate nicht als starre Grenze aufgefasst werden, weshalb ein Austrittsrecht im Einzelfall auch eher in Betracht kommt.

---

812 Ähnlich *Fette*, GmbHR 1986, 73, 77.
813 Die Vinkulierung darf nicht durch ein Austrittsrecht unterlaufen werden: OLG Hamm Urt. v. 28.9.1992 – 8 U 9/92, GmbHR 1993, 656, 657; ebenso *Völker*, Die Vinkulierung von GmbH-Geschäftsanteilen, S. 279.
814 Zum Austritt als ultima-ratio ausf.: *Kort*, in: Münchener Hdb des GesR, Bd. 3, § 29, Rn. 15 ff., m.w.N.; *Raiser/Veil*, Recht der Kapitalgesellschaften, S. 527.
815 Ähnlich *Kleindiek*, in: Lutter/Hommelhoff, GmbHG, § 34, Rn. 146, der bei regelmäßiger Verweigerung der Genehmigung einen wichtigen Grund zum Austritt bejaht; dem folgend *Blasche*, RNotZ 2013, 527, 529; wie hier diff.: *Pahnke*, Die Grenzen des Gesellschafterschutzes durch Vinkulierung von GmbH-Geschäftsanteilen, S. 76, der einen wichtigen Grund zum Austritt verneint, wenn sich eine mehrmalige Zustimmungsverweigerung auf konkretes Rechtsgeschäft bezieht.

b) Zeitlich unlimitierte Pauschalverweigerung

Ein Recht zum Austritt aus wichtigem Grund ist zu bejahen, wenn die Pauschalverweigerung zeitlich unbeschränkt erteilt wird und nicht bereits auf Grund einer bestehenden Treuepflicht ein Anspruch auf Zustimmung zur Anteilsabtretung besteht. In solch einem Fall gibt es keine andere Möglichkeit für den Gesellschafter, aus der Gesellschaft auszuscheiden. Gleichzeitig führt das Recht zum Austritt aus wichtigem Grund dazu, dass in der GmbH – anders als in der AG – eine zeitlich unbeschränkte Pauschalverweigerung wirksam erteilt werden kann, sofern die Verhältnismäßigkeit im Übrigen vorliegt.[816] Jedoch ist für die Wirksamkeit der Pauschalverweigerung das Mindesterfordernis zu beachten, wonach der Austritt selbst nicht nur durch Abtretung des Anteils, sondern stets auch mittels Einziehung des Geschäftsanteils[817] möglich sein muss. Zwar kann die Gesellschaft zum Vollzug des Austritts die Abtretung an einen anderen Gesellschafter verlangen.[818] Der verbleibende Gesellschafter wird sich jedoch nicht immer bereit erklären, den Anteil des Ausscheidenden zu übernehmen. Einen Anspruch auf Abtretung an einen Mitgesellschafter oder einen Dritten hat der ausscheidende Gesellschafter nicht.[819] Ihm bliebe nur die Auflösungsklage gemäß § 61 GmbHG[820], was weder im Interesse der Gesellschaft noch in demjenigen des Austretenden liegen dürfte. Daher ist eine unbeschränkte Pauschalverweigerung unwirksam, wenn die Erfordernisse der §§ 30, 34 GmbHG nicht vorliegen.

---

[816] Ebenso für den gänzlichen Ausschluss der Übertragbarkeit: *Bayer*, in: Lutter/Hommelhoff, GmbHG, § 15, Rn. 82, der wegen des Austrittsrechts aus wichtigem Grund einen generellen Ausschluss der Abtretbarkeit im GmbH-Recht für zulässig hält; wie *Bayer* argumentiert auch *Völker*, Die Vinkulierung von GmbH-Geschäftsanteilen, S. 113, 117.

[817] So für den Ausschluss der Abtretbarkeit: *Reichert*, Das Zustimmungserfordernis zur Abtretung von Geschäftsanteilen in der GmbH, S. 99, der den Ausschluss der Abtretbarkeit für unwirksam erachtet, wenn Austritt nur durch Abtretung möglich ist, weil Einziehung gegen §§ 30, 34 GmbHG verstößt.

[818] *Kleindiek*, in: Lutter/Hommelhoff, GmbHG, § 34, Rn. 152; *Seibt*, in: Scholz, GmbHG, Anh. § 34, Rn 19; *Sosnitza*, in: Michalski u.a., GmbHG, Anh. § 34, Rn. 60.

[819] *Kersting*, in: Noack/Servatius/Haas, GmbHG, Anh. § 34, Rn. 23; *Seibt*, in: Scholz, GmbHG, Anh. § 34, Rn 20, m.w.N.; *Sosnitza*, in: Michalski u.a., GmbHG, Anh. § 34, Rn. 58; *Ulmer/Habersack*, in: U/H/L, GmbHG, Anh. § 34, Rn. 49.

[820] *Seibt*, in: Scholz, GmbHG, Anh. § 34, Rn 20, m.w.N.; *Strohn*, in: Münchener Kommentar z. GmbHG, § 34, Rn. 201.

2. Verhältnismäßigkeit der Pauschalverweigerung im Übrigen

Der Umstand allein, dass dem von einer Pauschalverweigerung betroffenen Gesellschafter im Einzelfall ein außerordentliches Austrittsrecht zusteht, führt nicht automatisch zu einer Rechtfertigung des Beschlusses. Die Gesellschaft muss vielmehr darlegen können, dass der Beschluss über die Erteilung einer Pauschalverweigerung in ihrem Interesse erforderlich war. Dieser Nachweis mag ihr dann gelingen, wenn die Zustimmungsverweigerung der Abwehr einer unmittelbar bevorstehenden feindlichen Übernahme dienen soll[821], welche der Gesellschaft schaden würde[822]. Jedoch besteht eine Rechtfertigung der Erteilung einer Pauschalverweigerung nur solange, als die sie begründenden Umstände tatsächlich bestehen. Daher hat der Gesellschafter einen Anspruch auf Widerruf der Pauschalverweigerung verbunden mit erneuter Verbescheidung, sobald der Rechtfertigungsgrund wegfällt.[823] Dadurch ist sichergestellt, dass der Gesellschafter nicht übermäßig in seinem Eigentumsrecht gemäß Art. 14 Abs. 1 GG beschränkt wird.

C. Ergebnis

Sofern die satzungsändernde Mehrheit i.S.d. § 53 Abs. 2 GmbHG für die Erteilung der Pauschalverweigerung stimmt, ist der Beschluss in Anlehnung an die Rechtsprechung zum Personengesellschaftsrecht formell legitimiert. Die Zustimmung des betroffenen Gesellschafters ist keine Voraussetzung für die formelle Wirksamkeit der Erteilung einer Pauschalverweigerung der Anteilsübertragung. Ob eine Zustimmung des von der Maßnahme betroffenen Gesellschafters aus materiell-rechtlichen Gesichtspunkten erforderlich ist, unterliegt einer Überprüfung im Rahmen der materiellen Beschlusskontrolle. Sollte die Erteilung einer Pauschalverweigerung einen Verstoß gegen die Treuepflicht darstellen, kann der dissentierende Gesellschafter den Beschluss anfechten. Bei einer Verletzung sei-

---

[821] *Fette*, GmbHR 1986, 73, 78; noch weitergehend *Lutter/Timm*, NJW 1982, 409, 416, die die nachträgliche Einführung einer Vinkulierungsklausel stets als verhältnismäßig ansehen, wenn diese dem Schutz vor Abhängigkeit dienen soll. Den dissentierenden Gesellschaftern soll in diesem Fall aber ein Austrittsrecht aus wichtigem Grund zustehen.
[822] *Schanz*, NZG 2000, 337, 341.
[823] Zu den Rechtsschutzmöglichkeiten des von der Pauschalverweigerung betroffenen Gesellschafters siehe unten, § 12 B.

ner kernbereichsrelevanten Mitgliedschaftsrechte kann der Gesellschafter Nichtigkeitsklage analog § 241 Nr. 4 AktG erheben. Dabei ist die Erteilung einer zeitlich unbegrenzten Pauschalverweigerung – anders als in der AG – nicht per se sittenwidrig. Da eine zeitlich unbeschränkte Pauschalverweigerung zu einem Austrittsrecht des GmbH-Gesellschafters aus wichtigem Grund führt, ist diese zulässig, sofern die Pauschalverweigerung aus Gründen des Gesellschaftswohls gerechtfertigt ist und der Gesellschafter eine angemessene Abfindung erhält.

§ 10 Die Pauschalverweigerung in den Personengesellschaften

Im Gegensatz zur GmbH besteht in den Personengesellschaften die Möglichkeit der ordentlichen Kündigung der Mitgliedschaft. Dies gilt sowohl für die Rechtsform der GbR[824] als auch der OHG[825] und der KG[826], sofern die Gesellschaft auf unbestimmte Zeit eingegangen wurde. Für die GbR folgt dies unmittelbar aus 723 Abs. 1 BGB, der für die OHG gemäß § 105 Abs. 3 HGB – vorbehaltlich einer abweichenden Regelung in § 132 HGB – anwendbar ist.[827] Für die OHG und die KG besteht nach § 132 HGB (i.V.m. § 161 Abs. 2 HGB) eine Kündigungsfrist von sechs Monaten zum Schluss eines Geschäftsjahres, während in der GbR sogar ein jederzeitiges, fristloses Kündigungsrecht besteht[828]. Auch bei der (Publikums-) KG ist das ordentliche Kündigungsrecht gemäß § 132 i.V.m. § 161 Abs. 2 HGB anerkannt.[829] Jedoch soll das ordentliche Kündigungsrecht in der Publikumskommanditgesellschaft nicht von Anfang an bestehen, wenn Zweck der

---

824 OLG Karlsruhe, Urt. v. 19.4.2002 – 14 U 129/00, NZG 2003, 324; *Hadding/Kießling*, in: Soergel, BGB, § 723, Rn. 25; *Schäfer*, in: Münchener Kommentar z. BGB, § 723, Rn. 20; *Westermann*, in: Westermann/Wertenbruch, Hdb Personengesellschaften I, § 36, Rz. I, 1071.
825 BGH Urt. v. 14.11.1953 – II ZR 232/52, NJW 1954, 106; *Schäfer*, in: Das Recht der OHG, § 132, Rn. 3; *Westermann*, in: Westermann/Wertenbruch, Hdb Personengesellschaften I, § 36, Rz. I, 1071.
826 Für die KG folgt das Recht zur ordentlichen Kündigung ebenfalls aus § 132 HGB i.V.m. § 161 Abs. 2 HGB: *Preißer/von Rönn*, Die KG und die GmbH & Co. KG, S. 331 f.; *K. Schmidt*, in: Münchener Kommentar z. HGB, § 132, Rn. 3.
827 *Kamanabrou*, in: Oetker, HGB, § 132, Rn. 1; *Schäfer*, in: Das Recht der OHG, § 132, Rn. 1.
828 *Westermann*, in: Wertenbruch/Westermann, Hdb Personengesellschaften I, § 36, Rz. I, 1071.
829 *Oertel*, Fungibilität von Anteilen an Publikumskommanditgesellschaften, S. 40 ff.

Gesellschaft eine Steuerersparnis ist, da die ordentliche Kündigung eines Anlegers in diesem Fall wegen des damit verbundenen Kapitalabflusses den Unternehmenszweck gefährden würde.[830] Nach Ende der steuerlich intendierten Verlustphase wird eine ordentliche Kündigung aber für möglich erachtet.[831]

A. Zulässigkeit einer Pauschalverweigerung

Die Möglichkeit zum Austritt aus einer Personengesellschaft durch ordentliche Kündigung ist ein Indiz dafür, dass an die Zulässigkeit einer Pauschalverweigerung der Zustimmung zur Anteilsabtretung geringere Anforderungen als bei der Aktiengesellschaft zu stellen sind.

I. Gänzlicher Ausschluss der Übertragbarkeit des Anteils

Wurde das Recht zur ordentlichen Kündigung nicht beschränkt, können sich die Gesellschafter von ihrer Mitgliedschaft im Personenverband lösen. Mit dem Ausscheiden wächst der Anteil den verbleibenden Gesellschafter an (§ 738 Abs. 1 Satz 1 BGB) und der Ausscheidende erhält eine Abfindung (§ 738 Abs. 1 Satz 2 BGB).[832] Die Möglichkeit zum Austritt durch ordentliche Kündigung (siehe § 723 Abs. 1 BGB, §§ 131 Abs. 3 Satz 1 Nr. 3, Satz 2, 132 HGB) führt dazu, dass die freie Übertragbarkeit nicht nur beschränkt, sondern sogar ganz ausgeschlossen werden kann[833]. Ein Ausschluss der Übertragbarkeit des Anteils ist dabei auch in der kapitalistisch strukturierten Publikums-KG denkbar.[834] Wenn schon der Ausschluss der Übertragbarkeit von GmbH-Geschäftsanteilen nach ganz herrschender Meinung

---

830 *K. Schmidt*, in: Münchener Kommentar z. HGB, § 132, Rn. 11, unter Verweis auf *Dietrich*, Die Publikumskommanditgesellschaft und die gesellschaftsrechtlich geschützten Interessen, S. 77 f.; ebenso *Lorz*, in: E/B/J/S, HGB, § 132, Rn. 4.
831 *Dietrich*, Die Publikumskommanditgesellschaft und die gesellschaftsrechtlich geschützten Interessen, S. 85; *K. Schmidt*, in: Münchener Kommentar z. HGB, § 132, Rn. 11.
832 *Haas*, in: R/GvW/H, HGB, § 131, Rn. 38, 41; *Schäfer*, in: Das Recht der OHG, § 131, Rn. 16, 107.
833 Eingehend *Lieder*, ZfPW 2016, 205, 220 f.; *Lieder*, in: Oetker, HGB, § 105, Rn. 91.
834 Einschränkend: *Oertel*, Fungibilität von Anteilen an Publikumskommanditgesellschaften, S. 73 ff., 76, der einen vollständigen Ausschluss der Übertragbarkeit bei der Publikums-KG regelmäßig für unwirksam hält.

anerkannt ist[835], muss dies erst recht für den Anteil an einer Publikums-KG gelten, da der nachteilige Einfluss auf den Markt durch eine Beschränkung bzw. Aufhebung der freien Übertragbarkeit bei der Publikums-KG nicht größer sein dürfte als bei der Publikums-GmbH. Auch besteht bei der Publikums-KG von Gesetzes wegen ein Recht zur ordentlichen Kündigung, wohingegen bei der GmbH nur das außerordentliche Austrittsrecht existiert[836]. Jedoch dürfte ein Ausschluss der Übertragbarkeit des Gesellschaftsanteils bei der Publikums-KG regelmäßig nicht mit dem Gesellschaftszweck, d.h. der Beteiligung als Kapitalanlage, vereinbar sein.[837] Insofern wird die Erteilung einer Pauschalverweigerung in der Publikums-KG häufig unwirksam sein. Andererseits kann die Pauschalverweigerung in der Publikums-KG als Übernahmeabwehrmittel durchaus ihre Berechtigung erlangen. Sobald der Rechtfertigungsgrund wegfällt, hat der Gesellschafter aber einen Anspruch auf Beseitigung der Zustimmungsverweigerung, verbunden mit erneuter Verbescheidung.[838]

II. Zustimmungserfordernis bei nachträglicher Beschränkung der Übertragbarkeit des Anteils

Relativ unentziehbare Gesellschafterrechte, wie die Übertragbarkeit des Gesellschaftsanteils, werden zum Kernbereich der Mitgliedschaft eines Personengesellschafters gezählt.[839] Aus diesem Grund wird eine Zustimmung jedes Gesellschafters für erforderlich erachtet, falls die Übertragbarkeit des Anteils nachträglich ausgeschlossen wird.[840] Fehlt die Zustimmung, soll die Aufhebung der Übertragbarkeit einen nicht zu rechtfertigenden Eingriff in das gemäß Art. 14 Abs. 1 GG geschützte Mitgliedschaftsrecht

---

835 Ganz h.M.: RG Urt. v. 8.10.1912 – Rep. II. 133/12, RGZ 80, 175, 179 (obiter dictum); BayObLG Beschl. v. 24.11.1988 – 3 Z 111/88, NJW-RR 1989, 687, 688; *Reichert*, Das Zustimmungserfordernis zur Abtretung von Geschäftsanteilen in der GmbH, S. 93 ff.; *Seibt*, in: Scholz, GmbHG, § 15, Rn. 135, m.w.N.
836 Siehe oben, § 9 B II 1.
837 Ebenso im Hinblick auf den Ausschluss der Übertragbarkeit: *Oertel*, Fungibilität von Anteilen an Publikumskommanditgesellschaften, S. 75.
838 Zu den Rechtsschutzmöglichkeiten des von der Pauschalverweigerung betroffenen Gesellschafters siehe unten, § 12 C.
839 *Enzinger*, in: Münchener Kommentar z. HGB, § 119, Rn. 71, m.w.N., der für Eingriffe in Sonderrechte stets einen wichtigen Grund fordert; *Lieder*, ZfPW 2016, 205, 215, Fn. 66, m.w.N.; *Wicke*, MittBayNot 2017, 125, 126.
840 *Lieder*, in: Oetker, HGB, § 105, Rn. 91.

darstellen.[841] Wie oben festgestellt wurde, ist das Zustimmungserfordernis zu einer vinkulierungsverschärfenden Maßnahme für den Aktionär gemäß § 180 Abs. 2 AktG zwingend.[842] Jedoch ist diese Vorschrift bereits auf den GmbH-Gesellschafter nicht analog anwendbar, da für ihn ein außerordentliches Austrittsrecht besteht, falls die Mitgesellschafter die Anteilsübertragung für einen längeren Zeitraum als drei Monate verweigern.[843] Erst recht bedarf es nicht der Zustimmung eines Personengesellschafters zu einer Beschränkung oder einem Ausschluss der Anteilsübertragung. Dem Gesellschafter einer Personengesellschaft steht regelmäßig ein Recht zur ordentlichen Kündigung, jedenfalls aber ein außerordentliches Austrittsrecht[844] zu. Zwar bedeutet die Möglichkeit zur ordentlichen Kündigung nicht, dass die Erteilung einer Pauschalverweigerung ohne weiteres gerechtfertigt ist, jedoch besteht kein Grund, der Erteilung einer Pauschalverweigerung ohne Zustimmung des betroffenen Gesellschafters von vornherein die Wirksamkeit abzusprechen. Erteilt der veräußerungswillige Gesellschafter seine Zustimmung zur Übertragungsbeschränkung nicht, ist die materielle Beschlusskontrolle eröffnet. Formell ist der Beschluss daher selbst dann legitimiert, wenn ein Verstoß gegen den Kernbereich im Raum steht.[845]

B. Einfluss des ordentlichen Kündigungsrechts auf die Zulässigkeit einer Pauschalverweigerung

Wie soeben festgestellt wurde, ist Korrelat für eine eingeschränkte oder gänzlich ausgeschlossene Übertragbarkeit der Mitgliedschaft, dass das Dauerschuldverhältnis anderweitig lösbar ist.[846] Die Möglichkeit, sich von der Mitgliedschaft im Personenverband lösen zu können, ist für die Gesell-

---

841 *Lieder*, ZfPW 2016, 205, 219; *Wiedemann*, Gesellschaftsrecht II, S. 428.
842 Siehe oben, § 8 B III 2.
843 Siehe oben, § 9 A II 3.
844 Siehe dazu den nachfolgenden Punkt.
845 *Adams*, Mittelbare Beteiligung an einer Publikumspersonengesellschaft über einen Treuhänder, S. 24; *Böttcher*, NZG 2019, 61, 62; *Roth*, in: Baumbach/Hopt, HGB, § 119, Rn. 37; *Schäfer*, NZG 2014, 1401, 1403; a.A.: *Lieder*, ZfPW 2016, 205, 219 f.; *Seidel/Wolf*, BB 2015, 2563 ff., die die Kernbereichslehre auch auf formeller Ebene für relevant erachten; ähnl. *K. Schmidt*, ZIP 2009, 737, 738 f., der bei Eingriffen in den Kernbereich den Individualschutz über die Ermächtigungsebene und nicht die Inhaltsebene gesichert sieht.
846 *Hadding/Kießling*, in: Soergel, BGB, § 723, Rn. 1; *Wiedemann*, WM 1992, Beil. 7, S. 51.

schafter insbesondere bei einer unbeschränkten Haftung von erheblicher Bedeutung.[847]

I. Situation bei der OHG und der GbR

In der Praxis fehlt es häufig an den notwendigen finanziellen Mitteln für die Erfüllung der Abfindungsansprüche ausscheidender Gesellschafter.[848] Dies wiederum hat zur Folge, dass in den Gesellschaftsverträgen oftmals Kündigungs- und Abfindungsbeschränkungen festgelegt werden.[849] Derartige Klauseln werden bei der GbR und der OHG als zulässig angesehen, wenn der Gesellschaftsvertrag eine Mindestdauer vorsieht.[850] Die Beschränkung des ordentlichen Kündigungsrechts darf jedoch nicht gänzlich unbefristet sein, da sonst eine Beeinträchtigung der individuellen und wirtschaftlichen Freiheit des Gesellschafters angenommen wird.[851] Als Obergrenze werden 30 Jahre diskutiert.[852] Jedoch ist stets im Einzelfall zu prüfen, ob die entsprechende Beschränkung nicht im Einzelfall gemäß § 138 BGB sittenwidrig ist (= flexibler Schutz der Mitgliedschaft).[853] Ein gänzlicher Ausschluss soll dabei ausnahmsweise mit § 723 Abs. 3 BGB vereinbar sein, wenn der Gesellschaftsvertrag im Gegenzug ein Andienungsrecht an die Mitgesellschafter gegen eine entsprechende Abfindung vorsieht.[854] Die bloße Übertragbarkeit des Anteils soll dagegen nicht als Kompensation für den Ausschluss der ordentlichen Kündigung genü-

---

847 *Hadding/Kießling*, in: Soergel, BGB, § 723, Rn. 1.
848 So für Familienunternehmen: *Holler*, DStR 2019, 931, 940.
849 So für Familienunternehmen: *Holler*, DStR 2019, 931, 940.
850 *Schäfer*, in: Das Recht der OHG, § 132, Rn. 28.
851 BGH Urt. v. 18.9.2006 – II ZR 137/04, NJW 2007, 295, 296 (GbR), das Gericht sieht jedenfalls bei einer Anwaltssozietät einen Kündigungsausschluss für 30 Jahre als unzulässig an; BGH Urt. v. 22.5.2012 – II ZR 205/10, NZG 2012, 984, 985 (für die Publikums-GbR).
852 Für die OHG: *K. Schmidt*, in: Münchener Kommentar z. HGB, § 132, Rn. 33, der bei natürlichen Personen eine „starre Schranke" von 30 Jahren als Obergrenze bejaht; für die GbR: *Schäfer*, in: Münchener Kommentar z. BGB, § 723, Rn. 66.
853 *K. Schmidt*, GesR, S. 1456 f.; *Westermann*, in: Wertenbruch/Westermann, Hdb Personengesellschaften I, § 36, Rz. I, 1077, der einen Vorrang von § 138 BGB ggü. § 723 Abs. 3 BGB annimmt.
854 *Nitschke*, Die körperschaftlich strukturiere Personengesellschaft, S. 371; *Schäfer*, in: Münchener Kommentar z. BGB, § 723, Rn. 70, m.w.N; *Schäfer*, in: Das Recht der OHG, § 132, Rn. 30, unter Verweis auf das BGH Urt. v. 13.6.1994 – II ZR 38/93, NJW 1994, 2536 ff.; *K. Schmidt*, in: Münchener Kommentar z.

gen.⁸⁵⁵ Dem ist aus den folgenden zwei Punkten zuzustimmen: Zum einen findet man einen geeigneten Erwerber bei Gesellschaftern mit einem typischerweise kleineren Mitgliederkreis nur schwer⁸⁵⁶. Dies führt sodann zum zweiten wesentlichen Punkt, nämlich der unbeschränkten Haftung und den daraus resultierenden Gefahren für die Gesellschafter einer GbR/OHG, sich nicht schnell genug von der Gesellschaft lösen zu können.⁸⁵⁷

Nach alledem besteht in den Personengesellschaften eine Wechselbeziehung zwischen dem Bestehen eines ordentlichen Kündigungsrechts und der Beschränkung der freien Übertragbarkeit des Anteils. Wird das ordentliche Kündigungsrecht im Gesellschaftsvertrag einer GbR oder OHG beschränkt oder ganz ausgeschlossen, muss der Gesellschafter durch Übertragung des Anteils auf einen Mitgesellschafter aus der Gesellschaft ausscheiden können. Ein trotz Beschränkung des Kündigungsrechts im Gesellschaftsvertrag enthaltener Zustimmungsvorbehalt darf sich daher nur auf die Übertragung an gesellschaftsfremde Dritte beziehen. Von einer Vinkulierungsklausel muss die Übertragung des Anteils an die Mitgesellschafter daher ausgenommen sein. Besteht das Recht zur ordentlichen Kündigung, kann sich die globale Zustimmungsverweigerung auch auf die Übertragung des Anteils an einen Mitgesellschafter erstrecken.

II. Situation bei der regulären Kommanditgesellschaft und der Publikums-KG

Bei den Kommanditgesellschaften soll die Übertragbarkeit des Anteils unter Zustimmung der Mitgesellschafter als Ausgleich für einen gänzlichen

---

HGB, § 132, Rn. 31; *Schulte/Hushahn*, in: Münchener Hdb des GesR, Bd. 1, § 10, Rn. 41; *Wiedemann*, GesR I, S. 397 f.
855 *Schäfer*, in: Das Recht der OHG, § 132, Rn. 30; *Wiedemann*, WM 1992, Beil. 7, S. 51; *Wiedemann*, GesR I, S. 397 f.; a.A.: *Westermann*, in: Wertenbruch/Westermann, Hdb Personengesellschaften I, § 36, Rz. I, 1072, der als Ausgleich die freie Veräußerlichkeit des Anteils genügen lässt.
856 *Haas*, in: R/GvW/H, HGB, § 132, Rn. 16; *Schulte/Hushahn*, in: Münchener Hdb des GesR, Bd. 1, § 10, Rn. 41; in diese Richtung auch *Westermann*, Vertragsfreiheit und Typengesetzlichkeit im Recht der Personengesellschaften, S. 239.
857 Ähnl.: *Lorz*, in: E/B/J/S, HGB, § 132, Rn. 29; *K. Schmidt*, in: Münchener Kommentar z. HGB, § 132, Rn. 31, der die Übertragbarkeit des Anteils nicht als Alternative zum ordentlichen Kündigungsrecht ansieht, wenn die Gesellschafter unbeschränkt haften.

§ 10 Die Pauschalverweigerung in den Personengesellschaften

Ausschluss des Kündigungsrechts des Kommanditisten genügen.[858] Dies wird insbesondere mit der persönlichen Haftungsbeschränkung des Kommanditisten begründet, der aus diesem Grund nicht gleichermaßen schutzbedürftig sein soll, wie der unbeschränkt haftende Gesellschafter.[859]

Die Erteilung einer Pauschalverweigerung bei gleichzeitiger Beschränkung des Rechts zur ordentlichen Kündigung führt dazu, dass sich der Kommanditist faktisch nicht von der Gesellschaft lösen kann. Es entsteht ein Konflikt mit dem Grundsatz, dass man ein Dauerschuldverhältnis stets beenden können muss.[860] Eine Lösungsmöglichkeit für diesen Konflikt wäre, dass die Gesellschafter im Gesellschaftsvertrag die Möglichkeit der außerordentlichen Austrittskündigung festlegen. Aber selbst wenn der Gesellschaftsvertrag keine Regelung zum außerordentlichen Austrittsrecht trifft, wird ein solches bei Vorliegen eines wichtigen Grundes von Rechtsprechung und Schrifttum bejaht.[861] Das Recht zum außerordentlichen Austritt soll aus dem Rechtsgrundsatz des § 314 BGB folgen.[862] Für den Kommanditisten besteht daher im Ergebnis kein Unterschied zum Gesellschafter einer GmbH. Wird einem GmbH-Gesellschafter eine Pauschalverweigerung erteilt, steht diesem bei Vorliegen eines wichtigen Grundes ein außerordentliches Austrittsrecht zu.[863] Grund hierfür ist die verfassungsrechtliche Schranke des Art. 14 Abs. 1 GG und der damit einhergehende Grundsatz, dass ein Dauerschuldverhältnis lösbar sein muss. Folglich wird man regelmäßig mit dem Ablauf von drei Monaten einen zum Austritt berechtigenden wichtigen Grund zu bejahen haben, sofern nicht bereits die gesellschafterliche Treuepflicht einen Anspruch auf Zustimmung zur

---

858 *Lorz*, in: E/B/J/S, HGB, § 132, Rn. 29; *K. Schmidt*, in: Münchener Kommentar z. HGB, § 132, Rn. 31; a.A.: *Dietrich*, Die Publikumskommanditgesellschaft und die gesellschaftsrechtlich geschützten Interessen, S. 80, der die Veräußerlichkeit des Anteils wegen des Fehlens eines Marktes nicht als Alternative zur Beschränkung des Rechts zur ordentlichen Kündigung ansieht.
859 *K. Schmidt*, in: Münchener Kommentar z. HGB, § 132, Rn. 31.
860 Zu dem Grundsatz, BGH Urt. v. 16.12.1991 – II ZR 58/91, NJW 1992, 892, 895; *Heinrich*, in: Reichert, GmbH & Co. KG, S. 809; *Stodolkowitz*, NZG 2011, 1327, 1332.
861 BGH Urt. v. 19.12.1974 – II ZR 27/73, NJW 1975, 1022, 1024 (für die Publikums-KG); OLG Celle, Urt. v. 10.11.2010 – 9 U 65/10, NZG 2011, 261, 262 (für die OHG); *Heinrich*, in: Reichert, GmbH & Co. KG, S. 804 f.; *K. Schmidt*, in: Münchener Kommentar z. HGB, § 132, Rn. 44; *Stodolkowitz*, NZG 2011, 1327, 1333; a.A.: *Lorz*, in: E/B/J/S, HGB, § 133, Rn. 3, der eine Austrittskündigung nur bei der Publikums-KG für möglich erachtet.
862 OLG Celle, Urt. v. 10.11.2010 – 9 U 65/10, NZG 2011, 261, 262; auf das Urteil Bezug nehmend: *Stodolkowitz*, NZG 2011, 1327, 1329.
863 Siehe oben, § 9 B II 1.

Anteilsabtretung gebietet. Jedoch sind die drei Monate nicht als starre Grenze aufzufassen, weshalb im Einzelfall auch vor deren Ablauf ein wichtiger Grund für den Austritt vorliegen kann.

III. Rechtfertigungsgründe für die Pauschalverweigerung

In den Personengesellschaften mit unbeschränkter Haftung kann die Erteilung einer Pauschalverweigerung von Relevanz sein, wenn zu befürchten ist, dass der Gesellschaftsanteil an eine Kommanditgesellschaft oder an eine Kapitalgesellschaft übertragen werden soll. Bei Ausscheiden einer persönlich haftenden natürlichen Person und Eintritt einer beschränkt haftenden Gesellschaft, kann es bei den Geldgebern der Gesellschaft zu einem Verlust von Sicherheiten kommen.[864] Verfügt die erwerbende Gesellschaft nicht über ausreichend Haftungsmasse, besteht die Gefahr der Kündigung von Darlehensverträgen durch die Bank.[865] Die Erteilung einer Pauschalverweigerung der Zustimmung zur Übertragung des Geschäftsanteils an eine nur beschränkt haftende Gesellschaft wird einer Kontrolle durch die Gerichte daher regelmäßig standhalten. Ferner kann die Erteilung einer Pauschalverweigerung angebracht sein, wenn der Veräußerer ein besonderes Know-How besitzt und im Zeitpunkt des geplanten Ausscheidens noch in wichtige Projekte eingebunden ist.

In der Publikumskommanditgesellschaft wird eine Pauschalverweigerung regelmäßig mit dem Interesse an einer freien Veräußerung des Anteils kollidieren. Jedoch kann die Erteilung einer Pauschalverweigerung für einen kurzen Zeitraum gerechtfertigt sein, um eine feindliche Übernahme der Gesellschaft zu verhindern.

C. Ergebnis

Die Erteilung einer Pauschalverweigerung ist in den Personengesellschaften mit unbeschränkter Haftung zulässig, wenn das ordentliche Kündigungsrecht des Gesellschafters nicht ausgeschlossen oder beschränkt wur-

---

864 Eingehend zum Erwerb durch eine beschränkt haftende Gesellschaft: *Neumann*, ZIP 2016, 1753, 1755 f.
865 *Neumann*, ZIP 2016, 1753, 1755 f. Er verweist hinsichtlich der vertraglich vereinbarten Berechtigung zur Kündigung eines Darlehens bei einem Gesellschafterwechsel auf *Berger*, in: Münchener Kommentar z. BGB, § 490, Rn. 57.

de. Sieht der Gesellschaftsvertrag vor, dass eine Kündigung innerhalb eines gewissen Zeitraums nicht möglich ist oder liegt gar eine befristete Gesellschaft vor, muss wegen des Haftungsrisikos des einzelnen Gesellschafters stets die Möglichkeit der Übertragung des Anteils auf einen Mitgesellschafter sowie ein Andienungsrecht bestehen. Eine Pauschalverweigerung der Zustimmung zur Übertragung des Anteils auf Dritte ist aber denkbar.

Gegenüber dem beschränkt haftenden Personengesellschafter ist die Erteilung einer Pauschalverweigerung auch dann zulässig, wenn das ordentliche Kündigungsrecht ausgeschlossen ist. Jedoch ist auch hier zumindest ein außerordentliches Austrittsrecht gegeben, wenn ein wichtiger Grund zur Erteilung der Pauschalverweigerung erschwerend hinzukommt, der dem Gesellschafter einen Verbleib in der Gesellschaft unmöglich macht.

Eine Zustimmung des von der Pauschalverweigerung betroffenen Gesellschafters ist für die formelle Wirksamkeit einer Pauschalverweigerung nicht erforderlich. Die Erteilung einer Pauschalverweigerung muss vor dem Hintergrund des mit ihr verbundenen Eingriffs in Art. 14 Abs. 1 GG jedoch gerechtfertigt sein.

Vierter Teil: Prozessuale Erwägungen

Eine Pauschalzustimmung oder Pauschalverweigerung zur Übertragung vinkulierter Anteile ermöglicht eine flexible Anteilssteuerung in der Gesellschaft. Gleichzeitig steigt das Bedürfnis nach effektiven Rechtsschutzmöglichkeiten für den Veräußerer sowie für die verbleibenden Gesellschafter.

§ 11 Rechtsschutz gegen die Erteilung einer Pauschalzustimmung

Ist der Gesellschafter einer Kapital- oder Personengesellschaft von der Rechtswidrigkeit einer dem Mitgesellschafter gegenüber erteilten Pauschalzustimmung zur Anteilsübertragung überzeugt, stellt sich die Frage nach effektiven Rechtsschutzmöglichkeiten.

A. Präventiver Rechtsschutz in der AG

Der Einstweilige Rechtsschutz ist für die in der Gesellschaft verbleibenden Aktionäre von hoher Bedeutung. Denn ist die Abtretung aufgrund der Zustimmung erst einmal vollzogen worden, wird der Erwerber einer Rückgängigmachung des Geschäfts meist nicht mehr zustimmen.[866] Eine präventive Abwehrklage auf Unterlassung der Vollziehung einer Maßnahme soll nach §§ 935, 940 ZPO statthaft sein, wenn der Vorstand seine Zuständigkeitskompetenz durch die Vornahme des Geschäfts überschreitet.[867] Damit ist ein Antrag auf vorläufige Untersagung der Vollziehung der Pauschalzustimmung jedenfalls immer dann möglich, wenn die Hauptversammlung für die Zustimmungserteilung zuständig ist (§ 68 Abs. 2 S. 3 AktG) und sich der Vorstand hierüber hinwegsetzt.[868] Hierbei gilt es zu

---

866 *Massari*, in: Mehrbrey, § 5, Rn. 60.
867 BGH Urt. v. 25.02.1982 – II ZR 174/80, NJW 1982, 1703, 1706 [Holzmüller]; *Habersack*, DStR 1998, 533, 535; ausf.: *Heidel*, in: Aktien- und Kapitalmarktrecht, § 246 AktG, Rn. 62, unter Verweis auf das „Holzmüller"-Urteil; *Massari*, in: Mehrbrey, § 5, Rn. 60.
868 *Lieder*, TFM 2015, 133; *Massari*, in: Mehrbrey, § 5, Rn. 60.

berücksichtigen, dass der Aktionär, der einen Antrag auf einstweiligen Rechtsschutz stellen möchte, genau abwägen muss, ob er das Risiko eingehen will, dass in der späteren Hauptsacheentscheidung die Rechtmäßigkeit der Maßnahme festgestellt wird. In diesem Fall kann gemäß §§ 717 Abs. 2 Satz 1, 945 ZPO ein verschuldensunabhängiger Schadensersatzanspruch gegen den klagenden Aktionär in Betracht kommen.[869]

Schwierigkeiten im Hinblick auf die Gewährung effektiven Rechtsschutzes ergeben sich, wenn der Vorstand gemäß § 68 Abs. 2 AktG die alleinige Zustimmungskompetenz besitzt. Eine allgemeine Klage zur Verhinderung rechtswidriger Maßnahmen der Verwaltung gibt es im Aktienrecht nicht.[870] In diesem Fall können nur Beseitigungs- und Schadensersatzansprüche der Aktionäre gegen die Gesellschaft geltend gemacht werden, wenn der Vorstand pflichtwidrig eine Pauschalzustimmung erteilt.[871]

B. Präventiver Rechtsschutz in der GmbH

In der GmbH wird im Hinblick auf den präventiven Rechtsschutz stärker als im Aktienrecht danach differenziert, ob eine Einstweilige Verfügung die Ausführung des Beschlusses oder die Beschlussfassung selbst betrifft.

I. Einstweilige Verfügung nach der Beschlussfassung

Ein einstweiliger Rechtsschutz gegen den Vollzug von Beschlüssen der Gesellschafterversammlung wird für zulässig erachtet, sofern parallel Nichtigkeits-/Anfechtungsklage in der Hauptsache erhoben wird und diese hinreichend Aussicht auf Erfolg hat.[872] Der in seinen Rechten verletzte Gesellschafter kann dann eine Einstweilige Verfügung gegen die Gesell-

---

869 *Seiler/Singhof*, Der Konzern 2003, 313, 317; zu den Ausnahmen der verschuldensunabhängigen Haftung: *Hirte*, in: Großkommentar z. AktG, § 203, Rn. 133.
870 *Lieder*, TFM 2015, 133, 139; *Massari*, in: Mehrbrey, § 5, Rn. 60; *K. Schmidt*, in: Großkommentar z. AktG, § 241, Rn. 5.
871 Dazu sogleich unten, Punkt D.
872 OLG Nürnberg Urt. v. 4.5.1993 – 3 U 136/93, GmbHR 1993, 588, 589; OLG Jena Urt. v. 24.8.2016 – 2 U 168/16, NZG 2017, 136, 137; *Ganzer*, in: Rowedder/Schmidt-Leithoff, GmbHG, Anh. § 47, Rn. 88 f., m.w.N.; *Liebscher/Alles*, ZIP 2015, 1, 2 f.

schaft[873] mit dem Inhalt erwirken, dass der Beschluss vorläufig nicht ausgeführt werden darf.[874] Wie in der Aktiengesellschaft soll der Einstweilige Rechtsschutz jedoch ausscheiden, wenn der Geschäftsführer alleine für die Erteilung der Zustimmung zuständig ist.[875] Dies betrifft vor allem die Publikums-GmbH, da der Geschäftsführer hier regelmäßig auch im Innenverhältnis über die Zustimmung zur Anteilsübertragung entscheidet. Ein Weisungsrecht der Gesellschafter besteht in diesem Fall gerade nicht, weshalb aus Umgehungsgründen auch eine präventive Abwehrklage nicht in Betracht kommt.

II. Einstweilige Verfügung vor der Beschlussfassung

Neben dem einstweiligen Rechtsschutz gegen den Vollzug einer rechtswidrigen Maßnahme besteht die Möglichkeit der Erwirkung einer einstweiligen Verfügung in Form der Untersagung der Zustimmung zu einem bestimmten Beschluss.[876] Dabei werden jedoch hohe Hürden an das Rechtsschutzbedürfnis gestellt. Eine Stimmabgabe für den Beschluss muss entweder einen Verstoß gegen die Treuepflicht darstellen[877] oder dem Antragsteller müssen besonders schwerwiegende Nachteile drohen, die nicht auf andere Weise als durch eine vorläufige Untersagung der Stimmabgabe abgewendet werden können.[878] Die Einstweilige Verfügung gegen den Vollzug des Beschlusses soll vorrangig sein.[879]

---

873 OLG Nürnberg Urt. v. 4.5.1993 – 3 U 136/93, GmbHR 1993, 588, 589; *Liebscher/Alles*, ZIP 2015, 1, 2; *Römermann*, in: Michalski u.a., Anh. § 47, Rn. 618.
874 *Wertenbruch*, in: Münchener Kommentar z. GmbHG, Anh. § 47, Rn. 393; *Noack*, in: Noack/Servatius/Haas, GmbHG, Anh. § 47, Rn. 199.
875 *Lenz*, in: Michalski u.a., GmbHG, § 37, Rn. 23; *Noack*, in: Noack/Servatius/Haas, GmbHG, Anh. § 47, Rn. 199.
876 OLG Hamburg Urt. v. 28.6.1991 – 11 U 65/91, NJW 1992, 186, 187; OLG Düsseldorf Urt. v. 18.5.2005 – 15 U 202/04, NZG 2005, 633, 634; KG Urt. v. 23.7.2015 – 23 U 18/15, NZG 2016, 787; *Bayer*, in: Lutter/Hommelhoff, Anh. § 47, Rn. 91; ablehnend: *Noack*, in: Noack/Servatius/Haas, GmbHG, Anh. § 47, Rn. 202, m.w.N. zur früheren Gegenmeinung.
877 OLG Hamburg Urt. v. 28.6.1991 – 11 U 65/91, NJW 1992, 186, 187; *K. Schmidt*, in: Scholz, GmbHG, § 45, Rn. 183, m.w.N.
878 OLG Düsseldorf Urt. v. 18.5.2005 – 15 U 202/04, NZG 2005, 633, 634, m.w.N.; *Ganzer*, in: Rowedder/Schmidt-Leithoff, GmbHG, Anh. § 47, Rn. 87.
879 *Bayer*, in: Lutter/Hommelhoff, Anh. § 47, Rn. 91, m.w.N.

C. Präventiver Rechtsschutz in den Personengesellschaften

In den Personengesellschaften wird ein Anspruch auf Unterlassung einer Maßnahme gegen den Geschäftsführer für möglich erachtet, wenn der Beschlussgegenstand nicht zur gewöhnlichen Geschäftsführung zählt.[880] Dies ist vorliegend von Relevanz, da die Erteilung einer Pauschalzustimmung in der GbR, der OHG und der regulären KG beim organschaftlichen Modell als eine außergewöhnliche Maßnahme der Geschäftsführung (§ 116 Abs. 2 HGB) qualifiziert wurde.[881] Da die Erteilung einer Pauschalzustimmung in der Publikums-KG regelmäßig auch im Innenverhältnis den Geschäftsführern obliegt, besteht hier nicht die Möglichkeit des präventiven Rechtsschutzes. Andernfalls würde ebenso wie in der Publikums-GmbH das unternehmerische Ermessen unzulässig beschränkt werden.[882]

D. Beseitigungs- und Schadensersatzansprüche

Die Mitgliedschaft wird in der AG und der GmbH als sonstiges Recht von § 823 Abs. 1 BGB geschützt.[883] Setzt sich der Vorstand über die Zustimmungskompetenz der Hauptversammlung hinweg und trifft die entsprechende Maßnahme selbstständig, kommt ein Beseitigungsanspruch gegen die Gesellschaft in Betracht.[884] Ist eine Rückabwicklung nicht mehr realisierbar, kann der Aktionär einen Schadensersatzanspruch in Geld gegen die Gesellschaft haben.[885] Dabei besteht jedoch kein unmittelbarer Anspruch gegen den Vorstand, da dessen Maßnahmen der Gesellschaft zugerechnet werden, weshalb allein die Sonderverbindung zwischen Gesell-

---

880 *Drescher*, in: E/B/J/S, HGB, § 116, Rn. 18; *Jickeli*, in: Münchener Kommentar z. HGB, § 116, Rn. 46, m.w.N.; *Habersack*, Die Mitgliedschaft: subjektives und „sonstiges" Recht, S. 316 ff.; *Lieder*, in: Oetker, HGB, § 116, Rn. 20; *Schäfer*, in: Das Recht der OHG, § 116, Rn. 19; offenlassend für den Fall des § 116 Abs. 2 HGB: BGH Urt. v. 11.2. 1980 – II ZR 41/79, NJW 1980, 1463, 1465.
881 Siehe oben, § 7 C I.
882 Wie hier, *Jickeli*, in: Münchener Kommentar z. HGB, § 116, Rn. 46; *Rüve*, in: Mehrbrey, § 43, Rn. 24.
883 BGH Urt. v. 12.03.1990 – II ZR 179/90, NJW 1990, 2877, 2878 [Schärenkreuzer]; *Habersack*, Die Mitgliedschaft: subjektives und „sonstiges" Recht, S. 117 ff.; *Lutter*, AcP, 180, 84, 130 f.; *Wagner*, in: Münchener Kommentar z. BGB, § 823, Rn. 306, m.w.N.
884 *Massari*, in: Mehrbrey, § 5, Rn. 63, m.w.N.
885 *Lieder*, TFM 2015, 133, 139; allg. zur Ersatzfähigkeit von Schäden des Aktionärs bei Verletzung der Mitgliedschaft: *Bayer*, NJW 2000, 2609, 2611.

schaft und Aktionär im Rahmen des § 823 Abs. 1 BGB maßgebend ist.[886] Ein Ersatzanspruch besteht freilich nur dann, wenn der geltend gemachte Schaden nicht auch bei der Gesellschaft eingetreten ist.[887] Ein unmittelbarer Schadensersatzanspruch der verbleibenden Aktionäre wird daher meist scheitern, da der Schaden bei Eintritt eines unliebsamen Gesellschafters zuvörderst die Gesellschaft trifft.

Für den GmbH-Gesellschafter gilt dasselbe wie für den Aktionär. Bei Verstoß gegen die Kompetenzordnung kommt ein Anspruch auf Beseitigung bzw. Schadensersatz analog §§ 1004, 823 Abs. 1 BGB gegen die Gesellschaft in Betracht.[888] Eine unmittelbare Haftung des Geschäftsführers gemäß § 823 Abs. 1 BGB ist auch hier wegen der allein maßgeblichen mitgliedschaftlichen Sonderverbindung zwischen Gesellschafter und Gesellschaft abzulehnen.[889]

Höchstrichterlich noch nicht geklärt ist, ob auch der Personengesellschafter deliktischen Schutz im Falle der Verletzung seines Mitgliedschaftsrechts genießt. Dies wird im Schrifttum bejaht.[890] Unabhängig davon besteht jedenfalls ein Schadensersatzanspruch gegen die Geschäftsführer, falls diese ihre Pflichten aus der Geschäftsführung verletzt haben.[891] Der Anspruch ist von den anderen vertretungsberechtigten Geschäftsführern oder von den nicht geschäftsführungsbefugten Gesellschaftern im Wege der actio pro socio geltend zu machen.[892]

---

886 Wie hier: *Hopt/Roth*, in: Großkommentar z. AktG, § 93, Rn. 628; *Sailer-Coceani*, in: K. Schmidt/Lutter, AktG, § 93, Rn. 79; *Spindler*, in: Münchener Kommentar z. AktG, § 93, Rn. 342; *Zöllner*, ZGR 1988, 392, 430; a.A.: *Bayer*, NJW 2000, 2609, 2611 f.; *Bork*, ZIP 1990, 1037, 1041 f.; *Habersack*, Die Mitgliedschaft: subjektives und „sonstiges" Recht, S. 171 ff.; *Wiedemann*, ZGR 2011, 183, 201.
887 *Seiler/Singhof*, Der Konzern 2003, 313, 325, m.w.N.
888 *Paefgen*, in: U/H/L, GmbHG, § 43, Rn. 316.
889 *Paefgen*, in: U/H/L, GmbHG, § 43, Rn. 316 f.; *Verse*, in: Scholz, GmbHG, § 43, Rn. 488; *Noack*, in: Noack/Servatius/Haas, GmbHG, § 43, Rn. 65; a.A.: OLG Frankfurt a. M. Urt. v. 4.12.1998 – 25 U 39/98, NZG 1999, 767; *Mertens*, FS Fischer, 1979, S. 461, 473; *Reuter*, BB 1986, 1653, 1658; *Wiedemann*, ZGR 2011, 183, 201.
890 *Habersack*, Die Mitgliedschaft: subjektives und „sonstiges" Recht, S. 146 ff.; *Lutter*, AcP, 180, 84, 130 f.
891 *Drescher*, in: E/B/J/S, HGB, § 116, Rn. 18, m.w.N.
892 BGH Urt. v. 11. 2. 1980 – II ZR 41/79, NJW 1980, 1463, 1465; *Rüve*, in: Mehrbrey, § 43, Rn. 22; *v. Ditfurth*, in: Münchener Hdb des GesR, Bd. 1, § 53, Rn. 31; allg. zur actio pro socio: *Mock*, JuS 2015, 590 ff.

§ 12 Rechtsschutz gegen die Erteilung einer Pauschalverweigerung

Die Erteilung einer Pauschalverweigerung führt dazu, dass der Gesellschafter seinen Anteil nicht wirksam veräußern kann, solange die Gesellschaft nicht auf Grund eines neuen Beschlusses positiv über die Zustimmungserteilung entscheidet. Bleiben jegliche Versuche des Gesellschafters erfolglos, die Gesellschaft zur Zustimmung zu bewegen, bleibt ihm nur die Möglichkeit der Klageerhebung vor Gericht. Aber auch wenn die Gesellschaft eine Pauschalverweigerung zeitlich befristet erteilt hat, kann der Gesellschafter ein rechtliches Interesse daran haben, die Pauschalverweigerung bereits vor Ablauf der Frist „zu Fall zu bringen". Ein solches Interesse besteht insbesondere dann, wenn der Gesellschafter nach der Satzung oder aus Gründen der Treuepflicht einen Anspruch auf Erteilung der Zustimmung hat und den Anteil gewinnbringend verkaufen kann.

A. Rechtsschutzmöglichkeiten für den Aktionär

In der Regel wird dem Aktionär damit gedient sein, dass er von der Gesellschaft die Zustimmung zur Anteilsübertragung erhält. Nicht auszuschließen ist aber, dass er zusätzlich oder ausschließlich Ersatz desjenigen Schadens begehrt, der durch die Verletzung seines Mitgliedschaftsrechts im Falle einer rechtswidrig erteilten Pauschalverweigerung entstanden ist.

I. Leistungsklage und Gestaltungsklage

Verweigert der Vorstand die Veräußerung von Aktien pauschal, kann der veräußerungswillige Aktionär gegen die Gesellschaft Leistungsklage auf Erteilung der Zustimmung erheben.[893] Dabei hat der Aktionär nur dann einen Anspruch auf Zustimmung, wenn das Ermessen wegen einer bestehenden Treuepflicht auf null reduziert ist[894] oder nach der Satzung eine Zustimmungspflicht besteht[895]. Ferner besteht ein Anspruch auf

---

893 *Gätsch*, in: Marsch-Barner/Schäfer, Hdb börsennotierte AG, § 5, Rn. 5.102; *Lutter/Drygala*, in: Kölner Kommentar z. AktG, § 68, Rn. 91; *Massari*, in: Mehrbrey, § 5, Rn. 46; *Merkt*, in: Großkommentar z. AktG, § 68, Rn. 511, m.w.N.
894 *Bayer*, in: Münchener Kommentar z. AktG, § 68, Rn. 107; *Koch*, in: Hüffer/Koch, AktG, § 68, Rn. 16 a.
895 *Hefermehl/Bungeroth*, in: G/H/E/K, AktG, § 68, Rn. 147; *Lutter*, AG 1992, 369, 371.

Zustimmung, wenn der Aktionär Gründe für einen solchen Anspruch darlegt und die Gesellschaft den Vortrag nicht zu entkräften vermag. In diesem Fall gilt das Vorbringen des Aktionärs gemäß § 138 Abs. 3 ZPO als zugestanden.[896] Hat der Vorstand sein Ermessen lediglich fehlerhaft ausgeübt, steht dem Aktionär nur ein Anspruch auf erneute, ermessensfehlerfreie Bescheidung zu.[897] Ist ausnahmsweise die Hauptversammlung im Innenverhältnis gemäß § 68 Abs. 2 Satz 3 AktG für die Erteilung der Zustimmung zuständig und besteht eine Zustimmungspflicht, kann der Aktionär den Beschluss der Hauptversammlung über die Pauschalverweigerung anfechten und einen weiteren Antrag auf positive Beschlussfeststellung[898] stellen. Eine isolierte positive Beschlussfeststellungsklage ist nicht möglich.[899] Verpasst der Aktionär die Anfechtungsfrist, ist dennoch eine Leistungsklage auf Zustimmung gegen die AG möglich. Die Leistungsklage entfaltet keine Sperrwirkung gegenüber der Anfechtungsklage in Kombination mit einer positiven Beschlussfeststellungsklage.[900] Allerdings wirkt die Leistungsklage nur ex nunc[901], weshalb der Antrag auf erneute Zustimmung zur Übertragung lauten muss. Besteht nur ein Anspruch auf erneute Verbescheidung, d.h. keine unbedingte Zustimmungspflicht, hilft die Anfechtungsklage mit der positiven Beschlussfeststellungsklage nicht weiter. In diesem Fall verbleibt nur die Leistungsklage gegen die AG gerichtet auf die Herbeiführung eines neuen Beschlusses der Hauptversammlung.[902] Zusätzlich sollte der Aktionär Zwischenfeststellungsklage nach § 256 Abs. 2 ZPO erheben, mit dem Antrag auf Feststellung der Ermessenserwägungen.[903] Eine Leistungsklage gerichtet auf einen festgelegten inhalt-

---

896 *Lieder*, in: Münchener HdB des GesR, Bd. 7, § 27, Rn. 22, m.w.N.
897 *Cahn*, in: Spindler/Stilz, AktG, § 68, Rn. 74; *Koch*, in: Hüffer/Koch, AktG, § 68, Rn. 16 a; *Lieder*, in: Münchener HdB des GesR, Bd. 7, § 27, Rn. 18, m.w.N.
898 Allgemein zur positiven Beschlussfeststellungsklage im Aktienrecht: *Heer*, ZIP 2012, 803 ff.
899 *Heer*, ZIP 2012, 803, 808; *K. Schmidt*, in: Großkommentar z. AktG, § 246, Rn. 104.
900 Für die GmbH: OLG Koblenz, Urt. v. 12.01.1989 – U 1053/87, NJW-RR 1989, 1057, 1058; *Reichert/Weller*, in: Münchener Kommentar z. GmbHG, § 15, Rn. 436.
901 *Zirngibl*, in: Mehrbrey, § 16, Rn. 88.
902 Für den Aktionär: *Lieder*, in: Münchener Hdb des GesR, Bd. 7, § 27, Rn. 18; für den GmbH-Gesellschafter: *Görner*, in: Rowedder/Schmidt-Leithoff, GmbHG, § 15, Rn. 190; *Löbbe*, in: H/C/L, GmbHG, § 15, Rn. 255.
903 *Lieder*, in: Münchener Hdb des GesR, Bd. 7, § 27, Rn. 18; *Zirngibl*, in: Mehrbrey, § 16, Rn. 95, der auch eine Leistungsklage ohne Zwischenfeststellungsklage für möglich hält, da das Gericht inzident prüft, ob der Anspruch auf Zustimmung nicht bereits erfüllt wurde.

§ 12 Rechtsschutz gegen die Erteilung einer Pauschalverweigerung

lichen Beschluss ist bei einer Ermessensentscheidung nicht möglich, denn das Gericht darf nicht anstelle der Hauptversammlung entscheiden.[904]

II. Statthaftigkeit einer isolierten Feststellungsklage

Da Beschlüsse der Geschäftsleitung im Verhältnis zu den Aktionären entweder rechtmäßig und damit wirksam oder rechtswidrig und damit nichtig sind, können die Aktionäre Feststellungsklage erheben, wenn sie der Meinung sind, dass der Vorstand ihr Mitgliedschaftsrecht verletzt hat.[905] Gleichwohl bleibt die Maßnahme im Außenverhältnis gegenüber Dritten wirksam, da die fehlerhafte Geschäftsführung bis auf wenige Ausnahmen nicht auf das Außenverhältnis durchschlägt.[906] Jedoch ist eine isolierte Feststellungsklage nur dann zulässig, wenn ein besonderes Feststellungsinteresse dargelegt werden kann. Ein solches ist insbesondere dann zu bejahen, wenn durch die rechtswidrige Maßnahme nicht oder nur schwer zu beziffernde Schadensersatzansprüche drohen.[907] Vorliegend greift die Erteilung einer Pauschalverweigerung zwar in das Mitgliedschaftsrecht des Aktionärs ein[908], jedoch geht es dem Aktionär in der Regel weniger um den Schutz seines Mitgliedschaftsrechts als vielmehr darum, sich von der Gesellschaft zu lösen und die Mitgliedschaft zu beenden.[909] Hierfür ist die Leistungsklage auf Zustimmung bzw. erneute Verbescheidung aber effektiver. Einer Klage auf Feststellung der Nichtigkeit der Pauschalverweigerung wird aus diesem Grund regelmäßig das Rechtsschutzbedürfnis fehlen.

---

904 Für die AG: *Lieder*, in: Münchener Hdb des GesR, Bd. 7, § 27, Rn. 18, m.w.N.; für den Gewinnverwendungsbeschluss in der GmbH: OLG Düsseldorf, Urt. v. 29.06.2001 – 17 U 200/00, NZG 2001, 1085, 1086; LG Oldenburg, Urt. v. 12.09.2012 – 12 O 185/12, BeckRS 2012, 24803.
905 BGH Urt. v. 10.10.2005 – II ZR 90/03, NJW 2006, 374, 375; ebenso *Hirte*, in: Großkommentar z. AktG, § 203, Rn. 128; *Massari*, in: Mehrbrey, § 5, Rn. 69.
906 *Hüffer*, in: Hüffer/Koch, AktG, § 204, Rn. 8, m.w.N.; *Massari*, in: Mehrbrey, § 5, Rn. 70; siehe oben, § 2 B.
907 *Seiler/Singhof*, Der Konzern 2003, 313, 319; allgemein zur Zulässigkeit einer Feststellungsklage bei einer nur schwer zu beziffernden Schadenshöhe: BGH Urt. v. 15.01.2008 – VI ZR 53/07, NJW-RR 2008, 1520.
908 Siehe oben, § 8 B II, III.
909 Für den GmbH-Gesellschafter: OLG Koblenz, Urt. v. 12.01.1989 – U 1053/87, NJW-RR 1989, 1057, 1058.

III. Schadensersatzanspruch gemäß § 823 Abs. 1 BGB

Im Falle der rechtswidrigen Erteilung einer Pauschalverweigerung kommen Schadensersatzansprüche des Aktionärs gegen die Gesellschaft gemäß § 823 Abs. 1 BGB wegen Verletzung der Mitgliedschaft in Betracht. Ein Schaden kann insbesondere in der Zeit zwischen Erteilung der Pauschalverweigerung und der gerichtlichen Entscheidung über das Bestehen eines Zustimmungsanspruchs auftreten. Ist die Pauschalverweigerung rechtswidrig und bestand ein Recht auf Zustimmung, kann der Veräußerer den Differenzschaden geltend machen, der ihm dadurch entstanden ist, dass er die Möglichkeit seinen Anteil gewinnbringend weiterveräußern zu können, nun nicht oder zumindest nicht mehr mit demselben Gewinn wie bei einem Verkauf im Zeitpunkt der Erteilung der rechtswidrigen Zustimmungsverweigerung realisieren kann. Eine unmittelbare Haftung des Vorstands nach § 823 Abs. 1 BGB scheidet – wie bereits festgestellt wurde – aus.[910] Es verbleibt aber die Möglichkeit eines direkten Ersatzanspruchs gegen den Vorstand gemäß § 826 BGB.[911] Handelt der Vorstand vorsätzlich sittenwidrig, ist ein unmittelbarer Anspruch gegen ihn gerechtfertigt, da er sich durch seine verwerfliche Gesinnung vom Verband „emanzipiert". Nach vereinzelter Meinung soll § 138 BGB Schutzgesetz i.S.d. § 823 Abs. 2 BGB sein[912], weshalb auch diese Anspruchsgrundlage im Einzelfall in Betracht zu ziehen ist.

B. Rechtsschutzmöglichkeiten für den GmbH-Gesellschafter

In der GmbH entscheidet die Gesellschafterversammlung über die Erteilung bzw. Verweigerung der Zustimmung, es sei denn, es handelt sich um eine Publikums-GmbH oder dem Geschäftsführer steht nach dem Gesellschaftsvertrag die alleinige Kompetenz zu.[913] Da die Zustimmung des von der Pauschalverweigerung betroffenen Gesellschafters nicht Wirk-

---

910 Siehe oben, § 11 D.
911 *Spindler*, in: Münchener Kommentar z. AktG, § 93, Rn. 350; im Fall der sittenwidrigen Schädigung soll auch der Veräußerer gegen die AG einen Schadensersatzanspruch gemäß § 826 BGB haben: *Hefermehl/Bungeroth*, in: G/H/E/K, AktG, § 68, Rn. 147; *Lutter/Drygala*, in: Kölner Kommentar z. AktG, § 68, Rn. 91.
912 LAG Hamm, Urt. v. 18.03.2009 – 6 Sa 1372/08, BeckRS 2009, 8489, das Gericht bejaht insbesondere § 138 Abs. 2 BGB als Schutzgesetz.
913 Siehe oben, § 6 B III.

samkeitsvoraussetzung für den Beschluss ist[914], lassen sich Beschlussfehler im Wege der Nichtigkeits-/Anfechtungsklage geltend machen.

Beruft sich der Gesellschafter auf eine Verletzung der Treuepflicht, ist die Anfechtungsklage statthaft.[915] Erhebt ein Gesellschafter Anfechtungsklage gegen den Beschluss über die Pauschalverweigerung, kann er zugleich positive Beschlussfeststellung beantragen.[916] Daneben kommt eine Leistungsklage auf Zustimmung in Betracht.[917] Passivlegitimiert ist die Gesellschaft, da die Gesellschafterversammlung nach hier vertretener Ansicht nur im Innenverhältnis über die Zustimmung entscheidet.[918] Nur in dem Fall, dass ein statutarisches Sonderrecht existiert, wonach jeder Gesellschafter der Abtretung zustimmen muss, ist die Klage gegen jeden die Zustimmung verweigernden Gesellschafter zu richten.[919] Ein stattgebendes Urteil ersetzt dabei gemäß § 894 ZPO die Zustimmung mit Rechtskraft.[920] Stand die Entscheidung über die Zustimmung im Ermessen der Gesellschafterversammlung, kann eine Leistungsklage gegen die Gesellschaft nur auf Herbeiführung eines erneuten Beschlusses gerichtet sein.[921] Eine Leistungsklage gerichtet auf einen festgelegten inhaltlichen Beschluss ist nicht möglich, da das Gericht nicht anstelle der Gesellschafterversammlung ent-

---

914 Für Beschlüsse einer Personengesellschaft: *Böttcher*, NZG 2019, 61, 63, der die Kernbereichslehre auf formeller Ebene nicht für relevant erachtet; *Schäfer*, ZIP 2015, 1313, 1315; *Wicke*, MittBayNot 2017, 125, 127.
915 *Reichert/Winter*, 100 Jahre GmbH-Gesetz, 1992, S. 209, 224; allg.: *Priester*, in: Scholz, GmbHG, § 53, Rn. 97, der bei einem Verstoß gegen die Treuepflicht die Anfechtungsklage für statthaft erachtet.
916 *Görner*, in: Rowedder/Schmidt-Leithoff, GmbHG, § 15, Rn. 190; *Löbbe*, in: H/C/L, GmbHG, § 15, Rn. 255; *Reichert/Weller*, in: Münchener Kommentar z. GmbHG, § 15, Rn. 436.
917 OLG Koblenz, Urt. v. 12.01.1989 – U 1053/87, NJW-RR 1989, 1057, 1058; ausf.: *Happ*, Die GmbH im Prozess, S. 229 ff.; *Jasper*, in: Münchener Hdb des GesR, Bd. 3, § 24, Rn. 199; *Reichert/Weller*, in: Münchener Kommentar z. GmbHG, § 15, Rn. 436; einschr.: *Reichert/Winter*, FS 100 Jahre GmbH-Gesetz, 1992, S. 209, 227, die den Gesellschafter mit dem Anfechtungsgrund für präkludiert halten, wenn er die Anfechtungsfrist verpasst hat.
918 Siehe oben, § 3 A II. Irrelevant ist hier daher die Auffassung von *Reichert/Weller*, in: Münchener Kommentar z. GmbHG, § 15, Rn. 431, die die Leistungsklage gegen die Mitgesellschafter richten wollen, falls diese zur Zustimmung berechtigt sind.
919 Insoweit richtig die Ansicht von *Reichert/Weller*, in: Münchener Kommentar z. GmbHG, § 15, Rn. 431.
920 *Löbbe*, in: H/C/L, GmbHG, § 15, Rn. 255.
921 *Görner*, in: Rowedder/Schmidt-Leithoff, GmbHG, § 15, Rn. 190; *Happ*, Die GmbH im Prozeß, S. 218 f.; *Löbbe*, in: H/C/L, GmbHG, § 15, Rn. 255.

scheiden darf.⁹²² Stellt die Pauschalverweigerung eine rechtswidrige Verletzung des Mitgliedschaftsrechts dar, kann dem GmbH-Gesellschafter gemäß § 823 Abs. 1 BGB ein Schadensersatzanspruch gegen die Gesellschaft zustehen.⁹²³

C. Rechtsschutzmöglichkeiten für den Personengesellschafter

Auch in den Personengesellschaften unterliegt der Beschluss über die Pauschalverweigerung der Inhaltskontrolle durch die Gerichte. Beschlüsse einer Personengesellschaft sind entweder wirksam oder unwirksam.⁹²⁴ Der Gesellschafter einer OHG, KG bzw. GbR kann daher gerichtlich feststellen lassen, dass der Beschluss über die Pauschalverweigerung der Anteilsabtretung nichtig ist. Diese Grundsätze gelten auch für die Publikums-KG. Da hier im Regelfall der Geschäftsführer zur Zustimmungserteilung der Anteilsabtretung allein befugt ist, ist eine Anfechtung nicht möglich. Wie im Aktienrecht sind Maßnahmen der Geschäftsführung einer Publikums-KG entweder rechtmäßig oder rechtswidrig. Da die Feststellung der Nichtigkeit aber noch kein Recht zur Anteilsabtretung gewährt, muss der Gesellschafter zusätzlich Leistungsklage gegen die Gesellschaft auf Zustimmungserteilung erheben. Daneben kommt ein Ersatzanspruch nach § 823 Abs. 1 BGB in Betracht, sofern eine Verletzung des Mitgliedschaftsrechts vorliegt und dem Gesellschafter hierdurch ein nachweisbarer Schaden entstanden ist.⁹²⁵

---

922 Siehe oben, § 12 A I.
923 Siehe oben, § 11 D.
924 *Mock*, Die Heilung fehlerhafter Rechtsgeschäfte, S. 478 ff., 483; *K. Schmidt*, ZIP 2009, 737, 739, der aber auch bei den Personengesellschaften für eine Differenzierung zwischen unwirksamen und anfechtbaren Beschlüssen plädiert, wobei inhaltliche Verstöße gegen die Treuepflicht zur Anfechtbarkeit des Beschusses führen sollen; für eine Differenzierung der Mängelfolgen je nach Schwere des Rechtsverstoßes auch *Enzinger*, in: Münchener Kommentar z. HGB, § 119, Rn. 98.
925 Die Mitgliedschaft in einer Personengesellschaft wird nach dem Schrifttum als sonstiges Recht von § 823 Abs. 1 BGB geschützt, siehe oben, § 11 D.

Fünfter Teil: Fazit

Die vorliegende Arbeit hat sich mit dem in der wissenschaftlichen Literatur bislang nur spärlich vorhanden Diskurs auseinandergesetzt, ob eine Pauschalzustimmung zur Übertragung vinkulierter Gesellschaftsanteile rechtlich wirksam und zulässig erteilt werden kann. Auch wurde untersucht, ob spiegelbildlich zur Pauschalzustimmung eine Pauschalverweigerung der Übertragung vinkulierter Gesellschaftsanteile möglich ist. Nachfolgend werden die wichtigsten Thesen und Ergebnisse der Arbeit zusammengefasst.

1. Eine Pauschalzustimmung zur Übertragung vinkulierter Gesellschaftsanteile kann in den Kapital- und Personengesellschaften erteilt werden. Dabei ist streng zwischen Innen- und Außenverhältnis zu trennen (s.o., Seite 27 ff.). Während das Außenverhältnis entscheidet, ob die Pauschalzustimmung wirksam ist, bestimmt das Innenverhältnis der Gesellschafter ob das jeweilige Organ im Rahmen seiner Zuständigkeit gehandelt hat. In der Aktiengesellschaft ist die Erteilung einer Pauschalzustimmung von der Vertretungsmacht des Vorstands umfasst; eine ungeschriebene Zuständigkeit der Hauptversammlung besteht nicht (s.o., S. 30 ff.). Während in der börsennotierten AG der Zugang der Zustimmung durch die nationale Umsetzung der Aktionärsrechterichtlinie II und der damit einhergehenden Möglichkeit der Gesellschaft von dem Intermediär gemäß § 67d Abs. 1 AktG Auskunft über die Identität des Aktionärs zu verlangen (s.o., S. 39 ff.), hinreichend sichergestellt ist, bleibt in der nichtbörsennotierten AG ein gewisses Risiko, dass nicht alle Aktionäre durch die Gesellschaft ermittelt werden können (s.o., S. 41 f.).

2. In der GmbH ist die Erteilung der Pauschalzustimmung auch dann von der organschaftlichen Vertretungsmacht des Geschäftsführers umfasst, wenn der Gesellschaftsvertrag eine Regelung enthält, wonach die Gesellschafterversammlung die Zustimmung gemäß § 15 Abs. V GmbHG erteilt. Denn eine solche Regelung bezieht sich nur auf die Zuständigkeit im Innenverhältnis (zu dem Meinungsstreit s.o., S. 50 ff.). Die Maßstäbe, die der BGH für die Bestimmtheitsanforderung an eine gesellschaftsvertragliche Regelung zur Teilung von Geschäfts-

Fünfter Teil: Fazit

anteilen stellt, lassen sich abstrahieren und auf die Erteilung einer Pauschalzustimmung anwenden (s.o., S. 55 ff.). Danach genügt es, wenn die Zustimmung sich auf einen bestimmbaren Kreis von Übertragungen bezieht, wobei die Person des Erwerbers nicht konkret feststehen muss (s.o., S. 56).

3. In den Personengesellschaften ist die Erteilung der Pauschalzustimmung regelmäßig nicht von der organschaftlichen Vertretungsmacht des Geschäftsführers umfasst, da es sich bei der Zustimmungserteilung um ein höchstpersönliches Recht jedes einzelnen Gesellschafters handelt (s.o., S. 61 ff.). Die Pauschalzustimmung kann dabei zwar von einer Mehrheitsklausel umfasst sein. Wichtig ist dabei aber, dass sich die Mehrheitsklausel inhaltlich auch auf die Zustimmung zur Übertragung vinkulierter Anteile bezieht, da bei der Zustimmungserteilung der Kernbereich der Mitgliedschaft berührt ist und andernfalls jeder Gesellschafter seine Zustimmung erteilen muss (s.o., S. 62 ff.). Der Geschäftsführer ist in den traditionellen Personengesellschaften nur ausnahmsweise im Außenverhältnis zuständig, wenn in der jeweiligen Personengesellschaft das organschaftliche Beschlussfassungsmodell eingeführt wurde (s.o., S. 65 ff.). Diese Möglichkeit besteht nur für rechtsfähige Personengesellschaften. In der Publikums-KG ist die organschaftliche Beschlusszurechnung und die Zuständigkeit des Geschäftsführers dagegen der Regelfall (s.o., S. 69 f.).

4. In der Aktiengesellschaft ist der Vorstand für die Erteilung der Pauschalzustimmung im Innenverhältnis zuständig, es sei denn es besteht ein ausdrücklicher Zustimmungsvorbehalt der Hauptversammlung (s.o., S. 73 ff.). Gleiches gilt in der kapitalistisch geprägten GmbH (s.o., S. 112 f.) sowie in der Publikums-KG (s.o., S. 130 f.). Hier sind die Geschäftsführer zuständiges Organ für die Zustimmungserklärung. In der personalistisch geprägten GmbH und in den traditionellen Personengesellschaften entscheidet dagegen regelmäßig die Gesellschafterversammlung über die Erteilung einer globalen Einwilligung, es sei denn der Gesellschaftsvertrag bestimmt etwas Anderes (s.o., S. 105 ff., S. 123 ff.). Ist nach dem Gesellschaftsvertrag ausnahmsweise der Geschäftsführer auch im Innenverhältnis zuständig, stellt die Pauschalzustimmung in der GmbH und den Personengesellschaften eine außergewöhnliche Maßnahme der Geschäftsführung dar (s.o., S. 109 ff., S. 125 ff.).

Fünfter Teil: Fazit

5. In der Aktiengesellschaft steht die Entscheidung des Vorstands über die Erteilung einer Pauschalzustimmung in seinem weiten unternehmerischen Ermessen. Zugleich ist die Erteilung einer Pauschalzustimmung als unternehmerische Entscheidung iSd § 93 Abs. 1 Satz 2 AktG zu qualifizieren (zum Meinungsstreit, s.o., S. 58 ff.). Eine teleologische Extension der „unternehmerischen Entscheidung" führt dazu, dass auch gesetzliche Ermessensentscheidungen hierunter zu subsumieren sind. Eine Analogie ist aus diesem Grund vorliegend nicht erforderlich. Langfristig wird aber empfohlen, das Tatbestandsmerkmal „unternehmerische Entscheidung" in § 93 Abs. 1 Satz 2 AktG durch „Ermessensentscheidung" zu ersetzen. Die Vinkulierungszwecke der Aktiengesellschaft beeinflussen den Beurteilungsspielraum des Vorstands bei den Tatbestandsmerkmalen „Handeln auf der Grundlage angemessener Information" sowie „Handeln zum Wohle der Gesellschaft" im Rahmen des § 93 Abs. 1 Satz 2 AktG (s.o., S. 76 ff.). Grenzen bei der Erteilung einer Pauschalzustimmung ergeben sich aus der Legalitätspflicht. Eine zeitlich unbeschränkte Pauschalzustimmung stellt eine unzulässige Beschränkung der Leitungsmacht des Vorstandes dar (s.o., S. 89 ff.). Der Vorstand muss die Pauschalzustimmung daher gemäß §§ 158 Abs. 2, 163 BGB unter eine auflösende Bedingung stellen (= zeitlicher Endtermin). Sofern ein Gesetz die Vinkulierung ausdrücklich vorschreibt, ist die Erteilung einer Pauschalzustimmung nur dann zulässig, wenn die gesetzlichen Vinkulierungszwecke vom Vorstand eingehalten werden (s.o., S. 99 ff.).

6. In der kapitalistisch geprägten GmbH richtet sich die Zulässigkeit der Pauschalzustimmung nach den vorstehenden Maßstäben zur Aktiengesellschaft. Dagegen entscheiden in der personalistisch geprägten GmbH der Gesellschaftsvertrag und die Treuepflicht maßgeblich darüber, wann eine globale Einwilligung zulässigerweise durch die Gesellschafterversammlung erteilt werden kann (s.o., S. 113 ff.). Sofern die Gesellschafterversammlung über die Zustimmung entscheidet, ist eine zeitliche Befristung nicht notwendig (s.o., S. 121 f.).

7. In der Publikums-KG bestimmt sich die Zulässigkeit einer Pauschalzustimmung nach denselben Grundsätzen wie bei der AG und der Publikums-GmbH (s.o., S. 130 f.). In der klassischen Personengesellschaft richtet sich die Zulässigkeit der Pauschalzustimmung dagegen maßgeblich nach der konkreten Ausgestaltung des Gesellschaftsvertrags (s.o., S. 123 ff.).

Fünfter Teil: Fazit

8. Die Erteilung einer Pauschalverweigerung kommt nur in der nicht börsennotierten AG in Betracht. In der börsennotierten AG steht eine Pauschalverweigerung in Widerspruch zu § 5 Abs. 2 Nr. 2 BörsZulV, da durch die Pauschalverweigerung ein ungestörter Ablauf des Effektenverkehrs erheblich gefährdet wird (s. o., S. 134 ff.). Die Erteilung einer Pauschalverweigerung der Übertragung vinkulierter Aktien stellt gegenüber dem betroffenen Aktionär einen Eingriff in sein von Art. 14 Abs. 1 GG geschütztes Mitgliedschaftsrecht sowie eine Vinkulierungsverschärfung gemäß § 180 Abs. 2 AktG dar (s. o., S. 138 ff.). Ermächtigen die Aktionäre den Vorstand konkret zur Erteilung einer Pauschalverweigerung, liegt kein Eingriff in Art. 14 Abs. 1 GG vor (s. o., S. 144). Eine lediglich abstrakte Ermächtigung in der Satzung lässt den Eingriff dagegen nicht entfallen (s. o., S. 145 f.). Der Wesensgehalt von Art. 14 Abs. 1 GG muss vom Staat im Wege einer passiven Schutzpflicht gewährleistet werden. Der Richter hat daher im Falle eines Rechtsstreits die Interessen des Aktionärs am Ausscheiden aus der AG mit den Interessen der Gesellschaft an der Bewahrung des Aktionärskreises abzuwägen (s. o., S. 147 ff.). Im Einzelfall kann die Pauschalverweigerung wegen Sittenwidrigkeit gemäß § 138 Abs. 1 BGB nichtig sein, etwa wenn es keinerlei sachlichen Rechtfertigungsgrund der AG für die Erteilung der Pauschalverweigerung gibt und sich diese vielmehr als willkürlich erweist (s. o., S. 151 ff.). Ein aktives Eingreifen durch den Staat kommt dagegen nur dann in Betracht, wenn dieser die statutarische Ermächtigung zur Erteilung der Pauschalverweigerung als Mehrheitsaktionär erlässt, oder wenn die Stimme des Staates entscheidungserheblich für den Beschluss war (s. o., S. 157 f.).

9. Der Aktionär kann sich vor Gericht auch auf einen Verstoß gegen die Kapitalverkehrsfreiheit gemäß Art. 63 Abs. 1 AEUV berufen. Der Anwendungsbereich ist zunächst eröffnet, wenn ein Inländer seine Aktien an einen Ausländer verkaufen möchte und umgekehrt. Aber auch dann, wenn ein Gebietsansässiger die Anteile an einer gebietsansässigen Gesellschaft von einem EU-Ausländer erwerben möchte, ist die Kapitalverkehrsfreiheit berührt (s. o., S. 155 f.). Im Rahmen der Prüfung der Rechtfertigung der Pauschalverweigerung muss das nationale Gericht auch die Wertung des Art. 17 Abs. 1 GRCh berücksichtigen, der dem Aktionär auf europäischer Ebene Schutz seines Eigentums gewährleistet (s. o., S. 154).

10. Ergänzend zur Pauschalverweigerung kann die Gesellschaft mit dem Aktionär eine Nebenabrede schließen, wonach der Aktionär die Anteile in einem bestimmten Zeitraum nicht an Dritte veräußern darf (s.o., S. 166 ff.). Eine solche schuldrechtliche Nebenabrede vermag wegen ihrer Umgehungsmöglichkeiten die dinglich wirkende Pauschalverweigerung nicht zu ersetzen. Sie kann aber als verlängerter Arm der Pauschalverweigerung dienen, da diese vor dem verfassungsrechtlichen Hintergrund restriktiveren zeitlichen Grenzen bei der Anwendung unterliegt.

11. Da in der GmbH sogar ein gänzlicher Ausschluss der Übertragbarkeit des Anteils möglich ist, unterliegt die Pauschalverweigerung im Hinblick auf ihre Wirksamkeit und Zulässigkeit geringeren rechtlichen Hürden als in der AG. Die Erteilung einer Pauschalverweigerung bedarf als Vinkulierungsverschärfung eines Beschlusses gemäß § 53 Abs. 2 GmbHG. Für die formelle Legitimation genügt dabei mit der neueren Rechtsprechung zu Mehrheitsklauseln in Personengesellschaften ein qualifizierter Mehrheitsbeschluss (s.o., S. 175 f.). Die Nichtigkeit des Beschlusses wegen einer Verletzung des Kernbereichs der Mitgliedschaft lässt sich erst auf der zweiten Prüfungsstufe ermitteln (zum Meinungsstand s.o., S. 178 f.). Die Erteilung einer Pauschalverweigerung stellt auch in der GmbH einen Eingriff in Art. 14 Abs. 1 GG gegenüber dem betroffenen Gesellschafter dar (s.o., S. 182 f.). Auch wenn eine zeitlich unbegrenzte Pauschalverweigerung zu einem Austrittsrecht des GmbH-Gesellschafters aus wichtigem Grund führt, ist diese nur dann gerechtfertigt, wenn Gründe des Gesellschaftswohls die Erteilung einer Pauschalverweigerung zwingend gebieten und der Gesellschafter eine angemessene Abfindung erhält (s.o., S. 185).

12. In den Personengesellschaften beeinflussen sich das Recht zur ordentlichen Kündigung sowie das Recht zur Verweigerung der Anteilsübertragung gegenseitig (s.o., S. 187 f.). Die Möglichkeit zum Austritt durch ordentliche Kündigung führt dazu, dass die freie Übertragbarkeit nicht nur beschränkt, sondern sogar ganz ausgeschlossen werden kann. Sieht der Gesellschaftsvertrag dagegen vor, dass eine Kündigung innerhalb eines gewissen Zeitraums nicht möglich ist oder liegt gar eine befristete Gesellschaft vor, muss wegen des persönlichen Haftungsrisiko des einzelnen Gesellschafters stets die Möglichkeit der Übertragung des Anteils auf einen Mitgesellschafter sowie ein Andienungsrecht beste-

hen (s.o., S. 191 f.). Eine Pauschalverweigerung der Zustimmung zur Übertragung des Anteils auf Dritte ist aber denkbar.

13. Gegenüber dem beschränkt haftenden Personengesellschafter ist die Erteilung einer Pauschalverweigerung auch dann zulässig, wenn das ordentliche Kündigungsrecht ausgeschlossen ist. Jedoch ist auch hier zumindest ein außerordentliches Austrittsrecht gegeben, wenn ein wichtiger Grund zur Erteilung der Pauschalverweigerung erschwerend hinzukommt, der dem Gesellschafter einen Verbleib in der Gesellschaft unmöglich macht (s.o., S. 192 ff.).

14. Eine Zustimmung des von der Pauschalverweigerung betroffenen Gesellschafters ist für die formelle Wirksamkeit einer Pauschalverweigerung nicht erforderlich. Die Nichtigkeit des Beschlusses kann sich jedoch auf zweiter Ebene ergeben, da eine Verletzung des Kernbereichs inzwischen im Rahmen der materiellen Beschlusskontrolle zu prüfen ist (s.o., S. 189 f.).

15. Präventiver Rechtsschutz gegen die Erteilung einer Pauschalzustimmung – etwa in Form einer vorläufigen Untersagung der Vollziehung der Pauschalzustimmung – ist nur möglich, wenn das die Zustimmung erteilende Organ seine Befugnisse im Innenverhältnis überschreitet (s.o., S. 196 f.). Bei Gleichlauf von Zuständigkeit im Außen- und Innenverhältnis ist präventiver Rechtsschutz dagegen nicht möglich. Die Gesellschafter sind folglich in den meisten Fällen auf repressiven Rechtsschutz angewiesen.

16. Ist die Erteilung einer Pauschalzustimmung oder einer Pauschalverweigerung rechtswidrig, kommt sowohl in der AG, als auch in der GmbH ein Schadensersatzanspruch des betroffenen Gesellschafters nach § 823 Abs. 1 BGB gegen die Gesellschaft in Betracht (s.o., S. 199 f., S. 204). Aber auch in den Personengesellschaften wird die Mitgliedschaft nach der herrschenden Lehre als sonstiges Recht von § 823 Abs. 1 BGB geschützt (s.o., S. 194 f.). Zusätzlich oder alternativ kommt eine Leistungsklage auf Erteilung/Verweigerung der Zustimmung bzw. erneute Verbescheidung in Betracht (s.o., S. 206). Auch bei Erteilung einer rechtswidrigen Pauschalzustimmung kommt ein Schadensersatzanspruch der Gesellschafter gegen die Gesellschaft in Betracht (s.o., S. 199 f.).

Sechster Teil: Ausblick in die Zukunft

1. Der wirksame Zugang einer Pauschalzustimmung oder Pauschalverweigerung der Übertragung vinkulierter Aktien kann jedenfalls für die börsennotierte Gesellschaft durch den kürzlich eingeführten Informationsanspruch in § 67 d AktG sichergestellt werden. Durch die Vorschrift hat die Gesellschaft einen Informationsanspruch gegenüber dem Intermediär über die Identität der Aktionäre. Die parallel anwendbare Regelung in § 67 Abs. 4 AktG, die schon vor Einführung von § 67 d AktG eine Auskunftspflicht des Kreditinstituts gegenüber der Gesellschaft vorsah, ist dabei nicht von gleichbedeutendem Interesse für die Gesellschaft. Dies folgt daraus, dass der Aktionär gegenüber der Depotbank bislang auf Grundlage des § 67 Abs. 4 AktG der Weitergabe seiner Daten an die Gesellschaft widersprechen konnte. Durch die neue Regelung in § 67 d AktG besteht für börsennotierte Gesellschaften Transparenz hinsichtlich ihrer Aktionärsstruktur, was die Erteilung einer pauschalen Zustimmung/Verweigerung jedenfalls für börsennotierte Gesellschaften erheblich erleichtern dürfte. Auch die zunehmende Bedeutung von Namensaktien im europäischen Raum lässt die Prognose zu, dass die Einführung vinkulierter Anteile, die nach nationalem Recht nur bei Namensaktien möglich ist, an Bedeutung gewinnt.

2. Neben der Frage des Zugangs einer Pauschalzustimmung bzw. Pauschalverweigerung der Übertragung vinkulierter Anteile setzte sich die Arbeit mit der in der Literatur stark diskutierten Frage auseinander, ob die Business Judgment Rule auf gesetzliche Ermessensentscheidungen anwendbar ist. Für die zukünftige Diskussion einer direkten oder analogen Anwendbarkeit von § 93 Abs. 1 Satz 2 AktG auf Ermessensentscheidungen eignet sich die Regelung in § 68 Abs. 2 Satz 2 AktG deshalb besonders gut, weil sie dem Vorstand keinerlei Vorgaben hinsichtlich seines auszuübenden Ermessens macht.

3. Im europarechtlichen Kontext lag der Fokus der vorliegenden Arbeit insbesondere auf der Kapitalverkehrsfreiheit gemäß Art. 63 AEUV. Die Kapitalverkehrsfreiheit muss vom nationalen Gericht berücksichtigt werden, sofern der Kläger einen Verstoß rügt. Die Arbeit spricht sich dabei gegen eine unmittelbare Drittwirkung der Grundfreiheiten aus,

Sechster Teil: Ausblick in die Zukunft

wobei diese Frage vom EuGH für die Kapitalverkehrsfreiheit bislang nicht abschließend geklärt ist und eine weitere Entwicklung abzuwarten bleibt.

4. Die generelle Debatte der Zulässigkeit einer Beschränkung des Kündigungsrechtes der Gesellschafter einer Personengesellschaft weist einen engen Zusammenhang mit dem in der vorliegenden Arbeit diskutierten Problem auf, ob eine Verweigerung der Anteilsübertragung für einen längeren Zeitraum möglich ist. Die Thematik dürfte Anreiz für weitere Untersuchungen über eine wechselseitige Beeinflussung von Kündigungsrecht und Anteilsabtretung in den Personengesellschaften bieten.

5. Die Bejahung eines deliktischen Schadensersatzanspruches bei Erteilung einer rechtswidrigen Pauschalverweigerung dürfte derjenigen Meinung im Schrifttum widersprechen, die einen Schadensersatzanspruch gemäß § 823 Abs. 1 BGB bei Verletzung der Mitgliedschaft nur dann für möglich erachtet, wenn die Mitgliedschaft auch als Ganzes entzogen wird, sodass nach dieser Ansicht ein Eingriff in die Mitgliedschaft ohne Verlust sämtlicher durch sie vermittelter Positionen nicht für einen Schaden iSd § 823 Abs. 1 BGB genügt. Da bei einer rechtswidrigen Pauschalverweigerung lediglich das Recht zum Ausscheiden aus der Gesellschaft dauerhaft entzogen wird, die übrigen mitgliedschaftlichen Rechte aber erhalten bleiben, bleibt abzuwarten, wie sich dieser Diskurs in der wissenschaftlichen Literatur entwickelt.

Literaturverzeichnis

Adams, Matthias: Mittelbare Beteiligung an einer Publikumspersonengesellschaft über einen Treuhänder, Berlin 2018

Altmeppen, Holger: Kernbereichslehre, Bestimmtheitsgrundsatz und Vertragsfreiheit in der Personengesellschaft, NJW 2015, 2065–2071

Anderson, Navid: Stimmrechtsproportionalität im Aktienrecht, Hamburg 2016

Armbrüster, Christian: Zur Beurkundungsbedürftigkeit von Treuhandabreden über GmbH-Anteile – Zugleich ein Beitrag zu den Formzwecken des § 15 Abs. 4 Satz 1 GmbHG, DNotZ 1997, 762–786

Arnold, Michael: Mitwirkungsbefugnisse der Aktionäre nach Gelatine und Macrotron, ZIP 2005, 1573–1579

Asmus, Thomas: Die vinkulierte Mitgliedschaft – Der Schutz mitgliedschaftlicher Vinkulierungsinteressen und das Problem der Gesetzesumgehung, Köln 2001

Assmann, Heinz-Dieter/ Pötzsch, Thorsten/ Schneider, Uwe H.: Wertpapiererwerbs- und Übernahmegesetz (WpÜG), 3. Auflage, Köln 2020

Bachmann, Gregor: Reformbedarf bei der Business Judgement Rule?, ZHR 2013, 1–12

Barthelmeß, Stephan/ Braun, Yvonne: Zulässigkeit schuldrechtlicher Verfügungsbeschränkungen über Aktien zugunsten der Aktiengesellschaft, AG 2000, 172–177

Barz, Carl Hans/ Meyer-Landrut, Joachim/ Schilling, Wolfgang: Aktiengesetz, Großkommentar, Band I/2: §§ 76–147, 3. Auflage, Berlin 1973

Baumbach, Adolf/ Hopt, Klaus J.:
Handelsgesetzbuch, Kommentar, 40. Auflage, München 2021

Baumbach, Adolf/ Hueck, Alfred:
Aktiengesetz, Kommentar, 13. Auflage, München 1968

Bayer, Walter: Gesetzliche Zuständigkeit der Hauptversammlung für die Zustimmung zur Übertragung vinkulierter Namensaktien auf einen künftigen Mehrheitsaktionär?, in: Festschrift für Uwe Hüffer zum 70. Geburtstag, München 2010, S. 35–47

Bayer, Walter: Vorstandshaftung in der AG de lege lata und de lege ferenda, NJW 2014, 2546–2550

Bayer, Walter: Vorsorge- und präventive Abwehrmaßnahmen gegen feindliche Übernahmen, ZGR 2002, 588–622

Bayer, Walter: Empfehlen sich besondere Regeln für börsennotierte und für geschlossene Gesellschaften? – Gutachten E zum 67. Deutschen Juristentag, Erfurt 2008

Bayer, Walter: Anmerkung zum BGH Urt. v. 17.12.2013 – II ZR 21/12, GmbHR 2014, 202–204

Literaturverzeichnis

Bayer, Walter: Aktionärsklagen de lege lata und de lege ferenda, NJW 2000, 2609–2619

Bayer, Walter/ Hoffmann, Thomas/ Schmidt, Jessica: Satzungskomplexität und Mustersatzung – Eine Untersuchung vor dem Hintergrund des Regierungsentwurfs zum MoMiG, GmbHR 2007, 953–958

Bayer, Walter/ Hommelhoff, Peter/ Kleindiek, Detlef: GmbHG, Kommentar, 20. Auflage, Köln 2020

Bayer, Walter/ Meier-Wehrsdorfer, Annett: Abfindungsleistungen an Manager – Rechtstatsachen, Rechtsdogmatik und rechtspolitische Vorschläge für verbesserte Transparenz und angemessene Begrenzungen, AG 2013, 477–488

Bayer, Walter/Lieder, Jan: Nichtigkeit eines satzungsändernden Hauptversammlungsbeschlusses mit erweiterten Übertragungserfordernissen für Namensaktien, LMK 2004, 224–225

Becker, Eric: Unternehmerische Freiheit in deutscher KGaA und britischer PLC – Eignet sich die PLC als Rechtsformalternative für börsenwillige Familienunternehmen in Deutschland?, Frankfurt am Main 2017

Beckmann, Thomas: Die AG & Co. KG – eine attraktive Unternehmensform?, DStR 1995, 296–303

Bender, Heinz: Umschreibungszwang bei vinkulierten Namensaktien, WPg 1954, 322–325

Binder, Jens-Hinrich: Anforderungen an Organentscheidungsprozesse in der neueren höchstrichterlichen Rechtsprechung – Grundlagen einer körperschaftsrechtlichen Entscheidungslehre?, AG 2012, 885–898

Binz, Mark/Mayer, Gerd: Anteilsvinkulierung bei Familienunternehmen, NZG 2012, 201–212

Blasche, Sebastian: Vinkulierungsklauseln in GmbH-Gesellschaftsverträgen, RNotZ 2013, 515–534

Blath, Simon: Das Mehrheitsprinzip im GmbH-Recht – Grundlegendes und Gestaltungsfragen, RNotZ 2017, 218–230

Bleifeld, Magnus: Akzessorische Kreditsicherheiten im Rahmen von syndizierten Krediten – Eine kreditsicherungsrechtliche und insolvenzrechtliche Überprüfung der Praxismodelle, Berlin 2015

Böckenförde, Ernst-Wolfgang: Staat, Verfassung, Demokratie – Studien zur Verfassungstheorie und zum Verfassungsrecht, Frankfurt am Main, 1992

Bodenbrenner, Hans-Joachim/ Grewe, Julia: Ungeschriebene Hauptversammlungszuständigkeit bei Erwerb der Dresdner Bank durch die Commerzbank AG, Der Konzern 2011, 547–554

Boesebeck, Ernst: Das Weisungsrecht der Gesellschafter einer GmbH, GmbHR 1960, 118–123

Bork, Reinhard: Vinkulierte Namensaktien in Zwangsvollstreckung und Insolvenz des Aktionärs, in: Festschrift für Wolfram Henckel zum 70. Geburtstag, Berlin/New York 1995, S. 23–39

Bork, Reinhard: Die Parteirollen im Streit um die Zugehörigkeit zu einer Personenhandelsgesellschaft, ZGR 1991, 125–143

Bork, Reinhard: Aktuelle Probleme des Aktienrechts – Zugleich eine Besprechung der 2. Auflage des Kölner Kommentars zum Aktiengesetz –, ZIP 1990, 1037–1044

Born, Manfred/ Ghassemi-Tabar, Nima/ Gehle, Burkhard: Münchener Handbuch des Gesellschaftsrechts, Band 7: Gesellschaftsrechtliche Streitigkeiten (Corporate Litigation), 6. Auflage, München 2020

Bosse, Christian: Grenzen der Treuepflicht des GmbH-Gesellschafters – Rechtsprechung stärkt den Grundsatz der freien Stimmrechtsausübung, NWB 2016, 2520–2524

Böttcher, Lars: Gesellschaftsvertragliche Mehrheitsklauseln und Stimmverbote bei Personengesellschaften in der aktuellen BGH-Rechtsprechung, NZG 2019, 61–63

Britz, Gabriele: Grundrechtsschutz durch das Bundesverfassungsgericht und den Europäischen Gerichtshof, EuGRZ 2015, 275–281

Brömmelmeyer, Christoph: Neue Regeln für die Binnenhaftung des Vorstands – Ein Beitrag zur Konkretisierung der Business Judgment Rule, WM 2005, 2065–2070

Brouwer, Tobias: Zustimmungsvorbehalte des Aufsichtsrats im Aktien- und GmbH-Recht – Zur Funktion und Wirkweise von Aufsichtsratsvorbehalten im Einheitsunternehmen und im Konzern, Berlin 2008

Bruns, Georg: Vinkulierte Namensaktien im Börsenhandel, AG 1962, 329–333

Buchetmann, Martin: Die teileingezahlte Aktie – insbesondere die Rechtsstellung der Inhaber teileingezahlter Aktien, München 1972

Buder, Sebastian Patrick: Die Mitarbeiterbeteiligung durch Aktienoptionen und Belegschaftsaktien – Ein Vergleich der arbeitsrechtlichen Aspekte unter Einbeziehung der staatlichen Förderung nach dem 5. VermBG und § 19 a EStG, Berlin 2002

Bungert, Hartwin: Festschreibung der ungeschriebenen "Holzmüller" Hauptversammlungszuständigkeiten bei der Aktiengesellschaft, BB 2004, 1345–1352

Bürgers, Tobias/ Körber, Torsten: Aktiengesetz, Kommentar, 4. Auflage, Heidelberg 2017

Burgi, Martin: Mitgliedstaatliche Garantenpflicht statt unmittelbare Drittwirkung der Grundfreiheiten, EWS 1999, 327–332

Butzke, Volker/ Mülbert, Peter:
Aktiengesetz, Großkommentar, Band 7: §§ 118–130, 5. Auflage, Berlin/Boston 2017

Calliess, Christian: Die Charta der Grundrechte der Europäischen Union – Fragen der Konzeption, Kompetenz und Verbindlichkeit, EuZW 2001, 261–268

Calliess, Christian/ Ruffert, Matthias: EUV/AEUV, Das Verfassungsrecht der Europäischen Union mit Europäischer Grundrechtecharta, Kommentar, 5. Auflage, München 2016

Canaris, Claus-Wilhelm: Drittwirkung der gemeinschaftsrechtlichen Grundfreiheiten, in: Umwelt, Wirtschaft und Recht, Tübingen 2002, S. 29–67

Canaris, Claus-Wilhelm: Grundrechte und Privatrecht – eine Zwischenbilanz – Stark erweiterte Fassung des Vortrags gehalten vor der Juristischen Gesellschaft zu Berlin am 10. Juni 1998, Berlin/New York 1999

Canaris, Claus-Wilhelm/ Habersack, Mathias/ Schäfer, Carsten: Staub, Handelsgesetzbuch, Kommentar, Band 4: §§ 161–236, 5. Auflage Berlin 2015

Cziupka, Johannes/ Kliebisch, René: Probleme der Steuerung des Gesellschafterbestandes durch schuldrechtliche Vereinbarungen zwischen Aktiengesellschaft und ihren jeweiligen Aktionären, BB 2013, 715–718

Davies, Paul/ Worthington, Sarah: Gower's Principles Of Modern Company Law, 10. Auflage, London 2016

De Wall, Heinrich/ Wagner, Roland:
Die sogenannte Drittwirkung der Grundrechte, JA 2011, 734–740

Decher, Christian: Mitwirkungsrechte der Aktionäre beim Kauf von Unternehmen?, in: Festschrift für Uwe H. Schneider zum 70. Geburtstag, Köln 2011, S. 261–274

Degner, Harald: Die vinkulierte Versicherungsaktie im Börsenhandel, 2. Auflage, München 1966

Degner, Harald: Vinkulierte Namensaktien: börsenfähig oder nicht?, WM 1990, 793–798

Dietrich, Jürgen: Die Publikumskommanditgesellschaft und die gesellschaftsrechtlich geschützten Interessen, Gründungsrecht – Kommanditist und Gesellschafterversammlung – Kontrollgremien – KG und Geschäftsführer der Komplementär-GmbH – Jahresabschluß – Mitbestimmung, Köln 1988

Drinhausen, Florian/ Eckstein, Hans-Martin: Beck'sches Handbuch der AG, 3. Auflage, München 2018

Druey, Jean Nicolas: Standardisierung der Sorgfaltspflicht? Fragen zur Business Judgment Rule, in: Festschrift für Wulf Goette zum 65. Geburtstag, München 2011, S. 57–73

Eder, Cajetan: Die rechtsgeschäftliche Übertragung von Aktien, NZG 2004, 107–114

Eggers, Frank/de Raet, Tobias: Das Recht börsennotierter Gesellschaften zur Identifikation ihrer Aktionäre gemäß der EU-Aktionärsrechterichtlinie, AG 2017, 464–472

Ehlers, Dirk: Europäische Grundrechte und Grundfreiheiten, 4. Auflage, Berlin/Boston 2014

Emmerich, Volker: Heymann, Handelsgesetzbuch, Kommentar, Band 2: §§ 105–237, 3. Auflage, Berlin/Boston 2017

Emmerich, Volker/ Habersack, Mathias: Aktien- und GmbH-Konzernrecht, 9. Auflage, München 2019

Falkner, Tobias: Stimmverbote veräußerungswilliger Aufsichtsratsmitglieder bei Zustimmungsbeschlüssen zur Veräußerung von GmbH-Anteilen, GmbHR 2008, 458–464

Fett, Torsten/ Stütz, Dominique: 20 Jahre Kapitalgesellschaft & Co. KGaA – Bestandsaufnahme und neuere Entwicklungen, NZG 2017, 1121–1131

Fette, Kerstin: Mehrheitserfordernis bei der nachträglichen Vinkulierung von GmbH-Geschäftsanteilen, GmbHR 1986, 73–78

Fischer, Robert: Rezension zu *Herbert Wiedemann*, Die Übertragung und Vererbung von Mitgliedschaftsrechten bei Handelsgesellschaften, ZHR 1968, 359–369

Fischer, Robert: Die Geschäftsführungsbefugnis und Vertretungsbefugnis eines Erben in einer Personenhandelsgesellschaft, BB 1956, 839–841

Fischinger, Philipp: Der Grundrechtsverzicht, JuS 2007, 808–813

Fleck, Hans-Joachim: Zur Haftung des GmbH-Geschäftsführers, GmbHR 1974, 224–235

Fleischer, Holger: Zur unbeschränkten Vertretungsmacht der Geschäftsleiter im Europäischen Gesellschaftsrecht und ihren nationalen Beschränkungen, in: Festschrift für Ulrich Huber zum siebzigsten Geburtstag, Tübingen 2006, S. 719–737

Fleischer, Holger: Vorstandspflichten bei rechtswidrigen Hauptversammlungsbeschlüssen, BB 2005, 2025–2030

Fleischer, Holger: Die "Business Judgment Rule" im Spiegel von Rechtsvergleichung und Rechtsökonomie, in: Festschrift für Herbert Wiedemann zum 70. Geburtstag, München 2002, S. 827–849

Fleischer, Holger: Aktuelle Entwicklungen der Managerhaftung, NJW 2009, 2337–2343

Fleischer, Holger: Zur Unveräußerlichkeit der Leitungsmacht im deutschen, englischen und US-amerikanischen Aktienrecht, in: Festschrift für Eberhard Schwark zum 70. Geburtstag, München 2009, S. 137–155

Fleischer, Holger: Reichweite und Grenzen der unbeschränkten Organvertretungsmacht im Kapitalgesellschaftsrecht, NZG 2005, 529–537

Fleischer, Holger: Zum Inhalt des "Unternehmensinteresses" im GmbH-Recht, GmbHR 2010, 1307–1312

Fleischer, Holger/ Goette, Wulf: Münchener Kommentar zum Gesetz betreffend die Gesellschaften mit beschränkter Haftung (GmbHG), Band 1: §§ 1–34, 3. Auflage, München 2018

Fleischer, Holger/ Goette, Wulf: Münchener Kommentar zum Gesetz betreffend die Gesellschaften mit beschränkter Haftung (GmbHG), Band 2: §§ 35–52, 3. Auflage, München 2019

Flume, Werner: Allgemeiner Teil des Bürgerlichen Rechts, Teil I/1, Die Personengesellschaft, Berlin 1977

Flume, Werner: Allgemeiner Teil des Bürgerlichen Rechts, Teil I/2, Die juristische Person, Berlin/Heidelberg 1983

Förl, Thomas: Die Absicherung von Neukonsorten in Share Pledge Agreements, RNotZ 2007, 433–455

Förl, Thomas: Die neue Teilbarkeit von Geschäftsanteilen – einfach (und) gut?, RNotZ 2008, 409–417

Literaturverzeichnis

Förl, Thomas: Die GmbH & Co. KGaA als abhängiges Unternehmen, Düsseldorf 2003

Francastel, Julie: Steuerung des Aktionärskreises durch Anteilsvinkulierung, Tübingen 2016

Frenz, Walter: Goldene Aktien nach der 3. Portugal-Entscheidung, EWS 2011, 125–131

Frenz, Walter: Handbuch Europarecht, Band 1, Europäische Grundfreiheiten, 2. Auflage, Berlin/Heidelberg 2012

Frenzel, Ralf: Nachträgliche Vinkulierung von Geschäftsanteilen – Aktuelle Gestaltungshinweise unter Berücksichtigung der neueren Rechtsprechung, insbesondere der Entscheidung des OLG München vom 23.1.2008, GmbHR 2008, 983–987

Friedewald, Rolf: Die personalistische Aktiengesellschaft, Köln 1991

Frodermann, Jürgen/ Jannott, Dirk: Handbuch des Aktienrechts, 9. Auflage, Heidelberg 2017

Funke, Sabine: Minderheitenschutz im Aktienrecht beim "kalten" Delisting – Gesellschafts- und kapitalmarktrechtliche Überlegungen zum interessengerechten Liquiditätsschutz von Minderheitsaktionären beim Börsenrückzug, Berlin 2005

Ganten, Ted Oliver: Die Drittwirkung der Grundfreiheiten, Berlin 2000

Geiger, Rudolf/ Khan, Daniel-Erasmus/ Kotzur, Markus: EUV, AEUV – Vertrag über die Europäische Union, Vertrag über die Arbeitsweise der Europäischen Union, 6. Auflage, München 2017

Geißler, Markus: Die gesetzlichen Veranlassungen zur Einberufung einer GmbH-Gesellschafterversammlung, GmbHR 2010, 457, 461

Geßler, Ernst: Einberufung und ungeschriebene Hauptversammlungszuständigkeiten, in: Festschrift für Walter Stimpel zum 68. Geburtstag, Berlin 1985, S. 771–789

Geßler, Ernst: Vorstand und Aufsichtsrat im neuen Aktiengesetz, JW 1937, 497- 503

Geßler, Ernst/ Hefermehl, Wolfgang/ Eckardt, Ulrich/ Kropff, Bruno: Aktiengesetz, Kommentar, Band 1: §§ 53a-75, 7. Lieferung, München 1983

Giedinghagen, Jan: Aktienrechtliche Zulässigkeit eines statutarischen Vorerwerbsrechts?, AG 2017, R243–244

Giehl, Christoph: Mitbestimmung in der Komplementärin einer kapitalistischen KGaA – zugleich Anmerkung zum Beschluss des OLG Celle vom 9.10.2014 – 9 W 116/14, MittBayNot 2016, 285–290

Gierke, Otto von: Die Genossenschaftstheorie und die deutsche Rechtsprechung, 1897, Nachdruck Berlin 1963

Girsewald, Anna/ Scharf, Sarah: Zur Auslegung von Mehrheitsklauseln bei einer Publikumspersonengesellschaft sowie zu Stimmverboten, DB 2018, 2981–2982

Goette, Constantin/ Goette, Maximilian: Managerhaftung: Abgrenzung unternehmerischer Entscheidungen nach Maßgabe der Business Judgment Rule von pflichtverletzendem Handeln, DStR 2016, 815–819

Goette, Wulf: Organisation und Zuständigkeit im Konzern, AG 2006, 522–527

Goette, Wulf/ Goette, Maximilian: Mehrheitsklauseln im Personengesellschaftsrecht, DStR 2016, 74–84

Goette, Wulf/ Habersack, Mathias: Münchener Kommentar zum Aktiengesetz: AktG, Band 1: §§ 1–75, 5. Auflage, München 2019

Goette, Wulf/ Habersack, Mathias: Münchener Kommentar zum Aktiengesetz: AktG, Band 2, §§ 76–117, MitbestG, DrittelbG, 5. Auflage, München 2019

Goette, Wulf/ Habersack, Mathias: Münchener Kommentar zum Aktiengesetz: AktG, Band 3: §§ 118–178, 4. Auflage, München 2018

Goette, Wulf/ Habersack, Mathias: Münchener Kommentar zum Aktiengesetz: AktG, Band 4: §§ 179–277, 5. Auflage, München 2021

Goetz, Axel: Das Delisting-Urteil des BVerfG – freie Bahn für Erleichterungen des Börsenrückzugs?, BB 2012, 2767–2773

Goldhammer, Michael: Grundrechtsberechtigung und -verpflichtung gemischtwirtschaftlicher Unternehmen, JuS 2014, 891–895

Golling, Hans-Joachim: Sorgfaltspflicht und Verantwortlichkeit der Vorstandsmitglieder für ihre Geschäftsführung innerhalb der nicht konzerngebundenen Aktiengesellschaft (Eine Untersuchung zu § 93 Abs. 1–5 AktG), Köln 1968

Götz, Heinrich: Zustimmungsvorbehalte des Aufsichtsrates in der Aktiengesellschaft, ZGR 1990, 633–656

Götze, Cornelius: "Gelatine" statt "Holzmüller" – Zur Reichweite ungeschriebener Mitwirkungsbefugnisse der Hauptversammlung, NZG 2004, 585–589

Göz, Philipp/ Holzborn, Timo: Die Aktienrechtsreform durch das Gesetz für Unternehmensintegrität und Modernisierung des Anfechtungsrechts – UMAG, WM 2006, 157–164

Grabolle, Martin: Die Pflicht des Vorstands zur Ausführung von Hauptversammlungsbeschlüssen: Eine dogmatische Analyse des § 83 Abs. 2 AktG, Frankfurt am Main 2013

Grigoleit, Hans: Kommentar zum Aktiengesetz, 1. Auflage, München 2013

Groß, Wolfgang: Deutsches Gesellschaftsrecht in Europa, EuZW 1994, 395–402

Groß, Wolfgang: Kapitalmarktrecht, 7. Auflage, München 2020

Groth, Frank: Die analoge Anwendung von OHG-Recht auf BGB-Gesellschaften, Frankfurt am Main 1994

Grundmann, Stefan/ Möslein, Florian: ECLR – Die goldene Aktie – Staatskontrollrechte in Europarecht und wirtschaftspolitischer Bewertung, ZGR 2003, 317–366

Grunewald, Barbara: Das Recht zum Austritt aus der Aktiengesellschaft, in: Festschrift für Carsten Peter Claussen zum 70. Geburtstag, Köln 1997, S. 103–114

Grunewald, Barbara: Der Ausschluß aus Gesellschaft und Verein, Köln 1987

Grunewald, Barbara/ Hennrichs, Joachim: Haftungsgrundsätze für Entscheidungen unter Unsicherheit, in: Festschrift für Georg Maier-Reimer zum 70. Geburtstag, München 2010, S. 147–159

Literaturverzeichnis

Gummert, Hans/ Weipert, Lutz: Münchener Handbuch des Gesellschaftsrechts, Band 1: BGB-Gesellschaft, Offene Handelsgesellschaft, Partnerschaftsgesellschaft, Partenreederei, EWIV, 5. Auflage, München 2019

Gummert, Hans/ Weipert, Lutz: Münchener Handbuch des Gesellschaftsrechts, Band 2: Kommanditgesellschaft, GmbH & Co. KG, Publikums-KG, Stille Gesellschaft, 5. Auflage, München 2019

Güven, Baha Nurettin: Die Unterscheidung von Innen- und Außengesellschaft bürgerlichen Rechts – Eine Untersuchung mit dem Schwerpunkt auf der Frage der Gesamthandsfähigkeit von Innengesellschaften, Berlin 2010

Habersack, Mathias: Mitwirkungsrechte der Aktionäre nach Macrotron und Gelatine, AG 2005, 137–149

Habersack, Mathias: Die Mitgliedschaft – subjektives und "sonstiges" Recht, Tübingen 1996

Habersack, Mathias: Managerhaftung, in: Karlsruher Forum 2009, Karlsruhe 2010, S. 5–40

Habersack, Mathias: "Macrotron" – was bleibt?, ZHR 2012, 463–469

Habersack, Mathias: Die Anerkennung der Rechts- und Parteifähigkeit der GbR und der akzessorischen Gesellschafterhaftung durch den BGH, BB 2001, 477–483

Habersack, Mathias: Die Aktionärsklage – Grundlagen, Grenzen und Anwendungsfälle, DStR 1998, 533–537

Habersack, Mathias/ Verse, Dirk Axel:
Europäisches Gesellschaftsrecht, 5. Auflage, München 2019

Habersack, Mathias/ Schäfer, Carsten: Das Recht der OHG – Kommentierung der §§ 105 bis 160 HGB, 2. Auflage, Berlin/Boston 2019

Habersack, Mathias/ Casper, Matthias/ Löbbe, Marc: GmbHG, Großkommentar, Band 1: §§ 1–28, 3. Auflage, Tübingen 2019

Hachenburg, Max: Das Handelsgesetzbuch, Kommentar, II. Band: §§ 105–177, 335–342, HGB, 3. Auflage, Mannheim 1932

Hadding, Walther: Einschränkung des Umfangs organschaftlicher Vertretungsmacht bei OHG und KG entsprechend § 179a AktG?, in: Festschrift für Marcus Lutter zum 70. Geburtstag, Köln 2000, S. 851–869

Hadding, Walther/ Schneider, Uwe H.: Die Vertretung verselbstständigter Rechtsträger in europäischen Ländern, Teil IV, Vereinigtes Königreich von Großbritannien und Nordirland, Berlin 2000

Haertlein, Lutz: Vorstandshaftung wegen (Nicht-) Ausführung eines Gewinnverwendungsbeschlusses mit Dividendenausschüttung, ZHR 2004, 437- 467

Hahn, Dieter: Die feindliche Übernahme von Aktiengesellschaften – Eine juristisch-ökonomische Analyse, München 1992

Hahn, Volker: Die Einführung steuerbegünstigter Immobilienaktiengesellschaften, ZGR 2006, 805–840

Haltern, Ulrich: Europarecht, Dogmatik im Kontext, Band II, 3. Auflage, Tübingen 2017

Happ, Wilhelm: Die GmbH im Prozeß, Köln 1997

Happ, Wilhelm/ Groß, Wolfgang/ Möhrle, Frauke/ Vetter, Eberhard: Aktienrecht, Handbuch – Mustertexte – Kommentar, Band I, 5. Auflage, Köln 2019

Harbarth, Stephan: Unternehmerisches Ermessen des Vorstands im Interessenkonflikt, in: Festschrift für Peter Hommelhoff zum 70. Geburtstag, Köln 2012, S. 323–342

Hasselbach, Kai/ Ebbinghaus, Felix: Die KGaA als Unternehmensform für den deutschen Mittelstand, DB 2015, 1269–1277

Heckschen, Heribert/ Weitbrecht, Jannik:
Überfremdungsschutz im GmbH- und Aktienrecht, NZG 2019, 721–760

Heer, Philipp: Die positive Beschlussfeststellungsklage im Aktienrecht – Voraussetzungen und besondere Problemstellungen, ZIP 2012, 803–809

Heermann, Peter: Wie weit reicht die Pflicht des Aufsichtsrats zur Geltendmachung von Schadensersatzansprüchen gegen Mitglieder des Vorstands, AG 1998, 201–211

Hefermehl, Wolfgang: Zur Haftung der Vorstandsmitglieder bei Ausführung von Hauptversammlungsbeschlüssen, in: Festschrift für Wolfgang Schilling zum 65. Geburtstag, Berlin 1973, S. 159–173

Heidel, Thomas: Aktienrecht und Kapitalmarktrecht, 5. Auflage, Baden-Baden 2020

Heidel, Thomas/ Hüßtege, Rainer/ Mansel, Heinz-Peter/ Noack, Ulrich: Bürgerliches Gesetzbuch, BGB, Band 1: §§ 1–240, 4. Auflage, Baden-Baden 2021

Heidenhain, Martin: Aufgabe des Beurkundungserfordernisses beim Verkauf und der Abtretung von GmbH-Geschäftsanteilen, ZIP 2001, 721–725

Heidinger, Andreas/ Leible, Stefan/ Schmidt, Jessica: Kommentar zum Gesetz betreffend die Gesellschaften mit beschränkter Haftung (GmbH-Gesetz), Band 1: §§ 1–34 GmbHG, 3. Auflage, München 2017

Heidinger, Andreas/ Leible, Stefan/ Schmidt, Jessica: Kommentar zum Gesetz betreffend die Gesellschaften mit beschränkter Haftung (GmbH-Gesetz), Band 2: §§ 35–88 GmbHG, 3. Auflage, München 2017

Heißel, Siegfried/ Kienle, Christopher: Rechtliche und praktische Aspekte zur Einbeziehung vinkulierter Namensaktien in die Sammelverwahrung, WM 1993, 1909–1917

Hennerkes, Brun-Hagen/ May, Peter: Der Gesellschaftsvertrag des Familienunternehmens – Ein Überblick über Gestaltungsschwerpunkte, NJW 1988, 2761–2768

Henssler, Martin/ Strohn, Lutz: Gesellschaftsrecht: GesR, Kommentar, 5. Auflage, München 2021

Henssler, Martin/ Prütting, Hanns: Bundesrechtsanwaltsordnung: BRAO, Kommentar, 5. Auflage, München 2019

Henze, Hartwig: Holzmüller vollendet das 21. Lebensjahr, in: Festschrift für Peter Ulmer zum 70. Geburtstag am 2. Januar 2003, Berlin 2003, S. 211–242

Heptner, Marcel: Einschränkungen der Leitungsmacht des Vorstands der Aktiengesellschaft durch Vertrag – Grenzen und Rechtsfolgen ihres Überschreitens, Frankfurt am Main 2013

Literaturverzeichnis

Herwig, Michael: Leitungsautonomie und Fremdeinfluss – Zulässigkeit und Grenzen vertraglicher Einflussnahmemöglichkeiten auf Leitungsentscheidungen des Vorstands einer Aktiengesellschaft, Berlin 2014

Heselhaus, Sebastian/ Nowak, Carsten: Handbuch der Europäischen Grundrechte, 2. Auflage, München 2020

Heß, Dominik: Investorenvereinbarungen – Eine Untersuchung der aktien- und übernahmerechtlichen Zulässigkeit und Schranken von Vereinbarungen zwischen Investor und Aktiengesellschaft, Köln 2014

Hesse, Konrad: Grundzüge des Verfassungsrechts der Bundesrepublik Deutschland, 20. Auflage, Heidelberg 1999

Hindelang, Steffen: Direktinvestitionen und die Europäische Kapitalverkehrsfreiheit im Drittstaatenverhältnis, JZ 2009, 829–840

Hippeli, Michael/ Diesing, Marco: Business Combination Agreements bei M&A-Transaktionen, AG 2015, 185–195

Hirte, Heribert: Bezugsrechtsausschluß und Konzernbildung, Köln/Berlin 1986

Hirte, Heribert/ Mülbert, Peter/ Roth, Markus: Aktiengesetz, Großkommentar, Band 1: §§ 1–22, 5. Auflage, Berlin/Boston 2017

Hirte, Heribert/ Mülbert, Peter/ Roth, Markus: Aktiengesetz, Großkommentar, Band 2/1: §§ 23–40, 5. Auflage, Berlin/Boston 2016

Hirte, Heribert/ Mülbert, Peter/ Roth, Markus: Aktiengesetz, Großkommentar, Band 3/2: §§ 67–75, 5. Auflage, Berlin/Boston 2018

Hirte, Heribert/ Mülbert, Peter/ Roth, Markus: Aktiengesetz, Großkommentar, Band 4/1: §§ 76–91, 5. Auflage, Berlin/Boston 2015

Hirte, Heribert/ Mülbert, Peter O./ Roth, Markus: Aktiengesetz, Großkommentar, Band 4/2: §§ 92–94 AktG, 5. Auflage, Berlin/Boston 2015

Hirte, Heribert/ Mülbert, Peter O./ Roth, Markus: Aktiengesetz, Großkommentar, Band 5: §§ 95–116, 5. Auflage, Berlin/Boston 2019

Hoffmann-Becking, Michael: Münchener Handbuch des Gesellschaftsrechts, Band 4: Aktiengesellschaft, 5. Auflage, München 2020

Hofmeister, Holger: Veräußerungen und Erwerb von Beteiligungen bei der Aktiengesellschaft: Denkbare Anwendungsfälle der Gelatine-Rechtsprechung?, NZG 2008, 47–52

Holle, Philipp-Maximilian: Rechtsbindung und Business Judgment Rule, AG 2011, 778–786

Holler, Lorenz: Das Recht der Familienunternehmen und ihre Besonderheiten in der Rechtsanwendung und -gestaltung (Teil II) – Vom Familienverband der Gesellschafter zum besonderen Gesellschaftszweck der Familiengesellschaft als Geschäftsgrundlage und Wesensmerkmal des Familienunternehmens, DStR 2019, 931–942

Hölters, Wolfgang/ Weber, Markus: Aktiengesetz: AktG, 4. Auflage, München 2022

Holtkamp, Nico: Interessenkonflikte im Vorstand der Aktiengesellschaft, Berlin 2016

Hommelhoff, Peter: Jahresabschluß und Gesellschafterinformation in der GmbH, ZIP 1983, 383–512

Hommelhoff, Peter/ Hopt, Klaus J./ von Werder, Axel: Handbuch Corporate Governance – Leitung und Überwachung börsennotierter Unternehmen in der Rechts- und Wirtschaftspraxis, 2. Auflage, Köln 2009

Hopt, Klaus J.: ECLR – Übernahmen, Geheimhaltung und Interessenkonflikte: Probleme für Vorstände, Aufsichtsräte und Banken, ZGR 2002, 333–376

Hopt, Klaus J.: Die Haftung von Vorstand und Aufsichtsrat – Zugleich ein Beitrag zur corporate governance-Debatte –, in: Festschrift für Ernst-Joachim Mestmäcker, Baden-Baden 1996, S. 909–931

Hopt, Klaus J./ Wiedemann, Herbert: Aktiengesetz, Großkommentar, Band 7/2: §§ 241–277, 4. Auflage, Berlin/Boston 2013

Hopt, Klaus J./ Wiedemann, Herbert: Aktiengesetz, Großkommentar, Band 6: §§ 150–220, 4. Auflage, Berlin 2006

Huber, Peter/ Voßkuhle, Andreas: von Mangoldt/Klein/Starck, Kommentar zum Grundgesetz: GG, Band 1: Präambel, Art. 1 bis 19 GG, 7. Auflage, München 2018

Huber, Ulrich: Vermögensanteil, Kapitalanteil und Gesellschaftsanteil an Personengesellschaften des Handelsrechts, Heidelberg 1970

Hüffer, Uwe: Kompetenzfragen bei der Zustimmung zur Übertragung vinkulierter Namensaktien, in: Liber amicorum für Martin Winter, Köln 2011, S. 279–296

Hüffer, Uwe: Das Leitungsermessen des Vorstands in der Aktiengesellschaft, in: Festschrift für Thomas Raiser zum 70. Geburtstag, Berlin 2005, S. 163–180

Hüttemann, Rainer: Börsenkurs und Unternehmensbewertung, ZGR 2001, 454–478

Hütten, Hilmar: Gesetzliche und satzungsmäßige Investitions- und Übernahmehindernisse – Zum Einwirkungspotential der Kapitalverkehrs- und Niederlassungsfreiheit auf die Organisationsverfassung der Aktiengesellschaft, Baden-Baden 2016

Immenga, Ulrich: Vertragliche Vinkulierung von Aktien?, AG 1992, 79–83

Immenga, Ulrich: Mehrheitserfordernisse bei einer Abstimmung der Hauptversammlung über die Übertragung vinkulierter Namensaktien, BB 1992, 2446–2449

Immenga, Ulrich: Die personalistische Kapitalgesellschaft – Eine rechtsvergleichende Untersuchung nach deutschem GmbH-Recht und dem Recht der Corporations in den Vereinigten Staaten, Bad Homburg 1970

Immenga, Ulrich: Die Problematik der Anfechtungsklage im GmbH-Recht – Ein Beitrag zum Minderheitenschutz in der Gesellschafterversammlung, GmbHR 1973, 5–11

Institut der Wirtschaftsprüfer in Deutschland e.V.: WP Handbuch, Wirtschaftsprüfung und Rechnungslegung, 16. Auflage, Düsseldorf 2019

Literaturverzeichnis

Irriger, Ulrich/ Münstermann, Klaus: Teilung und Teilveräußerung von Geschäftsanteilen – Offene Rechtsfragen zur Zuständigkeit und Wirksamkeit, GmbHR 2010, 617–624

Iversen, Malte: Die außerbörsliche Übertragung von Aktien unter Beachtung des sachenrechtlichen Bestimmtheitsgrundsatzes – Erläuterungen und Leitlinien für die Praxis, AG 2008, 736–741

Joost, Detlev: "Holzmüller 2000" vor dem Hintergrund des Umwandlungsgesetzes, ZHR 1999, 164–186

Joost, Detlev/ Strohn, Lutz: Ebenroth/Boujong/Joost/Strohn, Handelsgesetzbuch, Band 1: §§ 1–342e, 4. Auflage, München 2020

Kahl, Wolfgang/ Schwind, Manuel: Europäische Grundrechte und Grundfreiheiten – Grundbausteine einer Interaktionslehre, EuR 2014, 170–195

Kainer, Friedemann: Unternehmensübernahmen im Binnenmarktrecht – Zugleich ein Beitrag zur Privatrechtswirkung der Grundfreiheiten, Baden-Baden 2004

Kainer, Friedemann: Binnenmarktrechtliche Grenzen des Übernahmerechts – Zum Einfluss der Grundfreiheiten auf das Kapitalmarkt- und Gesellschaftsrecht, ZHR 2004, 542–576

Kanzleiter, Rainer: Der Zweck der Beurkundungspflicht für Veräußerungsverträge über GmbH-Geschäftsanteile – Entgegnung zu Heidenhain, Aufgabe des Beurkundungserfordernisses bei Verkauf und Abtretung von GmbH-Geschäftsanteilen, ZIP 2001, 721, ZIP 2001, 2105–2113

Katsas, Theodor: Die Inhaltskontrolle unternehmerischer Entscheidungen von Verbandsorganen im Spannungsfeld zwischen Ermessensfreiheit und Gesetzesbindung, Berlin 2006

Kempter, Fritz-Eckehard/ Kopp, Stephan: Hinweise zur Gestaltung einer Satzung einer Rechtsanwalts-AG, NJW 2001, 777–781

Kerber, Markus: Dürfen vinkulierte Namensaktien zum Börsenhandel zugelassen werden? – Ein Beitrag zum Spannungsverhältnis von Vinkulierung und Fungibilität, WM 1990, 789–793

Kiefner, Alexander: Beteiligungserwerb und ungeschriebene Hauptversammlungszuständigkeit, ZIP 2011, 545–551

Kiefner, Alexander: Investorenvereinbarungen zwischen Aktien- und Vertragsrecht – Zur Stellung des Eigenkapitalinvestors als hybridem Wesen, ZHR 2014, 547–602

Kiefner, Alexander/ Gillessen, Benedikt: Die Zukunft von "Macrotron" im Lichte der jüngsten Rechtsprechung des BVerfG – Zur Neuvermessung des gesellschaftsrechtlichen Aktionärsschutzes nach dem Delisting-Urteil, AG 2012, 645–660

Kiem, Roger: Investorenvereinbarung im Lichte des Aktien- und Übernahmerechts, AG 2009, 301–312

Kindler, Peter: Grundkurs Handels- und Gesellschaftsrecht, 9. Auflage, München 2019

Klausing, Friedrich: Gesetz über Aktiengesellschaften und Kommanditgesellschaften auf Aktien (Aktien-Gesetz) nebst Einführungsgesetz und "Amtlicher Begründung", Berlin 1937

Klausmann, Alexander: Entsendungsrechte in der Aktiengesellschaft, Berlin 2016

Klein, Albrecht: Abwehrmöglichkeiten gegen feindliche Übernahmen in Deutschland, NJW 1997, 2085–2089

Klein, Eckart: Grundrechtliche Schutzpflicht des Staates, NJW 1989, 1633–1640

Klöhn, Lars: Delisting – Zehn Jahre später – Die Auswirkungen von BVerfG, NZG 2012, 826, auf den Rückzug vom Kapitalmarkt und den Segmentwechsel, NZG 2012, 1041–1047

Knepper, Karl Heinz: Die Belegschaftsaktie in Theorie und Praxis, ZGR 1985, 419–443

Knott, Michael/ Jacobsen, Juliane: Die Verpflichtung des (Belegschafts-)Aktionärs zur Rückübertragung seiner Aktie, NZG 2014, 372–377

Koch, Jens: Aktiengesetz: AktG, 15. Auflage, München 2021

Koch, Jens: Das Gesetz zur Unternehmensintegrität und Modernisierung des Anfechtungsrechts (UMAG), ZGR 2006, 769–804

Koch, Jens: Der Vorstand im Kompetenzgefüge der Aktiengesellschaft, 50 Jahre Aktiengesetz, Sonderausgabe ZGR 2016, 65–102

Koch, Jens: Empfiehlt sich eine Reform des Beschlussmängelrechts im Gesellschaftsrecht? – Gutachten F zum 72. Deutschen Juristentag, München 2018

Kock, Martin/ Dinkel, Renate: Die zivilrechtliche Haftung von Vorständen für unternehmerische Entscheidungen – Die geplante Kodifizierung der Business Judgment Rule im Gesetz zur Unternehmensintegrität und Modernisierung des Anfechtungsrechts, NZG 2004, 441–448

König, Ute: Business Combination Agreements in der Rechtsprechung im Fall W.E.T., NZG 2013, 452–454

Körber, Torsten: Grundfreiheiten und Privatrecht, Tübingen 2004

Kort, Michael: Vorstandshandeln im Spannungsverhältnis zwischen Unternehmensinteresse und Aktionärsinteressen, AG 2012, 605–610

Koslowski, Günter: Steuerberatungsgesetz, 7. Auflage, München 2015

Köster, Bernd Gisbert: Anfechtungs- und Nichtigkeitsklage gegen Gesellschafterbeschlüsse bei OHG und KG, Göttingen 1981

Kropff, Bruno: Aktiengesetz, Düsseldorf 1965

Kruse, Cornelius/ Domning, Oliver/ Frechen, Philipp: Die (GmbH & Co.) KGaA als moderne Rechtsform für mittelständische Familienunternehmen, DStR 2017, 2440–2444

Kuhls, Clemens: Kommentar zum Steuerberatungsgesetz, 3. Auflage, Hamm 2012

Kulick, Andreas: "Drittwirkung" als verfassungskonforme Auslegung – Zur neuen Rechtsprechung des BVerfG, NJW 2016, 2236–2241

Kümpel, Siegfried: Zur Girosammelverwahrung und Registerumschreibung der vinkulierten Namensaktien – Rationalisierung des Depot- und Effektengeschäfts, WM 1983, Sonderbeilage 8, S. 1–20

Lehmann, Heinrich/ Hübner, Heinz: Allgemeiner Teil des Bürgerlichen Gesetzbuches, 16. Auflage, Berlin 1966

Literaturverzeichnis

Leisner, Walter: Grundrechte und Privatrecht, München/Berlin 1960

Leßmann, Herbert: Vinkulierte Übertragung von GmbH-Geschäftsanteilen, GmbHR 1985, 179–188

Liebscher, Thomas: Umgehungsresistenz von Vinkulierungsklauseln, ZIP 2003, 825–833

Liebscher, Thomas: Ungeschriebene Hauptversammlungszuständigkeiten im Lichte von Holzmüller, Macrotron und Gelatine, ZGR 2005, 1–33

Liebscher, Thomas: Der (Neu-)Zuschnitt von GmbH-Geschäftsanteilen nach MoMiG, in: Liber Amicorum für Martin Winter, Köln 2011, S. 403–422

Liebscher, Thomas: Konzernbildungskontrolle – Rechtsformspezifische und rechtsformunabhängige Aspekte der Problematik eines konzernrechtlichen Präventivschutzes im Rahmen des Konzernierungsprozesses, Berlin 1995

Liebscher, Thomas/Alles, Matthias: Einstweiliger Rechtsschutz im GmbH-Recht – Insbesondere im Zusammenhang mit Informations-, Beschlussmängel- und Abberufungsstreitigkeiten sowie Streitigkeiten über die Gesellschafterliste, ZIP 2015, 1–10

Lieder, Jan: Missbrauch der Vertretungsmacht und Kollusion, JuS 2014, 681–686

Lieder, Jan: Teilung und Listenkorrektur im GmbH-Recht, NZG 2014, 329–332

Lieder, Jan: Die rechtsgeschäftliche Nachfolge in Gesellschaftsanteile – Grundsatzfragen und aktuelle Probleme der Verfügung über Anteile an Personengesellschaften –, ZfPW 2016, 205–232

Lieder, Jan: Der Aufsichtsrat im Wandel der Zeit, Jena 2006

Lieder, Jan: Staatliche Sonderrechte in Aktiengesellschaften – Zulässigkeit nach deutschem Aktienrecht und europäischem Gemeinschaftsrecht, ZHR 2008, 306–342

Lieder, Jan: Rechtsstreitigkeiten über vinkulierte Namensaktien – Registered Shares: Transferability and Litigation, TFM = Journal of Intellectual and Property Law 2015, 133–142

Lieder, Jan: Die rechtsgeschäftliche Sukzession – eine methodenpluralistische Grundlagenuntersuchung zum deutschen Zivilrecht und Zivilprozessrecht sowie zum internationalen und europäischen Privatrecht, Tübingen 2015

Loritz, Karl-Georg: Die Reichweite von Vinkulierungsklauseln in GmbH-Gesellschaftsverträgen, NZG 2007, 361–368

Loth, Kai-Sofia: Die Haftung der Organe einer Aktiengesellschaft bei Entscheidungen unter Rechtsunsicherheit – De lege lata et ferenda, Frankfurt am Main, 2016

Lübke, Julia: Der Erwerb von Gesellschaftsanteilen zwischen Kapitalverkehrs- und Niederlassungsfreiheit, Baden-Baden, 2006

Lücke, Jörg: Die Drittwirkung der Grundrechte an Hand des Art. 19 Abs. 3 GG – Zur horizontalen Geltung der Grundrechte in neuer Sicht, JZ 1999, 377–384

Ludwigs, Markus/ Friedmann, Carolin: Die Grundrechtsberechtigung staatlich beherrschter Unternehmen und juristischer Personen des öffentlichen Rechts – Kontinuität oder Wandel der verfassungsrechtlichen Dogmatik, NVwZ 2018, 22–28

Lutter, Marcus: Die Rechte und Pflichten des Vorstands bei der Übertragung vinkulierter Namensaktien, AG 1992, 369–375

Lutter, Marcus: Der Erwerb der Dresdner Bank durch die Commerzbank – ohne ein Votum ihrer Hauptversammlung?, ZIP 2012, 351

Lutter, Marcus: Zur Vorbereitung und Durchführung von Grundlagenbeschlüssen in Aktiengesellschaften, in: Festschrift für Hans-Joachim Fleck zum 70. Geburtstag, Berlin 1988, S. 169–190

Lutter, Marcus: Theorie der Mitgliedschaft, AcP 1980 (180), 84–159

Lutter, Marcus: Der Erwerb der Dresdner Bank durch die Commerzbank – ohne ein Votum ihrer Hauptversammlung?, ZIP 2012, 351

Lutter, Marcus/Timm, Wolfram: Konzernrechtlicher Präventivschutz im GmbH-Recht, NJW 1982, 409–420

Lutter, Marcus/ Grunewald, Barbara: Zur Umgehung von Vinkulierungsklauseln in Satzungen von Aktiengesellschaften und Gesellschaften mbH, AG 1989, 109–117

Lutter, Marcus/ Bayer, Walter/ Schmidt, Jessica: Europäisches Unternehmens- und Kapitalmarktrecht, ZGR Sonderheft, 6. Auflage, Berlin/Boston 2018

Manger-Nestler, Cornelia/ Noack, Gregor: Europäische Grundfreiheiten und Grundrechte, JuS 2013, 503–507

Marsch-Barner, Reinhard/ Schäfer, Frank A.: Handbuch börsennotierte AG, 4. Auflage, Köln 2018

Martens, Klaus-Peter: Der Einfluß von Vorstand und Aufsichtsrat auf Kompetenzen und Struktur der Aktionäre – Unternehmensverantwortung contra Neutralitätspflicht, in: Festschrift für Karl Beusch zum 68. Geburtstag, 1993, S. 529–556

Martens, Klaus-Peter: Erwerb und Veräußerung eigener Aktien im Börsenhandel – Überlegungen de lege ferenda, AG 1996, 337–349

Masing, Johannes: Einheit und Vielfalt des Europäischen Grundrechtsschutzes, JZ 2015, 477–487

Matthes, Gottfried: Aktienrecht, Gesetz über Aktiengesellschaften und Kommanditgesellschaften auf Aktien vom 30. Januar 1937, mit Einführungsgesetz, amtlicher Begründung und den aktienrechtlichen Ergänzungsgesetzen, Berlin 1937

May, Peter: Die Sicherung des Familieneinflusses auf die Führung der börsengehandelten Aktiengesellschaft, Köln 1992

Mayer-Uellner, Richard/ Otte, Daniel: Die SE & Co. KGaA als Rechtsform kapitalmarktfinanzierter Familienunternehmen, NZG 2015, 737–743

Mayer, Dieter: Grenzen von Aktionärsvereinbarungen, MittBayNot 2006, 281–292

Mehrbrey, Kim Lars: Handbuch Gesellschaftsrechtliche Streitigkeiten, Corporate Litigation, 3. Auflage, Köln 2020

Meilicke, Wienand: Zur Verfassungsmäßigkeit der Squeeze-out-Regelungen – insbesondere in der Insolvenz des Hauptaktionärs, AG 2007, 261–271

Merkt, Hanno: Rechtliche Grundlagen der Business Judgment Rule im internationalen Vergleich zwischen Divergenz und Konvergenz, ZGR 2017, 129–148

Literaturverzeichnis

Merkt, Hanno: Entwicklungen in Theorie und Praxis der Verbandsmitgliedschaft, ZfPW 2018, 300–327

Mertens, Hans-Joachim: Anwendbarkeit von § 92 Abs. 1 AktG im Vergleichsverfahren, AG 1983, 173–178

Mertens, Hans-Joachim: Die Geschäftsführungshaftung in der GmbH und das ITT-Urteil, in: Festschrift für Robert Fischer, Berlin 1979, S. 461–475

Mestmäcker, Ernst-Joachim: Verwaltung, Konzerngewalt und Rechte der Aktionäre – Eine rechtsvergleichende Untersuchung nach deutschem Aktienrecht und dem Recht der Corporations in den Vereinigten Staaten, Karlsruhe 1958

Meyer-Ladewig, Jens/ Nettesheim, Martin/ Von Raumer, Stefan: EMRK, Europäische Menschenrechtskonvention, Handkommentar, 4. Auflage, Baden-Baden 2017

Meyer-Landrut, Joachim/ Miller, Georg/ Niehus, Rudolf: Gesetz betreffend die Gesellschaften mit beschränkter Haftung, Berlin 1987

Meyer, Jürgen/ Hölscheidt, Sven: Charta der Grundrechte der Europäischen Union, 5. Auflage, Baden-Baden 2019

Mock, Sebastian: Grundfälle zum Stellvertretungsrecht, JuS 2008, 486–490

Mock, Sebastian: Gesellschaftsrecht – Grundlagen, Recht der Personengesellschaften, Grundzüge des Kapitalgesellschaftsrechts, 2. Auflage, München 2019

Mock, Sebastian: Vorsicht – Stimmverbote können sich aus dem allgemeinen Grundsatz des Verbots des Richtens in eigener Sache auch bei den Personengesellschaften ergeben, BB 2018, 2644

Mock, Sebastian: Die Heilung fehlerhafter Rechtsgeschäfte, Tübingen 2014

Mock, Sebastian: Die Gesellschafterklage (actio pro socio), JuS 2015, 590–596

Modlich, Joachim: Die außerbörsliche Übertragung von Aktien, DB 2002, 671–676

Möhring, Philipp: Die nachträgliche Vinkulierung der GmbH-Geschäftsanteile, GmbHR 1963, 201–205

Möslein, Florian: Inhaltskontrolle aktienrechtlicher Entsendungsrechte: Europäische Anforderungen und Ausgestaltung im deutschen Aktienrecht, AG 2007, 770–777

Möslein, Florian: Grenzen unternehmerischer Leitungsmacht im marktoffenen Verband – Aktien- und Übernahmerecht, Rechtsvergleich und europäischer Rahmen –, Berlin 2007

Möslein, Florian: Kapitalverkehrsfreiheit und Gesellschaftsrecht, ZIP 2007, 208–215

Mülbert, Peter: Marktwertmaximierung als Unternehmensziel der Aktiengesellschaft, in: Festschrift für Volker Röhricht zum 65. Geburtstag, Köln 2005, S. 421–441

Mülbert, Peter: Rechtsprobleme des Delisting, ZHR 2001, 104–140

Mülbert, Peter/ Gramse, Gerold: Gesellschafterbeschlüsse bei der rechtsfähigen Personengesellschaft, WM 2002, 2085–2128

Müller-Graff, Peter-Christian: Die horizontale Direktwirkung der Grundfreiheiten, EuR 2014, 3–30

Muthers, Christof: Gemeinsame anwaltliche Berufsausübung in der Kapitalgesellschaft – Die Anwalts-AG und -KGaA, NZG 2001, 930–934

Mutter, Stefan: Unternehmerische Entscheidungen und Haftung des Aufsichtsrats der Aktiengesellschaft, Köln 1994

Nauheim, Markus/ Goette, Constantin: Managerhaftung im Zusammenhang mit Unternehmenskäufen – Anmerkungen zur Business Judgment Rule aus der M&A Praxis, DStR 2013, 2520–2526

Nettesheim, Martin: Das Recht der Europäischen Union, Band I, EUV/AEUV, 67. Ergänzungslieferung, München 2019

Nettesheim, Martin: Das Recht der Europäischen Union, Band II, EUV/AEUV, 67. Ergänzungslieferung, München 2019

Neumann, Kay-Uwe/Ogorek, Markus: Das aktienrechtliche Entsenderecht auf dem Prüfstand der Kapitalverkehrsfreiheit – Überlegungen anlässlich der Entscheidung des OLG Hamm v. 31.3.2008, NZG 2008, 914 (in diesem Heft) – ThyssenKrupp –, NZG 2008, 892–897

Neumann, Lorenz: Die Zustimmung zu Anteilsübertragungen bei Personengesellschaften, ZIP 2016, 1753–1758

Nietsch, Michael: Geschäftsleiterermessen und Unternehmensorganisation bei der AG – Zur haftungsbegrenzenden Wirkung des § 93 Abs. 1 Satz 2 AktG im Bereich gesetzlicher Pflichtaufgaben unter besonderer Berücksichtigung von Compliance, ZGR 2015, 631–666

Nikoleyczik, Tobias/Gubitz, Daniel: Erwerb der Dresdner-Bank durch die Commerzbank – Beteiligungserwerb kein "Holzmüller"-Fall, NZG 2011, 91–94

Nitschke, Manfred: Die körperschaftlich strukturierte Personengesellschaft, Bielefeld 1970

Noack, Ulrich/ Servatius, Wolfgang/ Haas, Ulrich: Die körperschaftlich strukturierte Personengesellschaft, Bielefeld 1970
Gesetz betreffend die Gesellschaften mit beschränkter Haftung, Kommentar, 23. Auflage, München 2022

Noack, Ulrich: Zur vorläufigen Wirksamkeit angefochtener Gesellschafterbeschlüsse – Handlungen während der Schwebezeit, DB 2014, 1851–1857

Noack, Ulrich: Identifikation der Aktionäre, neue Rolle der Intermediäre – zur Umsetzung der Aktionärsrechte-Richtlinie II, NZG 2017, 561–567

Noack, Ulrich: Die Umstellung von Inhaber- auf Namensaktien, in: Festschrift für Gerold Bezzenberger zum 70. Geburtstag, Berlin 2000, S. 291–308

Noack, Ulrich: Satzungsergänzende Verträge der Gesellschaft mit ihren Gesellschaftern, NZG 2013, 281–285

Nodoushani, Manuel: Die Pauschalzustimmung bei der Übertragung vinkulierter Anteile, ZGR 2014, 809–843

Nodoushani, Manuel: Flexibilisierungen bei künftigen Verfügungen über GmbH-Anteile, GmbHR 2015, 617–621

Oertel, Niko: Fungibilität von Anteilen an Publikumskommanditgesellschaften – Der Entscheidungsspielraum unter Vinkulierungs- und Erwerbsvorrechtsklauseln, Frankfurt am Main 2010

Literaturverzeichnis

Oetker, Hartmut: Handelsgesetzbuch, 7. Auflage, München 2021

Ohr, Martin: Der Ausschluß der Abtretbarkeit von Geschäftsanteilen im Gesellschaftsvertrag der GmbH, Bamberg 1967

Oppermann, Thomas/ Classen, Claus Dieter/ Nettesheim, Martin: Europarecht – Ein Studienbuch, 8. Auflage, München 2018

Ott, Nicolas: Anwendungsbereich der Business Judgment Rule aus Sicht der Praxis – Unternehmerische Entscheidungen und Organisationsermessen des Vorstands, ZGR 2017, 149–173

Otto, Hans-Jochen: Übernahmeversuche bei Aktiengesellschaften und Strategien der Abwehr, DB 1988, Beilage 12, S. 1–12

Otto, Hans-Jochen: Obligatorische Bindungsverträge zwischen Aktionär und AG-Vorstand über die Ausübung von Mitgliedschaftsrechten und Organkompetenzen, NZG 2013, 930–937

Otto, Hans-Jochen: Gebundene Aktien: Vertragliche Beschränkungen der Ausübung und Übertragbarkeit von Mitgliedschaftsrechten zugunsten der AG, AG 1991, 369–380

Paefgen, Walter: Organhaftung: Bestandsaufnahme und Zukunftsperspektiven – Ein kritischer Werkstattbericht vor dem Hintergrund der Beratungen des 70. Deutschen Juristentages 2014, AG 2014, 554–584

Paefgen, Walter: Dogmatische Grundlagen, Anwendungsbereich und Formulierung einer Business Judgment Rule im künftigen UMAG, AG 2004, 245–261

Pahnke, Gordon Alexander: Die Grenzen des Gesellschafterschutzes durch Vinkulierung von GmbH-Geschäftsanteilen, Hamburg 2010

Paschos, Nikolaos: Die Zulässigkeit von Vereinbarungen über künftige Leitungsmaßnahmen des Vorstands, NZG 2012, 1142–1144

Paschos, Nikolaos/ Fleischer, Holger: Handbuch Übernahmerecht nach dem WpÜG, München 2017

Passarge, Malte: Anforderungen an die Satzung einer Rechtsanwalts-AG, NJW 2005, 1835–1838

Peus, Busso: Die Haftung des Vorstands der Aktiengesellschaft zwischen unternehmerischer Freiheit und sozialer Pflicht, Berlin 2015

Pießkalla, Michael: Goldene Aktien aus EG-rechtlicher Sicht – Eine Untersuchung staatlicher und privater Sonderrechte in Wirtschaftsgesellschaften unter besonderer Berücksichtigung der Kapitalverkehrsfreiheit, Hamburg 2006

Preißer, Michael/ Von Rönn, Matthias: Die KG und die GmbH & Co. KG – Recht, Besteuerung, Gestaltungspraxis, 4. Auflage, Stuttgart 2019

Priester, Hans-Joachim: Aktionärsentscheid zum Unternehmenserwerb, AG 2011, 654–662

Priester, Hans-Joachim: Jahresabschlussfeststellung bei Personengesellschaften – Grundlagengeschäft? – Mehrheitsregeln – Thesaurierung im Konzern DStR 2007, 28–32

Priester, Hans-Joachim: "Holzmüller" im GmbH-Recht, in: Festschrift für Harm Peter Westermann, Köln 2008, S. 1281–1294

Priester, Hans-Joachim/ Mayer, Dieter/ Wicke, Hartmut: Münchener Handbuch des Gesellschaftsrechts, Band 3: Die Gesellschaft mit beschränkter Haftung, 5. Auflage, München 2018

Quass, Guido/ Becker, Roman: Die Reit-AG nach dem Gesetz über deutsche Immobilien-Aktiengesellschaften mit börsennotierten Anteilen, AG 2007, 421–435

Raiser, Thomas: Das Unternehmen als Organisation – Kritik und Erneuerung der juristischen Unternehmenslehre, Berlin 1969

Raiser, Thomas/ Veil, Rüdiger: Recht der Kapitalgesellschaften, 6. Auflage, München 2015

Redeke, Julian: Zur gerichtlichen Kontrolle der Angemessenheit der Informationsgrundlage im Rahmen der Business Judgment Rule nach § 93 Abs. 1 Satz 2 AktG, ZIP 2011, 59–64

Reichert, Jochem: Folgen der Anteilsvinkulierung für Umstrukturierungen von Gesellschaften mit beschränkter Haftung und Aktiengesellschaften nach dem Umwandlungsgesetz 1995, GmbHR 1995, 176–195

Reichert, Jochem: Mitwirkungsrecht und Rechtsschutz der Aktionäre nach Macrotron und Gelatine, AG 2005, 150–160

Reichert, Jochem: Das Zustimmungserfordernis zur Abtretung von Geschäftsanteilen in der GmbH – Eine rechtsvergleichende Untersuchung zu Vinkulierungsklauseln in der GmbH und in der close corporation unter besonderer Berücksichtigung der Frage, ob und unter welchen Voraussetzungen dem veräußerungswilligen GmbH-Gesellschafter ein Anspruch auf Erteilung der Zustimmung zusteht, Heidelberg 1984

Reichert, Jochem: Vinkulierung von GmbH-Geschäftsanteilen – Möglichkeiten der Vertragsgestaltung, GmbHR 2012, 713–723

Reichert, Jochem: Vinkulierung im Falle der mittelbaren Veränderung des Gesellschafterkreises und im Falle der Liquidation – zwei völlig unterschiedliche Situationen, in: Liber Amicorum Wilhelm Happ, Köln 2006, S. 241–257

Reichert, Jochem: Die personalistische Aktiengesellschaft – Gestaltungsmöglichkeiten, Alternativen, Reformperspektiven, in: Liber Amicorum für Michael Oppenhoff, Köln 2017, S. 281–298

Reichert, Jochem: Zulässigkeit der nachträglichen Einführung oder Aufhebung von Vinkulierungsklauseln in der Satzung der GmbH, BB 1985, 1496–1502

Reichert, Jochem: GmbH & Co. KG, 7. Auflage, München 2015

Reichert, Jochem: Reformbedarf im Aktienrecht, AG 2016, 677–684

Reichert, Jochem/ Winter, Martin: Vinkulierungsklauseln und gesellschafterliche Treuepflicht, in: Festschrift 100 Jahre GmbH-Gesetz, Köln 1992, S. 209–243

Renner, Wolfgang: Holzmüller-Kompetenz der Hauptversammlung beim Erwerb einer Unternehmensbeteiligung?, NZG 2002, 1091–1094

Reuter, Alexander: § 51 a GmbHG – Quo vadis? – Zugleich eine Besprechung von Entscheidungen der OLG Köln, Hamm, Karlsruhe und Stuttgart sowie des LG Bielefeld, BB 1986, 1653–1660

Literaturverzeichnis

Reuter, Dieter: Zur Lehre Karsten Schmidts vom Innenrecht der Personengesellschaft und der GmbH, in: Festschrift für Karsten Schmidt zum 70. Geburtstag, Köln 2009, S. 1357–1373

Reuter, Dieter: Privatrechtliche Schranken der Perpetuierung von Unternehmen – Ein Beitrag zum Problem der Gestaltungsfreiheit im Recht der Unternehmensformen, Frankfurt am Main 1973

Risse, Jörg/ Höfling, Tobias: Leitplankentheorie statt Bestimmtheitsgrundsatz und Kernbereichslehre – Zur richterlichen Kontrolle von Gesellschafterbeschlüssen in Personengesellschaften, NZG 2017, 1131–1138

Röhricht, Volker/ Graf von Westphalen, Friedrich/ Haas, Ulrich: Handelsgesetzbuch, 5. Auflage, Köln 2019

Roth, Günter: Mißbrauch der Vertretungsmacht durch den GmbH-Geschäftsführer, ZGR 1985, 265–278

Altmeppen, Holger: Gesetz betreffend die Gesellschaften mit beschränkter Haftung: GmbHG, 10. Auflage, München 2021

Roth, Markus: Unternehmerisches Ermessen und Haftung des Vorstands – Handlungsspielräume und Haftungsrisiken insbesondere in der wirtschaftlichen Krise, München 2001

Roth, Wulf-Henning: Drittwirkung der Grundfreiheiten?, in: Festschrift für Ulrich Everling, Band II, Baden-Baden 1995, S. 1231–1247

Ruffert, Matthias: Die Mitgliedstaaten der Europäischen Gemeinschaft als Verpflichtete der Gemeinschaftsgrundrechte, EuGRZ 1995, 518–530

Säcker, Jürgen/ Rixecker, Roland/ Oetker, Hartmut/ Limperg, Bettina: Münchener Kommentar zum Bürgerlichen Gesetzbuch, Band 1: §§ 1–240, 9. Auflage, München 2021

Säcker, Jürgen/ Rixecker, Roland/ Oetker, Hartmut/ Limperg, Bettina: Münchener Kommentar zum Bürgerlichen Gesetzbuch, Band 3: §§ 311–432, 8. Auflage, München 2019

Säcker, Jürgen/ Rixecker, Roland/ Oetker, Hartmut/ Limperg, Bettina: Münchener Kommentar zum Bürgerlichen Gesetzbuch, Band 6: §§ 705–853, 8. Auflage, München 2020

Säcker, Jürgen/ Rixecker, Roland/ Oetker, Hartmut/ Limperg, Bettina: Münchener Kommentar zum Bürgerlichen Gesetzbuch, Band 8: §§ 854–1296, 8. Auflage, München 2020

Säcker, Jürgen/ Rixecker, Roland/ Oetker, Hartmut/ Limperg, Bettina: Münchener Kommentar zum Bürgerlichen Gesetzbuch, Band 4: §§ 433–534, 8. Auflage, München 2019

Sanders, Anne: Anmerkung zum BVerfG, Urteil vom 11.7.2012 – 1 BvR 3142/07, 1569/08 – Delisting, JZ 2012, 1070–1073

Schäfer, Carsten: Empfiehlt sich eine grundlegende Reform des Personengesellschaftsrechts?, Gutachten E zum 71. Deutschen Juristentag, Band I, München 2016

Schäfer, Carsten: Die Lehre vom fehlerhaften Verband, Tübingen 2002

Schäfer, Carsten: Der Bestimmtheitsgrundsatz ist (wirklich) Rechtsgeschichte, NZG 2014, 1401–1404

Schäfer, Carsten: Vom Einstimmigkeitsprinzip zum treupflichtgetragenen Mehrheitsentscheid im Personengesellschaftsrecht, ZGR 2013, 237–272

Schäfer, Carsten: Die Binnenhaftung von Vorstand und Aufsichtsrat nach der Renovierung durch das UMAG, ZIP 2005, 1253–1259

Schäfer, Carsten: Gibt es noch einen Schutz des Kernbereichs der Mitgliedschaft? – Nachlese zu BGH v. 21.10.2014 – II ZR 84/13, ZIP 2014, 2231, ZIP 2015, 1313–1316

Schäfer, Carsten: Der täuschungsbedingte Beitritt zur (Personen-)Gesellschaft und die Lehre vom fehlerhaften Verband – Vorrang von Schadensersatzansprüchen?, ZHR 2006, 373–397

Schäfer, Carsten: Der Bestimmtheitsgrundsatz ist (wirklich) Rechtsgeschichte, NZG 2014, 1401–1404

Schall, Alexander: Business Combination Agreements und Investorenvereinbarungen, in: Übernahme- und Kapitalmarktrecht in der Reformdiskussion, Tübingen 2013, S. 75–104

Schanz, Kay-Michael: Börseneinführung, Handbuch für den Börsengang und die börsennotierte Gesellschaft, 4. Auflage, München 2012

Schanz, Kay-Michael: Feindliche Übernahmen und Strategien der Verteidigung, NZG 2000, 337–347

Schindler, Dierk: Die Kollision von Grundfreiheiten und Gemeinschaftsgrundrechten – Entwurf eines Kollisionsmodells unter Zusammenführung der Schutzpflichten- und der Drittwirkungslehre, Berlin 2001

Schindler, Hendrik: Das Austrittsrecht in Kapitalgesellschaften, München 1999

Schinzler, Veronika: Die teileingezahlte Namensaktie als Finanzierungsinstrument der Versicherungswirtschaft, Karlsruhe 1999

Schlitt, Michael: Die neuen Marktsegmente der Frankfurter Wertpapierbörse – Struktur Zulassungsvoraussetzungen und Folgepflichten, AG 2003, 57–69

Schlüter, Uwe: Börsenhandelsrecht, Handbuch für Banken und Finanzdienstleistungsinstitute, 2. Auflage, München 2002

Schlüter, Wilfried: Die Vertretungsmacht des Gesellschafters und die "Grundlagen der Gesellschaft", Köln/Osnabrück 1965

Schmahl, Stefanie/ Jung, Florian: Horizontale Drittwirkung der Warenverkehrsfreiheit? – Überlegungen im Anschluss an EuGH, Urt. v. 12.7.2012 – C-171/11, EuZW 2012, 797 – DVGW, NVwZ 2013, 607–612

Schmidt-Leithoff, Christian: Gesetz betreffend die Gesellschaften mit beschränkter Haftung: GmbHG, 6. Auflage, München 2017

Schmidt, Jessica: Die Umsetzung der Aktionärsrechte-Richtlinie 2017: der Referentenentwurf für das ARUG II, NZG 2018, 1201–1220

Literaturverzeichnis

Schmidt, Karsten: Gesellschaftsrecht, 4. Auflage, Köln 2002

Schmidt, Karsten: Münchener Kommentar zum Handelsgesetzbuch: HGB, Band 2: §§ 105–160, 4. Auflage, München 2016

Schmidt, Karsten: Anteilssteuerung durch Vinkulierungsklauseln, GmbHR 2011, 1289–1297

Schmidt, Karsten: Aktionärs- und Gesellschafterzuständigkeiten bei der Freigabe vinkulierter Aktien und Geschäftsanteile – Kompetenzprobleme um § 68 AktG und § 15 Abs. 5 GmbHG –, in: Festschrift für Karl Beusch zum 68. Geburtstag, Berlin/New York 1993, S. 759–781

Schmidt, Karsten: Offene Stellvertretung – Der "Offenkundigkeitsgrundsatz" als Teil der allgemeinen Rechtsgeschäftslehre, JuS 1987, 425–433

Schmidt, Karsten: Die Personengesellschaft als Juristentagsthema – Zum Juristentagsgutachten von *Carsten Schäfer* –, ZHR 2016, 411–421

Schmidt, Karsten: Neuregelung des Rechts der Personengesellschaften? – Vorüberlegungen für eine konsistente Reform –, ZHR 2013, 712–739

Schmidt, Karsten: Die Beschlußanfechtungsklage bei Vereinen und Personengesellschaften – Ein Beitrag zur Institutionenbildung im Gesellschaftsrecht, in: Festschrift für Walter Stimpel zum 68. Geburtstag, Berlin 1985, S. 217–243

Schmidt, Karsten: Mehrheitsregelungen in GmbH & Co.-Verträgen – Verständnis oder Mißverständnis des "Bestimmtheitsgrundsatzes"?, ZHR 1994, 205–228

Schmidt, Karsten: Zur Einheits-GmbH & Co. KG – Kautelarjurisprudenz an ihren Grenzen oder Triumph der Typizität des Atypischen?, in: Festschrift für Harm-Peter Westermann, Köln 2008, S. 1425–1445

Schmidt, Karsten: Nebenleistungsgesellschaften (§ 55 AktG, § 3 Abs. 2 GmbHG) zwischen Gesellschaftsrecht, Schuldrecht und Kartellrecht – Von der Rübenzucker-AG zum Nebenleistungsnetzwerk, in: Festschrift für Ulrich Immenga zum 70. Geburtstag, München 2004, S. 705–722

Schmidt, Karsten: "Schutzgemeinschaftsvertrag II": ein gesellschaftsrechtliches Lehrstück über Stimmrechtskonsortien, ZIP 2009, 737–743

Schmidt, Karsten: Münchener Kommentar zum Handelsgesetzbuch: HGB, Band 6: Bankvertragsrecht, 4. Auflage, München 2019

Schmidt, Karsten/ Lutter, Marcus: Aktiengesetz, Band 1: §§ 1–132, 4. Auflage, Köln 2020

Schmidt, Karsten/ Lutter, Marcus: Aktiengesetz, Band 2: §§ 133–410, 4. Auflage, Köln 2020

Schmitz, Erich: Vinkulierungs- und Ausschließungsklauseln – Überschneidungen und Gestaltungsmöglichkeiten in der Satzung der GmbH, in: Festschrift für Herbert Wiedemann zum 70. Geburtstag, München 2002, S. 1223–1254

Schneider, Sven: "Unternehmerische Entscheidungen" als Anwendungsvoraussetzung für die Business Judgment Rule, DB 2005, 707–712

Schneider, Uwe: Anwaltlicher Rat zu unternehmerischen Entscheidungen bei Rechtsunsicherheit – Ein Beitrag zum Management der Organhaftung, DB 2011, 99–103

Schoch, Friedrich: Grundrechtsfähigkeit juristischer Personen, Jura 2001, 201–207

Schockenhoff, Martin: Delisting – Karlsruhe locuta, causa finita? – Zugleich Besprechung BGH v. 8.10.2013 – II ZB 26/12, ZIP 2013, 2254 – Frosta, ZIP 2013, 2429–2435

Scholz, Franz: GmbHG, Band 1, §§ 1–34, Konzernrecht, 12. Auflage, Köln 2018

Scholz, Franz: GmbHG, Band 2, §§ 35–52, 12. Auflage, Köln 2021

Scholz, Philipp: Missbrauch der Vertretungsmacht durch Gesellschafter-Geschäftsführer, ZHR 2018, 656–683

Scholz, Philipp: Haftungsprivileg, safe harbor oder verbindliche Konkretisierung des allgemeinen Sorgfaltsmaßstabs? – Zur zivilrechtlichen Erfassung der deutschen Business Judgment Rule (§ 93 Abs. 1 Satz 2 AktG), AG 2018, 173–185

Schönhofer, Wolfgang: "Vinkulierungsklauseln" betreffend Übertragungen unter Lebenden von Namensaktien und GmbH-Anteilen unter besonderer Berücksichtigung der Rechtslage in der Schweiz und in Frankreich, Augsburg 1989

Schrick, Alexandra: Überlegungen zur Gründung einer kapitalistischen KGaA aus dem Blickwinkel der Unternehmerfamilie, NZG 2000, 409–413

Schroeter, Ulrich G.: Vinkulierte Namensaktien in der Europäischen Aktiengesellschaft (SE), AG 2007, 854–861

Schrötter, Hans Jörg: Vinkulierte Namensaktien als Bremse der Unternehmenskonzentration – Zur Tauglichkeit eines klassischen Hilfsmittels als Regulativ einer modernen Fehlentwicklung, DB 1977, 2265–2270

Schuld, Jan: Organschaftliche Beschlußzurechnung im Personengesellschaftsrecht – Eine Konsequenz aus der Rechtsfähigkeit von Personengesellschaften, Frankfurt am Main 2003

Schürmann, Walter/ Groh, Elmar: KGaA und GmbH & Co. KGaA – Neue Aspekte einer interessanten Gesellschaftsform, BB 1995, 684–688

Schürnbrand, Jan: Organschaft im Recht der privaten Verbände, Tübingen 2007

Schuster, Michael: Feindliche Übernahmen deutscher Aktiengesellschaften: Abwehrstrategien des Vorstandes der Zielgesellschaft, Berlin 2003

Schwabe, Jürgen: Probleme der Grundrechtsdogmatik, Darmstadt 1977

Schwark, Eberhard/ Zimmer, Daniel: Kapitalmarktrechtskommentar, 5. Auflage, München 2018

Seibt, Christoph: Dekonstruktion des Delegationsverbots bei der Unternehmensleitung, in: Festschrift für Karsten Schmidt zum 70. Geburtstag, Köln 2009, S. 1463–1487

Seidel, Thorsten/ Wolf, Maximilian: Minderheitenschutz in der Gesellschaft – Bedeutung der Kernbereichslehre in der neueren BGH-Rechtsprechung, BB 2015, 2563–2567

Seiler, Oliver/ Singhof, Bernd: Zu den Rechtsfolgen bei Nichtbeachtung der "Holzmüller"-Grundsätze, Der Konzern 2003, 313–372

Semler, Johannes: Entscheidungen und Ermessen im Aktienrecht, in: Festschrift für Peter Ulmer zum 70. Geburtstag, Berlin 2003, S. 627–642

Literaturverzeichnis

Servatius, Wolfgang: Strukturmaßnahmen als Unternehmensleitung, Köln 2004

Seulen, Günter: RefE für das ARUG II – Umsetzung der zweiten Aktionärsrechterichtlinie, DB 2018, 2915–2921

Seydel, Eberhard: Konzernbildungskontrolle bei der Aktiengesellschaft, Baden-Baden 1995

Soergel, Hans-Theodor/ Sieber, Wolfgang: Bürgerliches Gesetzbuch: BGB, Band 2: §§ 104–240, 13. Auflage, Stuttgart 1999

Soergel, Hans-Theodor/ Sieber, Wolfgang: Bürgerliches Gesetzbuch: BGB, Band 11/1: §§ 705–758, 13. Auflage, Stuttgart 2011

Spindler, Gerald: Recht und Konzern, Tübingen 1993

Spindler, Gerald: Ungeschriebene Hauptversammlungszuständigkeiten – wohin führt der Weg?, in: Festschrift für Wulf Goette zum 65. Geburtstag, München 2011, S. 513–527

Spindler, Gerald: Haftung und Aktionärsklage nach dem neuen UMAG, NZG 2005, 865–872

Spindler, Gerald: Deutsches Gesellschaftsrecht in der Zange zwischen Inspire Art und Golden Shares?, RIW 2003, 850–858

Spindler, Gerald/ Stilz, Eberhard: Kommentar zum Aktiengesetz: AktG, Band 1: §§ 1–149, 4. Auflage, München 2019

Spitze, Daniel: Geschäftsführung in der Personengesellschaft – Eine organschaftliche Tätigkeit im Interesse der Gesellschaft, Berlin 2014

Stachel, Claudia: Schutzpflichten der Mitgliedstaaten für die Grundfreiheiten des EG-Vertrags unter besonderer Berücksichtigung des Grundrechtsschutzes in der Gemeinschaft, Berlin 2006

Staudinger, Julius: Kommentar zum Bürgerlichen Gesetzbuch, Band 1: §§ 134–138, Neubearbeitung, Berlin 2017

Staudinger, Julius: Kommentar zum Bürgerlichen Gesetzbuch, Band 1: §§ 164–240, Neubearbeitung, Berlin 2019

Staudinger, Julius: Kommentar zum Bürgerlichen Gesetzbuch, Band 2: §§ 705–740, 13. Bearbeitung, Berlin 2003

Staudinger, Julius: Kommentar zum Bürgerlichen Gesetzbuch, Eckpfeiler des Zivilrechts, Neubearbeitung, Berlin 2018

Steinmeyer, Roland: WpÜG, Wertpapiererwerbs- und Übernahmegesetz, 4. Auflage, Berlin 2019

Stern, Klaus/ Becker, Florian: Grundrechte-Kommentar, 3. Auflage, Köln 2019

Stöber, Michael: Goldene Aktien und Kapitalverkehrsfreiheit in Europa, NZG 2010, 977–979

Stodolkowitz, Stefan: Die außerordentliche Gesellschafterkündigung in der Personenhandelsgesellschaft, NZG 2011, 1327–1333

Stone Sweet, Alec: Governing with Judges – Constitutional Politics in Europe, New York 2000

Streinz, Rudolf: EUV/AEUV – Vertrag über die Europäische Union, Vertrag über die Arbeitsweise der Europäischen Union, Charta der Grundrechte der Europäischen Union, Kommentar, 3. Auflage, München 2018

Streinz, Rudolf/ Leible, Stefan: Die unmittelbare Drittwirkung der Grundfreiheiten – Überlegungen aus Anlass von EuGH, EuZW 2000, 468 (in diesem Heft) – Angonese, 459–467

Stünkel, Kerstin: EG-Grundfreiheiten und Kapitalmärkte – die Auswirkungen der Grundfreiheiten auf die Integration der Sekundärmärkte, Baden-Baden 2005

Stupp, Matthias: Anforderungen an die Vinkulierungsklausel bei Namensaktien, NZG 2005, 205–207

Teichmann, Arndt: Gestaltungsfreiheit in Gesellschaftsverträgen, München 1970

Terstege, Udo: Inhaber- oder Namensaktien? – Zur Renaissance der Namensaktie, Working Paper 300, 1–24, Fernuniversität Hagen

Than, Jürgen: Die Übertragung vinkulierter Anteile im Effektengiroverkehr, in: Festschrift für Gerd Nobbe, Köln 2009, S. 791–812

Thomale, Chris: Minderheitenschutz gegen Delisting – die MACROTRON-Rechtsprechung zwischen Eigentumsgewähr und richterlicher Rechtsfortbildung – Zugleich Besprechung von BVerfG, Urt. v. 11.7.2012 – 1 BvR 3142/07, 1569/08, NJW 2012, 3081 ff, ZGR 2013, 686–723

Timm, Wolfram: Beschlußanfechtungsklage und Schiedsfähigkeit im Recht der personalistisch strukturierten Gesellschaften, in: Festschrift für Hans-Joachim Fleck, Berlin/New York 1988, S. 365–381

Ulmer, Eugen: Die vinkulierte Namensaktie, in: Festschrift zum 70. Geburtstag von Walter Schmidt-Rimpler, Karlsruhe 1957, S. 261–277

Ulmer, Peter: Mehrheitsbeschlüsse in Personengesellschaften: definitiver Abschied vom Bestimmtheitsgrundsatz, ZIP 2015, 657–662

Ulmer, Peter: Hachenburg, Gesetz betreffend die Gesellschaften mit beschränkter Haftung, GmbHG, Großkommentar, Band 1: §§ 1–34, 8. Auflage, Berlin/New York 1992

Ulmer, Peter/ Habersack, Mathias/ Löbbe, Marc: GmbHG, Großkommentar, Band 2: §§ 29–52, 2. Auflage, Tübingen 2014

Umbach, Dieter/ Clemens, Thomas: Grundgesetz, Band 1: Art. 1- 37 GG, Heidelberg 2002

Vedder, Christoph/ Heintschel von Heinegg, Wolff: Europäisches Unionsrecht, Handkommentar, 2. Auflage, Baden-Baden 2018

Volhard, Rüdiger: Eigenverantwortlichkeit und Folgepflicht – Muß der Vorstand anfechtbare oder angefochtene Hauptversammlungsbeschlüsse ausführen und verteidigen? ZGR 1996, 55–81

Völker, Bastian: Die Vinkulierung von GmbH-Geschäftsanteilen, Hamburg 2013

Von Bogandy, Armin/ Bast, Jürgen: Europäisches Verfassungsrecht – Theoretische und dogmatische Grundzüge, 2. Auflage, Berlin/Heidelberg 2009

Literaturverzeichnis

Von Falkenhausen, Joachim: Die Haftung außerhalb der Business Judgment Rule – Ist die Business Judgment Rule ein Haftungsprivileg für Vorstände?, NZG 2012, 644–651

Von und zu Franckenstein, Georg Freiherr: Das Luftverkehrsnachweissicherungsgesetz und die Sicherung der Luftverkehrsrechte im Rahmen der Privatisierung der Lufthansa, NJW 1998, 286–288

Voßkuhle, Andreas: Grundwissen – Öffentliches Recht: Der Grundrechtseingriff, JuS 2009, 313–315

Wackerbarth, Ulrich: Die Begründung der Macrotron-Rechtsfortbildung nach dem Delisting-Urteil des BVerfG, WM 2012, 2077–2124

Wagner, Johannes: Der gutgläubige Erwerb von Geschäftsanteilen im Recht der GmbH – Ein teilweise verfassungswidriges Rechtsinstitut?, Frankfurt am Main 2010

Walz, Robert/ Fembacher, Tobias: Zweck und Umfang der Beurkundung nach § 15 GmbHG, NZG 2003, 1134–1143

Weipert, Otto: Kommentar zum Handelsgesetzbuch, Zweiter Band: §§ 105–177, 335–342, 2. Auflage, Berlin 1950

Werner, Rüdiger: Vinkulierung der Geschäftsanteile einer GmbH, NWB 2012, 2315–2325

Werner, Winfried: Zuständigkeitsverlagerungen in der Aktiengesellschaft durch Richterrecht?, ZHR 1983, 429–453

Westermann, Harm Peter: Vinkulierung von GmbH-Geschäftsanteilen und Aktien – Ermessensfreiheit der Zustimmungsentscheidung, in: Festschrift für Ulrich Huber zum siebzigsten Geburtstag, Tübingen 2006, S. 997–1017

Westermann, Harm Peter: Die Holzmüller-Doktrin – 15 Jahre danach, in: Festschrift für Hans-Georg Koppensteiner zum 65. Geburtstag, Wien 2001, S. 259–276

Westermann, Harm Peter: Vertragsfreiheit und Typengesetzlichkeit im Recht der Personengesellschaften, Heidelberg 1970

Westermann, Harm Peter/ Grunewald, Barbara/ Maier-Reimer, Georg: Erman, Bürgerliches Gesetzbuch, Band I: §§ 1–761, 15. Auflage, Köln 2017

Westermann, Harm-Peter/ Wertenbruch, Johannes: Handbuch der Personengesellschaften, Band 1, Loseblattwerk, 75. Aktualisierung, Köln 2019

Weyland, Dag: Bundesrechtsanwaltsordnung, 10. Auflage, München 2020

Wicke, Hartmut: Mehrheitsentscheidungen in Personengesellschaften, MittBayNot 2017, 125–130

Wiedemann, Herbert: Die Übertragung und Vererbung von Mitgliedschaftsrechten bei Handelsgesellschaften, München und Berlin 1965

Wiedemann, Herbert: Gesellschaftsrecht, Band II: Recht der Personengesellschaften, München 2004

Wiedemann, Herbert: Die Personengesellschaft – Vertrag oder Organisation?, ZGR 1996, 286–299

Wiedemann, Herbert: Gesellschaftsrecht, Band I: Grundlagen, München 1980

Wiedemann, Herbert: Die Bedeutung der ITT-Entscheidung, JZ 1976, 392–397

Wiedemann, Herbert: Die nachträgliche Vinkulierung von Aktien und GmbH-Anteilen, NJW 1964, 282–285

Wiedemann, Herbert: Rechte und Pflichten des Personengesellschafters, WM 1992, Beil. 7, S. 1–54

Wiedemann, Herbert: Verantwortung in der Gesellschaft – Gedanken zur Haftung der Geschäftsleiter und der Gesellschafter in der Kapitalgesellschaft, ZGR 2011, 183–217

Wilsing, Hans-Ulrich/ Von der Linden, Klaus: Rechtmäßiges Alternativverhalten im Organhaftungsrecht – Steine statt Brot?, NZG 2018, 1416–1418

Winter, Martin: Mitgliedschaftliche Treuebindungen im GmbH-Recht, München 1988

Wirth, Gerhard: Vinkulierte Namensaktien: Ermessen des Vorstands bei der Zustimmung zur Übertragung – Ein Instrument zur Abwehr feindlicher Übernahmen? –, DB 1992, 617–621

Wollburg, Ralph/ Gehling, Christian: Umgestaltung des Konzerns – Wer entscheidet über die Veräußerung von Beteiligungen einer Aktiengesellschaft?, in: Festschrift für Otfried Lieberknecht zum 70. Geburtstag, München 1997, S. 133–161

Zeilinger, Andreas: Die Einberufung der Gesellschafterversammlung – Fallstricke für die Wirksamkeit von Gesellschafterbeschlüssen, GmbHR 2001, 541–551

Zempelin, Hans-Günther: Fragen der Aufsichtsratshaftung, AcP 1956 (155), 209–244

Ziegler, Gerhard/ Gelhausen, Hans-Friedrich: Hense/Ulrich, WPO Kommentar, 3. Auflage, Düsseldorf 2018

Zimmermann, Klaus/ Pentz, Andreas: "Holzmüller" – Ansatzpunkt, Klagefristen, Klageantrag, in: Festschrift für Welf Müller zum 65. Geburtstag, München 2001, S. 151–181

Zöllner, Wolfang/ Noack, Ulrich: Kölner Kommentar zum Aktiengesetz, Band 1: §§ 1–75 AktG, 3. Auflage, Köln 2011

Zöllner, Wolfang/ Noack, Ulrich: Kölner Kommentar zum Aktiengesetz, Band 2/1: §§ 76–94, 3. Auflage, Köln 2010

Zöllner, Wolfgang/Noack, Ulrich: Kölner Kommentar zum Aktiengesetz, Band 2/2: §§ 95–117, 3. Auflage, Köln 2013

Zöllner, Wolfgang/Noack, Ulrich: Kölner Kommentar zum Aktiengesetz, Band 4: §§ 179–181 AktG, 3. Auflage, Köln 2019

Zöllner, Wolfgang/ Noack, Ulrich: Kölner Kommentar zum WpÜG, mit AngebVO und §§ 327a – 327f AktG, 2. Auflage, Köln 2010

Zöllner, Wolfgang: Die Schranken mitgliedschaftlicher Stimmrechtsmacht bei den privatrechtlichen Personenverbänden, München/Berlin 1963

Zöllner, *Wolfgang:* Die sogenannten Gesellschafterklagen im Kapitalgesellschaftsrecht – Referat –, ZGR 1988, 392–440